SECCIÓN DE OBRAS DE HISTORIA

HISTORIA DE LA VIDA COTIDIANA EN MÉXICO

Dirigida por
PILAR GONZALBO AIZPURU

Tomo V
Volumen 1
SIGLO XX. CAMPO Y CIUDAD

El Colegio de México y el Fondo de Cultura Económica
agradecen el apoyo brindado por el
Instituto Nacional de Antropología e Historia
para esta edición

EL COLEGIO DE MÉXICO
FONDO DE CULTURA ECONÓMICA

HISTORIA DE LA VIDA COTIDIANA EN MÉXICO

Tomo V

Volumen 1

SIGLO XX. CAMPO Y CIUDAD

AURELIO DE LOS REYES

coordinador

EL COLEGIO DE MÉXICO

FONDO DE CULTURA ECONÓMICA

México

917.2521
H67326

Historia de la vida cotidiana en México : tomo V : volumen 1 : Siglo XX. Campo y ciudad / Aurelio de los Reyes, coordinador. -- México : El Colegio de México : Fondo de Cultura Económica, 2006.

v. : il., fot. ; 21 cm. -- (Sección de obras de historia).

ISBN 968-12-1086-7 (Colmex, obra completa)
ISBN 968-12-1091-3 (Colmex, tomo V, volumen 1, empastado)
ISBN 968-12-1105-7 (Colmex, tomo V, volumen 1, rústico)
ISBN 968-16-6828-6 (FCE, obra completa)
ISBN 968-16-8148-7 (FCE, tomo V, volumen 1, empastado)
ISBN 968-16-8147-5 (FCE, tomo V, volumen 1, rústico)

1. Ciudad de México (México) -- Vida social y costumbres. 2. Etnología -- México -- Ciudad de México. 3. Espacios públicos -- México -- Ciudad de México. 4. Ciudad de México (México) -- Civilización. 5. Ciudad de México (México) -- Historia. I. de los Reyes, Aurelio, coord.

Distribución mundial para lengua española

Empresa certificada ISO 9001:2000

Investigación iconográfica de Ernesto Peñaloza y los autores
Asistentes de fotografía: José Antonio Martínez Atayde y José Manuel Saavedra

Primera edición, 2006

ISBN 968-12-1086-7 (Colmex, obra completa)
ISBN 968-12-1091-3 (Colmex, tomo V, volumen 1, empastado)
ISBN 968-12-1105-7 (Colmex, tomo V, volumen 1, rústico)
ISBN 968-16-6828-6 (FCE, obra completa)
ISBN 968-16-8148-7 (FCE, tomo V, volumen 1, empastado)
ISBN 968-16-8149-5 (FCE, tomo V, volumen 1, rústico)

Impreso en México / *Printed in Mexico*

CONTENIDO

PRESENTACIÓN

NO ES LA PRIMERA VEZ QUE LA HISTORIOGRAFÍA RECIENTE aborda la historia de la vida cotidiana; ni será la última. Como disciplina, la Historia llega tarde a ella. Doscientos años después de que lo hiciera la literatura y cien años después del cine. En efecto, Balzac planteó su monumental obra como un estudio de la humanidad a través de la cotidianidad —no es un concepto explícito—, de ahí que la bautizara con el nombre de *La comedia humana*.

> La idea primera... surgió en mí, al principio, como un sueño, como uno de esos proyectos imposibles que se acarician y se dejan escapar; una quimera que sonríe, que muestra su rostro de mujer y que despliega al punto sus alas remontándose a un cielo fantástico. Pero la quimera, como muchas otras quimeras, truécase a veces en realidad y entonces dicta sus mandamientos, hace patente su tiranía, a la que hay que ceder.[1]

Hijo del pensamiento ilustrado, antes que hacer literatura pretendía estudiar al hombre, de la misma manera que Buffon, el zoólogo, estudiaba los animales. Comparó la Humanidad con la Animalidad.

> Si Buffon ha realizado una magnífica obra intentando representar en un libro el conjunto de la zoología, ¿no estará también por hacer una obra del mismo género con respecto a la sociedad?
>
> Las diferencias entre un soldado, un obrero, un administrador, un abogado, un ocioso, un sabio, un hombre de Estado, un comerciante, un marino, un poeta, un pobre, un sa-

[1] Las citas corresponden a Honoré de Balzac, *La comedia humana* [1842]. México: Colección Málaga, 1950.

> cerdote, son, aunque más difíciles de captar, tan considerables como las que distinguen al león, al asno, al cuervo, al buey marino, a la oveja, etcétera. Han existido, pues, y existirán siempre, especies sociales como hay especies zoológicas.

Las limitaciones que observó en la historiografía contribuyeron a su obra, pues aquélla no se ocupaba más que de "secas y enfadosas nomenclaturas de hechos llamados *historias*... El pasaje de Petronio sobre la vida privada de los romanos excita, sin satisfacerla, nuestra curiosidad". La Historia no se ocupaba de las costumbres de los hombres. Había que observar la sociedad para estudiarla. Una aguda observación de la cotidianidad sería su praxis.

> La sociedad iba a ser el historiador, y yo tenía que limitarme a ser el secretario. Levantando el inventario de los vicios y de las virtudes, reuniendo los principales datos de las pasiones, pintando los caracteres, escogiendo los sucesos principales de la sociedad, componiendo tipos por la reunión de los rasgos de varios caracteres homogéneos, quizá pudiese llegar a escribir la historia descuidada por tantos historiadores: la de las costumbres.

A pesar de que Balzac nunca menciona el concepto de vida cotidiana, no había otro camino, pues a su juicio

> un escritor podía ser un pintor más o menos fiel, más o menos afortunado, paciente o intrépido de los tipos humanos, el narrador de los dramas de la vida íntima, el arqueólogo del ajuar social, el denominador de las profesiones, el consignador del bien y del mal.

A partir de los estudios de zoología y de las limitaciones que observó en la historiografía, Balzac utilizó la novela no con sentido lúdico sino con el propósito de estudio, como si fuese una disciplina científica. Su propósito de unir la ciencia con la historia mediante la observación de los individuos para *historiar* el *presente* de la sociedad de su tiempo, dio origen a la novela realista francesa del siglo XIX, diversa, muy diversa a la tradición realista del *Quijote* y de la picaresca española. Su método de observación minuciosa de los individuos y su entorno convirtió sus novelas, su "historia del corazón humano", en magníficos documentos de la vida cotidiana. Convergencia del binomio literatura-historia que daría frutos cientos de años después, cuando las novelas se convirtieron en puntos de partida para estudios historiográficos de la vida social o de la vida cotidiana o, incluso, en nutrientes documentales de los mismos.

Émile Zola daría el siguiente paso en la conceptualización de la novela como documento social cuando aplicó a la literatura principios científicos de los estudios de medicina de Claude Bernard. Segunda convergencia de ciencia y literatura que fructificaría en la novela naturalista, de la cual Zola hizo a Balzac su fundador. Propuso sustituir la palabra "novela" por la palabra "estudio":[2]

> Es inútil insistir sobre la nueva fórmula que aportaron Balzac y Stendhal. Hacían, para la novela, la investigación que los sabios hacían para la ciencia. Ya no imaginaban, ya no narraban. Su tarea consistía en tomar al hombre, disecarlo, analizar su carne y su cerebro. Stendhal era, sobre todo, un psicólogo. Balzac estudiaba más particularmente los temperamentos, reconstruía los ambientes, amasaba los documentos humanos, tomando el título de doctor en ciencias sociales. Comparemos *Le Père Goriot* o *La Cousine Bette* con las novelas precedentes, tanto con las del siglo XVII como con las del siglo XVIII, y nos daremos cuenta de la evolución naturalista consumada. Sólo ha conservado la palabra novela, lo que es una equivocación pues ha perdido todo su significado.

Hijo del positivismo, Zola hablaba de objetividad e imparcialidad, como Claude Bernard, limitantes de su concepto de novela "científica", pese a lo que llega al concepto de vida cotidiana:

> No más personajes abstractos en las obras, no más invenciones falseadoras, no más absoluto, sino personajes reales, la verdadera historia de cada uno, la relación de la vida cotidiana...
>
> El novelista todavía inventa; inventa un plan, un drama; pero esta invención es un trozo de drama, la primera historia que se le ocurre y que la vida cotidiana siempre le proporciona.

Habla también del método de trabajo, muy semejante al del historiador contemporáneo, que va de la experiencia personal a la recopilación de información en fuentes escritas, a la historia oral y, en fin, a cuanto pueda nutrir la investigación:

> Uno de nuestros novelistas naturalistas quiere escribir una novela sobre el mundo teatral. Parte de esta idea general sin tener todavía un hecho ni un personaje. Su primer trabajo consistirá en recoger en sus notas todo lo que pueda saber sobre este mundo que quiere describir. Ha conocido tal actor, ha asistido a tal representación. He aquí ya unos documentos, los mejores, los que han madurado en él. Después se pondrá en campaña, hará hablar a los hombres mejor informados en la materia, coleccionará las palabras, las historias, los retratos. Y esto no es todo: a continuación se dedicará a los documentos escritos, leerá todo lo que pueda serle útil. Por último, visitará los lugares, vivirá algunos días en un teatro para conocer todos sus rincones, pasará sus veladas en un camerino de actriz, se impregna-

[2] Las citas corresponden a Émile Zola, *El naturalismo* [1879]. Barcelona: Ediciones Península (Ediciones de Bolsillo, 241), 1972.

> rá todo lo posible del medio ambiente. Y, una vez completados los documentos, su novela, como ya he dicho, se ordenará por sí misma. El novelista sólo tendrá que distribuir lógicamente los hechos. De todo cuanto ha oído se desprenderá el trozo de drama, la historia que necesita para levantar el armazón de sus capítulos. El interés ya no reside en la rareza de esta historia; por el contrario, cuanto más banal sea y cuanto más general, tanto más típica resultará. Hacer mover a unos personajes reales en un medio real, dar al lector un fragmento de la vida humana: en esto consiste toda la novela naturalista.

Ciertamente, Balzac y Zola tuvieron limitantes; el primero en el plano ideológico, proclive a la monarquía; mientras que a Zola, el positivismo, en particular el determinismo, le restan profundidad psicológica a sus retratos femeninos. No obstante su obra, y la de sus epígonos en prácticamente toda la literatura occidental, es un magnífico documento de los ambientes, las costumbres, las maneras de hablar, las descripciones de múltiples aspectos de la vida social del siglo XIX, incluidos los sentidos, los ruidos, los olores, la cultura material; de ahí que las novelas se convirtieran en uno de los mejores documentos para historiar la vida cotidiana decimonónica.

La novela mexicana nació en el siglo XIX bajo la influencia múltiple de Balzac, Víctor Hugo, Cervantes Saavedra, *Las mil y una noches*, Walter Scott, Alejandro Dumas, además de costumbristas españoles, según las citas de Manuel Payno en sus dos obras capitales, *El fistol del diablo* y *Los bandidos de Río Frío*, en las que propuso el estudio de la manera de ser de los mexicanos, legándonos unos magníficos cuadros de la vida cotidiana, al igual que sus contemporáneos Ignacio Manuel Altamirano, Pedro Castera, Rafael Delgado y otros.

Por su parte, el cine, hijo de la fotografía, nació atado a la vida cotidiana desde las primeras películas: *La salida de los talleres Lumière*, acto de la vida cotidiana de las obreras, inaugura la carrera del cine; en *El desayuno del bebé* Louis Lumière alimenta a su hijo; *La llegada del tren* capta el momento en que unos parientes de los Lumière arriban a la estación de la ciudad de La Ciotat, en la Costa Azul francesa, invitados a pasar unos días de descanso en la casa que aquéllos poseían en ese lugar. En *Pelea de niños* dos primas hermanas, hijas de los hermanos Louis y August Lumière, se arrebatan una cuchara. El cine empezó en el seno del hogar, con escenas intimistas de la vida privada porque es ahí donde los Lumière iniciaron sus experimentos con las imágenes en movimiento.

Esta vocación por documentar la vida cotidiana es uno de los cinco discursos implícitos en el cine, sean películas de ficción o documentales. Ellos son:

- *el discurso visual*, aquello que capta el ojo de la cámara en cada escena; el personaje y su entorno, y que amerita una lectura por sí mismo.
- *el discurso literario*, el guión, enmarcado por la visualidad, carente de movimiento.

- *el movimiento*, los personajes no pueden permanecer estáticos; el director los debe poner en movimiento, si es ficción; o llevan a cabo rutinas diarias, si es documental; deben hacer algo, y ese algo se relaciona estrechamente con
- *la vida cotidiana*, para dar credibilidad a las historias, para lograr la identificación del público con los personajes, los cineastas recrean o captan la vida cotidiana. Y si no existe en la realidad, la inventan, como en *Nosferatu*, donde, para impactar al espectador, trastocan el sentido de los actos: un personaje vive de noche, en lugar de día; lo nutre la sangre en lugar de los alimentos de cualquier mortal.
- *el sonido*, al registrar los sonidos las películas abren un universo no imaginado. Las novelas lo describen; las películas (documentales o de ficción) lo fijan y transmiten, abren un universo para el estudio de la cotidianidad; ahí quedan impresos los ruidos de las ciudades, de las calles, del hogar, la voz de los actores o de personajes (Fidel Castro, John F. Kennedy, Adolfo Hitler, Benito Mussolini), la manera de hablar, los giros y la fonética del lenguaje, en fin, la voz humana.

Para dar credibilidad a las historias, los cineastas mueven a sus personajes, y para hacerlo parten de la recreación, de la copia, de la caricatura de las actividades cotidianas de los animales, incluido el ser humano. En los pequeños detalles de esas recreaciones se encuentra la atadura del cine con la vida cotidiana; ahí reside la credibilidad de la imagen; los directores, como los novelistas en su momento, con un agudo sentido de la observación, la plasman en sus obras, y si la novela la documentó en el siglo XIX, el cine lo hizo en el siglo XX, enriquecedoramente, por lo que, tal vez, novelas y películas sean los mejores documentos para historiar la vida cotidiana de ambas centurias. La novela por el método y la pretensión científica, que coinciden con el método y el propósito de la historiografía del siglo XIX, y el cine por el hecho de nacer asociado al mundo figurativo.

Este tomo, en dos volúmenes, nace vinculado a los medios masivos de comunicación, que prevalecieron en la vigésima centuria. Si ésta nació bajo el signo del cine terminó bajo el signo de la cibernética y de los multimedia, epígonos de la imagen cinematográfica, por lo que la columna vertebral de los diversos capítulos la atraviesan esos medios masivos; así, la prensa es la nutriente principal de los capítulos de Judith de la Torre, Thelma Camacho, Alberto del Castillo Troncoso, Julieta Ortiz Gaitán, María del Carmen Collado, Álvaro Matute Aguirre y Valentina Torres-Septién; la radio está presente en el trabajo de Roberto Ornelas Herrera, y el cine y la televisión en el trabajo del que esto escribe. Las otras colaboraciones se nutren de archivos, Felipe Arturo Ávila Espinosa y Elisa Speckman, o de archivos y hemerografía, como José Ronzón, Engracia Loyo y Maria Aparecida de S. Lopes; Soledad González y María Zebadúa se nutren del trabajo de campo, y Cecilia Greaves de la lectura de las imágenes de los libros de texto.

La fotografía ocupa un lugar especial, pensado originalmente el libro en blanco y negro, una de las características del universo fotográfico. Es también nutriente principal de las colaboraciones de Rebeca Monroy Nasr y Maricela González Cruz Manjarrez. No podía ser de otra manera, puesto que sin fotografía no hay cine, ni multimedia.

En un principio el tomo correspondiente al siglo XX estaba dividido en dos partes: la primera se centraba en la Ciudad de México, escenario de la mayor parte de los ensayos, aunque algunos de éstos hablan en términos generales por lo que comprenden una realidad mucho más amplia; la segunda, muestrario geográfico del país, se ocupaba de la zona centro con el Estado de México; del oriente con el puerto de Veracruz; del norte con Chihuahua; del noreste con el estado de Nuevo León; los trabajos sobre educación rural cubren un espectro geográfico más amplio. Los capítulos se ordenaron cronológicamente para comunicar la sensación del paso del tiempo del 1900 al 2000 a través de la experiencia de la cotidianidad de diversos grupos de la pirámide social, pues en aquélla los cambios son lentos, en ocasiones imperceptibles. Esta propuesta queda como una posible lectura. Posteriormente, y por la extensión de los ensayos y la riqueza de la ilustración, el tomo se dividió en dos volúmenes, por lo que se alteró el orden de los textos, aunque se trató de mantener la intención en cada volumen de ofrecer una visión de la cotidianidad del 1900 al 2000 aunque el factor geográfico se modificó.

De cualquier manera, el tomo mantuvo la posibilidad de lectura múltiple, pues además de hacerla en la manera antes citada, cada uno de los volúmenes se puede leer de corrido para percibir en cámara acelerada la lentitud de lo cotidiano; o cada capítulo independientemente del orden secuencial, o por grupos. La burguesía y alta clase media; el proletariado y la baja clase media; la clase media media; o el mundo rural, incluidas las etnias, integran unidades de lectura.

Cada capítulo tiene su propia dimensión espacio-temporal, de tal manera que en conjunto son como imágenes cinematográficas que despliegan ante nuestros ojos el movimiento de la cotidianidad, aquello que Balzac inició en su novela realista y epilogaron los multimedia, epígonos de las experiencias fotográfica y cinematográfica.

AURELIO DE LOS REYES

1

DE BARRIOS Y ARRABALES: ENTORNO, CULTURA MATERIAL Y QUEHACER COTIDIANO (CIUDAD DE MÉXICO, 1890-1910)

ELISA SPECKMAN GUERRA
Instituto de Investigaciones Históricas, Universidad Nacional Autónoma de México

CONSIDERACIONES

DURANTE EL PORFIRIATO LA CIUDAD DE MÉXICO experimentó un acelerado crecimiento demográfico: en cifras aproximadas, hacia 1876 contaba con 200 000 habitantes, para 1880 con 250 000, para 1895 con 330 000 y para 1910 con 470 000. Este fenómeno trajo consigo una expansión sin precedentes: en 1858 la ciudad abarcaba 8.5 km^2, y para 1910 ocupaba ya 40.5 km^2. Tanto los nacidos en la capital como los recién llegados vivían en zonas que se ubicaban dentro de la antigua traza virreinal, pero también en colonias y barrios de reciente creación, algunos de ellos destinados a los grupos privilegiados, otros a los medios y el resto a los populares. Así, el escenario urbano respondió y reflejó la desigualdad social: mientras que las calles comerciales o las colonias ocupadas por los sectores de buena posición económica se regían por los modelos urbanísticos y arquitectónicos de las urbes europeas y contaban con pavimento, obras hidráulicas, servicios de limpia, vigilancia, luz eléctrica y tranvías; las zonas habitadas por trabajadores y artesanos —receptáculo de la mayoría de los inmigrantes que día a día engrosaban el número de capitalinos— carecían completamente de servicios e infraestructura.[1] Por otro lado y al igual que sucedía con la fisonomía de las calles y las casas, según el sector socioeconómico y cultural y en gran medida el lugar de habitación, cambiaban las costumbres, los patrones de sociabilidad y las relaciones amorosas y familiares de los individuos.

Por tanto, no podemos hablar de una Ciudad de México, sino de diferentes entornos, culturas materiales y quehaceres cotidianos. En este trabajo nos interesa acercarnos a los grupos que habitaban las zonas o los barrios populares en el cambio de siglo, es decir, durante la última década del siglo XIX y la primera del XX. Se trata de grupos, en su mayoría, analfabetos: si en 1910 50% de la población no sabía leer ni escribir, en 1895

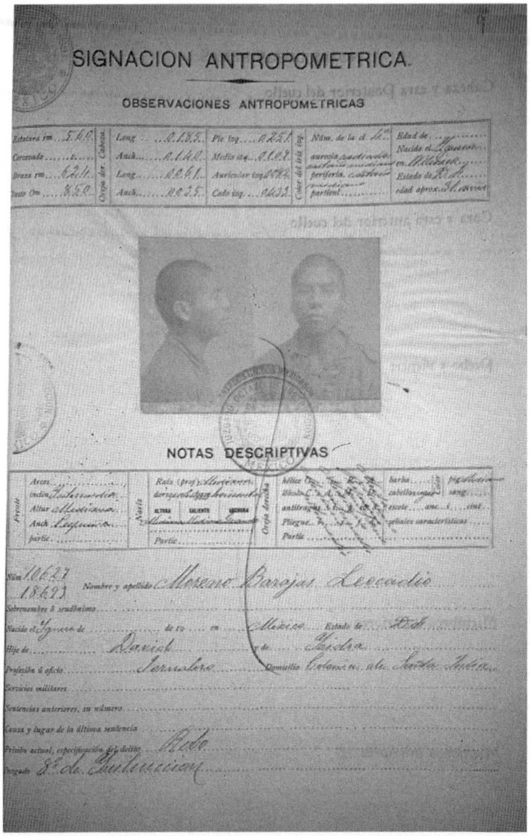

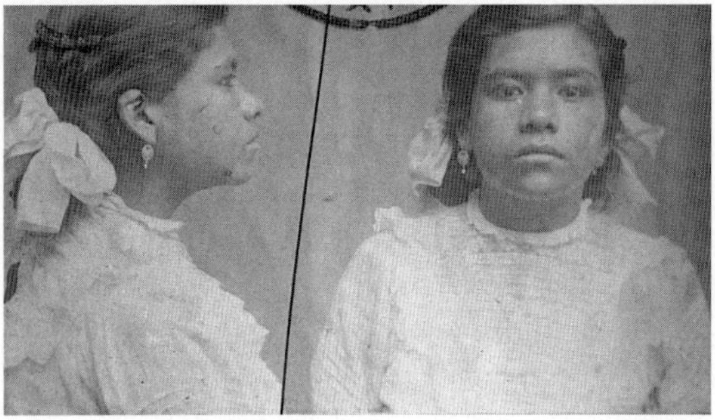

Fotografías de reos en procesos judiciales.

el porcentaje era de 62%.[2] ¿Cómo acercarnos a un sector que no dejó testimonios escritos de su quehacer cotidiano? Para ello, el historiador cuenta con una fuente privilegiada: los archivos judiciales. En ellos los escribanos recogieron las declaraciones de individuos cuyas voces difícilmente aparecerían en otro tipo de documentos pues, en palabras de Georges Duby, en otras circunstancias no se preocupaban por expresarse o no contaban con medios para hacerlo. Como afirma Solange Alberro: "para el historiador, los marginales son pan bendito, porque dejan papeles y testimonios. Las mayorías silenciosas no dejan nada, pero los marginales sí, sobre todo si infringen leyes o normas". Por otro lado, los procesos no sólo incluían las declaraciones de los involucrados sino también los informes de policías, que en sus investigaciones incursionaban en el entorno y la vivienda popular. Arlette Fargé sostiene que en París los inspectores podían "interrumpir el sueño de la gente, sorprender sus amores y relaciones, preguntarles el porqué de sus actividades", y así sucedía también en la Ciudad de México. Los gendarmes se esforzaban por describir escenarios, situaciones y personajes en forma amplia y sin la intención moralizante de los filántropos o las necesidades educativas de los higienistas. Por ello, Michelle Perrot, también para el caso de Francia pero en un ejemplo válido para México, afirma que a diferencia de otros archivos públicos los legajos de instrucción nos acercan a la vida privada, abriéndonos una "brecha en la muralla de la intimidad".[3] Cabe subrayar que lo importante es que la brecha no sólo nos conduce a las circunstancias de vida o al entorno de los criminales, sino al de los hombres y las mujeres que pertenecían al mismo grupo socioeconómico y cultural: los delincuentes vivían en habitaciones iguales que sus compañeros de barrio o de vecindad y sostenían relaciones que se basaban en las mismas pautas, un hombre asesinado en la calle no portaba ese día un vestuario especial, los vecinos que reñían no habitaban un cuarto diferente el día anterior, un ladrón sostenía las mismas relaciones de pareja que un hombre honrado. Además, también las víctimas y testigos brindaban información sobre su cultura material y su vida cotidiana.

Entonces, aunque nos apoyaremos en otras fuentes de la época, para acercarnos a la cultura material y a la vida cotidiana de los grupos populares utilizaremos básicamente procesos judiciales por robo, homicidio, lesiones, rapto, estupro, violación e injurias, ventilados en tribunales de primera instancia. Por otro lado, cabe aclarar que al hablar de sectores populares nos referimos a grupos integrados por artesanos o trabajadores especializados, dependientes, obreros, albañiles y sirvientes domésticos; a hombres y mujeres que habitaban o frecuentaban colonias o barrios ubicados dentro de los municipios de México, Iztapalapa, Tacuba, Azcapotzalco y Guadalupe Hidalgo; a individuos que formaban parte de una ciudad sumamente heterogénea y desigual, que oscilaba entre la modernidad y el atraso, entre la prosperidad y la miseria.

CALLES Y PLAZAS[4]

Desde el siglo XVIII y a lo largo del XIX, los gobernantes y algunos grupos particulares emprendieron una cruzada con el fin de mejorar el aspecto de las urbes, pero sobre todo su limpieza e higiene, pues anhelaban controlar las epidemias y las enfermedades infecciosas y abatir los índices de mortalidad. La estabilidad política, la paz social y el progreso económico permitieron que durante el porfiriato se dieran los pasos necesarios para la aplicación del viejo proyecto: se realizaron obras de desagüe, drenaje y entubado; además se limpiaron las calles y se introdujeron carros de basura y mingitorios; se expidieron códigos, leyes y reglamentos, y se llevaron a cabo campañas de higiene para influir en los hábitos del individuo y en la limpieza de su hogar. Se buscaba que el aire circulara libremente, que el agua fuera pura y, sobre todo, se luchaba por eliminar las miasmas y focos de infección que, se creía, se concentraban en las aguas estancadas, en los depósitos de basura, en los cadáveres y cementerios, y en los animales vivos o muertos.[5]

Sin embargo, los asentamientos populares quedaron lejos de los anhelos de los higienistas. Ello puede observarse en diversos escritos, como el de un médico de la época, quien lamentaba:

> La limpieza de las atarjeas es insuficiente y se practica rara vez y sólo en las calles principales: entonces vemos abrir en ellas agujeros, de donde sacan en pleno día una agua negra, fétida, viscosa, cubierta de espuma y que despide gases pestilentes.[6]

Y también en un fragmento de una novela publicada por entregas durante los años 1890 y 1891 y que se intitula *La Rumba*, nombre del arrabal en que se desarrolla la trama y sobrenombre de la protagonista, Remedios Varo. Ángel de Campo describió así el barrio de La Rumba:

> era triste aquel lugar enorme, desierto; una fuente seca que servía de muladar era el centro; los desechos de todo el vecindario: ollas rotas, zapatos irreconocibles, inmundicia, hasta ramos de flores marchitas de la parroquia se hacinaban en aquella fuente... Los perros se encarnizaban en los montones de basura; uno que otro pordiosero los espantaba para buscar hilachos, removiendo los montones y haciendo relampaguear los fondos de botellas; insensibles al olor de la inmundicia calcinada y de los gatos muertos achicharrados por el sol.[7]

En coincidencia con lo anterior, los procesos judiciales atestiguan que en los barrios proliferaban las aguas estancadas, que los animales convivían estrechamente con las personas, que las cañerías estaban al aire libre y llenas de materias fecales, que el cuerpo y las ropas raramente se lavaban. Así, a pesar de que otras zonas de la ciudad gozaban de los beneficios del drenaje y del desagüe, en las regiones menos privilegiadas quedó intacto un paisaje urbano pleno de acequias, en las cuales los individuos resbalaban accidentalmente o eran violentamente empujados.[8] De la misma forma, no obstante que en algunas calles los tranvías eléctricos sustituyeron a los carros jalados por animales, en otras, los burros siguieron sirviendo como cargadores y los caballos como medio de transporte.[9] Los animales aparecen en los documentos judiciales bajo circunstancias diversas. En algunos casos por poner en peligro la vida de los transeúntes: José Delgado fue atropellado por un grupo de mulas desbocadas, pero no quiso levantar una denuncia contra los dueños por considerarlo como un hecho accidental, y quizá muy frecuente. En otras ocasiones, los mansos animales no causaron daño alguno y sólo fungieron como testigos del crimen: las 11 mulas que transitaban por la calzada de San Lázaro presenciaron la riña en que se involucraron sus dueños, Silverio Martínez y Ausencio García. Otros animales se convirtieron en blanco de los ladrones. Basten como ejemplo dos casos. Salvador Téllez acudió a cobrar un

Vendedores de pollos y pavos.

Vendedor de filtros de agua.

recibo a la casa de Camilo Ruiz, situada en la 3a. calle de Hidalgo número 6 1/2, y dejó en el zaguán a la yegua que montaba, un cuarto de hora después no encontró al animal "ni a persona alguna que le diera razón". Lo mismo le había ocurrido años atrás a Plácido Mena, a quien le robaron su caballo en la calzada de la Viga, fuera de la casa de su hermano.

Las plazas y las calles eran depósito de agua sucia, basura y animales muertos, pero también el sitio donde los hombres pasaban gran parte de su tiempo. Así, el espacio público era lugar de convivencia, los amigos salían a pasear y en el trayecto se les unían otros compañeros que se reunían a platicar o a beber. Los enamorados se daban cita en las cercanías de la casa o del trabajo de la novia. Estos lugares también eran sitio de reposo: descansando estaba un hombre a quien le fueron robadas sus pertenencias; e igualmente eran escenario de conflictos, de hecho, gran parte de las riñas entre varones que constan en los archivos judiciales se suscitaban en vías y lugares públicos.

Vistas de mercados.

VIVIENDA Y CULTURA MATERIAL[10]

A diferencia de los hombres, las mujeres pasaban mucho tiempo en el ámbito doméstico, que abandonaban sólo para ir a trabajar o comprar alimentos. Por ejemplo, Juana Rodríguez acostumbraba ir directamente a su casa al terminar de trabajar en una cervecería. Por ello, la mayor parte de los pleitos entre ellas se desarrollaban en el interior de las viviendas, generalmente casas de vecindad. Las vecindades se integraban por un conjunto de habitaciones en torno a uno o dos patios. En la parte de enfrente, en el primer piso, se ubicaban las viviendas principales; en el interior de los patios, las habitaciones de un solo cuarto, y en las fachadas, las accesorias, que tenían puerta directa a la calle y se utilizaban como tiendas o habitaciones. En la planta baja, además de los cuartos, estaban los servicios comunes, como lavaderos y retretes.[11] De estos espacios dan cuenta los archivos judiciales. Por ejemplo, el cadáver de Antonio Enríquez se encontró en la casa situada en el callejón de San Jerónimo número 5, a la entrada del segundo patio, en el primer cuarto a mano derecha.

Como hemos dicho, si bien dentro de las vecindades las viviendas principales estaban com-

Vista exterior de una casa de vecindad.

puestas por dos piezas, una destinada a cocina y comedor y otra a dormitorio, predominaban las habitaciones de una sola pieza, que no contaban con ventilación, ni entrada de luz y calor.[12] En este tipo de cuarto vivía gran parte de los procesados, víctimas o involucrados que figuran en los procesos judiciales. Las piezas tenían una puerta que se abría al patio de la vecindad, muchas veces de dos hojas, como la de Rafael Lugo que vivía en el callejón de Estanquillo número 8, cuarto número 9, y quien, al igual que otros vecinos, cerraba su puerta con una armella para evitar el paso a los extraños. Ello no impedía que los ladrones rompieran los seguros. De ello se quejaron Inocencia Hernández, quien encontró rotas las aldabas con que atoraba su puerta y notó la falta de una capa española o dragona que estaba sobre su cama, y Fernanda Mata, quien denunció la fractura de las armellas que sujetaban la puerta y el robo de diversos objetos.

Las piezas contaban con un escaso mobiliario. Según Julio Guerrero, abogado de la época, tan sólo "unos cuantos trastos de barro, una mesita de palo blanco, la cama en bancos y con petate. La estampa de algún santo clavada en la pared, y un vaso para la lámpara de aceite que arde siempre completan el menaje".[13] Ello coincide con nuestras fuentes, que registran cuartos amueblados únicamente con camas o petates para dormir, armarios, mesa y taburetes. Por otro lado, en el interior de las habitaciones no existía división alguna: en el mismo espacio se preparaban los alimentos, se comía y se dormía. En la noche el cuarto se utilizaba incluso como retrete, pues los servicios comunes estaban ubicados en el exterior y los inquilinos colocaban bacinicas en las habitaciones.

Los cuartos eran ocupados por varias personas, entre cinco y ocho.[14] Muchas veces miembros de la misma familia, por ejemplo, Francisca Flores vivía con sus tres hijas, María, Guadalupe y María Loreto, de 19, 18 y 15 años de edad. Las menores generalmente vivían con su madre u otro pariente. Pero en ocasiones la habitación era compartida con amigos, compañeros de trabajo o incluso simples conocidos: María Ortega vivía con su amiga Guadalupe Arrieta; Lorenzo Pérez con su amigo José Loreto Pinzón, y Pedro Lara estaba "arrimado" en el cuarto de Luis Morales, ambos albañiles, y entre los dos pagaban la renta. Otras veces el cuarto servía como habitación a varias parejas: Longines Ortiz, garrotero de ferrocarril, llevó a Dolores Ortiz a la capital y se instalaron en casa de un compañero de oficio, y Fernando Raso y María Salazar convivieron "por espacio de un año completo en la mejor armonía" hasta que alojaron a Marciano Arias y a su amasia Trinidad Muñoz.

Las condiciones y la estrechez de las viviendas, aunadas al hacinamiento, explican que las mujeres prefirieran pasar su tiempo fuera del cuarto o en los espacios comunes de la vecindad. El intenso contacto propiciaba la amistad y la solidaridad: Pedro Lara solía visitar en su cuarto de vecindad a Luis Morales, y Guadalupe Ruiz a la mujer de Enrique Buset, muchas veces para pedirle objetos prestados. Pero también esto mismo

Interior de una casa de vecindad.

ocasionaba enfrentamientos y riñas. Numerosos casos de pleitos y lesiones se suscitaron entre vecinos y vecinas. Por ejemplo, María Valadez estaba en el patio con sus niños cuando fue injuriada por María Carmen Ferrer; en su declaración relató que ésta le había dicho, entre otras cosas, "desgraciada, sinvergüenza, puta, alcahueta y que también injurió a su madre diciéndole que ésta también era puta". Para los pleitos servían de escenario los lavaderos o los patios. Riñas particulares terminaban por involucrar a todos los habitantes de la vecindad, algunos se unían a los contrincantes y otros permanecían únicamente en calidad de testigos.

Si bien en la sociedad burguesa los espacios público y privado estaban separados por una frontera nítidamente trazada y tanto las actividades que en ellos debían realizarse como las personas que debían ocuparlos estaban claramente definidas, en las vecindades no ocurría lo mismo. No existían espacios privados o propicios a la intimidad. Ningún lugar ni actividad quedaban a salvo de la mirada del vecino. Los inquilinos entraban y salían, se asomaban por la puerta o la ventana, oían conversaciones y vigilaban conductas. Las caseras, encargadas de asignar los cuartos, recolectar la renta y cuidar el acceso al edificio, en la práctica también se encargaban de vigilar a los moradores. Por ejemplo, Paula García notificó en la comisaría que creía que un hombre que a las siete de la noche del día anterior había entrado al cuarto número 6 que alquilaba Catarino Pacheco, estaba lesionado; la visita del inspector confirmó sus sospechas. La vi-

Pleito de vecindad, ilustración de José Guadalupe Posada.

gilancia constante que practicaban y a la que se sometían los habitantes de las vecindades se nota de forma clara en los casos de infanticidio. Una vez iniciada la averiguación, el inspector indagaba entre los vecinos la posible identidad de la madre. Ellos conocían perfectamente los ires y venires de todas las mujeres jóvenes, sabían si alguna de ellas se había declarado enferma y si había permanecido algunos días u horas dentro de su habitación. Juzgando vestuarios o modos de andar ataban cabos hasta lograr señalar, con una exactitud sorprendente, el día en que la sospechosa había dado a luz. Así, los inquilinos estaban sujetos a una vigilancia que, más parecida al espionaje, no se detenía ante las puertas que separaban los cuartos y las áreas comunes.

Al igual que sucedía con la higiene pública, a los ojos de los médicos e higienistas, de los inspectores de salubridad y de los autores de códigos y leyes, las condiciones de limpieza de las viviendas y de los habitantes de los barrios dejaban mucho que desear.[15] Escribió un redactor del *Gil Blas*:

> La mayor parte de esas casas tumbas no son más que lóbregas ruinas minadas constantemente por la humedad, corroídas por el salitre, envenenadas por los desechos estancados, invadidas por todo género de horribles y ponzoñosos insectos... En estas lóbregas y asquerosas casas de vecindad, gavetas de muertos ambulantes, suele haber un brocal casi deshecho de agua verde y salitrosa que no sirve más que para lavar ciertos objetos y siempre hay una letrina en un rincón obscuro o junto a la puerta del estrecho zaguán, de la que los vecinos se sirven a toda hora del día.[16]

Por su parte, refiriéndose a las viviendas de las calles de Manzanares, Lerdo y la plazuela de Baratillo, afirmó el criminólogo Luis G. de la Sierra:

> Allí se aspira un olor acre, repugnante; la zanja poco a poco arrastra en su corriente cenagosa, llena de inmundicias, toda clase de materias en estado de descomposición. La atmósfera está impregnada de miasmas deletéreos, que se reproducen continuamente... Allí en las puertas mugrientas de alguna vieja casucha cerca de los albañales y junto con los perros, se ven casi hacinados, multitud de niños desnudos y hambrientos que se reúnen a dormir, para con su calor y el de los perros poderse calentar en las noches de invierno.[17]

Una situación similar —pero con un lenguaje exento de términos médicos ajeno a los intereses de los higienistas o de los anhelos moralizantes de los criminólogos— revelan los archivos judiciales. Las porteras eran las encargadas de limpiar las áreas comunes, incluyendo los retretes y las cañerías, que estaban al aire libre y que generalmente estaban sucias y repletas de materias fecales y desperdicios. El ambiente se volvía aún más insano por la existencia de gallineros y corrales junto a las viviendas, que co-

Letrinas de una casa de vecindad.

nocemos gracias a las denuncias por robo de los animales. Si la limpieza de las áreas comunes era deficiente, también lo era la del cuerpo y la ropa. Julio Guerrero consideraba que era natural que los individuos no se bañaran, pues comprar jabón les mermaría 25% de sus ingresos.[18] Además, ninguna casa de los barrios populares contaba con agua entubada y el líquido debía acarrearse desde las fuentes más cercanas o comprarse a los aguadores, lo que dificultaba el baño. Así, la gente debía acudir a establecimientos públicos, pero existían pocos en la ciudad.

Las ropas tampoco se lavaban frecuentemente, lo que se puede explicar atendiendo a la falta de higiene pero también a la escasez de agua y de recursos económicos: al igual que los individuos poseían pocos enseres domésticos, también tenían sólo una o dos mudas, lo que dificultaba el cambio. Según descripciones de la época, los varones de los grupos populares solían portar calzón y camisa o sábana de manta, e iban descalzos o con huaraches, mientras que los más prósperos gustaban de vestir a la "europea", usando pantalones, chaqueta, camisa y calzado. Ello coincide con las descripciones incluidas en procesos judiciales. Por ejemplo, un individuo muerto de forma misteriosa portaba camisa y calzón de manta blancos; mientras que a la víctima de un asalto le fueron arrebatados un sarape, ceñidor y sombrero de palma, además del dinero que guardaba dentro de un pañuelo. En algunos casos se nota una mezcla de cos-

Vestuario masculino y femenino.

tumbres o de formas de vestir: otro hombre asesinado vestía un pantalón de casimir del país o paño a rayas negras y cafés, camisa blanca, pechera y puños de percal con dibujos de cabecitas de perro, y entre sus pertenencias se contaban un pañuelo, un peine roto y un mango colorado de escribir, pero calzaba huaraches. Otra víctima llevaba un pantalón pardo de casimir del país, camisa colorada interior, camisa blanca exterior, chaleco negro y zapatos de vaqueta. Algunos individuos empleaban accesorios propios de las clases medias o privilegiadas: guardaban su dinero en billeteras y portaban relojes con cadena, pero muchas veces de fantasía o imitación de plata. Ahora bien, volviendo a la descripción de los autores de la época, las mujeres vestían huipil, sin utilizar calzado alguno, o bien portaban enaguas de percal o "faldas amponas y tiesas" y rebozo de "bolita".[19] Sólo contamos con un proceso judicial en que se consigna la vestimenta femenina, gracias al cual sabemos que el día en que se fugó de su casa, Rebeca Espinoza de los Monteros portaba "saco blanco con blusa, enagua de negro y blanco y botas bayas" y traía "arracadas grandes de oro". Como hemos dicho, las prendas se lavaban poco. Un albañil que sufrió un accidente conservó la ropa que llevaba el día del percance durante una semana, a pesar de que las manchas de sangre cubrían 15 cm^2. Por ello la vestimenta podía ser usada como prueba pericial días e incluso semanas después de haberse cometido el crimen. El análisis de las enaguas de mujer era un procedimiento reglamentario en el caso de aborto, infanticidio, estupro o violación. Las averiguaciones, la localización de sospechosas y el examen de la víctima llevaban varios días. Al concluir, se pedía a la mujer que prestara sus ropas para analizarlas, pues por lo general los vestidos no habían sido lavados. Además, la ropa se usaba durante la noche, pues para dormir sólo se quitaban algunas de las prendas que se usaban durante el día: una riña despertó a una mujer a medianoche y ella, en sus propias palabras, salió "medio vestida".

Por otro lado, los grupos populares tenían un mínimo acceso a los adelantos de la medicina y seguían recurriendo a los servicios de curanderos, yerberos o parteras, pues les resultaban más económicos. Únicamente llamaban o visitaban al médico en casos extremos.[20] El albañil herido permaneció en su casa varios días y sus compañeros de oficio sólo llamaron al médico cuando lo vieron muy grave, tanto que, cuando éste llegó, ya había muerto. Es el mismo caso de Euloquio Arias, quien llegó a casa de su madre vomitando copiosamente y en estado de inconsciencia y sólo fue llevado al hospital cuando entró en estado comatoso, horas antes de fallecer.

SOCIABILIDAD, VÍNCULOS AMOROSOS Y RELACIONES FAMILIARES[21]

Los procesos judiciales reflejan un fenómeno que caracterizaba a la capital porfiriana: se trataba de una ciudad de migrantes. Si en el año de 1885 los nacidos en la capital todavía sobrepasaban el número de recién llegados, para 1900 alrededor de dos citadinos de cada tres habían llegado de fuera. El contingente más numeroso provenía de los estados del centro del país, sobre todo del de México.[22] En consecuencia, en los archivos criminales un elevado porcentaje de los sospechosos, víctimas o testigos provenían del interior del país, principalmente de las regiones vecinas. Sin embargo, no se relacionaban exclusivamente con oriundos de la misma región sino que capitalinos, hijos de migrantes y recién llegados se ligaban en vínculos de pareja y de amistad.

La relación amorosa se iniciaba con el encuentro. Para ello la ciudad ofrecía diversas posibilidades: las mujeres salían a la calle, al mercado o a la plaza. Narra Lorenzo Pérez que cuando paseaba por el Zócalo en compañía de algunos amigos "encontraron a dos muchachas que por su aspecto parecían domésticas de alguna casa particular y como les simpatizaron les dirigieron algunas frases amorosas al pasar junto a ellas". Los encuentros se producían también en casas de amigos o conocidos; fue en la de Liseta Núñez donde Mariano Arias conoció a su amasia, Trinidad Muñoz.

Algunas mujeres empezaban sus relaciones de pareja a temprana edad. A los 10 años Concepción Terrazas se hizo novia de Agustín González y siete años después huyeron juntos. A los 11 años Manuela Granados conoció a Luis Noche y a los 17 ya había sostenido y finalizado una relación de amasiato con él. A los 12, Luisa Pérez se hizo novia de Benito Pavón, quien abusó de ella dos años más tarde. A los 13, María Concepción Esclué se fugó con Felipe Romero. A los 14, Petra Torres, Rebeca Espinoza de los Monteros y Dolores Barrios se unieron con sus respectivos amantes. Y siguen los ejemplos. Los hombres solían ser mayores que ellas: mientras tres de ellas tenían 14 años, sus novios tenían 20, 22 y 26 años; si Juana Luna, Luisa Alcántara, Gabriela Sandoval y Josefa Ayala tenían 15, la edad de ellos era de 20, 22, 26 y 27; Concepción Farillo, Dolores Pacheco y Guadalupe Ruiz de 16, escogieron como amantes a hombres de 20, 27 y 28; por su parte, Concepción Terrazas de 17 años se enamoró de un hombre que tenía dos años más que ella; Juana Rodríguez, de 19, lo hizo de uno que tenía seis años más, y María Guadalupe Galván, de 20, de uno 15 años mayor.

Gracias a los expedientes de rapto podemos reconstruir las etapas de una relación amorosa. Las visitas posteriores al encuentro se producían, generalmente, en la vivienda de la mujer o cerca de ella. La situación se facilitaba si los enamorados habitaban en la misma vecindad —como Guadalupe Ruiz y Enrique Bouset— porque sus visitas no daban lugar a sospechas o porque ellos podían aprovechar la ausencia de los padres para introducirse en la casa de sus novias. Algunas veces el hombre la buscaba y ella salía a la puerta, a la ventana, al exterior. Es el caso de Ángela Rodríguez, quien declaró que "hace más de un mes que era novia de Zamacona y se salía de su casa a la esquina de la calle varias veces a conversar con él". De la presencia de los pretendientes alrededor de la vivienda da cuenta la madre de Rebeca Espinoza de los Monteros, quien "por la asiduidad con que su vecino Dionisio M. que vive en la misma calle frecuentaba las cercanías de su casa llegó a sospechar que tuviera relaciones con su hija".

Si los padres aceptaban la relación, los novios solían pasear, como lo narra Concepción Terrazas. Los hombres que sabían escribir entregaban a sus novias recados o cartas: Luis Palomera le escribió dos a Dolores Barrios antes de que ésta se fuera a vivir con él. Para los que no tenían suficiente inspiración, la imprenta de Antonio Vanegas Arroyo ofrecía cuadernillos o colecciones de cartas, que contemplaban todo tipo de situaciones, incluyendo cartas de presentación o mensajes de ruptura.[23]

Otros enamorados se intercambiaban objetos, dependiendo de sus posibilidades económicas, como anillos, relicarios o únicamente mechones de cabello. Al galanteo seguía el matrimonio, el amasiato o un fortuito encuentro sexual. Desconocemos los preparativos del matrimonio, pero podemos reconstruir las relaciones posteriores a la

Portada de José Guadalupe Posada de un cuadernillo de cartas amorosas.

fuga de la casa paterna. Hombres y mujeres las recuerdan y narran de diferente forma. La mujer recrea y subraya el momento en que el pretendiente le ofreció palabra de matrimonio, pues ello bastaba para que estuviera dispuesta a entregarse al hombre amado y a huir con él; de hecho, ésta es la explicación que muchas mujeres dieron al juez. Las historias son similares y las palabras prácticamente las mismas. Luisa Pérez declaró que su novio no se había casado con ella por falta de dinero, pero "le había ofrecido hacerlo muy pronto, por esa causa y por su propia voluntad se fue con él a su casa" y durante varias ocasiones tuvieron relaciones, lo cual ella ocultó a su padre pues él le prometió que pronto contraerían matrimonio. Por su parte, Dolores Barrios expresó:

> Que estando sirviendo en la casa número ciento veinte de la séptima calle de las Flores en calidad de doméstica conoció hace como dos meses a Luis Palomera, que es conductor número mil cuatrocientos sesenta de la Empresa de Tranvías Eléctricos: que tuvo relaciones amorosas con ese individuo y por último, el día lunes próximo pasado, al salir la declarante a un mandado se fue con Palomera, por haberle prometido ese sujeto casarse con ella.

El compromiso generalmente era verbal, pero valía tanto como la palabra escrita. Ángela Rodríguez relató que tras sucesivos encuentros en la calle:

> la tarde del día doce del actual [su novio] la invitó para que se fueran a su casa ofreciéndole casarse con ella, accediendo la declarante, y se la llevó para la casa de su mamá por lo pronto y después para la de Zamacona, donde hizo uso de su persona la noche del sábado siguiente haciéndola perder su virginidad, pero esto fue por su voluntad, habiendo tenido con él después accesos carnales, que nunca le dio palabra de casamiento por escrito, pues la que habla no sabe leer ni escribir y está dispuesta a casarse con su expresado novio y éste se halla en la misma disposición...

Si bien éste es el motivo más frecuente, algunas mencionaron el cariño que sentían por el novio y otras sostuvieron que se habían fugado con ellos por amor. Por ejemplo María Guadalupe Galván declaró:

> que hace seis meses que tiene relaciones amorosas con Santos Buitrón y hace dos meses se salió con éste del Rancho de Balbuena, sin haberle ofrecido éste casarse con ella pues la declarante sabía que Buitrón era casado legítimamente con otra mujer, y repite se salió con Buitrón por su voluntad y cariño que le tiene a éste, siendo doncella la declarante al irse con Buitrón y es voluntad de la declarante vivir con éste pues le profesa un gran cariño.

Para la fuga no faltaban ocasiones. Algunas parejas lo hacían durante los paseos permitidos. Por ejemplo, Esther Espíndola, de 16 años de edad, le contó a su madre que su novio "el domingo la sacó de su destino con el pretexto de comprarle cacahuates" y "con engaños se la había llevado a un cuarto... y había abusado de su persona". O bien, relató Guadalupe Ruiz que "el domingo pasado encontró... a Bouset y la invitó a pasear, llevándola en compañía de otra mujer y un individuo a un hotel que está en la Lagunilla lugar donde durmieron". Otras abandonaban el hogar pretextando una salida breve a los espacios comunes de la vecindad o aprovechaban el momento en que las enviaban a cumplir con un mandado. La mayor parte de las mujeres se había puesto previamente de acuerdo con sus enamorados, pero otras tomaban la decisión de forma espontánea y accedían a la petición de los varones, que las esperaban en la calle. O bien, decidían abandonar su casa y se lo hacían saber al novio cuando la decisión estaba tomada. Así le sucedió a Felipe Romero, quien sostuvo

> que no fue a buscar a Concepción ni le hizo indicaciones de que se fuera con él, pues la verdad es que la encontró casualmente por la calle de Moctezuma y como Concepción le dijo que ya era tarde y que su casa ya estaba cerrada el que habla le propuso que se fueran al Hotel en donde hizo uso carnal de Concepción.

También Concepción Terrazas huyó por decisión propia y fue a buscar a Agustín González diciéndole que "sería muy ingrato" si después de varios años de noviazgo la dejaba pasar la noche en la calle.

En todos los casos, tras la fuga, los enamorados inmediatamente sostenían relaciones sin otorgar ninguna importancia al escenario, pues el encuentro podía realizarse bajo un árbol del camino o en el mejor de los casos en un cuarto de hotel. Posteriormente buscaban alojamiento en casa de parientes o amigos. Resulta interesante señalar que tanto el hombre como la mujer presentaban a ésta como un ente pasivo de la relación sexual, lo cual se refleja en las expresiones empleadas: declaraban que él había disfrutado de ella o de su virginidad, o que había "usado de ella". En algunos casos ésta era la primera relación de la mujer y, de ser así, ellas lo expresaban, pues con ello adquirían derechos ante la ley: sólo si eran vírgenes y menores de edad se procedía por estupro;[24] algo similar ocurría con el delito de rapto, pues si las víctimas eran mayores de 16 años y habían perdido su virginidad, las acusaciones sólo tenían efecto si el delito se había cometido con violencia o con engaño.[25] Por el contrario, si ellos se habían dado cuenta de que ellas no eran vírgenes lo hacían saber al juez, pues eso los hacía merecedores de su libertad.

Cabe señalar que los procesos por rapto o las acusaciones contra los hombres que sostenían relaciones sexuales con "doncellas" menores de edad, eran una vía para conseguir el matrimonio. El delito sólo se perseguía si existía una demanda de la víctima y el proceso concluía si ésta retiraba la acusación.[26] Queda claro que la intención de los padres de las mujeres raptadas — o de ellas mismas— era forzar a los varones para que se casaran. Ello se nota en diversos procesos. Dolores Barrios declaró no tener ninguna queja contra su novio Luis Palomera y sostuvo que si su madre lo acusaba de estupro era para obligarlo a casarse con ella. Algunas acusaciones se hacían días después de que la pareja se había fugado y los padres actuaban sólo cuando los hombres se negaban a efectuar el matrimonio; así se lee en la declaración de Ángela Rodríguez, quien relata que su hija María Refugio Monroy llevaba viviendo con Cándido Estrada más de una semana, pero "como Estrada no obstante que la producente lo ha esperado para que cumpla su ofrecimiento de casarse con Refugio no lo ha hecho, lo acusa formalmente del rapto de su referida hija". Algunas veces los padres actuaban a instancias de las hijas.

Declaró Luisa Alcántara que "se fue con su novio José Martínez porque éste le ofreció casarse con ella pero que ayer por motivo de que estaba algo trastornado le dijo que ya no se casaba y con tal motivo se lo participó a su papá J. Claro Alcántara", quien denunció el rapto a la comisaría. De hecho, las mujeres estaban decididas a obligar al novio a cumplir con lo dicho. María Concepción Esclué pidió al juez que no "perjudicara" a su novio, pero aclaró que deseaba que se le obligara a cumplirle el ofrecimiento de matrimonio y enfatizó que "en caso de que se rehusase deja que la justicia obre como mejor convenga". En la mayor parte de los casos los familiares de las menores de edad se mostraban dispuestos a levantar los cargos si los ofensores "cubrían su honra", por lo que tras el compromiso de matrimonio los hombres quedaban en libertad. Lo anterior resulta interesante, pues habla de los anhelos de matrimonio dentro de una comunidad en la que predominaba el amasiato. Ello lo atestiguan los propios procesos judiciales, ya que la mayoría de los agresores, víctimas y testigos sostenía relaciones de concubinato.

Ahora bien, independientemente del origen del vínculo, se consideraba como obligación del hombre mantener a la mujer y a los hijos. Dado que Fernando Raso no le entregaba dinero pues no tenía trabajo, María Salazar debió dedicarse a la prostitución para pagar la renta del cuarto, pero al enfermar y "un tanto por cariño y un tanto por gratitud" lo dejó por otro, que le enviaba dinero por ayudarla y "la apartó de la carrera del vicio".

Los padres también tenían obligaciones hacia los hijos. Por ejemplo, velar por la honra de sus hijas: el padre de Luisa Pérez al enterarse que "sostenía relaciones amorosas" con Benito Pavón se encargó de cuidarla y en la tarea involucró a otros familiares, siendo avisado por su cuñada cuando el novio la raptó. De hecho, era el padre quien

Familia, ilustración de José Guadalupe Posada.

solía levantar las denuncias de rapto o estupro, y sólo en su ausencia lo hacía la madre. Muchas mujeres estaban a cargo de la familia, algunas eran viudas, otras solteras, otras casadas. Como ejemplo de las abandonadas tenemos el de Irinea Salinas, madre de un niño de un año de edad, enfermo de erisipela y a quien curaba con "medicinas caseras", lavándole con agua de malva y lechuga y colocándole algodones en las ronchas, pues "por ser mujer sola, carecía de recursos" para llevarlo al médico. La liga con la madre aparece de forma más tangible que los vínculos con los padres. Las esposas o amasias de los hijos se incorporaban a la familia materna del novio: Ángela Rodríguez pasaba el día en casa de la suegra y sólo regresaba a la de su amasio a pasar la noche, pero otras vivían ahí, como Concepción Terrazas o Gerarda Camacho. A la muerte de los padres, los hijos podían quedar a cargo de otras personas, generalmente familiares. Muchas veces eran los hermanos o hermanas mayores los que se encargaban de los huérfanos, como puede verse en los casos de Juana Rodríguez de 19 años, Guadalupe Ruiz de 16 y Josefa Ayala de 15, a cargo de hermanos de 33, 30 y 23 años. En otras ocasiones fueron las madrinas, pues fue Manuela Mendiola quien denunció el rapto de su ahijada Ángela Rodríguez. Y en otras, gente no ligada a ellas por parentesco: Manuela Mendiola crió a Ángela Rodríguez desde que ésta tenía dos meses de edad y Crescencia R. de Martínez adoptó a Catalina Flores. En los procesos judiciales también figuran padrastros, y los hijos se inmiscuyen en las relaciones, por ejemplo, Ramón Martínez riñó con su padrastro. porque éste le anunció que pensaba dejar a su madre.

Nuestras fuentes revelan casos de violencia doméstica y privilegian el conflicto, lo cual no implica que necesariamente las relaciones amorosas o familiares estuvieran permeadas de problemas. A la comisaría o a los tribunales llegaban múltiples casos de riñas o abusos entre parejas y familiares. Se conservan registros de pleitos entre amasios a antiguos amasios. Silveria Arellano fue a buscar a su amasio quien tomaba pulque con otros hombres para llevarlo a casa y éste la golpeó. La madre de Dolores Pacheco se presentó a denunciar los maltratos de que era objeto su hija de 16 años por parte de Longines Ortiz, quien en sus palabras: "ha maltratado mucho a Dolores y le ha cortado una trenza y el pelo inmediato a la frente". Guadalupe Cuevas pidió auxilio a un gendarme manifestándole: "que su amasia estaba muy ebria faltándole mucho y como no quería darle un mal golpe pedía auxilio a la policía", pero cuando ésta llegó ella ya estaba golpeada. El bombero Luis Noche hirió a su antigua amasia, Manuela Granados, ya que ella lo había dejado alegando que le daba "muy mala vida". También se suscitaban riñas por celos. Una madrugada Romana Muñoz estaba dormida en su cuarto cuando tocaron a la puerta, tan pronto abrió recibió un navajazo por parte de María Ortega, quien estaba alterada por los celos pues su amasio "andaba enamorando" a la víctima y la atacó a la voz de "con mi querido no andan muchas"; por el mismo motivo riñeron Alberta Rodríguez y la amante de su antiguo amasio, Matilde Sánchez. No faltaron tampoco conflictos entre antiguos enamorados. Como ejemplo, la acusación de injuria que hizo Fernando Raso contra su ex amasia, María Trinidad Muñoz, quien ahora hacía "vida marital" con un viejo amigo suyo.

Del mismo modo, contamos con casos de conflictos entre familias. Algunas hijas se quejaban del maltrato y los golpes que recibían de la madre, y ése era el argumento que empleaban para explicar su fuga del hogar. Por ejemplo, sostuvo Concepción Terrazas que si aceptó la propuesta que le hizo su novio para que se fuera a vivir con él, fue porque estaba "fastidiada de la mala vida que le daba su madre"; lo mismo declaró Rebeca Espinoza de los Monteros, quien agregó que su madre la golpeaba. La madre de María Concepción Esclué los hostigaba de tal forma que, en medio de un proceso de rapto, el novio declaró estar dispuesto a casarse con ella "porque le tiene bastante cariño, pero siempre que la madre de ella no lo mortifique". También se registran casos de agresiones a la madre o a los hermanos. María Loreto llegó a la casa en estado de ebriedad y sin el paraguas con que había salido, la madre la reprendió y como María le contestó mal, quiso pegarle con un mecate, pero la hija se le echó encima y la lesionó, al igual que a su hermana quien intentó defender a la madre. Por otro lado, la estrechez no sólo propiciaba el enfrentamiento sino también el acoso y el abuso, sobre todo entre familiares políticos: tanto Teófila Ramírez como María Concepción Esclué fueron violadas por sus padrastros.

El Zócalo.

DIVERSIONES Y TIEMPO LIBRE[27]

Los lugares de paseo y las diversiones estaban divididos según los sectores sociales. Los grupos populares solían visitar el Zócalo o los canales y embarcaciones de la Viga y acudir al teatro por tandas o a las carpas, el circo o las presentaciones de globos aerostáticos.[28] Los archivos judiciales brindan poca información acerca de estas actividades, sólo un individuo se vio involucrado en un problema mientras disfrutaba de ellas, y peleó con un hombre cuando salía del circo de San Antonio Abad situado en la plazuela de Santa Cruz. Sin embargo, las diversiones públicas fueron ampliamente descritas en otras fuentes. Resultan especialmente interesantes los relatos de ascensiones en globo en hojas volantes dedicadas al personaje de don Chepito Mariguano, publicadas por la imprenta de Antonio Vanegas Arroyo. Cuando el "pícaro viejito" invitó a pasear a una mujer, ella le respondió:

> Lo que es por mí, sólo el globo
> me llama más la atención
> porque lo que es las chalupas
> de verlas sobra ocasión.
> Nunca he visto una ascensión
> y quiero salir de dudas
> creo se ha de ver como Judas
> el gringo colgando al viento
> porque según aseguran
> de suertes hace un portento.

La pareja asistió al espectáculo, descrito de la siguiente manera:

> Hasta la orilla del lago
> se van a tomar lugar
> pues de toda la función
> quieren a gusto gozar.
>
> Por fin tras de larga espera
> llega el deseado momento
> y henchido el globo se eleva
> por el ancho firmamento.
>
> ...

El argonauta atrevido
el paracaídas separa
y desciende suspendido
de la argolla a que se agarra.[29]

Y en otro impreso, refiriéndose a Joaquín de la Cantolla y Rico, había declarado don Chepito:

Es el aire su elemento,
Allí come, fuma y ronca.
En México no se ha visto
Otro que iguale a Cantolla.[30]

Lo que sí está ampliamente documentado en los archivos judiciales es el consumo de pulque. Tanto hombres como mujeres frecuentaban las pulquerías, y lo hacían por igual en la mañana o en la tarde. En muchos casos la pulquería no era el punto de reunión, sino que se llegaba a ella después de encuentros accidentales o buscados, pero producidos en la calle o en la plaza. Matilde Sánchez, Alberta Rodríguez y Manuel García encontraron en la vía pública a un amigo llamado Vicente quien los invitó a una cantina, y el grupo se dirigió a la situada en la calle de Guerrero. Era común pasar de un local a otro. Ramón Martínez describe el trayecto que hizo con su padrastro a varios establecimientos. Y Ángel Salazar y Ángela Recoy narran que, tras encontrarse en la calle, él la invitó a una "pulquería de la calle de la Misericordia y de allí fueron a otras fondas para seguir tomando pulque". Por su parte, María Loreto Flores, de 15 años de edad, salió temprano de su casa por un mandado, en la calle se encontró a su hermana Guadalupe de 18 años y juntas tomaron un vaso de pulque; al parecer, cuando se separaron ella siguió bebiendo pues regresó a su casa en la noche, en estado de ebriedad.

La pulquería es un escenario ligado con el crimen. Muchos de los procesados y las procesadas por riña llegaban a la comisaría en estado de ebriedad. Además, la pulquería misma era un lugar frecuente de riñas, como la habida en Las Ninfas entre Ángel Rendón y Camerino Martínez. También se asistía a ellas después de efectuar un crimen, pues se robaba para obtener dinero para la bebida: narra Celso Flores que las señoras Nicolasa y Dolores Martínez lo invitaron a beber pulque a su casa y lo despojaron de su cobertor para empeñarlo y comprar el líquido. O bien, tras robar objetos de una accesoria, Zeferina López de 17 años se dirigió a la pulquería Los Piratas, donde la esperaba Bernarda Guerrero, de 18, quien previamente la había invitado a beber, tomándose cada una de ellas dos vasos "de a dos". Por ello, diversos criminólogos sostuvieron la necesidad de regular o restringir el consumo de alcohol, buscando demostrar con herramientas y argumentos "científicos" la liga entre alcoholismo y criminalidad.[31] De ahí también la expedición de estrictos reglamentos para el funcionamiento de las pulquerías: se les exigió mantener cerradas sus puertas, se restringió su horario de funcionamiento permitiéndoles abrir exclusivamente durante la jornada laboral (de seis a seis) y en días hábiles, se eliminaron las mesas o la música dentro de los locales, se exhortó a los consumidores a que permanecieran en la pulquería sólo el tiempo estrictamente necesario para consumir el líquido y se les prohibió sacarlo a portales o calles aledañas.[32]

El Paseo de las Flores en el canal de la Viga.

El globo de Cantolla, ilustración de José Guadalupe Posada.

Transporte de pulque.

Pulquería.

CONSIDERACIONES FINALES

Las fuentes de la época que nos permiten acercarnos a las condiciones de vida y las actividades cotidianas de los grupos populares, esencialmente los archivos judiciales, nos revelan un mundo que en muchos aspectos resulta muy lejano al de los grupos privilegiados. La distancia más evidente se refleja en el entorno y la cultura material, pues los arrabales y los barrios populares carecían completamente de servicios —agua potable, agua entubada, desagüe, cañerías, pavimento, transporte, iluminación— y sus habitantes vivían en cuartos que no tenían luz, calor, ventilación, ni suficiente espacio o enseres domésticos.

También resultan diferentes las pautas de sociabilidad y las relaciones amorosas o familiares. Dentro de estas diferencias pesaban, entre otros elementos, las condiciones de vida y la miseria. Por ejemplo, el hacinamiento y la existencia y necesaria utilización de espacios comunes ocasionaban contactos y solidaridades, pero también propiciaban conflictos. De una u otra forma, las relaciones con los vecinos eran muy estrechas —mucho más que en las colonias elegantes— y seguramente servían como paliativo a la soledad que debía rondar a los migrantes.

La pobreza también influía en las relaciones amorosas. Por ejemplo, por carecer de dinero para celebrar el matrimonio o la ceremonia religiosa muchas parejas posponían el enlace y se unían en concubinato. Pero en este punto no podemos dejar de preguntarnos: ¿los grupos populares se desviaban de los modelos de conducta que difundían los grupos privilegiados por imposibilidad económica o porque poseían un diferente abanico de valores? En el caso del matrimonio la respuesta es compleja. La mayor parte de las relaciones de pareja se fundaban en el amasiato, pero encontramos un anhelo de las mujeres y sus padres por asegurar los matrimonios. Lo que no podemos saber es si las parejas que no lo hacían así, no lo deseaban, no tenían los recursos —a veces legales— para obligar a los varones a efectuar el matrimonio, o no tenían el dinero para hacerlo.

Ahora bien, éste no es el único ejemplo en que se presentan contrastes entre los quehaceres cotidianos de los grupos populares y los modelos de conducta defendidos por las élites y las clases medias. Diversos actores porfirianos —el clero, grupos filantrópicos, médicos, abogados, autores de manuales de conducta o redactores de revistas dirigidas a la familia o a las mujeres— difundieron un modelo que postulaba que la mujer debía permanecer en el ámbito del hogar, consagrada al cuidado del marido y de los hijos. La realidad hacía difícil que las mujeres de los grupos populares observaran este esquema: ellas debían salir a trabajar y el cuarto de vecindad no facilitaba el encierro. Asimismo, contrariamente a un modelo importado de Europa que exigía al individuo moderar sus acciones, refrenar impulsos y ocultar emociones y necesidades corporales, los habitantes de los barrios se embriagaban, reñían, se insultaban y reían de forma escandalosa. Finalmente, los hombres y mujeres de los grupos populares desatendían los consejos de médicos e higienistas que el gobierno respaldaba con leyes y campañas.

En síntesis, existían entre los diversos sectores de la sociedad porfiriana profundas diferencias en las formas y las condiciones de vida, resultado de un abismo en la distribución del ingreso, pero quizá también por diferencias en las ideas o las pautas de conducta. Pero resulta importante señalar que la diferencia en la cultura material es menor que en el nivel de valores o pautas de conducta, quizá porque todos los grupos bebían de los preceptos de la Iglesia y se empapaban de la moral católica. Además, las ideas cambian más rápido y son privativas de ciertos grupos, mientras que las mentalidades y los valores se mudan de forma mucho más lenta y suelen ser compartidos por amplios sectores de la sociedad.

NOTAS

[1] Para cifras sobre la Ciudad de México, fraccionamientos y desigualdad social véase, entre otros: DAVIES, 1974; GORTARI RABIELA, 1978; GORTARI RABIELA y HERNÁNDEZ FRANYUTI (comps.), 1988; JOHNS, 1997; MORALES, 1978; POMBO, s.f.; TELLO PEÓN, 1994, y WASSERMAN, 2000.

[2] GONZÁLEZ NAVARRO, 1970, p. 532.

[3] Véase DUBY, 1978, p. 167; SALMERÓN y SPECKMAN, 1999, p. 36; FARGE, 1994, p. 156, y PERROT, 1992, p. 11.

[4] Todos los procesos judiciales utilizados en este trabajo se conservan en el AHJ. Por otro lado, sólo la primera vez citaré el nombre de pila del acusado, pues en las citas subsiguientes me referiré únicamente al apellido. Para esta sección se utilizaron los siguientes procesos (en orden cronológico): contra Huberto Piña (1889), Mariano Espinoza (1893), Pedro Jiménez y Silveria Arellano (1893), Jesús Hernández (1897), Lorenzo Pérez y José Loreto Pinzón (1897), Sabás González (1905), José Blanco y Felipe Rodríguez (1907), Martiniano Tenorio (1907), Dionisio del Moral (1907), José Zamacona (1909), Mariano Murguía (1909), Arturo Llamas (1910), Anselmo Morales (1910) y Enrique Méndez, Ramón Martínez y otros (1910).

[5] Véase DÁVALOS, 1989, y SANTOYO, 1997.

[6] Ladislao de Belina, "Influencia del clima de México sobre la tuberculosis pulmonar," en *Gaceta Médica de México*, 1878, XIII (13), p. 269.

[7] CAMPO, 1979 [1890-1891], p. 125.

[8] Para obras hidráulicas y sus desiguales beneficios véase AGOSTONI, 2001; CONOLLY, 1997, y PERLÓ, 1999.

[9] Para la modernización de los transportes véase GONZÁLEZ NAVARRO, 1970, pp. 694-695, y MORGAN, 1994, p. 153.

[10] Para esta sección se utilizaron los siguientes procesos (en orden cronológico): averiguaciones sobre la muerte de Antonio Enríquez (1889) y Euloquio Arias (1900); y procesos contra Manuel Rodríguez (1889), José Guadalupe Liceaga, Matías Maldonado y otros (1889), Francisco Serrano (1890), Daniel Montaño (1891), Vicente Olvera y Luis Sánchez (1891), Felipe Romero (1891), Longines Ortiz (1891), María Loreto Flores (1891), Pérez y Loreto Pinzón (1897), Pedro Lara (1897), Francisco Arias (1897), Félix Ba-

rrera (1897), Hernández (1897), Jacoba Barrera (1904), María Carmen Ferrer (1904), Serapio Maldonado (1907), Pedro Guerrero (1907), Antonio Aduna (1907), del Moral (1907), José Martínez Fuentes (1908), Zeferina López y Bernardina Guerrero (1909), Mariano Arias y María Trinidad Muñoz (1909), Amado Sagredo y Florencia Romero (1909) y Enrique Bouset (1909), Celso López (1910) y María Ortega (1911).

[11] Véase Hernández, 1981; Muriel, 1992; Pescador, y Fernández Rivera Río, 1993.

[12] Johns, 1997, p. 49, y Hernández, 1981, pp. 101-102.

[13] Guerrero, 1901, pp. 166-167.

[14] Véase Johns, 1997, p. 32; González Navarro, 1970, p. 88.

[15] Véase González Navarro, 1970, pp. 82-102, y Johns, 1997, pp. 43-49.

[16] Tomado de Hernández, 1981, p. 107.

[17] Sierra, 1894, pp. 83 y 87.

[18] Tomado de González Navarro, 1970, p. 89.

[19] Para vestimenta de la época véase Guerrero, 1901, pp. 160-166, y Benítez, 1946, p. 193.

[20] Véase Agostoni, 1999.

[21] Para esta sección se utilizaron los siguientes procesos (en orden cronológico): averiguaciones sobre las muertes de Enríquez (1889), y Arias (1900), y procesos contra Rodríguez (1889), Francisco Serapio (1890), Serrano (1890), Montaño (1891), Romero (1891), Galicia (1891), Ortiz (1891), Santos Buitrón (1891), Flores (1891), Irenea Salinas (1893), Jiménez y Arellano (1893), Teófila Ramírez (1896), Agustín González (1897), Daniel Lara (1897), Barrera (1897), Pérez y Loreto Pinzón (1897), Arias (1897), José Enríquez (1900), Antonio Campos (1900), Guadalupe Cuevas y Benita Flores (1904), Cándido Estrada (1907), del Moral (1907), Maldonado (1907), Matilde Sánchez y Alberta Rodríguez (1908), Martínez Fuentes (1908), Benito Pavón (1909), Luis Palomera (1909), Zamacona (1909), Bouset (1909), Arias y Muñoz (1909), Sagredo y Romero (1909), Luis Noche (1910), Morales (1910) y Ortega (1911).

[22] Véase González Navarro, 1956, y Gortari Rabiela, 1978, p. 50.

[23] Véase Speckman Guerra, 2001.

[24] El delito de estupro se define como la cópula sostenida con mujer casta y honesta, empleando la seducción y el engaño para alcanzar su consentimiento. *Código penal*, arts. 793 y 794.

[25] *Código penal*, arts. 808-815.

[26] *Código de Procedimientos Penales de 1880*, arts. 35-67, y *Código de Procedimientos Penales de 1894*, arts. 51-58.

[27] Para esta sección se utilizaron los siguientes procesos (en orden cronológico): contra Crispín Morales (1889), Ángel Salazar (1891), Flores (1891), José Martínez, Rodrigo Gutiérrez y Nicolás Ramírez (1893), Jiménez y Arellano (1893), Lara (1897), Benita Flores y Guadalupe Cuevas (1904), Barrera (1904), Ángel Rendón y Camerino Martínez (1907), Cornelio Álvarez (1907), Blanco y Rodríguez (1907), Maldonado (1907), Juan Navarrete y Antonio Téllez (1908), Sánchez y Rodríguez (1908), Jesús Navarro (1909), López y Guerrero (1909), Murguía (1909), López (1910) y Morales (1910).

[28] Véase González Navarro, 1970, pp. 717-726, y Bryan, 1983.

[29] *Los paseos de D. Chepito y amores del pícaro viejito*, México, Imprenta de Antonio Vanegas Arroyo.

[30] *La gran ascensión de Don Joaquín Cantolla y Rico. Corrido cantado por Don Chepito Mariguano*, México, Imprenta de Antonio Vanegas Arroyo, 1902.

[31] Véase Piccato, 1997; Speckman Guerra, 2002.

[32] Reglamentos de pulquerías, 25 de noviembre de 1871, 24 de octubre de 1873 y 27 de noviembre de 1884, en *Legislación mexicana*, tomo XI, pp. 590-592; tomo XII, pp. 507-509, y tomo XVII, pp. 78-80.

SIGLAS Y REFERENCIAS

AHJ ARCHIVO HISTÓRICO DEL TRIBUNAL SUPERIOR DE JUSTICIA DEL DISTRITO FEDERAL

AGOSTONI, Claudia
2001 *Mexican Hygienists and the Political and Economic élite During the Porfirio Díaz Regime*, en BOURDELAIS (ed.), pp. 193-210.
1999 "Médicos científicos y médicos ilícitos en la ciudad de México durante el porfiriato", *Estudios de Historia Moderna y Contemporánea de México*, XIX, pp. 13-31.

ARIÈS, Philippe, y Georges DUBY (coords.)
1992 *La Revolución francesa y el asentamiento de la sociedad burguesa*, vol. VII de *Historia de la vida privada*, traducción de Francisco Pérez Gutiérrez y Beatriz García. Madrid: Taurus.

BEEZLEY, William, Cheryl ENGLISH MARTIN y William E. FRENCH (eds.)
1994 *Rituals of Rule, Rituals of Resistance*. Wilmington: Scholarly Resources.

BENÍTEZ, José
1946 *El traje y el adorno en México*. Guadalajara: Imprenta Universitaria.

BOURDELAIS, Patrice (ed.)
2001 *Les hygiénistes. Enjeux, modèles, et pratiques*. París: Éditions Belin.

BRYAN, Susan E.
1983 "Teatro popular y sociedad durante el porfiriato", *Historia Mexicana*, XXXIII (1), pp. 131-169.

CALNEK, Edward, Woodrow BORAH *et al.*
1974 *Estudios sobre el desarrollo urbano de México*. México: Secretaría de Educación Pública (SepSetentas, 143).

CAMPO, Ángel de
1979 [1890-1891], *La Rumba*. México: Promexa.

La ciudad y el campo en la historia de México...
1992 *La ciudad y el campo en la historia de México. Memoria de la VII Reunión de Historiadores Mexicanos y Norteamericanos*. México: Instituto de Investigaciones Históricas, Universidad Nacional Autónoma de México.

Código penal
1872 *Código penal para el Distrito Federal y Territorio de la Baja California sobre delitos del fuero común y para toda la República sobre delitos contra la federación.*

Código de procedimientos penales
1880 *Código de procedimientos penales para el Distrito y Territorios Federales.*
1894 *Código de procedimientos penales para el Distrito y Territorios Federales.*

CONOLLY, Priscilla
1997 *El contratista de Don Porfirio. Obras públicas, deuda y desarrollo regional*. México: El Colegio de Michoacán-Universidad Autónoma Metropolitana/Azcapotzalco-Fondo de Cultura Económica.

DÁVALOS, Marcela
1989 *De basuras e inmundicias o de cómo se limpiaba la ciudad de México a fines del siglo XVIII*. México: Cienfuegos.
DAVIES, Keith A.
1974 "Tendencias demográficas urbanas durante el siglo XIX", en CALNEK, BORAH *et al.*, pp. 131-174.
DIEGO FERNÁNDEZ SOTELO, Rafael (ed.)
1993 *La herencia española en la cultura material de las regiones de México. Casa, vestido y sustento*. México: El Colegio de Michoacán.
DUBY, Georges
1978 "Historia social e ideologías de las sociedades", en LE GOFF y NORA (coords.), pp. 157-177.
FARGE, Arlette
1994 *La vida frágil. Violencia, poderes y solidaridades en el París del siglo XVIII*, traducción de Gabriela Montes de Oca y María Jiménez Mier y Terán. México: Instituto de Investigaciones Dr. José María Luis Mora.
GINZBURG, Carlo
1981 *El queso y los gusanos*. Barcelona: Muchnik Editores-Océano.
GONZÁLEZ NAVARRO, Moisés
1970 *Historia moderna de México. El porfiriato. La vida social*. México: Hermes.
1956 *Estadísticas sociales del porfiriato*. México: Talleres Gráficos de la Nación.
GORTARI RABIELA, Hira de
1987 "¿Un modelo de urbanización? La ciudad de México a fines del siglo XIX", *Secuencia*, VIII (mayo-agosto), pp. 42-52.
GORTARI RABIELA, Hira de, y Regina HERNÁNDEZ FRANYUTI (comps.)
1988 *Memoria y encuentros: la ciudad de México y el Distrito Federal (1824-1928)* (3 vols.), México: Instituto de Investigaciones Dr. José María Luis Mora-Departamento del Distrito Federal.
GUERRERO, Julio
1901 *La génesis del crimen en México*. París: Viuda de Charles Bouret.
HERNÁNDEZ, Vicente Martín
1981 *Arquitectura doméstica de la ciudad de México (1890-1925)*. México: Universidad Nacional Autónoma de México.
Investigaciones sobre la historia de la ciudad de México
1974 *Investigaciones sobre la historia de la ciudad de México*. México: Instituto Nacional de Antropología e Historia (Cuadernos del Departamento de Investigaciones Históricas-Seminario de Historia Urbana).
JOHNS, Michael
1997 *The City of Mexico in the Age of Díaz*. Austin: University of Texas Press.
LE GOFF, Jacques, y Pierre NORA (coords.)
1978 *Hacer la historia*, vol. I. Barcelona: Laia.

Legislación mexicana (compiladores: en la primera época Manuel Dublán y José María Lozano, y en la segunda Agustín Verdugo).

1876-1912 *Legislación mexicana o colección completa de las disposiciones legislativas expedidas desde la independencia de la República*, años 1876 a 1910, México.

Ley de organización judicial...

1903 *Ley de organización judicial para el Distrito y Territorios Federales*. México: Imprenta de J.F. Jens Sucesores.

Ley de organización de tribunales...

1892 *Ley de organización de tribunales del Distrito Federal y Territorios de la Baja California*. México: edición de *El Boletín Judicial*.

Ley que reforma la de organización judicial...

1911 *Ley que reforma la de organización judicial en el Distrito y Territorios Federales de fecha de 9 de septiembre de 1903*. México: Tipografía de Martín F. Reyes.

MORALES, Dolores

1978 "La expansión de la ciudad de México en el siglo XIX: el caso de los fraccionamientos", en MORENO TOSCANO (coord.), pp. 189-200.

MORENO TOSCANO, Alejandra (coord.)

1978 *Ciudad de México. Ensayo de construcción de una historia*. México: Secretaría de Educación Pública-Instituto Nacional de Antropología e Historia (Colección Científica, 61).

MORGAN, Tony

1994 "Proletarians, Politics, and Patriarchs: The Use and Abuse of Cultural Customs in the Early Industrialization of Mexico City, 1880-1910, en BEEZLEY, ENGLISH MARTIN y FRENCH (eds.), pp. 151-172.

MURIEL, Josefina

1992 "La habitación plurifamiliar en la ciudad de México", en *La ciudad y el campo en la historia de México*, tomo I de la *Memoria de la VII Reunión de Historiadores Mexicanos y Norteamericanos*. México: Instituto de Investigaciones Históricas, Universidad Nacional Autónoma de México, pp. 267-283.

PÉREZ MONTFORT, Ricardo (coord.)

1997 *Hábitos, normas y escándalo. Prensa, criminalidad y drogas en el porfiriato tardío*. México: Centro de Investigaciones y Estudios Superiores en Antropología Social-Plaza y Valdés Editores.

PERLÓ, Manuel

1999 Introducción a *El paradigma porfiriano. Historia del desagüe del Valle de México*. México: Editorial Porrúa.

PERROT, Michelle

1992 Introducción, en ARIÈS y DUBY (coords.), pp. 9-13.

PESCADOR, Juan Javier, y Cecilia FERNÁNDEZ RIVERA RÍO

1993 "Casas, vecindades y jacales. Los espacios domésticos en Santa Catarina, siglo XVIII", en DIEGO FERNÁNDEZ SOTELO (ed.), pp. 163-196.

PICCATO, Pablo

1997 "El discurso sobre la criminalidad y el alcoholismo hacia el fin del porfiriato", en PÉREZ MONTFORT (coord.), pp. 75-142.

POMBO, Luis

s.f. "Progreso de la ciudad". México: s.p.i.

POUNDS, Norman J.G.

1992 *Vida cotidiana: historia de la cultura material*, traducción de Jordi Ainaud. Barcelona: Editorial Crítica.

RODRÍGUEZ PIÑA, Jaime

1974 "Las vecindades en 1811: Tipología", en *Investigaciones sobre la historia de la ciudad de México*, vol. III, pp. 68-96.

SALMERÓN, Alicia, y Elisa SPECKMAN

1999 "Entrevista a Solange Alberro", *Históricas* 54 (enero-abril), pp. 9-38.

SANTOYO, Antonio

1997 "De cerdos y de civilidad urbana. La descalificación de las actividades de explotación porcina en la ciudad de México durante el último tercio del siglo XIX", *Historia Mexicana*, XLVII (1), pp. 69-102.

SIERRA, Luis G. de la

1894 "La delincuencia en la infancia", *El Foro*, año XXII, XLII (21-24), 31 de enero, 1, 2 y 7 de febrero.

SPECKMAN GUERRA, Elisa

2002 *Crimen y castigo. Legislación penal, interpretaciones de la criminalidad y administración de justicia (Ciudad de México 1872-1910)*. México: El Colegio de México-Instituto de Investigaciones Históricas, Universidad Nacional Autónoma de México.

TELLO PEÓN, Berta E.

1994 *Arquitectura del porfiriato*. México: Instituto de Investigaciones Estéticas (Imágenes de Arte Mexicano), Universidad Nacional Autónoma de México.

WASSERMAN, Mark

2000 *Everyday Life and Politics in Nineteenth Century Mexico. Men, Women and War*. Nuevo México: University of Albuquerque Press.

2

LA VIDA CAMPESINA DURANTE LA REVOLUCIÓN: EL CASO ZAPATISTA

FELIPE ARTURO ÁVILA ESPINOSA
Instituto de Investigaciones Históricas, Universidad Nacional Autónoma de México

ESTE TRABAJO ANALIZA LAS FORMAS que adoptó la vida campesina durante la Revolución mexicana en las zonas dominadas por el zapatismo por tres razones. En primer lugar porque el zapatismo, entre todos los movimientos populares de la Revolución mexicana, fue el que efectuó las más profundas transformaciones estructurales, el único en el que tuvo lugar una efectiva reforma agraria que transfirió temporalmente la propiedad agraria de sus antiguos poseedores terratenientes a los pueblos que carecían de ella, también fue capaz, entre 1914 y 1916, de establecer un territorio libre, consolidar un poder regional autónomo, con un gobierno, una administración, un ejército, una moneda y una legislación propios, y luchó por alcanzar la hegemonía nacional en el proceso revolucionario controlando, junto con sus aliados villistas, la parte central y la mayor parte del territorio nacional a fines de 1914 y hasta mediados de 1915 antes de ser derrotados por el constitucionalismo. En la región dominada por el zapatismo fue donde se presentó el mayor desafío al poder y a las instituciones dominantes, con una gran dosis de violencia popular masiva en contra de las élites, autoridades e instituciones, y fue también, en contraparte, la región que sufrió una de las mayores atrocidades y exterminio por parte de sus enemigos.

Las transformaciones hechas por la revolución zapatista provocaron una profunda alteración en las condiciones en que transcurría la vida de las familias de esa región. La gente común tuvo que adaptarse a las nuevas y más difíciles condiciones y reaccionó de diferente manera ante ello. La violencia, la escasez de alimentos, la destrucción de pueblos y rancherías, la subordinación de la economía a las necesidades de la guerra, la presencia cotidiana de la muerte y el dolor, y la irrupción continua de fuerzas destructivas de fuera obligaron a las familias a establecer mecanismos de defensa y sobrevivencia. Algunos se incorporaron al ejército zapatista para proteger a los suyos, muchas familias

La Revolución significó una nueva identidad para las clases populares que tomaron en sus manos su propio destino.

emigraron a regiones más seguras, otras hicieron alianza con algunos de los bandos enfrentados. En esas difíciles condiciones la población tuvo que arreglárselas para continuar con su vida, para buscar el sustento, para cuidar sus pertenencias, para comunicarse con los seres queridos, para curar sus enfermedades, para darse tiempo para el amor y el ocio, para educar a los hijos, en fin, para seguir viviendo en un contexto que había cambiado. Qué tanto y cómo cambió la vida cotidiana en una de las regiones que más transformaciones tuvo durante la Revolución es la segunda razón de este estudio.

Finalmente, el zapatismo ofrece uno de los más ricos ejemplos para el análisis y la reconstrucción histórica de los movimientos revolucionarios con base en sus propios testimonios escritos y orales. El problema —la mayoría de las veces insalvable para los historiadores y estudiosos del pasado— de tratar de rescatar la voz de las denominadas clases subalternas, que por lo general no dejan testimonios directos de sus pensamientos y aspiraciones, y de los cuales sólo se conocen ecos y reminiscencias indirectas, por medio de sus portavoces, intérpretes y representantes de otras clases sociales, está parcialmente superado para el estudio del zapatismo. Existen archivos zapatistas que se han conservado y contienen miles de comunicaciones escritas (cartas, telegramas, instrucciones, recados, consejos) en los que abundan testimonios escritos personalmente o dictados por la gente común de las localidades, en los cuales plasmaron sus preocupaciones inmediatas, sus necesidades y sus apreciaciones sobre la situación que estaban viviendo. Hubo una verdadera obsesión por la palabra escrita por parte de la gente, la cual cumplía la función de dejar constancia inalterable de sus deseos y necesidades, con un carácter oficial y legal, y también la de mantener y reforzar los vínculos familiares, de amor y de amistad en una situación atípica en la que la convivencia directa se había alterado al separarse los hombres jóvenes de los hogares para enrolarse a las filas zapatistas o al ser obligados a ingresar al ejército federal, y al tener que huir pueblos y familias enteras para protegerse de la destrucción y buscar refugio temporal en los cerros o en los pueblos reconcentrados. En tales condiciones, la escritura se volvió un medio imprescindible para mantener el contacto, para sentir la presencia recíproca, para expresar sentimientos, aflicciones y esperanzas, y para organizar tareas comunes.

Las revoluciones sociales son fenómenos atípicos, raros en la historia de los pueblos, que ocurren con largos intervalos y a veces casi nunca se presentan. Y sin embargo, su influencia en el devenir histórico ha sido reconocida siempre y hay quienes las consideran el verdadero motor de la historia. Asociadas a una decisión extrema, que implica abandonar la seguridad y la tranquilidad cotidianas para arrojarse a una aventura en la que se pone en riesgo la vida propia y la de los seres cercanos, y que implica siempre sacrificios, penurias, dolor y muerte, las revoluciones son fenómenos no deseados, salvo en una situación de extrema desesperación o por motivos ideológicos. Inevitables, por lo demás, cuando se presentan significan una conmoción que trastoca los valores, los roles, los equilibrios y las relaciones de poder mediante los cuales se desarrolla la vida en condiciones normales.[1] Uno de los aspectos que se modifican, que se subvierten en el curso de las revoluciones es el de la vida cotidiana, entendida como el conjunto de manifestaciones con el que se expresa la individualidad de las personas de una sociedad e incluye sus actitudes, sentimientos, ideas, aspiraciones, valores, moral e identidades con los que organizan la producción y reproducción de su vida biológica, material y espiritual, su concepción de sí mismos y su ubicación y relaciones con los demás y con el entorno.[2]

En el caso de la Revolución mexicana y del zapatismo se produjo un estado social atípico. Hubo un cuestionamiento a la opresión, a la injusticia, a los roles asignados a las clases e individuos sometidos y, con el triunfo, se abrió una etapa de transición en la que disminuyó la eficacia de los controles tradicionales y del monopolio de la violencia por medio de los cuales se ejerce normalmente la dominación y, al mismo tiempo, una liberación de iniciativas y de energías sociales contenidas hasta entonces para construir nuevos vínculos, nuevas identidades, una nueva comunidad. La Revolución significó la negación de una identidad perdida, deteriorada y percibida como anómala, en la que prevalecían valores negativos como la injusticia, la desigualdad, la prepotencia, el egoísmo, la maldad, y significó el intento por superarla, por sustituirla por otra identidad con valores positivos universales: justicia, honestidad, solidaridad, altruismo, en un esfuerzo por reconstruir una comunidad donde confluyeron esperanzas, proyectos y aparecieron nuevos héroes. Las clases marginadas, los de abajo, se volvieron —al menos temporalmente— protagonistas de su propia historia.

Este proceso, empero, creó muchos conflictos y una tensión permanente, porque se desarrolló también, paralelamente, una tendencia disruptiva, originada por la súbita eliminación de las normas y los instrumentos de control y coacción imperantes hasta entonces, que no fueron sustituidos inmediatamente por otros nuevos y permitieron la aparición de bandolerismo y delincuencia en contra de la población civil con una gran intensidad e, incluso, dentro de los propios grupos revolucionarios. La construcción de nuevas normas y códigos eficaces fue muy conflictiva. Los jefes rebeldes y las nuevas autoridades locales se esforzaron por controlar y normar la conducta de sus fuerzas y de la población civil y pusieron en práctica nociones y códigos de justicia tradicional y consuetudinaria directa. Sin embargo, en muchas ocasiones los comportamientos que atentaban contra la nueva comunidad y que afectaban a la población civil, se salieron del control de los jefes revolucionarios y de las instancias creadas para la administración de la justicia y se resolvieron mediante la fuerza de los propios contendientes, sucediendo casos de venganzas y justicia por su propia mano. Además, las condiciones impuestas por la guerra provocaron una situación de aguda escasez de alimentos y medios de subsistencia que dificultaron enormemente la supervivencia. Escasez y necesidad imperiosa de sobrevivir estuvieron en el origen de muchos comportamientos que proliferaron en la Revolución, en una situación extrema que redefinió las conductas y los roles de los distintos sectores populares y de los ejércitos revolucionarios.

EL REINO DE LA NECESIDAD

Las haciendas azucareras

La insurrección de la que surgió el zapatismo tuvo entre sus orígenes una problemática agraria de larga duración —que se remonta a la época colonial—, expresada en la disputa por los ricos recursos naturales de la región entre los pueblos originalmente asentados en ella y los nuevos pobladores hispanos y criollos, que establecieron ahí una de las actividades más florecientes: el cultivo de la caña de azúcar. El paisaje morelense estuvo dominado desde entonces por las haciendas e ingenios azucareros, los cuales controlaron desde muy temprana época las tierras más fértiles, las principales corrientes de agua y subordinaron a las comunidades campesinas que tuvieron que sobrevivir cultivando productos tradicionales —básicamente maíz y frijol— en las tierras que conservaron y empleándose estacionalmente como asalariados en la siembra, cosecha y transformación de la caña. La simbiosis estructural y el equilibrio —nunca exentos de tensiones— entre las haciendas y los pueblos vinculados a ellas fueron alterados por la modernización que tuvo lugar durante el porfiriato, mediante innovaciones tecnológicas, incremento en la infraestructura de riego y el empleo del ferrocarril para comunicar las zonas productoras con los principales centros de consumo.[3]

Las haciendas azucareras fueron la institución económica dominante en la zona y también uno de los principales instrumentos de control y poder sobre la población común. En ellas vivía una parte importante de las familias campesinas como trabajadores residentes, y eran el principal medio de sustento para los trabajadores estacionales que se empleaban en la zafra y en la molienda de la caña. Pero además de esta función económica, las haciendas proporcionaban también otros elementos y servicios indispensables para la población que dependía de ellas: educación, atención médica, servicios religiosos, cooperación para las fiestas religiosas y ayuda en casos de necesidad, como enfermedades y muerte, o bien bautizos y bodas. La desaparición del Estado colonial significó la eliminación de los mecanismos de protección y ayuda paternal de la que gozaban los grupos de la sociedad corporativa novohispana, que no fueron remplazados por el Estado liberal, lo que dejó en la indefensión a la mayoría de los grupos marginales del país. Algunas haciendas cumplieron parcialmente ese papel paternalista y protector y establecieron con sus trabajadores una relación de

El trabajo en los campos azucareros había sido la forma de ganarse la vida por generaciones desde la época colonial.

mutua conveniencia, a través de la cual, mediante un contrato implícito y de valores entendidos, los grupos subordinados aceptaban y reconocían la dominación y legitimidad de la hacienda, y trabajar para ella a cambio de remuneraciones monetarias o en especie y de un código de conducta en el que se expresaba la protección y el interés de los hacendados en sus trabajadores.[4]

Gracias a ese código no escrito, las haciendas gozaron de una legitimidad que estuvo siempre a prueba y que originó que en la Revolución, aquéllas en las que se había desgastado más su legitimidad, sufrieran ataques por los pueblos colindantes o por sus propios trabajadores, o bien, que fueran respetadas y protegidas por los grupos rebeldes hasta muy avanzada la Revolución. Uno de los principales propietarios de Morelos, Manuel Araoz, dueño de las haciendas de Cuahuixtla, Treinta y Acamilpa, expresó: "Sí hemos dado buen trato a todos los trabajadores... les hemos concedido continuamente franquicias y comodidades con las que mejoran su condición, tales como: tierras para siembra, asistencia médica con medicinas... servicio parroquial de matrimonios, bautizos, etc., cuyos gastos cubre la finca, no olvidando al cuidado moral para los niños de las familias reales". Romualdo Pasquel, dueño de las haciendas Acatzingo, Miacatlán y Cocoyotla señaló: "Además, se les proporciona a los operarios... pastos en terrenos de las mismas haciendas para sus ganados [y] sostenimiento de escuelas para niños de ambos sexos y se les auxilia en sus necesidades".[5]

La actitud del zapatismo ante las haciendas estuvo en función de las necesidades de la guerra, de las necesidades de los pueblos y de la actitud de los dueños y administradores. Así, en un primer momento, durante 1911 y 1912 el zapatismo utilizó las ricas haciendas de su región para financiar su movimiento, realizando incursiones periódicas para conseguir alimentos, forrajes, víveres y dinero. Muy pronto, en la medida en que la guerra se hizo permanente, establecieron cuotas obligatorias semanales, que tenían que ser cubiertas en dinero y víveres por cada una de ellas. A la hacienda de Cocoyotla se le impuso una cuota de 250 pesos semanales; para obtenerla, el coronel Sealtiel Alarcón, de las fuerzas de Genovevo de la O, la quemó "y viendo que perderían todo entraron en tratos con nosotros". En la de Jalmolonga, más próspera, el dueño y el administrador establecieron una relación de compromiso con De la O, cumpliendo semanalmente con una cuota que a veces llegó a 2 000 pesos, alimentos y forrajes, a cambio de que la respetaran, defendieran y que les dejaran vender sus productos en los mercados autorizados por las fuerzas zapatistas; empero, este compromiso tuvo muchas dificultades para cumplirse y a menudo jefes no autorizados le pidieron recursos a la hacienda por encima de la cuota, y los dueños en muchas ocasiones vendieron productos a lugares prohibidos, sufriendo decomisos de mercancías. Algunas haciendas fueron atacadas y sufrieron saqueos, destrucción de sus instalaciones, quema de cañaverales y pastos e incluso el asesinato de sus dueños o administradores; esto ocurrió cuando hubo una reacción defensiva por parte de sus propietarios en contra de las partidas de revolucionarios. Hubo destrucción de haciendas en los casos en los que había agravios fuertes cometidos por dueños y capataces contra peones y residentes que se incorporaron a la Revolución y que se valieron de ésta para vengarse, o cuando había conflictos agrarios por expropiaciones de las haciendas en contra de pueblos y rancherías. En la medida en que la escasez de alimentos y víveres fue aumentando, los ataques, robos y abusos en contra de ellas arreciaron.[6]

Varias haciendas fueron respetadas y se estableció un compromiso de no atacarlas a cambio de una contribución forzosa. Los guerrilleros surianos las utilizaron para abastecer a su ejército y financiar la guerra hasta la derrota del régimen de Huerta. Aunque la producción de azúcar, maíz, frijol, hortalizas y frutas había continuado, la extensión y radicalización del proceso revolucionario provocaron la ruptura de los procesos económicos y de los circuitos comerciales. La derrota de Huerta hizo inviable la permanencia del régimen hacendario y muchos propietarios abandonaron sus posesiones. Pero fue, sobre todo, la capacidad del zapatismo —cuando se volvió la fuerza dominante en su región— de aplicar el Plan de Ayala —que establecía la recuperación de la tierra por los pueblos— lo que provocó el fin del sistema de las haciendas, que en esa región desaparecieron para no volver más. El ejército zapatista ocupó y administró las haciendas y trató de que operaran para seguir financiando la guerra, pero también para satisfacer las necesidades de producción de alimentos del ejército zapatista y de la población civil.

En las zonas zapatistas periféricas de Puebla, Guerrero y el Estado de México hubo una violencia mucho mayor contra las haciendas, desde 1911, como producto de fuertes conflictos agrarios con pueblos y localidades vecinas y porque tuvieron una menor legitimidad ante los jefes guerrilleros, que en muchas ocasiones no eran originarios de esos lugares y se comportaron como fuerzas de ocupación. En la campiña poblana se dio una de las más intensas destrucciones de campos y haciendas por parte de los grupos zapatistas entre 1911 y 1913. Después, todas esas haciendas periféricas fueron también expropiadas, intervenidas y operadas por los generales y coroneles zapatistas.[7]

En su operación hubo problemas originados por las dificultades para vender sus productos, por la inexperiencia administrativa de los generales encargados de ellas y por la resistencia de los trabajadores y campesinos para que continuaran operando como lo habían hecho en el porfiriato. Se presentó la misma contradicción que con las tierras recuperadas por los pueblos, con la fábrica papelera de San Rafael y con los ferrocarriles, también administrados y operados por los zapatistas: las necesidades de la guerra implicaban una lógica y una racionalidad con criterios comerciales y de eficacia productiva que chocaba con la percepción y las necesidades de la población común. La gente de los pueblos y las rancherías prefería sembrar maíz, frijol y productos tradicionales y aprovechar los bosques y pastizales para satisfacer sus necesidades inmediatas y no les interesaba el mercado ni las necesidades de conseguir recursos monetarios para comprar armas y equipos. Con la Revolución, los pueblos privilegiaron la producción de valores de uso, lo que a menudo chocó con la decisión del cuartel general y de los intelectuales zapatistas de aprovechar las ventajas de una economía mercantil que respondía mejor a una lógica de guerra.[8]

Un ejemplo de la confianza que tuvieron algunos pueblos para actuar de acuerdo con lo que querían lo dio el de Tenería, cuyos habitantes se pusieron a talar los montes que les habían sido vedados, a hacer leña y venderla. El síndico del Ayuntamiento se quejó que antes eso sólo lo podían hacer con una orden escrita de la presidencia municipal, pero como "ahora dicen que estamos en revolución, se olvidan de sus deberes y se entregan al destrozo más desenfrenado".[9] Y con todo, tanto los guerrilleros surianos como la población civil fueron capaces de desarrollar uno de los intentos más radicales —aunque efímero— por organizar la producción y distribución de los satisfactores para financiar su guerra y para beneficiar a la población mayoritaria, dándole otra función a la que había sido la principal agroindustria nacional hasta entonces.

La legitimidad de las haciendas centenarias fue impugnada, los jefes campesinos derrotaron a los hacendados y las administraron por su cuenta.

Los pueblos

Los pueblos fueron la organización que permitió dar cohesión social e identidad al movimiento zapatista y su principal soporte. Como ha señalado Guerra, "en México el pueblo tenía una importancia fundamental en la identidad de las personas y de los grupos. Célula social básica, en la tradición prehispánica del calpulli, la época colonial no menguó su cohesión interna y lo mantuvo como algo separado del exterior... en la época independiente conservaba fuertes vínculos internos: parentesco, santo patrono, fiestas religiosas y civiles, autoridades propias religiosas y civiles, tierras comunales. Desde luego, hay conflictos internos y estratificación. Pero hacia fuera, actúa siempre como algo homogéneo. En las revueltas y levantamientos de todo tipo que hay son actores colectivos, no individuales, los que se mueven".[10]

En la rebelión zapatista fueron los pueblos los que se incorporaron y formaron el Ejército Libertador del Sur y fueron su soporte básico. En buena medida, la cohesión y persistencia que tuvo el zapatismo se explican por los fuertes vínculos de parentesco entre sus componentes, de familias que tenían a los hombres combatiendo directamente en la Revolución, mientras el resto de sus miembros colaboraba en distintas formas con el movimiento. Desde luego, eso no significó que no hubiera conflictos y disputas en su interior. Al contrario, las rivalidades y pleitos entre las familias fueron uno de los fenómenos más característicos e intensos en el movimiento zapatista, y explican en parte las limitaciones que tuvo para extenderse a otras regiones y para conformar un ejército profesional, con menos arraigo en su zona y mayor efectividad militar.[11]

Los pueblos, todavía más que las haciendas, sostuvieron y alimentaron al ejército y a la revolución zapatistas, con los productos que cosechaban, principalmente maíz, frijol y chile, y de manera menos regular, frutas, hortalizas, animales domésticos y ocasionalmente lácteos. La ayuda era directa, dando de comer a los grupos guerrilleros que entraban a las poblaciones, o indirectamente, a través de la organización y distribución regular de cuotas de productos y/o de dinero que fijaban los pueblos con los jefes zapatistas, recogidas y entregadas por conducto de las autoridades locales. Los archivos están plagados de testimonios que evidencian este sostenimiento alimentario de las tropas zapatistas. Esas contribuciones eran voluntarias: en los casos en los que había parientes o amigos cercanos dentro de las filas guerrilleras, las familias gustosamente colaboraban con lo que tenían, y en los casos en los que no existían lazos de parentesco o amistad

Las familias campesinas de las comunidades eran las que alimentaban a los guerrilleros zapatistas.

pero los pueblos reconocían que los guerrilleros los protegían y defendían del ejército, era una especie de pago de servicios. Por ejemplo, Catalina Ochoa, habitante de Chalmita, le escribió a De la O: "Le mando a usted unas cuantas piezas de pan por no haber más en estos momentos, pero en seguida le mando unas piecesitas más". Vecinos de Santa Mónica de Ocuilán le enviaban regularmente maíz a De la O y le dijeron "todos los vecinos de este pueblo jamás se han olvidado de usted y de todos los jefes que exponen su vida por el bien y el progreso de nuestra querida Patria". Un veterano zapatista recordó que para conseguir comida "llegábamos a una casa y —señora, regáleme una tortilla— sí cómo no, pasen, pasen... entonces nos pasaban y nos servían una comida como en su casa".[12]

Pero también ocurrió que esas contribuciones fueron impuestas por la fuerza, como cuotas obligatorias que se exigían mediante amenazas, castigos corporales y abusos, ocasionando una relación muy deteriorada de temor, resentimiento, agravio y deseo de justicia por parte de las familias ofendidas en contra de los abusos de muchos jefes y soldados zapatistas. En este tenor, la respuesta de la población civil para abastecer al ejército zapatista dependió de la cercanía familiar y de amistad, de la necesidad de protección y defensa, de las formas y actitudes con las que se pedía esa ayuda y, también, de la disposición de alimentos de las poblaciones, cuya producción —como consecuencia directa de la guerra, de la destrucción de los campos y poblados, de la cancelación de los circuitos comerciales, de la extracción de una parte de la fuerza de trabajo masculina— disminuyó dramáticamente. Así pues, se vivió una escasez crónica y creciente de alimentos y víveres, que se agudizó conforme se prolongaba la guerra y que provocó una enconada disputa por los pocos recursos disponibles en la cual la población civil pacífica, en desventaja ante los distintos grupos armados, zapatistas o contrarios a éstos, llevó todas las de perder. En todo el periodo, y particularmente en los años más difíciles, se produjo una impresionante extracción de los recursos y del trabajo de los pueblos de la zona por las distintas fuerzas armadas contendientes, fueran federales, zapatistas o carrancistas, a los cuales se vieron obligados a alimentar, con recursos cada vez más exiguos.

En la zona poblana, el jefe zapatista Jesús "El Tuerto" Morales exigía maíz, tortillas, zacate y armas, a menudo con amenazas y malos modos; los pobladores se quejaron continuamente y denunciaron que siendo tan pobres no podían pagar lo que se les exigía; denuncias similares hicieron a generales zapatistas como Felipe Neri, Antonio Barona —cuyos excesos motivaron que el cuartel general zapatista los castigara y fusilara—, Everardo González y un extendido número de coroneles menos conocidos. Ante esa situación, cuando pudieron, los pueblos se negaron o regatearon la ayuda, pidieron protección a Zapata y a los jefes que sabían que los protegían y, en el extremo, se escondieron o enfrentaron a las partidas zapatistas y se unieron a sus enemigos.

Los pueblos de Xochitlán, Tlacotepec y Tetela, en marzo de 1913, se negaron a cooperar con el zacate y el dinero que se les pedía; los auxiliares de Acatzingo dijeron que su pueblo estaba sumido en la pobreza por falta de trabajo y no tenían dinero, solicitando que se respetara el salvoconducto extendido por Zapata; los de San Pedro Jiutepec, San Francisco, San Miguelito, Jajalpa, San Pedro Techuchusco, San Lorenzo y Almoloya pagaban una cuota semanal en dinero y víveres al coronel Ignacio Fuentes y se quejaron con frecuencia de su trato; el coronel zapatista Marcos Pérez informó que yendo su partida por un atajo, encontraron a dos arrieros en el camino, los detuvieron y al impedirles que continuaran su trayecto, los arrieros protestaron y les dijeron que estaban hartos de los préstamos forzosos y que los zapatistas actuaban como bandidos; ante ello, Pérez les inquirió si sostenían lo que acababan de decir y, al hacerlo, los pasó por las armas. El coronel Severo Vargas denunció que los coroneles Modesto Rangel y Conrado Martínez robaban el ganado de los pueblos y le preguntó a De la O que le dijera "si ya se vale robar para ponerse a robar", que estaba bien llevarse el ganado de las haciendas pero no el de los pobres. El auxiliar de Jiutepec informó a De la O que una viuda con

Los recursos naturales de la zona zapatista, ricos en algunos lugares, escasos en otros, fueron disputados con encono por los contendientes.

seis hijos que apenas ganaba para alimentarlos cooperaba con 20 pesos para ayudar a la Revolución y pidió que se le eximiera de ello.[13]

Una de las mayores conmociones que sufrió la población civil fue la destrucción de sus pueblos, la quema de sus casas, corrales, campos, bosques e iglesias por parte del ejército federal y el constitucionalista, que recurrieron a una táctica de guerra sucia y de terror en su afán por derrotar al movimiento. Pueblos como Santa María, Huitzilac, Nexpa, Tetela del Monte, Amatepec, Ahuatepec, Ocotepec, Tlacotepec, Santa Catarina, Cuentepec, Ocuilán, Tepoztlán, Malinalco, San Juan Atzingo, San Simón, Huautla, Ayotzingo, fueron quemados durante la Revolución; sus habitantes tuvieron que emigrar o reconstruirlos cuando pudieron.[14]

Ángel Tenorio, niño entonces, relató testimonios de cuando quemaron su pueblo, Ayotzingo:

> Me acuerdo que cuando fue la quemazón en todo el pueblo, a los federales no les costó trabajo quemarlo. Ese día mi mamacita se escondió en el pesebre de las vacas y a mí me dejó sentado en el cuarto; era todavía muy chico y me acuerdo que como el fuego consumía toda la casa al mismo tiempo, ya no pude salir, y la paja ardiendo se caía casi quemándome... ese día los federales se llevaron tres vacas con todo y crías, y mi papacito había ido a trabajar, o sea que estábamos solos y llorando veíamos arder un poco de maíz que teníamos en un castillo... La iglesia fue quemada y tomada como cuartel cuando nos fuimos al monte para que los federales no nos fueran a matar. Bajamos al pueblo hasta después y fuimos a la iglesia. Ahí encontramos a los santos desnudados; nada más un papel envuelto los cubría; uno que otro quemado; las joyas que tenía nuestra patrona Santa Catarina, se las quitaron "las guachas", que eran soldaderas que traían los federales.[15]

De manera similar, las autoridades y habitantes del pueblo de San Simón escribieron en septiembre de 1913 a De la O que su pueblo había sido quemado y que los federales habían entrado "tratando de hacer cenizas las casas y devorado hasta las paredes, por lo que nos hallamos escondidos en los bosques".[16]

Entre las estrategias de supervivencia puestas en práctica por los pueblos para impedir la quema de sus localidades, estuvo el simular la adhesión al gobierno o el rechazo a las fuerzas revolucionarias, valiéndose de intermediarios como sacerdotes y autoridades municipales. Empero, no siempre resultó efectiva porque el gobierno y el ejército tenían forma de comprobar la simpatía y el apoyo que daban a los revolucionarios mediante múltiples formas que iban desde la delación hasta la tortura. Los pobladores de San Simón escribieron a De la O que para que no quemaran su pueblo otra vez habían tenido que ir a Tenancingo a firmar que apoyaban al gobierno y que lo hicieron porque sus familias se quedaron como rehenes del ejército, pero que habían cooperado con forraje y siempre estarían con la Revolución, pero que de momento tenían que engañar al gobierno. Los habitantes de Zumpahuacán le dijeron que el gobierno, con amenazas, los había obligado a firmar su adhesión, pero que estaban con la Revolución "para favorecer a los pobres pueblos subyugados". En Santa Catarina, luego de que había sido quemado el pueblo, los habitantes se presentaron ante Juvencio Robles, el jefe de la campaña federal contra los zapatistas, diciéndole que eran partidarios del gobierno y que les diera salvoconductos.[17]

Poblaciones enteras, compuestas mayoritariamente por mujeres, ancianos y niños, los habitantes más permanentes de las localidades, fueron obligadas a reconcentrarse en campamentos en las ciudades y pueblos mayores controlados por el gobierno o por el constitucionalismo. La vida de la población en estos campamentos de concentración fue todavía más difícil, por la violencia del acto de destrucción del hogar y de todas sus pertenencias, por el desarraigo y el asentamiento forzoso en un lugar extraño en el que no existían vínculos de parentesco y solidaridad y donde la manutención y los servicios no dependían de ellos mismos, sino de sus obligados vecinos y de las fuerzas de ocupación enemigas. Habitantes de Jajalpa, reconcentrados en San Juan Isla, se quejaron porque no tenían trabajo ni dinero para alimentos y que sus familias sufrían el desprecio de los dueños de las casas donde se alojaban. Pascual Aguilar, de Tepalcingo, relató que

> la mayoría del pueblo fue incendiado, luego reunieron a todas las mujeres y las concentraron en el pueblo, luego se las llevaron como prisioneras de guerra a Jonacatepec, a 12 kilómetros. Las maltrataron con palabras y no se compadecieron de ellas ni les ayudaron, pues iban cargando sus maletas, sus niñitos. Les advirtieron que a las mujeres y madres de zapatistas ya las estaba esperando el tren para llevarlas a Quintana Roo. [En Jonacatepc] estuvieron como en la cárcel. Las mujeres se fueron fugando a escondidas, unas al mes, a los dos meses... los pacíficos andábamos en los cerros, en pleno temporal, refugiados en las cuevas. Los hombres sabían que sus mujeres estaban en Jonacatepec y con peligro de sus vidas las iban a traer poco a poco por la noche.[18]

Otro recurso de sobrevivencia que utilizó la población civil fue irse a vivir a los cerros, esconderse en los bosques y en las cuevas, no solamente cuando habían quemado sus poblados, sino también para prevenir las depredaciones y atrocidades del ejército y de los constitucionalistas, cuando sabían que iban a llegar, o de manera permanente, cuando la guerra de posiciones controladas por el ejército zapatista y por sus enemigos así lo exigía. La vida temporal en los montes se convirtió en la vida dentro del ejército zapatista, pues las poblaciones se refugiaron donde estaban sus familiares guerrilleros y compartieron con ellos las dificultades y las penurias de la guerra en condiciones adversas, en climas fríos, prácticamente a la intemperie, sin los recursos a

La población padeció hambre y se vio obligada a buscar alimentos en los bosques y a emigrar.

los que estaban acostumbrados y teniendo que sobrevivir con lo que les ofrecía el monte. En esos lugares, no obstante, reconstituyeron su vida y reforzaron sus vínculos de solidaridad. Las mujeres aprendieron a buscar y preparar comida, los niños a ayudar a sus padres a conseguir leña y cuidar animales, los hombres a proteger y mover a su familia según las decisiones de táctica militar adoptadas. La vida en las cuevas y montes, empero, no garantizaba la seguridad de sus vidas ni de sus pertenencias. A menudo, la comida, la ropa y los objetos de valor que ahí depositaban fueron robados no sólo por el ejército cuando los perseguía, sino también por los miembros del ejército zapatista y por sus propios vecinos.

Juliana Flores, veterana zapatista de Santo Tomás Ajusco, relató las difíciles condiciones en que vivían en los montes, donde padecían mucha hambre; su hermana y ella recolectaban ocote y lo vendían en Cuernavaca, con lo que compraban arroz, frijol y maíz: "teníamos que andar escondiéndonos, en donde durábamos 4 días o donde durábamos 8 días y luego ya nos iban a corretear y así andábamos por los montes… sólo Dios sabe por dónde anduvimos". Juan Arellano, otro veterano de Chalco, contó que "comíamos tierra mojada, zacate ése tierno, jalábamos y masticábamos la yerba o ése que le dicen Carlo Santo... pelábamos las espinas y masticábamos... en tiempos de aguas pos hay bastante qué comer... pero en tiempo de secas... había unos troncos ya podridos y ahí se encharcaba el agua y ahí íbamos a tomar agua y si no, llevábamos unos guajes cargando o a cabeza de silla de los caballos, colgados ahí... como animales comíamos maíz y habas y tragos de agua".

Maximina Granados, de Ayotzingo, contó que

> cuando entraban los federales al pueblo, huíamos para el monte para que no nos fueran a matar, y pasábamos a esconder algunas cosas en los tenocholes, porque todo lo que les gustaba se lo llevaban. Nosotros nos jalábamos las vacas, los borregos, para que no se los llevaran, y cuando el camino era muy largo nos sentábamos bajo la sombra de un árbol y en ocasiones la sed, el hambre y el cansancio mataban a las personas ya grandes; luego nada más por allá los pasaban a enterrar, envueltos en un miserable petate; dos varas de árbol eran la cruz y ya era todo. Como había destacamento, pues no podíamos bajar a enterrarlo como Dios manda.

Para que la carne no se descompusiera la hacían cecina, por lo que la sal se volvió un artículo muy codiciado. Jesús Vides le remitió a De la O un bulto de cecina "que va bien conservada y no lleva arroz como la otra de días pasados... si la carne del otro día llegó con gusanos es por motivo de que en ésta hay mucha mosca". La preparación de alimentos también era complicada en los montes pues no podían hacer fogatas grandes que los delataran.[19]

Los pueblos se acostumbraron a esas penurias. Tal vez un relato típico de lo que fue la vida para las personas comunes en esos años lo encontramos en la carta de Gregorio Amaya a su hermano Filomeno, en San Nicolás Totolapan; en ella le describió los abusos que cometían los voluntarios —enemigos de los zapatistas—, quienes se emborrachaban a diario y quienes, junto con los federales, habían detenido a un pobre viejo reumático y viudo que vendía frijol y chile en la plaza, lo habían encuerado, hincado y simularon fusilarlo; a otro carbonero lo torturaron ahogándolo en el río y señalaba:

> se divierten, gozan materialmente ellos y las soldaderas roban que es gusto y al que dice algo lo maltratan con obra y palabras... ¡hay del que intente pronunciar una palabra en defensa!... qué triste que ningún ciudadano goce de ningunas garantías, se acabó la libertad... ayer en la mañana en la loma en una cantina estaban un sargento, un cabo y dos soldados muy borrachos, con sus soldaderas borrachas también manosiándose desonestamente sus carnes y cuabitando allí mismo... esto es lo que de casualidad ve uno.

Encima de eso, días después llegaron los zapatistas, quienes se llevaron sus caballos, dinero y lo que había en la tiendita, [los pobladores] pidieron auxilio a la guarnición federal... y contestaron que no tenían orden de subir al pueblo, que estaban bailando, ni unos ni otros quisieron dar auxilio, así hacen siempre, cuando se acercan los zapatistas ni se mueben, y cuando ven que está tranquilo se lucen tirando, gastando el parque, asustando a las familias y alarmando a la población.[20]

El ejército zapatista

El otro actor central fue el Ejército Libertador del Sur, que se convirtió en un protagonista principal desde 1911 y en el grupo dominante desde 1914, hasta que capituló en 1919. El zapatista fue un ejército peculiar, compuesto en su mayoría por hombres jóvenes, que comenzó con unas cuantas decenas de seguidores y que en su momento de mayor poderío concentró a cerca de 30 000 hombres armados. Entre los motivos que originaron la adhesión al ejército zapatista tuvo un importante papel la necesidad de tierras, polo de atracción para multitud de familias que reconocieron en él un adalid de la causa agraria. En la medida en que se consolidó y fue creciendo, el zapatismo reforzó esta imagen. Con la aplicación de la reforma agraria que tuvo lugar en sus territorios, el ejército zapatista se invistió de una enorme legitimidad y prestigio y fue ése uno de los principales factores que explican su arraigo y representatividad.

Por otro lado, se convirtió en muchas ocasiones en el brazo defensor de las poblaciones contra los abusos, persecuciones y represión del ejército federal y constitucionalista que asolaron a la población común de manera prácticamente ininterrumpida entre 1911 y 1919. En virtud del apoyo que tenía el ejército zapatista, sus enemigos trataron de vencerlo atacando a la población civil que le servía de base. Los resultados, invariablemente, fueron los contrarios: entre más sanguinaria fue la represión contra la población civil, más se reforzaron los vínculos con el ejército zapatista, porque en muchos casos los guerrilleros eran parte de las familias que estaban siendo reprimidas, y porque un mecanismo de autodefensa de las comunidades fue incorporarse al zapatismo para tener mayor protección.

Además de estas dos causas de incorporación, hubo una multiplicidad de motivos individuales, entre los cuales destaca la identificación, notable particularmente entre los individuos más jóvenes y aun en muchos niños. Entre éstos, la presencia de sujetos armados que se enfrentaban a los enemigos de sus pueblos y familias, que arriesgaban la vida, que gozaban de prestigio y admiración, que infundían temor, que montaban a caballo y conquistaban o arrebataban mujeres, tuvo una gran atracción y aun fascinación por esos nuevos héroes populares que parecían estar al alcance de la mano. Sus hazañas, contadas, magnificadas, mitificadas en las conversaciones y pláticas de los mayores,

Los pueblos se organizaron y armaron para defenderse y muchos jóvenes y adultos se incorporaron al zapatismo.

cantadas en los corridos que proliferaron en la zona, ejercieron un poder irresistible para muchos adolescentes y niños que en cuanto hubo oportunidad se incorporaron a alguna de las partidas que llegaban a sus lugares. Gregorio Godoy relató que entre los muchachos de Xochimilco decían "¿vamos a la Revolución? Pues vamos, porque uno es joven... anduvimos como seis hermanos en la Revolución". Ignacia Peña, de Huitzilac, contó que ella se metió a la Revolución por seguir a sus hermanos y porque quemaron su pueblo.[21]

Otros se incorporaron por imitación, porque veían que los demás lo hacían, porque no tenían una mejor alternativa, porque "la bola", como fenómeno de masas, los jalaba y era difícil resistirse a no ser parte de ella, a quedar excluido de algo que formaba parte de una nueva comunidad y que imponía nuevos papeles y obligaciones, aunque no entendieran realmente de qué se trataba el asunto. Una vez dentro, fueron asimilando e interiorizando la ideología, los valores, las conductas que les marcaban los jefes zapatistas, en un proceso preñado de problemas y contradicciones. Severiano Castillo, por ejemplo, se incorporó a los 15 años cuando se presentó una partida zapatista y lo invitaron a sumárseles, dándole un arma:

no conocía yo a nadie... me fui a arrinconar ansina, entonces uno de los soldados me dice "oye escuincle ¿por qué lloras?... ¿por qué estás triste?, ¿qué todavía no acabas de mamar?"... a aquel hombre con franqueza le dije... "tengo el arma, pero no sé manejarla y por eso estoy triste"... dice "ah, otra cosa fuera eso, vente te voy a enseñar".

Clemente Peralta entró a los 14 años, cuando estaba cuidando ovejas y pasó un jefe que lo invitó a unirse a la Revolución y se fue. No tenía experiencia "ya hasta después que andábamos ya ahí que nos enculcaban que se peleaba el Plan de Ayala". Margarito Gutiérrez confesó "yo francamente me fui a la Revolución sin saber qué plan se peleaba". Plácido Almacende, por su parte, dijo que él había entrado porque en su pueblo decidieron entrar y su padre le dijo que se quedara cuidando a la familia, a lo que él replicó que mejor él se metía a la Revolución.[22]

En el ejército zapatista, los guerrilleros formaron parte de una comunidad de intereses, vínculos, lealtades y complicidades que los identificó fuertemente entre sí, horizontal y verticalmente. Compartir el peligro, los sinsabores, los miedos, las batallas, las penurias, el hambre, el peligro, la muerte, creó entre ellos fuertes solidaridades y una identidad muy sólida. Desarrollaron una conciencia de que la función que cumplían representaba una misión, que era un ejemplo investido de valores positivos y que tenían derecho a que la población civil de las diferentes localidades cumpliera la parte que le tocaba de alimentarlos y ayudarlos, dado que ellos hacían lo que les tocaba: la defensa del territorio y la guerra contra el enemigo. Las lealtades que se crearon en esas pequeñas estructuras guerrilleras al mando de un jefe, sorprenden y se explican no solamente porque existían lazos de consanguinidad y amistad, sino también porque se desarrollaron fuertes vínculos de solidaridad que sólo se entienden por la extrema situación en que se constituyeron, defendiendo la vida, ayudándose entre sí.

El cuartel general zapatista definió la norma de conducta que debía seguir el Ejército Libertador, por medio de multitud de órdenes, instrucciones y circulares que los jefes se empeñaron en cumplir. En ellos se expresaba un código moral de respeto a los principios de honestidad, rectitud, justicia, protección y respeto a la población civil y en particular a los más pobres. La normatividad zapatista reflejó una concepción patriarcal y protectora del poder en beneficio de los más necesitados. Estableció procedimientos e instancias de aplicación de la justicia basados en estas nociones, en el sentido común y en la tradición, promoviendo la participación directa de la gente en las instancias y en los procedimientos. Se castigaron los delitos que atentaban contra la población civil y contra la Revolución y se crearon también tribunales militares para los miembros del Ejército Libertador. Empero, la realidad en muchas ocasiones se alejó demasiado de la norma, y en los archivos se encuentran testimonios de una enorme violencia delictiva, tanto entre las propias tropas, como contra la población civil indefensa.

Los ejemplos abundan: Pedro Santamaría denunció que cuatro guerrilleros asaltaron su casa, mataron a su padre, golpearon a su madre y amenazaron a sus hermanos con matarlos si no desocupaban la casa. Leandro García dijo que tres hombres quisieron matarlo, por órdenes de De la O e hirieron de gravedad a su esposa. Anastasio Flores, de 13 años, acusó al coronel Agustín Rojas de haber matado a su padre, luego de darle un balazo y rematarlo a pedradas porque querían que les diera 100 pesos y sólo juntó 10. Encarnación Huerta, comerciante, describió haber sufrido cuatro asaltos en

Muchos niños y jóvenes se incorporaron, por diversos motivos, al ejército zapatista.

los cuales habían secuestrado a dos empleados de la casa para pedir rescate y a la esposa de su dependiente la habían colgado y dado de machetazos. Luis Pichardo exigió que se juzgara al soldado zapatista que había matado a su hijo sin motivo y dijo que "los de la familia de él no quedamos conformes a que quede nada más así porque no es animal el que se murió".[23]

Ante estas prácticas, la actitud de varios jefes zapatistas hacia sus soldados fue muchas veces extremadamente paternal y protectora, de una gran laxitud y tolerancia e, incluso, de justificación y solapamiento de sus subordinados, a quienes defendieron hasta situaciones extremas, enfrentándose con otros jefes y soldados y enajenándose el apoyo civil. Empero, ante las evidencias, acabaron actuando ellos mismos o permitiendo que se aplicaran los castigos respectivos. El código de honor identificado con la defensa de la Revolución tuvo un papel principal en la apreciación de las conductas y de las infracciones. Entre los peores y más comunes castigos en el ejército zapatista contra los individuos que cometían fechorías contra la población civil o contra sus mismos compañeros, el más frecuente fue privarlos de sus armas. El desarme era la peor afrenta que podían sufrir los oficiales y soldados surianos. Perder las armas significaba perder el honor, haber fallado en la misión que se les había encomendado y, también, quedar inerme e indefenso ante los demás, pudiendo ser objeto de la venganza y desquite de aquéllos a quienes habían agraviado o siendo presa fácil de otros que tuvieran el mismo comportamiento que ellos mismos habían tenido cuando estaban armados. En los casos más extremos, en que habían matado con alevosía a otros compañeros o a ciudadanos pacíficos, cuando habían robado o después de múltiples llamadas de atención no escuchadas, se les ejecutó. Y también ocurrió que, ante la muerte o vejación extrema por parte de algún oficial o soldado zapatista hacia familiares o compañeros de armas, se efectuaran venganzas personales por propia mano.

El coronel Margarito Marmolejo notificó a De la O que desarmó a varios soldados y oficiales porque estaban "gozando de la vida privada y si no dan la mano, pues que presten las armas". Modesto Rangel abogó por sus soldados detenidos por haber matado a un compañero y robarle su caballo, y pidió que los dejaran en libertad y regresaran sus armas. Feliciano Jiménez fue juzgado y ejecutado por matar a un soldado de otra compañía.[24]

Para los soldados zapatistas, con todo, la Revolución significó entrar a una condición diferente y se habituaron a ella, al poder que les daban las armas y a gozar de una relativa impunidad. Quizás un ejemplo representativo de lo que constituía estar dentro del ejército zapatista sea el parte en el que informaron a su superior los miembros de una brigada: después de que sus jefes habían decidido que no era prudente atacar el pueblo de Ajusco, emprendieron una travesía por las montañas durante la cual pusieron una emboscada a una patrulla federal; exigieron contribuciones de guerra a los

El ejército zapatista, constituido por multitud de partidas guerrilleras, fue la fuerza dominante en la región.

ricos del Ajusco; le quitaron 40 piezas de pan a cuatro panaderas de La Magdalena; emboscaron y mataron a 11 rurales y dos gachupines, y se quedaron con las armas, con las burras y yeguas que llevaban, las cuales el coronel de la brigada quería luego vender para comprar ropa a sus soldados. Ésta, posiblemente, era una jornada típica para muchas unidades zapatistas.[25]

La economía

La economía se convirtió muy pronto en una economía de guerra. Los ciclos productivos agrícolas se vieron afectados por la falta de mano de obra. En los primeros años, los hacendados y comerciantes, las clases económicamente dominantes, a pesar de los ataques, destrucciones y exacciones forzosas que les fueron impuestas, se las arreglaron para continuar con la producción y comercialización de sus mercancías. Con la agudización del conflicto, las condiciones para que continuaran sus empresas desaparecieron. Cada día fue más difícil contar con los insumos, combustible, electricidad y transporte, y la inseguridad y los ataques de las partes contendientes se convirtieron en la constante. En Morelos y las regiones bajo la influencia zapatista, productos como el azúcar, el aguardiente, la carne, los lácteos y el carbón que se comercializaban en las principales ciudades de la región y en la Ciudad de México, vieron interrumpidos sus canales normales. Los jefes surianos prohibieron que se vendieran en las zonas en las que estaba el ejército federal y realizaron numerosas confiscaciones cuando los administradores de los ingenios y los comerciantes quisieron eludir el mandato. Ángel Barrios, comisionado zapatista en el Estado de México, expresó la necesidad de vigilar el cumplimiento del ordenamiento del cuartel general de no permitir el ingreso de alimentos ni demás mercancías en las zonas ocupadas por el gobierno.[26]

Las ferias regionales, uno de los principales eventos culturales y económicos que se realizaba en la zona desde tiempos ancestrales, también fueron interrumpidas o restringidas a un ámbito muy local y a la capacidad de las fuerzas revolucionarias para mantener el área libre. Proliferó entonces un comercio más informal y esporádico, basado en la arriería y en un comercio ambulante, casi individual, entre las localidades que estaban más próximas entre sí y entre las rancherías y poblaciones cercanas a las principales ciudades a las que bajaban regularmente a ofrecer sus productos. El dinero circulante escaseó, los productos se encarecieron y el trueque se convirtió en un mecanismo de cambio habitual en muchas ocasiones. Cuando el zapatismo controlaba el territorio, los jefes zapatistas tomaban en sus manos la regulación del abasto de víveres y productos básicos. Ante la escasez y agotamiento agrícola de las principales zonas productoras de granos, el maíz, el frijol y el arroz tuvieron que ser traídos de lugares cada vez más alejados: de Puebla y Guerrero. El cuartel general se esforzó por asegurar y regular el abasto, mediante una legislación y una vigilancia permanente que trataban de impedir la especulación, el monopolio y la carestía. Empero, la escasez produjo una gran inflación y el principal producto alimenticio, el maíz, llegó a venderse hasta en más de tres pesos el cuartillo, cantidad muy superior a lo que era el salario rural medio (que no llegaba a un peso diario) y el que recibían los soldados del ejército suriano (entre un peso y uno cincuenta).[27]

Para el intercambio de bienes y servicios, que se efectuaba de manera tradicional entre los particulares, se comenzó a generalizar la utilización de vales, especie de recibos por las mercancías que se proporcionaban con la promesa de pago al triunfo del movimiento. Era, desde luego, un medio de pago muy incierto, que muchas veces no se cumplió y se volvió a menudo el disfraz de una confiscación. Cuando el zapatismo se hizo del poder regional, imprimió sus propios billetes y acuñó su propia moneda. Desde fines de 1914, en la región zapatista se usaron también los billetes del gobierno de la Soberana Convención, al igual que los billetes villistas, que circularon durante los siguientes dos años. Empero, la irrupción de las tropas constitucionalistas en 1916, implicaron la utilización de su moneda, lo que provocó una gran confusión y desconfianza en los comerciantes y en la gente común que no tenía la seguridad de que la moneda que utilizaban tendría garantías o les ocasionaría perjuicios, pues uno y otro bando castigaban a los que usaban la moneda del adversario.[28] Además, el poco respaldo real que tenía la moneda, la escasez de productos y los cambios en la correlación de fuerzas beligerantes originaron una inflación galopante y agudizaron la disputa por los escasos recursos.

Los ferrocarriles y las plantas hidroeléctricas de Necaxa y Lerma, así como la papelera de San Rafael, fueron también ocupados y administrados bajo la égida del cuartel general suriano y su operación sirvió tanto para transportar personas civiles, bienes y tropas y financiar las necesidades de la guerra, como para abastecer de esos servicios y mercancías a la población. Los surianos fueron capaces, entre 1914 y 1916, de continuar la operación de esas industrias y servicios gracias a que conservaron a muchos de los empleados, técnicos y jefes administrativos, y respetaron su organización interna y autonomía. Sin embargo, la derrota militar, el aislamiento, la escasez de insumos y material de repuesto, volvió cada vez más difícil su operación, que finalmente fue

El comercio se vio afectado y en algunas partes la arriería y el trueque fueron medios comunes para los intercambios.

suspendida en 1917. El funcionamiento de estas industrias también mostró la discrepancia de intereses y objetivos, a menudo contrapuestos, entre las necesidades y deseos de la población civil y los que imponía la guerra. Los pueblos querían que los bosques y aguas satisficieran sus requerimientos cotidianos, e incluso se dieron casos en que usaron los durmientes del ferrocarril para construir casas, herramientas ferroviarias con fines agrícolas y combustible para cocinar e iluminar sus hogares. El cuartel general se opuso y trató de que las comunidades, sin perder el control de sus recursos, los pusieran al servicio de las necesidades de la guerra. Cuando fue imposible seguir usando petróleo como combustible, los técnicos fueron capaces de adaptar la tecnología para mover los trenes con leña, lo que provocó las quejas y oposición de las comunidades de los bosques, que preferían usar la madera para sus necesidades domésticas.[29] Con todo, el balance final de esos casi 10 años de violencia revolucionaria fue dramático: se devastó prácticamente la mayoría de las actividades productivas y comerciales de la zona zapatista, la agroindustria azucarera casi desapareció, los campos fueron arrasados y el ganado también disminuyó.

ENTRE EROS Y TÁNATOS

Una de las modificaciones más importantes que provocó la Revolución fue la irrupción de sentimientos, anhelos, esperanzas y prácticas en los que se manifestó la afirmación de valores positivos que alcanzaron una mayor justificación e identificación con ellos cuando la situación de alteración extrema de las condiciones de existencia los ponía en riesgo. Durante la Revolución se encuentran comportamientos solidarios, altruistas, de lealtad, de amor y de heroísmo que se alimentaban y retroalimentaban a su vez de una comunidad que se estaba reconstituyendo a través de una nueva identidad. Pero también, la Revolución implicó el desarrollo de una tendencia opuesta: la desaparición del Estado y de los mecanismos de control tradicional, así como de las autoridades e instituciones que habían funcionado hasta entonces, y su sustitución, por nuevos actores y fuerzas, provocó una disputa por el poder y por la hegemonía que en tanto no se definió, significó un vacío que no alcanzó a ser llenado plenamente por la ética, la moral y los instrumentos normativos creados por los nuevos actores. La desaparición del Estado porfiriano significó la ausencia de un nuevo Estado, de un aparato jurídico-normativo institucional que impusiera, por la fuerza y el consenso, un poder nacional indiscutible. La aguda disputa por el poder mediante la guerra, la destrucción de vidas y recursos y la escasez de satisfactores, fueron el caldo de cultivo que permitió que afloraran energías, prácticas y sentimientos negativos que atentaron, debilitaron y corroyeron la consolidación de la nueva comunidad. En la zona zapatista, quizá la región que más padeció en conjunto la larga crudeza de la guerra, se encuentran abundantes ejemplos de los nuevos actores, los miembros del ejército zapatista, en contra de ellos mismos y en contra de las comunidades.

La familia

La familia, en una región como la zapatista, con fuertes identidades étnicas, religiosas, culturales, históricas, con resabios indígenas, demostró ser el soporte principal, el vínculo cohesivo que dio identidad a los habitantes y que sirvió como apoyo fundamental para el ejército zapatista. La guerra la puso a prueba y, en su curso, la familia se fortaleció y permaneció unida, si no siempre físicamente, sí en lo afectivo y espiritual. Muy pronto las familias, ante las condiciones que les impuso la Revolución, tuvieron que responder a esas nuevas realidades. La dureza de la guerra obligó a las familias a adaptarse para sobrevivir a la represión, a la persecución, a las vejaciones y abusos de que fueron objeto, a la escasez de alimentos y servicios, a las enfermedades producidas por la mala alimentación y la tensión, y a la pérdida de esposos, hijos, padres o a la separación física. Las familias se adaptaron a esas condiciones de penuria extrema y fortalecieron sus vínculos y afectos. Los hombres que estaban en la guerra, aun en los momentos más difíciles, buscaron tener tiempo para seguir al pendiente y cuidado de sus familias. Los pacíficos, para tratar de protegerlas del mejor modo. Las mujeres, aunque algunas de ellas se incorporaron a la Revolución directamente, en su mayoría permanecieron en sus hogares pero ayudaron a sus hombres de múltiples maneras. Y cuando sus pueblos y casas fueron destruidos y la amenaza a su familia se volvió extrema, se fueron con hijos y parientes a los bosques y campamentos revolucionarios. Los testimonios indican que en varias regiones y épocas, las familias anduvieron moviéndose junto con las bandas armadas zapatistas, y que en esos lugares mantuvieron y reforzaron sus vínculos y se dieron tiempo para, en medio del temor y la incertidumbre, dedicarse al cuidado y la educación de los hijos, al amor, al solaz y al esparcimiento.

La proximidad de la muerte, por fusilamiento o enfermedad incurable, hizo que quienes la iban a sufrir buscaran imperiosamente estar el mayor tiempo con su familia y, ante lo inevitable, se preocuparan por tratar de asegurarles el mejor destino posible. Así, encargaron a sus familiares, amigos y jefes que cuidaran a sus viudas y huérfanos. La separación por la guerra y la incertidumbre del destino de los seres queridos no disminuyeron en muchos casos el afecto, y las cónyuges y familiares hicieron esfuerzos por saber el paradero de sus esposos o hijos. La Revolución deslindó los campos con crudeza: quienes estaban con ella o contra ella tuvieron que pagar las consecuencias de su elección. Esto dividió y enfrentó a muchas familias: las que se identificaron con la Revolución sufrieron no solamente por los enemigos externos, sino también porque las familias que no estuvieron de acuerdo se armaron y defendieron. Ocurrieron así muchas venganzas y contravenganzas en las que el honor estaba en juego. Muchas familias perecieron. Ante esa situación que parecía no tener límite, muchas familias recurrieron a los jefes zapatistas para que pusieran fin al baño de sangre. Jesús Morales en su carta de despedida dijo a su hijo que siguiera los ideales de la causa zapatista; José Villegas le pidió a Rafael González que cuidara y vigilara a su esposa y que, si ésta tenía mal comportamiento, entregara a su hijo y sus bienes a su madre; Trinidad Herrera buscó afanosamente a su marido, enrolado con De la O y, ante el temor de que hubiera sido fusilado, ofreció a De la O recompensarlo con trabajo si vivía; José Flora informó que su hijo había acuchillado a Rafael Garibay porque había insultado a los zapatistas, a quienes acusó de que se habían llevado a su hijo; Vicenta González escribió que su esposo había pagado con su vida el ayudar al gobierno, que no era justo que los hijos pagaran la culpa de los padres.[30]

En la Revolución, los roles en el interior de la familia no variaron: los hombres siguieron siendo los dominantes, el machismo no cambió, la mayoría de las mujeres continuó aceptando la subordinación y las tareas domésticas, en las que empleaban la mayor parte de su tiempo, moliendo maíz, haciendo tortillas, cocinando, llevando alimento y cuidando a los hijos; los niños siguieron siendo educados y formados en el respeto a los mayores; los ancianos continuaron gozando del respeto y la consideración que tenían en una sociedad tradicional en la que la experiencia era un factor importante en la toma de decisiones. Lo que cambió por la Revolución fue el contexto, y esa modificación del entorno obligó a las familias a adaptarse a las nuevas condiciones.

Existen testimonios de muchas mujeres que se incorporaron directamente a las milicias revolucionarias, en las que destacaron y alcanzaron rangos en la oficialidad media. Algunas formaron batallones femeniles comandadas por ellas mismas, como fue el caso de una mujer tortillera apodada "La China" que organizó a las mujeres de Puente de Ixtla; o de las coronelas Rosa Bobadilla, Juanita Neri y Amelia Robles, quienes ganaron fama por su valentía. La Revolución hizo que también otras mujeres, menos conocidas, encontraran su lugar como cobradoras de las cuotas que se imponían a haciendas y pueblos o como espías que informaban regularmente a los zapatistas de los movimientos federales, y que se hicieran respetar y se defendieran ellas mismas, al estar armadas y no permitir que los hombres se propasaran con ellas. En ocasiones, estas mujeres cometieron abusos valiéndose de su poder. La revolución zapatista también atrajo a mujeres de clases medias e intelectuales de la Ciudad de México que se dedicaron a labores de propaganda, difusión del movimiento y enlace logístico con el Ejército Libertador. Vicente Rojas, por ejemplo, informó que dos mujeres del coronel Octaviano Muñoz iban a

La familia, núcleo fundamental de la vida social desde tiempos ancestrales, tuvo que adaptarse a las condiciones impuestas por la Revolución.

cobrar cada sábado la contribución y que a la más mínima objeción contestaban con groserías y abofeteaban a los quejosos; De la O informó que dos mujeres armadas habían golpeado a otra en el mercado de Cuernavaca; Agustina Andrade con su carabina echó de su casa a su cuñado ebrio que quería abusar de ella; María Ocampo, cantinera de Tetecala y amiga de De la O, le informaba detalladamente de lo que hacían y platicaban los federales que iban a su local.[31] Pero con todo y lo importante de estos ejemplos, fueron actuaciones excepcionales: la mayoría de las mujeres continuó desempeñando sus roles tradicionales, aunque en condiciones más difíciles. La Revolución no alteró el machismo ancestral. La mayoría de los hombres asumía que la mujer debía permanecer en la casa y cuidar a los hijos. El hermano mayor de Zapata, Eufemio, por ejemplo, le recomendó que su tía Lorenza, quien había quedado viuda, fuera trasladada al campamento para que ayudara en las labores de molienda "con esto cumplimos un deber —dijo— y les hacemos un favor para que no tengan malos pensamientos". Muchas mujeres fueron obligadas a entrar a las partidas guerrilleras para que hicieran la comida ("fonderas" se les llamaba), sobre todo aquellas que eran capturadas al enemigo o las viudas que recogían después de los enfrentamientos o en los pueblos contrarios a los zapatistas. Hubo casos en que, al derrotar a convoyes de federales, las mujeres fueron apresadas y enroladas en esas tareas.[32]

Los niños, sobre todo los más pequeños, vieron alterado también el entorno en que vivían y fueron uno de los elementos más vulnerables a la violencia, al hambre y a la zozobra que permearon esos días. Las escuelas elementales fueron cerradas desde los primeros años de la Revolución, y la educación formal escolar, aunque se intentó reanudar ocasionalmente en los campamentos, no pudo ser restablecida. Las fuertes necesidades lúdicas de los niños tuvieron que adaptarse a la precariedad de las nuevas condiciones. Reprodujeron en sus juegos, por imitación y con los elementos que les daban los montes, las conductas y patrones que veían en los mayores: las batallas y persecuciones, los caballos y las armas. La violencia cotidiana, la presencia de la muerte y el sufrimiento tuvieron en muchos de ellos efectos traumáticos, y por la mala alimentación y la vida fuera de la casa fueron víctimas de enfermedades gastrointestinales y pulmonares que en muchas ocasiones les provocaron la muerte. En los campamentos, bosques y cuevas, también fueron presa de mordeduras de serpientes y picaduras de alacranes ponzoñosos, y muchos de ellos murieron, como fue el caso de los dos hijos legítimos de Zapata, quienes fallecieron a los cinco y tres años. Muchos niños se incorporaron a la Revolución como pequeños milicianos, y los que no lo hicieron, colaboraron en tareas sencillas y necesarias de cuidados, transmisión de mensajes y traslado de comida y cosas ligeras.

Andrés Ávila, por ejemplo, quien se incorporó a muy temprana edad a la Revolución, recordó que varios de sus compañeritos del pueblo al pedir su ingreso se toparon con un coronel quien, al saber su intención, les preguntó "¿con qué creen que van a tirar, con cocoles o con dulces?... ¿deveras nos van a acompañar?, ¿no van a llorar?". Uno de sus pasatiempos más socorridos era jugar a la revolución: "previo volado formaban dos bandos, el del ejército revolucionario y el federal, comenzaba la batalla, se disparaban con pistolas de madera —que hacían con ramas de huizache— y se perseguían simulando tirarse balazos". La tragedia rondaba cotidianamente y la mortalidad infantil, elevada de por sí en la época y en la región, posiblemente se incrementó como consecuencia de la guerra. A Gregorio García sus niños se le murieron

> por tanto susto... como entraron los carrancistas salimos y nos correteaban, un llano pasamos y nos seguían los carrancistas y ya nos tiraban... para matar... y como llegamos a un pueblito y como tanto ciruela y guayaba comió mi niño, comió harto la guayaba y luego tomó el agua en ayunas... luego otro día ya se murieron.[33]

En la guerra se crearon nuevas familias. Los hombres jóvenes a menudo conocieron a muchachas en las localidades por las que transitaban y las enamoraron o convencieron de que se fueran con ellos. Muchas parejas jóvenes convivieron en los campamentos en uniones libres que, cuando se podía, eran regularizadas mediante el matrimonio por los sacerdotes que atendían irregularmente las necesidades religiosas de la zona. Aunque no es posible establecer comparaciones con lo que ocurría antes, por la desaparición casi completa de los archivos parroquiales y municipales, se puede suponer que, a pesar de la acentuada religiosidad católica de la población de la región, hayan disminuido los casamientos religiosos y civiles, por la ausencia de curas y autoridades y la dificultad de efectuar misas y ceremonias. En las condiciones atípicas que se vivían era quizá más fácil que antes que las muchachas se fueran con sus novios, fenómeno que consta en los archivos, por amor, por seguridad o por huir de los malos tratos de sus padres. Nicolás Chávez relató que conoció a su mujer "allá por el monte... nomás nos arrejuntamos... me vine a casar hasta aquí hasta el pueblo". Ignacia Peña conoció a su esposo en Huitzilac "cuando hubo media pacesita... me junté con él, como se dice el dicho, como era yo señorita claro, entonces unos manoteaban a uno, para que no me desgraciaran, mejor me junté con él... me llevó p'al monte". Como no era posible hacerlo en el día, un soldado de Zapata se casó a las 12 de la noche y solicitó ayuda para que fuera el sacerdote de Cuernavaca; Felipa Rojas, Juana González y Plácida Aguilar expresaron al cuartel general que se habían ido por su propia voluntad con sus novios por los sufrimientos que tenían en su casa.[34]

Otro fenómeno que ocurrió con frecuencia fue la bigamia. Los jefes y soldados zapatistas, por el alejamiento del hogar, por la vida itinerante, por el prestigio y el poder que les daba la Revolución quizá tuvieron mayores oportunidades de tener amantes y sostener relaciones paralelas, a las que atendieron con dedicación, al igual que se responsabilizaron de los hijos que procrearon en esos nuevos hogares. Zapata mismo y varios de los principales jefes surianos tuvieron varios hijos ilegítimos. Las amantes gozaron del respeto y la atención de la tropa, aunque a veces metieron en dificultades a sus enamorados y a sus subalternos por pretensiones de poder y caprichos, como Félix Castro, la amante de Genovevo de la O, quien hizo un escándalo y tuvo que ser internada en un hospital luego de gritar en público que se iba a casar con De la O por el civil. Hubo también muchas mujeres engañadas, con quienes, luego de tener relaciones con ellas, los hombres no cumplían sus promesas de matrimonio y, por lo mismo, muchos hijos no fueron reconocidos, y menos aún cuando fueron un producto no deseado, resultado de una violación. Hubo casos también de engaños a las esposas, como Marcela Nieto, viuda de Leguizano, quien pidió que como ella era la esposa legítima, le regresaran las cosas que su marido había dejado en la casa de su querida; Modesta Romero acusó a José Coloztitla de haber tenido relaciones con ella prometiéndole casarse y que Zapata sería el padrino, la embarazó y luego huyó.[35]

Muchas familias se desintegraron por la muerte o el alejamiento forzoso de los hombres. La vida de las numerosas viudas y huérfanos que produjo la Revolución en la zona obligó a que los parientes más cercanos, las amistades y las autoridades y jefes zapatistas pusieran interés en socorrerlas y en hacerse cargo de los muchos niños huérfanos. Una de las tareas que concentró más atención y recursos por parte del cuartel general zapatista fue precisamente la ayuda a las viudas y los huérfanos de la Revolución, a quienes consideró siempre su deuda mayor.

La religión

La zona zapatista se había caracterizado desde tiempo atrás por su acendrada religiosidad. La religión católica había sido uno de los elementos de mayor cohesión cultural. Las misas dominicales, los rosarios diarios, la celebración de las festividades religiosas propias del santoral cristiano en el que destacaban la Cuaresma, la Semana Santa, la Navidad, los días de muertos, las procesiones y el acontecimiento más importante de cada localidad: la fiesta del santo patrono, así como celebraciones de bautizos, bodas o defunciones, habían desempeñado un papel muy importante entre la población. La Revolución no cambió estas prácticas. Son muy conocidos los ejemplos de fervor religioso por parte de los ejércitos zapatistas que, a menudo, marchaban con estandartes de la Virgen de Guadalupe al frente y se sabe de combatientes que llevaban una imagen de ella en sus sombreros. Empero, la Revolución provocó la interrupción de las celebraciones normales. Varias iglesias fueron quemadas. Otras, como el santuario de Chalma, tuvieron que cerrar temporalmente ante las amenazas y molestias que ocasionaron a sus presbíteros algunos jefes militares del ejército federal o del constitucionalismo. Ante esta situación, varios jefes zapatistas protegieron y apoyaron regularmente a los curas y sacerdotes para que siguieran proporcionando sus servicios. Para fechas especiales como las fiestas de los pueblos, Semana Santa o el 12 de diciembre, con frecuencia los jefes zapatistas pedían que los sacerdotes acudieran a determinados poblados o, la mayoría de las veces, a sus campamentos provisionales a celebrar misas, casar parejas o efectuar bautizos. Con dificultades, se pudieron seguir celebrando procesiones y peregrinaciones, para las cuales los jefes zapatistas dieron su permiso. Hubo partidas que, incluso, contaron con la presencia permanente de curas que se desplazaban junto con sus tropas.[36]

La relación de los jefes zapatistas con la Iglesia de la región, por lo regular, fue de respeto y tolerancia, pero no de apoyo incondicional. Exigieron a los curas que si no apoyaban al movimiento, al menos no lo combatieran y los sometieron a una continua vigilancia. En ocasiones, el apoyo de la jerarquía religiosa al gobierno federal provocó que algunos jefes zapatistas les exigieran que se abstuvieran de influir en sus feligreses. La jerarquía eclesiástica, por lo general, se abstuvo también de causar conflictos en virtud de sus inclinaciones políticas. De manera marginal, empero, también hubo —como en las otras corrientes revolucionarias— ejemplos de oficiales medios zapatistas jacobinos, liberales, que tuvieron una actitud anticlerical y que cometieron atentados y vejaciones contra sacerdotes y curas, a los que asaltaron, ofendieron y golpearon. Gustavo Fuentes informó que al obispo de Cuernavaca le habían quemado sus ajuares, a pesar de ser amigo de Zapata. El capellán de Zumpahuacán, muy amigo de De la O, estuvo en contacto permanente con él y recibió siempre protección y respeto de sus fuerzas, aunque oficiales de otras compañías lo molestaron por sospechar que ayudaba al gobierno; el sacerdote enviaba con regularidad a De la O obsequios: comida, vino, dulces, chocolates y, a menudo, lo invitó a comer y se reunió con él. Lorenzo Vázquez y Ángel Barrios se quejaron de que los sacerdotes de Cuernavaca y Malinalco estaban en contra de la Revolución y apoyaban al gobierno. Silvano Fuentes denunció que el coronel Gutiérrez al cruzarse con una peregrinación amenazó al cura y le puso la pistola en el pecho diciendo que él no respetaba al clero, y al ofrecerle uno de sus soldados su caballo al cura, el coronel no lo dejó y le dijo: "déjenlo que se chingue tantito porque está muy gordo, que se decebe".[37]

Alcoholismo, criminalidad y delincuencia

Una de las conductas que más llama la atención en los testimonios es la magnitud que alcanzó el alcoholismo en el ejército zapatista, a pesar de los llamados y la prohibición expresa de venderlo que dictó el cuartel general en 1914. Abundan ejemplos en los que oficiales y soldados zapatistas se emborrachaban y, bajo los efectos del alcohol, cometían toda clase de atrocidades. Muchos de los enfrentamientos internos, de las peleas y las riñas, de los asesinatos entre ellos mismos, de las venganzas y, notablemente también, la mayoría de los numerosos abusos, vejaciones, violaciones y asesinatos cometidos por las tropas zapatistas contra la población civil tenían su origen en la embriaguez.

La magnitud de este fenómeno y el enorme costo en sangre y vidas que ocasionó, obligan a preguntarse las causas que lo originaron. Indudablemente, la tensión y el miedo permanente de la guerra, así como la presencia constante de la muerte debían causar en muchos de los soldados la necesidad —como se ha demostrado en otras guerras y ejércitos— de armarse de valor mediante los efectos estimulantes y desinhibitorios del alcohol. La escasez material, la extrema necesidad y la violencia cuando la vida estaba permanentemente en juego, debían provocar también un sentimiento de inseguridad que no veía otra forma de escape. Pero también era notoria la ausencia de controles eficaces que disuadieran esos comportamientos delictivos porque en muchas ocasiones había prácticamente impunidad para hacer casi lo que se quisiera contra otros. La Revolución, en términos de moral y de deber ser en todos esos ejemplos, no demostró ser una guía efectiva de comportamiento ético, y fue rebasada por comportamientos que en muchos casos demostraban verdaderas y agudas patologías destructivas. Muchos de los instintos más bajos, sádicos, que implicaban causar dolor y sufrimiento a los demás, aparentemente sin causa justificada, aparecieron de manera desmesurada en las tropas zapatistas alcoholizadas, en un grado tal que lleva a preguntarse si la Revolución produjo entre uno de sus fenómenos más perniciosos un incremento en la embriaguez, la criminalidad y la delincuencia por la combinación perniciosa del temor, la guerra, la violencia, la ideología, el alcohol, las armas y la insuficiencia e incapacidad de las nuevas instituciones y mecanismos de control y jefes revolucionarios para inhibir esas conductas patológicas. Paradójicamente, la lucha y la defensa de la vida originadas y agudizadas por la Revolución, produjo con frecuencia un gran desprecio y una falta de valoración por la vida, la que se podía eliminar con relativa facilidad.

Entre los ejemplos que se pueden citar al respecto: Evaristo Fuentes informó que estaba tomando con Baldomero Cedillo, quien se puso a regañarlo y a contradecirlo y de repente amagó a la gente "y sin más le e dado un balaso y lo e matado"; vecinos de Santiago Atzihuacán denunciaron que "Hoy a las 10:30 entraron Manuel Rodríguez y Aurelio Tello carabina en mano gritando ¡Viva Vaquero! y ¡Muera Fortino Ayaquica!, se dirigieron a la tienda del señor Silvestre Domínguez y cojieron botellas de cerveza y cognac y empezaron a embriagarse, embriagados dieron golpes y empeñones a la señora Francisca Domínguez, al panadero Irineo Tapia le dieron de cañonazos. Luego se fueron a la tienda de Nicolás Cásares, vieron pasar a una persona que agarraron a cañonazos hasta dejarlo ensangrentado y tendido en la tierra, luego fueron a amagar a su

La Revolución provocó en muchos guerrilleros fenómenos de alcoholismo y delincuencia, favorecidos por estar armados y por la falta de un control efectivo.

casa a la señora Desideria María... Así siguieron y cuando se cansaron de cometer atropeyos se fueron a Amecac llevándose preso al vecino Abraham Rivera". El hermano de Zapata, Eufemio, le escribió a éste que en una borrachera Juan Sosa se había molestado porque ya no había mezcal y agarró a cintarazos a Teófilo Hernández, quien ante eso lo mató. Uno de los ejemplos más extremos, que denota una patología necrofílica, fue el de José Sánchez quien, borracho, asesinó a Antonio Sosa y huyó, pero luego regresó, cargó en su caballo el cadáver y se lo llevó a su casa, pasando un día completo a su lado sin permitir que nadie se le acercara; cuando se le bajó la borrachera huyó. Jesús Chávez denunció que tres soldados de Rafael Castilla, borrachos, asaltaron a su mamá y la injuriaron, diciéndole que como eran zapatistas nadie les podría hacer nada. Mucio Palma acusó a Miguel Melitón de haber entrado a su casa ebrio, disparándole a uno de sus soldados y destruyendo a balazos el altar familiar que tenía. Sebastián Calderón informó que Juan Ángeles y otro soldado le pidieron alcohol a otro de la compañía y, al negárselo, le dieron de balazos; Ángeles estaba tan borracho que él mismo se había dado en un pie.[38]

Las armas significaron un nuevo poder, su posesión significaba a menudo la diferencia entre la vida y la muerte.

En esas patologías destructivas, otro factor que desempeñó un papel importante fue el hecho de que todos esos sujetos tenían un nuevo poder destructivo: la armas. La posesión de estos instrumentos de muerte y poder llevó a que se afirmara la individualidad y el valor de sus portadores por medio de éstas. Muchas de las riñas que concluyeron en asesinatos, además de los imprudenciales por embriaguez, tenían por motivo los duelos, las peleas y las venganzas por afrentas que en muchas ocasiones, desde fuera, no parecían ser tan graves, pero que así se fueron acostumbrando a resolver. Y, desde luego, el poder de los sujetos armados sobre la población civil indefensa no tenía ningún contrapeso ni inhibición que no fuera un hipotético castigo por sus superiores. Con crudeza, la Revolución también significó una descomposición social, una pérdida de valores positivos y una debilidad de los vínculos y las identidades, provocadas por individuos armados, violentos e irresponsables, cuyas conductas patológicas no pudieron nunca ser controladas, a pesar de sus continuos esfuerzos, por los jefes zapatistas y el cuartel general.

Raptos y violaciones

Dentro de las conductas delictivas que afloraron en la Revolución, otro hecho que llama la atención es la violencia contra las mujeres, las vejaciones, violaciones y raptos que se cometieron contra ellas por parte de federales, bandoleros y enemigos zapatistas y por muchos oficiales y soldados surianos. Las mujeres se convirtieron en uno de los blancos preferidos y, al parecer, más fáciles de obtener por las diversas partidas que asolaron la región. Eran un botín codiciado y asediado y, por lo que se aprecia en las fuentes, sus agresores se acostumbraron a abusar de ellas, a pesar de los numerosos intentos del cuartel general y de los jefes zapatistas por impedir y castigar tales prácticas. Aunque hubo varios oficiales y soldados que fueron castigados o incluso fusilados, la mayoría de esos delitos quedó impune.

Entre muchos ejemplos: María Loyola denunció que un soldado de Pedro Saavedra había violado a una niña y aterrorizaba a los pacíficos; José Bautista dio testimonio que en Atlixco el coronel Vidal Romero había cometido estupro con una mujer recién parida; el auxiliar de Nepopualco acusó a Rafael Espinosa de haber violado a varias señoras y a tres niñas de 10 años; Genaro Borneo denunció que zapatistas violaban a muchachas en las rancherías de Buenavista; Trinidad Zamora denunció que Isabel Balderas, de la fuerza de Amador Salazar "sólo se dedica a los vicios privados, a las ebriedades y con frecuencia viola a varias mujeres de familias honorables"; Felipa Dávila denunció que Gabino Pacheco, soldado revolucionario, había raptado a una joven de San Sebastián; Josefa y Juliana Cruz acusaron a soldados del coronel Linares de que las atacaron, asaltaron, quisieron abusar de ellas y "nos dejaron bastante aporriadas que yo no esperaba tan grande mal de este partido"; Próculo Capistrán denunció ante Zapata que el general Mariano Cuervo "no quiere obedecer y no quiere incorporarse conmigo, nomás anda pidiendo dinero y forzando mujeres". Varias muchachas fueron raptadas por sus novios y, al denunciar el hecho los familiares, el cuartel general apresaba y juzgaba a las parejas; en esos juicios, las muchachas denunciaron haber sido sacadas contra su voluntad y pidieron regresar con sus padres.[39]

La mujeres, no solamente las más jóvenes, sino también las maduras, independientemente de si estaban solas, huérfanas o viudas o si formaban parte de una familia, fueron uno de los grupos que más sufrió este tipo de ataques y humillaciones. Aunque no perdieron la vida, la degradación y la agresión sufridas fueron uno de los mayores costos cuyas huellas quedaron en su psicología por el resto de sus vidas. Este fenómeno también evidencia los efectos perniciosos que provocó la Revolución en un sector de la población masculina que dio rienda suelta a sus instintos sexuales y de poder, aprovechándose de la ventaja de estar armados y de la debilidad de los marcos y controles normativos.

NOTAS

1 Aquí se entiende el concepto de revolución como un fenómeno de masas con una notable —aunque no mayoritaria ni unánime— participación popular para tratar de derrocar el poder estatal y ocuparlo, con el propósito de implantar un proyecto alternativo en el que se plasmen otro tipo de relaciones económicas, políticas, sociales y culturales, hegemonizadas por clases, sectores y alianzas diferentes a quienes ejercen hasta esos momentos el poder, independientemente de las transformaciones estructurales efectivas, que nunca son inmediatas, sino de largo plazo. El término campesino, a su vez, se usa en un sentido que abarca tanto un modo de ser —de las personas que trabajan y viven directa o principalmente de los productos de la tierra, con tierras propias, rentadas, o como asalariados y que no son grandes propietarios— como un modo de conciencia y de percepción cultural —como personas que se sienten, se ubican y se identifican a sí mismas ligadas al campo y a la vida rural.

2 Heller, 1985, pp. 39-44.

3 Crespo, 1996, pp. 100-127, 143-183 y 422-475.

4 Nickel, 1989, pp. 15-67.

5 Luis García Pimentel, dueño de Santa Clara, Tenango y San Ignacio, agregó que proporcionaba a sus trabajadores "pensiones a los viejos, a los inválidos, a los enfermos, a los huérfanos y a las viudas". Véase AGN-G, 298/335, 298/3341 y 398/98.

6 Ávila Espinosa, 2001, pp. 91-94 y 125. Véase Alarcón a De la O, 30 de abril de 1913; Genaro Borneo a De la O, 24 de julio de 1913; relación de pagos de haciendas; Ángel Barrios a De la O, 25 de julio de 1913, en AGN-GO, 1/7/20-21; 2/2/23; 2/5/47, 13/6/35.

7 La France, 1987, pp. 85-87, 92-96; Ávila Espinosa, 2001, pp. 224-228. Entre las haciendas que sufrieron ataques estuvieron las de El Puente, Zacatepec, San Carlos, San Vicente, San Pedro, Guadalupe, Atlacomulco, Temixco, Chinameca, Xochimancas, Santa Cruz y Ahuatepec en Morelos; fueron quemadas las de Tenango y Atencingo en el Estado de México, y Santa Ana, Rincón, San José Teruel y Balvanera en Puebla.

Luego de tales ataques y destrucción, la mayoría aceptó colaborar y pagar la cuota de protección que impusieron los revolucionarios; de las que se tiene mayor documentación son Jalmolonga y Miacatlán, en la zona bajo el control de De la O, así como de Zacatepec, administrada por el jefe zapatista Lorenzo Vázquez. En 1915-1916, varias de estas haciendas fueron fraccionadas y repartidas entre los pueblos aledaños.

[8] ESPEJEL, 2000, pp. 269-291; GUAJARDO, 2000, pp. 247-268.

[9] Lucio Zamorano a De la O, 13 de julio de 1914, en AGN-GO, 4/1/96; Trinidad Tenorio se quejó con Zapata de que los pueblos de Santiago y Chalma explotaban por su cuenta los montes, obstaculizando la madera que necesitaba el ferrocarril, *ibid.*, 18 de julio 1914, 14/8/74.

[10] GUERRA, 1988, vol. I, pp. 141-142.

[11] ESPEJEL Y RUEDA, 1985, vol. 5, pp. 857-865.

[12] C. Ochoa a De la O, 26 de julio de 1914; N. Ferreira y otros a De la O, 19 de julio de 1914, en AGN-GO, 4/1/32; 4/166. Entrevista a Lorenzo Vergara, PHO-Z/1/1. El presidente de Miacatlán pidió a De la O que se quedaran los coroneles Ayala y Zamora custodiando el pueblo, cuyos habitantes estaban muy agradecidos porque los habían defendido, especialmente a los niños, en AGN-GO, 6 de junio de 1914, 3/6/37.

[13] Véase Pantaleón Guadarrama a De la O, 15 de febrero de 1912, Atilano García a De la O; 22 de mayo, 12 y 16 de julio de 1912; Vecinos de Acatzingo a De la O, 7 de febrero de 1913; M. Pérez a De la O, 25 de julio de 1913; S. Vargas a De la O, 17 de agosto de 1913; auxiliar de Jiutepec a De la O, 9 de diciembre de 1913, en AGN-GO, 1/2/4; 1/2/69, 1/3/1-5; 1/6/27, 1/6/28; 1/6/29; 1/5/41; 2/2/41; 2/3/5; 2/7/20.

[14] Francisco I. Madero a Naranjo, gobernador de Morelos, México, 5 de febrero de 1912, en AGN-FM, 31/862/23900-23901; *El País*, 2, 9, 13, 16, 17, 18 y 26 de febrero de 1912, 11 y 24 de marzo de 1912; *El Imparcial*, 1, 3, 8, 20, 21 de marzo de 1912; *El Diario del Hogar*, 4, 9, 12, 18, 24 y 28 de febrero de 1912.

[15] *Mi pueblo...*, vol. I, 1989, pp. 65-68.

[16] AGN-GO, 2/4/7.

[17] Vecinos de San Simón a De la O, septiembre de 1913; vecinos de Zumpahuacán a De la O, 26 de septiembre de 1913, en AGN-GO 2/4/8; 2/4/24.

[18] AGN-GO, 6/9/25. Entrevista a Pascual Aguilar, PHO-Z/1/31.

[19] Agapito Pariente, de Tepalcingo, indicó que su familia escondía sus cosas en las cuevas y que duraron escondidos en el cerro dos años. Véase entrevistas a Juliana Flores, a Juan Arellano y a Agapito Pariente, PHO-Z/1/19 y PHO-Z/1/7, PHO-Z/1/29; *Mi pueblo...*, vol. I, 1989, p. 67; AGN-GO, 4/2/49.

[20] G. Amaya a F. Amaya, 18 de octubre de 1913, en AGN-GO, 2/5/14.

[21] PHO-Z/1/6; PHO-Z/1/18.

[22] PHO-Z/1/5; PHO-Z/1/20; PHO-Z/1/24; PHO-Z/1/30.

[23] P. Santamaría a De la O, 11 enero de 1911; L. García a De la O, 18 enero 1913; A. Flores a De la O, 24 de julio de 1913; E. Huerta a Fortino Ayaquica, 22 de mayo de 1913; L. Pichardo a De la O, 26 de octubre de 1913; AGN-GO, 1/4/6; 1/4/9; 2/2/30; 13/4/1; 2/5/6.

[24] Marmolejo a De la O, 19 de febrero de 1913; Rangel a De la O, 22 de julio de 1913; Gregorio Jiménez a De la O, 22 de julio de 1913, en AGN-GO, 1/5/49; 1/5/46; 2/2/6-7; 2/2/12.

[25] Coronel Fernando Martínez a Ángel Barrios, 8 de agosto de 1913, en AGN-GO, 13/7/43-44.

[26] Barrios a De la O, 25 de julio de 1913, 2/2/47.

[27] Instrucciones a que deberán sujetarse los jefes y oficiales del Ejército Libertador del Sur y Centro de la República, 4 de junio de 1913; Órdenes a las autoridades civiles con respecto a la venta y matanza de reses, 18 de noviembre de 1913, en ESPEJEL *et al.*, 1988, pp. 137-138 y 168.

[28] Decreto de Emiliano Zapata prohibiendo la circulación de moneda carrancista, 10 de octubre de 1914, en ESPEJEL *et al.*, 1988, p. 245.

29 GUAJARDO, 2000, pp. 255-258; ESPEJEL, 2000, pp. 269-291.

30 AGN-GO, 3/5/22; 6/9/36; 5/10/21; 13/9/16; 5/10/27.

31 AGN-GO, 14/4/23; 4/3/99; 5/8/15; 1/7/40. Un caso extremo, atípico, fue el de la coronela Amelia Robles, quien desatacó por su valentía y mató a un hombre que la manoseó. Esta coronela es el único caso conocido de una mujer que cambió su rol de género y se asumió después como hombre, masculinizando su nombre, vistiéndose como varón, exigiendo que lo trataran como "el coronel Robles" y teniendo una pareja femenina. Véase CÁRDENAS, 2000, pp. 303-319.

32 Eufemio Zapata a Emiliano, 28 de enero de 1914, Benjamín García informó a De la O que después de fusilar a un voluntario había puesto a su compañera a hacer de comer a sus muchachos; Marcos Pérez expresó que Zeferino Camilo había sacado a golpes a una señora de su casa y, bajo la amenaza de matarla, la había puesto a servir a sus soldados, en AGN-GO, 14/1/34; 3/5/44; 3/4/84.

33 MEYER, 2001, pp. 439-459. Esta autora cita varios testimonios de recuerdos infantiles de veteranos zapatistas. Entrevista a Gregorio García, PHO-Z/1/21.

34 Entrevistas a Irene Copado, Nicolás Chávez, Ignacia Peña, PHO-Z/1/10, PHO-Z/117, PHO-Z/1/18. AGN-GO, 14/7/9; 14/7/10; 14/7/11.

35 A. Silva a De la O, Cuernavaca, 20 de febrero de 1916, en AGN-GO, 6/2/24; 5/4/51; 1/7/51.

36 Perfecto Iriarte informó haber dado autorización al obispo de Chilapa para efectuar procesión; el general Felipe B. informó a Zapata que no podía participar en la campaña sobre Cuernavaca porque tenía procesión; el ayudante de Cuentepec pidió a De la O que le proporcionara al cura de Apatlaco para la fiesta de San Miguel, en AGN-GO, 14/5/14; 14/8/10; 6/8/31.

37 G. Fuentes a De la O, 24 de enero de 1913; B. González a De la O, 18 de septiembre de 1913; Barrios a De la O, 13 de septiembre de 1913, en AGN-GO, 1/4/16; 2/4/3; 2/4/24; 3/4/57.

38 Véase E. Fuentes a De la O, 26 de octubre de 1913; Silvestre Domínguez a Ayaquica, 29 de junio de 1913; vecinos de San Andrés a Zapata, 14 de octubre de 1913; Eufemio a Emiliano Zapata, 25 de noviembre de 1913; testimonio de José María Sánchez y otros soldados zapatistas interrogados por el cuartel general, 8 de noviembre de 1913; J. Chávez a De la O; 3 de julio de 1914; M. Palma a De la O, 4 de agosto de 1915; S. Calderón a De la O, 31 de agosto de 1914, en AGN-GO, 2/5/31; 13/5/1; 13/9/33; 13/10/33; 13/10/47; 4/1/78; 5/8/32; 4/2/149.

39 M. Loyola a De la O, San Gaspar, 12 de abril de 1913; J. Bautista a Zapata, 15 de marzo de 1914; M. Martínez Rosalino Silva, 29 de junio de 1914; Borneo a De la O, 3 de mayo de 1913; T. Zamora a De la O, Coajomulco, 2 de octubre de 1913; F. Dávila a De la O, Tecomatlán, 9 de noviembre de 1913; Josefa y Juliana Cruz a De la O, Tecomatlán, 5 de noviembre de 1913; Capistrán a Zapata, campamento revolucionario en Morelos, 3 de octubre de 1913; testimonios de Aurora Muñoz, Petra Zavaleta y Julia Alvarado, en AGN-GO, 1/7/42; 14/4/10; 14/7/57; 1/8/8; 2/5/32; 2/6/13; 2/6/29; 13/9/8; 14/3/36; 14/2/21; 6/9/37-38.

SIGLAS Y REFERENCIAS

AGN	ARCHIVO GENERAL DE LA NACIÓN, MÉXICO
AGN-GO	FONDO GENOVEVO DE LA O
AGN-G	FONDO GOBERNACIÓN
AGN-FM	FONDO MADERO
PHO-Z	PROGRAMA DE HISTORIA ORAL-ZAPATISMO, INSTITUTO NACIONAL DE ANTROPOLOGÍA E HISTORIA

ÁVILA ESPINOSA, Felipe
2001 *Los orígenes del zapatismo*. México: El Colegio de México-Instituto de Investigaciones Históricas, Universidad Nacional Autónoma de México.

CÁRDENAS TRUEBA, Olga
2000 "Amelia Robles y la revolución zapatista en el estado de Guerrero", en Varios autores, *Estudios sobre el zapatismo*. México: Dirección de Estudios Históricos, Instituto Nacional de Antropología e Historia.

CRESPO, Horacio
1996 "La hacienda azucarera del estado de Morelos: modernización y conflicto", tesis de doctorado, Facultad de Filosofía y Letras, Universidad Nacional Autónoma de México.

ESPEJEL, Laura, y Salvador RUEDA
1985 "Los ejércitos populares y la construcción de un ejército nacional", en *Así fue la Revolución*, vol. 5. México: Secretaría de Educación Pública-Senado de la República.

ESPEJEL, Laura, *et al.*
1988 *Emiliano Zapata, antología*. México: Instituto de Estudios Históricos de la Revolución Mexicana.

ESPEJEL, Laura
2000 "El costo de la guerra. La compañía papelera de San Rafael y el financiamiento zapatista", en Varios autores, *Estudios sobre el zapatismo*. México: Dirección de Estudios Históricos, Instituto Nacional de Antropología e Historia.

GUAJARDO, Guillermo
2000 "Tierra y acero. Máquinas y obreros bajo los zapatistas (1910-1915)", en *Estudios sobre el zapatismo*, México: Dirección de Estudios Históricos-Instituto Nacional de Antropología e Historia.

GUERRA, François-Xavier
1988 *México, del antiguo régimen a la Revolución*, vol. I. México: Fondo de Cultura Económica.

HELLER, Agnes
1985 *Historia y vida cotidiana*. Barcelona: Grijalbo.

LA FRANCE, David G.
1987 *Madero y la Revolución Mexicana en Puebla*. Puebla: Universidad Autónoma de Puebla.

MEYER, Eugenia
2001 "¿Dónde están los niños? Reflexiones para una historia de la infancia durante la Revolución", en Varios autores, *Estudios sobre el zapatismo*. México: Dirección de Estudios Históricos, Instituto Nacional de Antropología e Historia.

Mi pueblo...
1989 *Mi pueblo durante la Revolución*, vols. 1 y 2. México: Instituto Nacional de Antropología e Historia.

NICKEL, Herbert
1989 *Paternalismo y economía moral en las haciendas mexicanas del porfiriato*. México: Universidad Iberoamericana.

3

EL ESPEJO DE LA ÉLITE SOCIAL (1920-1940)

MARÍA DEL CARMEN COLLADO HERRERA
Instituto de Investigaciones Dr. José María Luis Mora

ENTRE EL LUJO, LA ELEGANCIA Y LO *KITSCH*

LAS COLUMNAS DE PRENSA ESPECIALIZADAS EN LA VIDA SOCIAL entre 1920 y 1940 dedicaban usualmente la mayor parte de su espacio a la clase acomodada; reseñaban sus actividades de ocio, describían sus formas de sociabilidad, sus ritos familiares y sus costumbres. Hacían las veces de un espejo que recogía las imágenes de este grupo y las proyectaba a la sociedad, vendiendo sutilmente su modelo de vida, sus creencias y valores a una sociedad urbana ansiosa de emularlo. La gente "chic" —como solía denominar a este sector la prensa de los años veinte— era poderosa por su posición económica, su estatus social, su capacidad de ostentación y de consumo, su carácter urbano y cosmopolita. El boato, el lujo, la elegancia, lo *kitsch*, lo cursi y la excentricidad se plasmaron en negro sobre blanco en las páginas periodísticas. En ellas se dio cuenta de los patrones culturales en boga; se dibujó la tensión entre la religiosidad y la secularización de las costumbres entre la vieja élite porfiriana, que se ostentaba aristocrática, y la ascendiente clase política revolucionaria de origen más bien rural; se percibieron las modas e influencias extranjeras amalgamadas con el nacionalismo.

Si prestamos atención por un periodo más o menos prolongado a las notas de sociales podemos apreciar una película —cuadros fijos tomados en diferentes instantes— de movimientos lentos en la que se representan las actividades más significativas y a la vez cotidianas de la vida de este grupo, desde el nacimiento, la presentación en sociedad, la fundación de una nueva familia y el ocio, hasta la enfermedad y la muerte. Esta película se desarrolla lentamente porque el mundo de las creencias, que tiñe el actuar de las sociedades, es un fenómeno de larga duración; lo cultural se desenvuelve más pausadamente que lo político y lo económico pero, aunque con tardanza, éstos inexorablemente acaban por modificar las formas de sociabilidad. Los cambios, no obstante, son resistidos por los grupos sociales de distinta manera; cada cual manipula las representaciones emergentes y realiza con ellas una producción secundaria en la que imprime sus creencias.[1]

La clase alta, restringida y excluyente, se convirtió en el emblema de la sociedad por su poder real o imaginado, pero sobre todo porque representaba la imagen de la modernidad: la civilización, el nacionalismo cosmopolita, lo occidental, es decir, el anhelo secular de la nación mexicana acariciado desde la Independencia y retomado por el México posrevolucionario, con un nacionalismo retórico que enfatizaba lo popular, lo mestizo y lo indio.[2] Por ello, esta élite de origen porfiriano sobrevivió en la prensa como modelo social después de la Revolución; por ello también fue la invitada de honor en los actos públicos de relieve de los políticos posrevolucionarios, a pesar de que entre ambos existían recelos mutuos.

Buena parte de los eventos reseñados por el periodismo de sociales fueron actos privados convertidos en públicos a fin de promover como modelo de modernidad las costumbres de la élite y al mismo tiempo satisfacían el afán de lucimiento de este grupo, su necesidad de ostentación pública que refrendaba su poder. Por medio de la prensa se filtraron, con el correr del tiempo, los eventos sociales de la clase media y de los políticos, quienes emulando estos modelos o mediante sus propias representaciones, ratificaban su importancia social en el cambiante México posrevolucionario. Unos cuantos miembros de la nueva clase política lograron mezclarse con la vieja élite por medio de matrimonios; la mayoría, sin embargo, logró su aceptación entre este grupo cuando se convirtieron en

Los clubes deportivos y sociales desplazaron a Chapultepec como el paseo dominical hacia 1940.

burgueses por derecho propio, mediante la creación y acumulación de fortunas derivadas de sus nexos con la política, fenómeno que se detecta con claridad a partir de 1925.[3]

No deja de ser significativo que en las notas de sociales los periodistas dieran cuenta de los títulos nobiliarios de sus protagonistas: marqués de Guadalupe, conde de Regla, conde de Prevoisin, marqués de Vallehermoso, marqués de San Francisco, condesa del Apartado o de Polignac, etc., pese a que desde el siglo XIX la República los había abolido. Y es que la aristocracia, no obstante su desaparición formal, seguía representando el prestigio del estilo de consumo desbordante de las cortes, imitado y suplantado por la sociedad burguesa. Su conducta ha sido el modelo del buen comportamiento y la etiqueta, por un lado porque los aristócratas representan el privilegio social por excelencia, y por otro, más importante, porque el consumo ha impulsado la civilización.[4] A falta de linaje, los apellidos compuestos como Zamora Plowes y Rivas Mercado, los de preposiciones posesivas antepuestas como De Teresa, De la Barra y Del Hoyo, los que llevaban la "y" copulativa entre los apellidos como De Landa y Escandón o los nombres extranjeros como Creel, Lascuráin, Limantour o Braniff eran considerados de alcurnia en México, no sólo por la imitación que su factura hacía de la nobleza, sino también por el nivel socioeconómico de quienes los portaban.

Esta historia comienza con el fin del exilio de buena parte de las familias porfiristas y miembros del clero a mediados de 1920, gracias a la amnistía propiciada por el presidente provisional Adolfo de la Huerta, y termina en 1940, cuando las reformas revolucionarias alcanzaron su límite. Durante la Revolución, los miembros más conspicuos de la élite emprendieron el éxodo hacia Estados Unidos, Cuba y Europa ante el naufragio del antiguo régimen. Esta diáspora alcanzó el clímax entre agosto de 1914 y 1916, el periodo más violento del movimiento armado, que empezó con la caída del régimen de Victoriano Huerta y culminó con el triunfo de la facción constitucionalista sobre sus enemigos zapatistas y villistas. La situación angustiosa que vivió ese grupo en aquellos años, cuando tuvo que salir precipitadamente del país, abarrotando los trenes para huir "de los terribles horrores de una ocupación violenta de la capital por las fuerzas victoriosas de la revolución",[5] había terminado.

No obstante, la sociedad mexicana se hallaba dividida. Un buen ejemplo de ello fue lo sucedido durante una función de la revista *19-20* presentada en el Teatro Principal en enero de 1920. Uno de los cuadros representaba la *Estampilla de la paz*; en él aparecía la catedral de Reims como fondo y desfilaban las efigies de Clemenceau, Jorge V, Alberto I de Bélgica, Alfonso XII y Porfirio Díaz. Cuando apareció este último, una parte del público lo aplaudió y la otra protestó, iniciándose una riña entre los espectadores en la que se tiraron naranjas, limones, cañas de azúcar y piedras; uno de los concurrentes sacó la pistola e insultó a quienes vivaban a Díaz. El tumulto alcanzó tales proporciones que la policía tuvo que intervenir y la función fue suspendida.[6]

Hacia septiembre de 1920 fue normalizándose la vida en la capital y con ello la vieja élite retornó a sus actividades sociales tradicionales. El ascenso de Álvaro Obregón a la Presidencia y su política de conciliación con la Iglesia católica y los banqueros hizo renacer la tranquilidad entre la clase alta. Esta situación repercutió inmediatamente en las páginas de *Excélsior* y *El Universal*, los cuales ampliaron sus informaciones de sociales, creciendo hasta ocupar casi una página, en comparación con el reducido espacio que le dedicaron durante el gobierno de Venustiano Carranza. Lentamente se reanudaron las fiestas privadas, proliferaron en la prensa los anuncios de los "días de recibo", las notas sobre bautizos, bodas, funciones, fiestas de caridad, kermeses y las reseñas sobre la presencia de la élite en las carreras de caballos o en la fiesta brava.

La "gente bien" miraba con recelo y desdén a los militares revolucionarios, no sólo por sus rudas maneras campiranas, envilecidas por los días de campaña, sino porque eran la representación misma del cambio revolucionario que había concedido derechos a campesinos y trabajadores, trastocando el mundo oligárquico y privilegiado en el que habían vivido durante la dictadura de Porfirio Díaz. Así, fue poco frecuente la convivencia entre los políticos y los miembros de la élite, sin embargo, el canciller Alberto J. Pani desempeñó un papel muy importante como puente entre el mundo político y el de la burguesía de viejo cuño. Su esposa, Esther Alva de Pani, sobresalió por la gran cantidad de actos sociales que organizó y en los que convivieron el cuerpo diplomático con la clase alta y algunos políticos.

CELEBRACIONES PÚBLICAS

La primera festividad pública en la que participaron conjuntamente la élite y los funcionarios gubernamentales fue la fiesta floral para festejar la primavera convocada por el Ayuntamiento de la Ciudad de México, la Confederación de Cámaras Industriales, la Confederación de Cámaras de Comercio y el Auto Club. Consistió en concursos de carros alegóricos y de arreglo de fachadas, una charreada en el hipódromo de la Condesa —organizada por Carlos Rincón Gallardo, marqués de Guadalupe, conjuntamente con el general Enrique Estrada, secretario de Guerra— y culminó con un combate floral el 15 de mayo de 1921. El afán por restaurar los combates de flores, célebres durante el porfiriato, reflejaba el optimismo de las clases propietarias, quienes impusieron su sello en esta festividad.

Los festejos del gobierno de Obregón para conmemorar el centenario de la consumación de la Independencia en septiembre de 1921 dieron pie para que participaran de nueva cuenta los políticos revolucionarios con la clase alta capitalina. Las fiestas del centenario buscaban proyectar al país y al mundo la imagen de México como país civilizado, destacar el fin de la guerra civil, borrar la estampa de barbarie que lo había acompañado durante la lucha armada, reflejar una sociedad en proceso de reconciliación e impulsar el reconocimiento diplomático del gobierno por Estados Unidos y Gran Bretaña. Una de las maneras de lograrlo fue figurando codo con codo con la gente "distinguida", que dominaba los modales cosmopolitas y sabía vestir a la última moda. Así, la burguesía nacional se convirtió en la invitada de honor, presidió junto con Obregón y los miembros del gobierno los fastuosos bailes y desfiles, una charreada, una corrida de toros, exposiciones —entre ellas una dedicada al arte popular mexicano—, banquetes, kermeses, funciones de gala de ópera y teatrales a las que asistieron las delegaciones diplomáticas enviadas por diversos países europeos y latinoamericanos para conmemorar el centenario.

Los empresarios de origen extranjero organizaron elegantes bailes en el Casino Español y el Country Club, y Obregón hizo lo propio en el Castillo de Chapultepec. Hubo un desfile militar que culminó en el Zócalo, en el que rodaron los aeroplanos del ejército por las calles del centro, y otro de carros alegóricos que recorrió la avenida Juárez. Frente a la Alameda se ubicaron las tribunas en las que se acomodaron las delegaciones

Desfile militar del centenario (1921) de la Independencia.

extranjeras, la clase alta y los políticos destacados, quienes admiraron las representaciones más llamativas: chozas indígenas, patios andaluces, una barca egipcia y una inmensa jícara de Michoacán, diseñada por Roberto Montenegro, desde la cual los niños de las familias Pani, Osorio y Braniff, vestidos de charros y chinas poblanas lanzaban flores a la concurrencia. Entre algunas de las familias que asistieron a estos eventos estuvieron los Migoya, Rivero Quijano, Lacaud, Aspe, Algara, Escandón, Rincón Gallardo, Prieto, Amor, Lascuráin, Pimentel, Galas, Amor y Sánchez Navarro, los marqueses de Guadalupe, Polignac y San Francisco: la crema y nata de la sociedad porfiriana.

El clero católico no quiso permanecer al margen de unas festividades, particularmente simbólicas para él, porque conmemoraban el triunfo de Agustín de Iturbide, representante por antonomasia del proyecto de nación católica. La Iglesia mexicana, interesada además en reinsertarse con fuerza en la sociedad posrevolucionaria, organizó, junto con los Caballeros de Colón, un tedeum en el templo de La Profesa al que asistió la élite porfirista.

Multitudes de capitalinos de todos los niveles sociales fueron espectadores de estos actos; el gobierno limpió de vagos y mendigos el centro, regaló ropa a los pobres para que vistieran con más decencia, al tiempo que se preocupó porque algunos espectáculos fueran gratuitos para deslindarse del elitismo de las fiestas del centenario celebradas por Díaz 11 años antes.[7] Sin embargo, pese a los esfuerzos de los organizadores oficiales de la conmemoración, hubo un evento en especial que sintetizó el carácter segregacionista de los festejos, la "jamaica" dedicada a la servidumbre, denominada "La fiesta de las criadas", organizada por *El Universal* en el Tívoli del Eliseo el 27 de septiembre y presidida por María Bibiana Uribe, la triunfadora del certamen de la India Bonita promovido por este periódico.

Las fiestas de la primavera organizadas en 1923 fueron especialmente esplendorosas, gracias al optimismo reinante entonces; habían transcurrido casi tres años sin sacudimientos políticos de consideración y México recibía a los representantes del gobierno de Warren C. Harding para negociar las condiciones bajo los cuales el gobierno de Washington reconocería al de México. Se organizaron exposiciones florales y de fauna en el Parque Lira, desfiles y concursos de carros alegóricos. Éstos presentaron las imágenes de la modernidad mezcladas con las tradicionales y reflejaron la esperanza en la reconstrucción del país: el primer carro fue una diligencia escoltada por charros; desfilaron un cuerno de la abundancia, patrocinado por la frutería La Florida, propiedad de chinos, en el cual los niños de esa comunidad repartieron abanicos y fruta; una pelota de futbol del Club España; un gigantesco tubo de pasta dental de la compañía Pebeco; la reproducción de un templo griego de la comunidad francesa; la Compañía de Luz presentó una casa con las comodidades de la vida moderna: una plancha, un ventilador y una estufa eléctricos, y la compañía del Buen Tono una reproducción de la fábrica de

Primer lugar en las fiestas de la primavera de 1923.

cigarros. Según las crónicas periodísticas, alrededor de 100 000 capitalinos se congregaron en la plaza de la Constitución, las calles de Madero, 5 de Mayo, la avenida Juárez y el paseo de la Reforma para presenciar el desfile, en algunas azoteas se instalaron lonas para protegerse del sol y el tráfico fue suspendido. Frente al Hemiciclo a Juárez se construyó una tribuna especial para las "familias distinguidas", el cuerpo diplomático y los políticos, en la que figuraron como invitados especiales los delegados norteamericanos Charles B. Warren y John Barton Payne. La fiesta terminó con un gran combate floral celebrado en Chapultepec, aunque no faltó la nota disonante: la llegada de "léperos" a la calle de Madero que provocó 10 lesionados.

Los actos de corte religioso proliferaron durante el gobierno de Obregón; por un lado, como resultado del regreso de sacerdotes católicos auspiciado por el gobierno, y por otro, debido al interés del clero mexicano por restaurar el culto católico en todo su esplendor y mostrar su fuerza frente a la amenaza de los artículos constitucionales anticlericales, que limitaban seriamente su poder e independencia. La crisis de energía eléctrica por la que atravesaba la ciudad, debido a la escasez de agua en la presa de Necaxa, provocada por la sequía, dio motivo a una pequeña muestra de la restauración religiosa que se vivía durante aquellos años. La Virgen de los Remedios fue llevada de su santuario a la catedral, donde se celebraron misas y tedeum para que llegaran las lluvias en junio de 1921. Durante estos años la restauración de templos, intervenidos durante la lucha armada, la bendición de capillas y las misas conmemorativas congregaron a la élite, sancionando con dicha presencia su apoyo a la fe católica y al clero. En 1922 se verificó la bendición de dos nuevas iglesias, presidida por monseñor Ernesto Filippi, el delegado apostólico enviado por la Santa Sede. En julio de ese año se colocó la primera piedra del templo que se construiría en la colonia del Valle, uno de los desarrollos urbanos nuevos; se organizaron corridas especiales de tranvías del Zócalo al nuevo fraccionamiento a fin de trasladar a los asistentes; entre los personajes distinguidos que participaron en este rito destacaron Adolfo Prieto, director de la Fundidora de Fierro y Acero de Monterrey, y Agustín Legorreta, director del Banco Nacional de México. En octubre se bendijo la construcción de la capilla votiva de Nuestra Señora del Sagrado Corazón, en el paseo de la Reforma. A ella asistieron como padrinos los representantes diplomáticos de Italia, España y Chile y las esposas de dos secretarios de Estado, la señora Pani y la señora Alessio Robles. En estos actos religiosos participaron las familias más destacadas de la élite.

Las fiestas de la Covadonga, organizadas por la comunidad española para conmemorar su día nacional, comenzaron con la celebración de una misa en el templo de Santo Domingo a la que asistieron los miembros de la colonia hispana, entre la que se encontraba uno de los grupos empresariales más poderosos del país. La organizada en octubre de 1922 fue particularmente destacada; se realizó una misa solemne oficiada por monseñor Filippi. A ella asistieron, además de miembros de esta comunidad como los Rivero Quijano, Migoya, Noriega, Galas y Sánchez Juárez, doña María Tapia de Obregón, la esposa del presidente, Alberto J. Pani y doña Esther Alva de Pani. La presencia de la primera dama, tocada con mantilla y peineta españolas, y la del canciller y su mujer en este oficio religioso mostraban los ánimos conciliatorios del Ejecutivo. El presidente de la Junta de Covadonga fue Jesús Rivero Quijano, destacado industrial textilero, presidente de la Confederación de Cámaras Industriales durante 1921 y 1922 y miembro de los Caballeros de Colón. Hubo un desfile de carros alegóricos que partió del Zócalo y recorrió el paseo de la Reforma hasta llegar al hipódromo de la Condesa, donde se desarrolló un combate floral. Las festividades incluyeron una romería en el Tívoli del Eliseo con los tradicionales puestos de confeti, comida, dulces, juguetes y refrescos, atendidos por mujeres de origen español y mexicano de la clase alta como las Braniff, Rincón Gallardo, Icaza, Pimentel, Del Hoyo, Prieto, Limantour y Cortina; la fiesta estuvo amenizada por cinco bandas y dos orquestas y en el salón de baile se ejecutaron danzas españolas folclóricas. Además, se celebró una carrera de caballos, precedida por un desfile de charros, manolas y chinas poblanas. Los festejos del año anterior habían sobresalido por una magna corrida de toros en la que participaron los diestros más famosos del momento: Rodolfo

Gaona, Juan Silveti, Ignacio Sánchez Mejías y Juan Luis de la Rosa. Antes de empezar la corrida desfilaron las reinas, vestidas a la española, en varios carruajes tirados por finos caballos; a las cuatro de la tarde llegó Obregón, quien tomó su lugar en el palco presidencial, y, luego de ejecutarse el himno nacional, dio inicio la fiesta brava.[8]

Los dos primeros años del gobierno del Caudillo se caracterizaron por la prudencia del régimen frente al fortalecimiento del clero, que organizaba numerosos actos reli-

Kermés en el Tívoli del Eliseo, 1922.

giosos desafiando el anticlericalismo hasta entonces reducido al papel de la Constitución. Sin embargo, a principios de 1923 se dio el primer choque con motivo de la colocación de la primera piedra del monumento a Cristo Rey en el cerro del Cubilete, Guanajuato. Dicha ceremonia fue presidida por monseñor Filippi quien, después de una enorme manifestación religiosa que congregó a miles de católicos, bendijo la construcción y celebró una misa en el lugar. Esta manifestación de culto extramuros, explícitamente prohibida por la carta magna, fue la gota que derramó el vaso de la paciencia de Obregón. No se podía dar el lujo de permitir que la Iglesia continuara aumentando su influencia social y retando a un Estado cuya debilidad se hacía más patente frente a la unidad y potestad del clero católico. Así, ordenó la expulsión perentoria de Filippi, aplicándole el artículo 33 de la Constitución.

La violenta salida de Filippi provocó malestar entre los católicos, hubo manifestaciones de rechazo de los Caballeros de Colón y las Damas Católicas, asociaciones laicas integradas fundamentalmente por miembros de la clase alta; el presidente recibió centenares de cartas de protesta y la molestia repercutió de inmediato en la vida social: se suspendieron las fiestas que iban a celebrarse esa semana y se colgaron moños negros en las casas en señal de duelo, que luego fueron retirados por la policía. Este acontecimiento fue tan sólo el preludio de la violencia que alcanzaría la pugna entre el Estado revolucionario, el clero y los creyentes durante el régimen de Plutarco Elías Calles.

Es muy probable que como parte del aire secular que el sucesor de Obregón quiso infundir a la sociedad, el Ayuntamiento de la Ciudad de México —acaparado por los miembros del Partido Laborista, dominado a su vez por el anticlerical secretario de Industria, Luis N. Morones— asumiera la organización del carnaval, que si bien es un festejo que antecede la conmemoración católica de la Cuaresma, se distingue por su carácter mundano y la subversión de las normas sociales imperantes. Así, en febrero de 1926, renació con bombo y platillos la fiesta del carnaval capitalino patrocinado también por la Cámara de Comercio, en respuesta a la iniciativa lanzada por los periódicos *El Universal* y *El Universal Gráfico*.

Ambos diarios imprimieron planillas para que el público votara por la reina del carnaval; los sufragios dieron el triunfo a la señorita Ernestina Elías Calles, la hija del presidente, y el segundo lugar a la señorita María Rosa Sierra, "damita de belleza deslumbrante". A diferencia de otras fiestas, en las que las reinas eran seleccionadas entre las jóvenes de clase alta, el carnaval de 1926 fue concebido "para rendir un homenaje a la mujer que trabaja"[9] y se organizó la Gran Feria Comercial en las calles de Madero, 5 de Febrero, 16 de Septiembre, Monte de Piedad y Tacuba, donde se situaban los más importantes establecimientos comerciales. Esta fiesta reviste un particular significado porque, a través de sus numerosos eventos, reproducidos por la prensa capitalina en grandes espacios, da cuenta del primer esfuerzo de la clase política por ingresar al

Ernestina Calles, reina del carnaval de 1926.

mundo de "sociales", escaparate privilegiado de la burguesía porfiriana, mediante una festividad pública de resonancia, que diera prestigio a los valores seculares modernizantes e impulsara el modelo de la mujer trabajadora que los revolucionarios querían proyectar. El trabajo femenino no era bien visto por la élite, para quien resultaba escandaloso que sus hijas laboraran fuera del hogar, aunque empujados por la ruina que ciertas familias pudientes experimentaron durante la Revolución, algunas no tuvieron más remedio que aceptar que las mujeres se ganaran el sustento. En este sentido resulta ilustrador el testimonio de Andrea Palma, cuyo nombre verdadero era Guadalupe Bracho y pertenecía a una de las familias adineradas y de prosapia del Durango porfiriano: "sí había prejuicio de que trabajara usted. Cuando yo puse mi casa de sombreros fue como medio escándalo, digo un escándalo relativo; porque ya no teníamos dinero, la prueba es que estábamos yendo a trabajar. Pero qué le diré, la familia de mi papá, la de mi mamá: —¡Ay! Que Lupita va a trabajar y ¡qué barbaridad! ¡Julio, pero cómo la dejas!".[10]

En las secciones de consejos femeninos, publicadas regularmente en las páginas de sociales, se abrieron resquicios que filtraban los cambios en la moral tradicional, surgidos probablemente a causa del laicismo imperante durante el régimen de Calles y a la influencia del cine. A diferencia de la prensa durante el gobierno de Obregón, en la que se defendía el ideal femenino victoriano —la mujer casta, sacrificada, dedicada al hogar y a la educación de los hijos— anteponiéndolo al feminismo y el "socialismo" prodigado por los sectores radicales,[11] a partir de 1926 se aprecia la aparición de más notas con un espíritu mundano:

> Yo he averiguado que los hombres quieren que las mujeres sean como muñecas, que se pongan vestidos bonitos, que sean siempre encantadoras. Yo de mí sé que tengo que ser graciosa, a veces un poco atrevida, pero nunca vulgar... ¿Qué hay en la vida después de todo, más que el hombre y la mujer? A la mujer incumbe hacerse atractiva para el hombre. ¿Besar? ¡Ah! Eso embellece a la mujer. Besar con toda la efusión de un amor vehemente hace que las mujeres florezcan y resplandezcan, así como el sol hace brotar a las flores. Deberían existir clínicas para enseñar a besar, en vez de escuelas de economía doméstica, a fin de hacer a las mujeres bellas y garantizar la felicidad de los hogares. El beso es lo más inocente y lo más puro del mundo.[12]

Ernestina Elías Calles, la reina del carnaval de 1926, sin duda representaba el ideal de la mujer moderna: vestía a la última moda, era más mundana que las jóvenes tradicionales y gustaba de los deportes novedosos y arriesgados como las carreras de autos. Durante esta celebración se realizaron concursos de aparadores, dos desfiles, uno de carros alegóricos, fiestas en honor a la reina Ernestina I y su cortejo, y varios clubes privados organizaron bailes de máscaras.

Arco iris: primer lugar en el concurso de disfraces organizado por la comunidad española, 1926.

ACTIVIDADES DE OCIO

Las corridas de toros especiales, las carreras de caballos, las charreadas y las competencias de polo fueron espectáculos públicos que alcanzaron notoriedad en las páginas de sociales porque a ellos asistía la clase alta que, en estas ocasiones, compartía el espacio con los políticos y algunos segmentos de la sociedad capitalina menos afortunados. La afición por estas diversiones muestra la amalgama entre lo europeo —las carreras de caballos, el polo— y lo mexicano —las charreadas. Estas distracciones, del gusto de la gente acomodada, les brindaban la ocasión para que las mujeres llamaran la atención luciendo sus más elegantes atuendos. La preocupación por el lujo de la indumentaria es central para la élite, porque es un símbolo inequívoco de clase y de reconocimiento social; la ropa femenina, como emblema suntuario debía proceder de París, la capital mundial de la moda.[13] Así, las mujeres simbolizaban el poder y la riqueza de la clase alta. Por ello, lucían galas importadas de la capital francesa o compradas en El Palacio de Hierro, almacén que aseguraba importar su ropa directamente de Francia y que organizaba exposiciones de ropa, lencería y sombreros traídos de allá en distintas épocas del año. Intercaladas con las notas de sociales aparecían ilustraciones con los vestidos de moda y tiendas como Stewart & Co., ubicada en la elegante Quinta Avenida de Nueva York, anunciando sus libros de modas con los modelos "más avanzados de París y la Quinta Avenida", añadiendo que contaban con "departamento latinoamericano dirigido por peritos en la moda que prestarán mayor atención a sus requerimientos".[14] La moda estadunidense, impulsada por el cine de Hollywood, comenzaba a competir con la francesa.

El reflejo de la arquitectura neoyorquina en la moda, 1928.

Las carreras hípicas, el llamado "deporte de los reyes", permitía a este sector la doble ostentación de los ricos atavíos y las apuestas, arriesgando grandes sumas de dinero.[15] El hipódromo de la Condesa, propiedad del exclusivo Jockey Club, abrió sus puertas en parte de los terrenos de la ex hacienda de la Condesa en 1910, con una carrera conmemorativa del centenario. Durante la Revolución las carreras fueron suspendidas y el hipódromo cerrado, pero en 1921, con motivo de las fiestas del centenario organizadas por Obregón, reabrió sus puertas. Entre 1921 y 1924 se celebraron carreras de caballos, charreadas y torneos de polo en aquel local, hasta que fue cerrado en este último año, cuando los miembros del Jockey Club decidieron transformarlo en fraccionamiento, edificando la colonia Hipódromo Condesa a partir de 1925, en sociedad con José G. de la Lama y Raúl Basurto. Las carreras hípicas llamaron la atención de los cronistas de sociales por el lujoso atavío de los asistentes, entre quienes destacaban los miembros de la élite porfiriana, del cuerpo diplomático, Alberto J. Pani y su esposa, y eventualmente el general Obregón. En particular, el derbi de abril de 1922 mereció largas notas nostálgicas en las columnas de "Sociales y personales" de *Excélsior*, en las que se respiraba el aire aristocrático y extranjerizante del antiguo régimen:

> No puede ya dudarse que el deporte hípico es ya el espectáculo favorito de la élite y a donde concurre lo mejor de nuestra sociedad. Las familias se dan cita en el grandioso Hipódromo de la Condesa y con su presencia ofrecen uno de los más interesantes atractivos, ya que la mujer bella y elegante, en una palabra la mujer "chic", luce allí sus galas y es objeto de la admiración general. México, como Longchamps o Anteuil, resplandece cada vez que hay carreras de caballos.[16]

> El precioso espectáculo del deporte hípico es indudablemente el que atrae en estos días la mayor atención del público capitalino puesto que concurre lo más selecto de las colonias extranjeras y de la sociedad mexicana. El Hipódromo es el lugar de moda en la actualidad.[17]

La Asociación Nacional de Charros, presidida por Carlos Rincón Gallardo, marqués de Guadalupe, también presentó charreadas en el hipódromo; las de noviembre de 1922 destacaron por su lucimiento. Se eligieron reinas entre las jóvenes de las más distinguidas familias —Conchita y Ma. Teresa Rincón Gallardo, Carmen del Hoyo, Leonor Goríbar, Luz Campero, Amparo Prida, Guadalupe Braniff, Carmen Algara, María Icaza, Ana Ma. Barrios Gómez, Margarita Corcuera y Dolores Luna, entre otras—, quienes portando el traje de china poblana entraron en carruajes escoltados por charros. La clase alta se identificaba más con los símbolos nacionales criollos de origen hispano y con ello se distanciaba del nacionalismo indigenista y mestizo impulsado por el grupo revolucionario, ello explica el gusto por portar los trajes de charro y china poblana en este tipo de eventos y el surgimiento de la Asociación Nacional de Charros.

El Polo Club, que reunía a la "aristocracia capitalina", celebraba torneos en la pista de carreras; en ocasión del de mayo de 1922 el trofeo fue entregado por María Escalante de Campero, marquesa del Apartado. Hacia 1927 el Polo Club de México estableció su propia cancha en los terrenos de Chapultepec Heights, un desarrollo urbano surgido en 1922 en parte de los terrenos de la hacienda de los Morales —bajo la influencia urbana de la británica Garden City—, en el cual inicialmente se construyeron

La marquesa del Apartado entregó el trofeo del torneo de polo de 1922.

casas rodeadas de jardines y sin bardas, al estilo estadunidense. Los militares practicaban el polo en los campos de Chivatito y Balbuena y eventualmente se realizaban torneos en los que éstos competían con los hombres de la *high life*. Los deportes hípicos eran del gusto de la élite pero en pocos años entraron a las competencias de polo jinetes destacados del ejército, pues mientras la primera era la única capaz de mantener las costosas cuadras de caballos, además de haber ingresado a la era del automóvil, los segundos tenían una espléndida experiencia debido a su participación en la Revolución y contaban con la infraestructura del ejército para practicarlo.

Las corridas de toros no eran bien vistas por su carácter sangriento e incluso se recomendaba que las mujeres no asistieran a ellas. No obstante estas previsiones, los jóvenes de clase alta organizaban novilladas de aficionados y, en ocasión de corridas importantes, hombres y mujeres de este sector disfrutaban el espectáculo.

Otra diversión dominical era el paseo a Chapultepec al que concurrían los jóvenes de clase alta, de clase media, los profesionistas y los políticos. Antes del almuerzo, el centenario bosque de ahuehuetes era frecuentado por las familias, quienes en carruajes tirados por caballos, lujosos automóviles, finos caballos o carros de alquiler lo recorrían ataviados con sus trajes domingueros; al igual que en el porfiriato, durante los años veinte Chapultepec fue el paseo preferido de la gente "decente". La misa en San Francisco y en La Profesa, en la calle de Madero, era la predilecta de las clases adineradas, pero también asistían a la Sagrada Familia, en la residencial y afrancesada colonia Roma, donde los padres jesuitas se lucían con sus sermones.

Al finalizar los años treinta, los jóvenes adinerados fueron abandonando el paseo de Chapultepec y prefirieron pasar parte del domingo en clubes privados, en los que tenían ocasión de flirtear con gente de su misma clase y practicar deportes como la natación, el tenis, el frontón y el golf. Las actividades deportivas, uno de los signos del siglo XX, fueron ampliamente aceptadas por estos sectores, más proclives a la asimilación de las influencias externas. Los clubes de prestigio eran el Deportivo Chapultepec, el Churubusco Country Club, remodelado en 1921 para borrar los destrozos que sufrió durante la Revolución, el Club France o el Chapultepec Heights Country Club. Este último, fundado en 1923 por la compañía Chapultepec Heights Co., desplazó al Churubusco Country Club como lugar de reunión de las comunidades británica y estadunidense y también realizaba torneos de golf.

Durante los fines de semana la clase alta organizaba cacerías,[18] paseos campestres al Desierto de los Leones, a Xochimilco, a sus haciendas cercanas a la capital y, a finales de la década de 1920, a sus casas de descanso en Cuernavaca. Durante los días de campo se trasladaban familias completas en automóviles, paseaban, almorzaban, ocasionalmente bailaban y regresaban a la ciudad por la tarde. Al iniciarse la década de los veinte, el restaurante San Ángel Inn, en el vecino pueblecillo del mismo nombre, era frecuentado por algunos miembros de la élite, quienes después del almuerzo bailaban *fox trot*, *two step* y otros ritmos de moda, al ritmo de las *jazz band*. La ampliación de la avenida de los Insurgentes, comenzada en 1921 como parte de las obras conmemorativas del centenario y concluida en 1924, comunicó a San Ángel con el centro de la ciudad.

Las mujeres y el deporte.

FIESTAS DE CARIDAD

Durante el gobierno de Obregón, las notas de sociales daban cuenta de numerosos eventos de caridad; éstos incluían funciones en los teatros y cines, bazares donde se rifaban regalos donados por casas comerciales, funciones hípicas y novilladas de aficionados para recaudar fondos para la Cruz Roja, los asilos y los niños pobres, entre otros. La caridad ha sido una actividad tradicional de la élite que así patentiza su espíritu cristiano y recibe prestigio al cumplir con una de las funciones sociales impuestas por su condición económica. No obstante, este tipo de actividades redujo su aparición en las notas de sociales a partir de 1927 y hasta 1940. En noviembre de 1927 aparecieron dos notas de fiestas de caridad: una función organizada en el teatro Arbeu por la colonia española y otra organizada por las Damas de la Cruz Roja en el hotel Imperial, propiedad de Jorge Braniff, que consistió en "un hermoso *bridge party*".[19] Es difícil especular sobre la razón que explica este cambio, pero es probable que la guerra cristera que vivió México entre 1926 y 1929 haya provocado la disminución de reseñas periodística y que éstas no hayan reaparecido sino después de 1940, cuando la reconciliación con la Iglesia se hizo patente durante la presidencia de Manuel Ávila Camacho.[20]

FIESTAS PRIVADAS

Los bailes en las casas particulares y en los clubes fueron enormemente populares. Al inicio de los veinte se realizaban "bailes de prácticas" en algunas residencias a fin de ensayar y dominar los ritmos de moda. Incluso llegaron a organizarse danzas infantiles, como la de disfraces que se celebró en la Casa de los Azulejos, donde ya funcionaba Sanborns, en 1926. Aunque las Damas Católicas se pronunciaron en contra de los ritmos modernos porque propiciaban que las parejas se acercaran mucho para ejecutarlos, lo cierto es que sus propias familias los practicaban. En julio de 1923 se inauguró un cabaret en el hotel Regis, y clubes como el Churubusco Country Club o el Casino Español organizaron rumbosos bailes, al igual que lo hicieron el Deportivo Chapultepec y el Chapultepec Heights Country Club que también introdujeron tés danzantes en la década de los treinta.

Durante esa década se bailaba *fox trot*, *two step*, danzón, tango y uno que otro vals; hacia 1927 se puso de moda el charleston. Este último causó verdadero revuelo, por la agilidad y condición física demandadas para su ejecución e inspiró hasta formas de peinado. Una peluquería de damas anunciaba lo siguiente: "la gran novedad en peinado es la que ahora tenemos el gusto de presentar a nuestra distinguida clientela; es el corte *Charleston*, complemento directo de toda persona que quiere bailar bien este nuevo

Un descanso después del baile, 1925.

deporte. El peinado no es nuevo ciertamente, porque así lo usaba don Agustín de Iturbide, pero ahora ha entrado en gran moda".[21]

Durante la década de los treinta las *jazz band* fueron sustituidas por grandes orquestas que tocaban boleros, danzones, piezas de autores mexicanos y la música estadunidense de moda. En las fiestas particulares para despedir a viajeros, celebrar cumpleaños, onomásticos y aniversarios de bodas, entre otros, los invitados bailaban, acompañados de orquestas, jugaban al *bridge* y tomaban una cena denominada *champagne supper* —comida caliente servida por meseros—, aunque hacia 1930 los bufé —mezcla de platos fríos y calientes que escogen los comensales— fueron imponiéndose.

La clase alta vivía a lo largo del paseo de la Reforma, en la colonia Roma, la Condesa y la San Rafael preferentemente, donde se habían construido residencias y "palacetes" afrancesados desde el periodo porfiriano; en la posrevolución empezó a dominar el estilo colonial californiano, las casas *art-déco*, las *villas* a la italiana, los chalés y el neocolonial. Al tiempo que se dieron estos cambios en la arquitectura doméstica, este sector comenzó a mudar de residencia hacia San Ángel, Polanco y Chapultepec Heights. El cambio de vecindario explica también el surgimiento de clubes privados como el de Chapultepec Heights o el Deportivo Chapultepec. Al finalizar la década de los treinta, las Lomas de Chapultepec, antes conocidas como Chapultepec Heights, se habían convertido en la zona residencial preferida por la burguesía y los políticos revolucionarios enriquecidos.

Los banquetes y comidas de los empresarios ocupaban un lugar importante, entre ellas las de los clubes de rotarios y de leones y las de las confederaciones nacionales de cámaras de comercio y de industria. Carlos B. Zetina celebraba su onomástico con sus obreros de la fábrica de calzado Excélsior; sus trabajadores organizaban bailables, cantos y declamaban poemas para festejar a su patrón. Adolfo Prieto recibió una fiesta similar para despedirlo por su viaje a Europa en 1929. El agasajado fue recibido por la dirigencia del sindicato Reforma, Libertad y Derecho de la Fábrica de Hilados y Tejidos La Victoria; las obreras y obreros presentaron un sainete cómico intitulado *Para mentir las mujeres*; las trabajadoras presentaron el bailable *Azul* y declamaron poesía. Se dio un "espléndido banquete" tipo español, compuesto por varios platos acompañados de vinos, licores y puros, a los 600 obreros y sus familias. Hubo un baile amenizado por la banda de música de la fábrica que alternó con la *jazz band* de la Escuela Industrial de Huérfanos. Este tipo de festejos evidenciaba el espíritu paternalista en la relación de ciertos patrones hacia sus trabajadores, pues reproducían las fiestas familiares donde los asistentes solían presentar diversos números de canto, baile, poesía y teatro.

En cuanto al tipo de información aparecido en la prensa, se perciben las modificaciones en las costumbres, derivadas de situaciones políticas, de la secularización y de la modernización económica y tecnológica. Los días de recibo, en los que las damas de sociedad acogían a sus amistades en fechas fijas anunciadas en los diarios —costumbre francesa implantada en México durante el porfiriato—, fueron repuestos durante el gobierno de Obregón como consecuencia de la restauración que se vivió al regreso de la clase alta del exilio. Las mujeres de la élite recibían a sus amistades una vez a la semana o a la quincena durante la tarde y les ofrecían té, pasteles y galletas; los comensales conversaban y ocasionalmente alguno tocaba el piano, cantaba o declamaba poesía. Los jóvenes asistían a este tipo de tertulias, pues eran ocasiones ideales para relacionarse amorosamente.[22] Paulatinamente, los días de recibo desaparecieron, como sucedió en Francia después de la primera guerra mundial.[23] En cambio, se pusieron de moda las reuniones para jugar *bridge*, juego de cartas inglés muy de moda en Estados Unidos por aquella época, y para cenar.[24]

EL DESCANSO DE SEMANA SANTA

En el auge del porfiriato, las vacaciones entre las clases acomodadas se trasladaron lentamente de los espacios privados a los públicos. Así, la élite combinó las tradicionales temporadas de descanso en sus haciendas, con viajes en ferrocarril a balnearios como Veracruz y Chapala durante la Semana Santa. Alrededor del lago construyeron casas de descanso como la "residencia de invierno" de los Braniff, incautada durante la Revolución, y se edificaron hoteles para recibir a los turistas. Después de terminada la lucha armada renació la costumbre de vacacionar en las haciendas, el puerto del golfo o en Chapala. A este respecto señalaba "La sociedad al día" de *El Universal*

> Decididamente se advierte una tendencia hacia lo moderno en las costumbres de los mexicanos, quienes desde que la vida ha vuelto a la normalidad en el país, han tornado a recobrar hábitos que habían abandonado por la fuerza misma de las circunstancias y entre otros el de veranear fuera del lugar habitual de su residencia... En México el lugar de veraneo más a la moda es la pintoresca villa de Chapala.[25]

El turismo de Semana Santa verdaderamente abarrotaba Chapala, donde coincidieron miembros de la élite como Agustín Legorreta, Arturo Braniff y los Martínez del Río, entre otros, con políticos como Obregón, Calles, Pani o Fernando Torreblanca en 1922. No faltaron los atropellos de los políticos, como cuando Torreblanca mandó desalojar a la familia que había reservado el pullman para ocupar estos lugares, aprovechando la intervención del gobierno en los ferrocarriles. Las vacaciones durante la llamada Semana Mayor denotaban la creciente secularización de la sociedad, pues pasaron por encima de las recomendaciones del clero de no asistir al cine ni a bailes, sino a los oficios religiosos. Quienes visitaban Chapala seguramente se daban tiempo para rezar, pero además aprovechaban la ocasión para nadar en el lago usando bañadores de una sola

Las fiestas de Santa Anita durante la Semana Santa, 1930.

pieza, paseaban en lancha, escuchaban conciertos, presenciaban el desfile de modas organizado por *Excélsior* en el hotel Palmera y hasta asistieron a un baile en 1922.

Quienes permanecían en la capital durante esos días iban a los oficios religiosos en las principales iglesias del centro de la ciudad. Los templos se llenaban durante la misa del Domingo de Ramos, la Pascua de Resurrección, la Visita de las Siete Casas, el Vía Crucis, el Lavatorio de Pies o el Pésame a la Dolorosa. Mientras las damas piadosas vestían de luto durante el Viernes Santo, otras preferían disfrutar de la típica fiesta de Santa Anita, paseaban en trajineras, luciendo rojas amapolas en la cabeza, comían antojitos, y algunos varones lucían sus cabalgaduras vestidos de charro, como Carlos Rincón Gallardo. No obstante, la nostalgia subrayaba la manera en que la modernidad estaba haciendo decaer esta festividad: "La tradicional fiesta del Viernes de Dolores va en incesante mengua del vigoroso color típico que tan grato relieve le diera antaño. La civilización que nos arrolla con rodar de autos y nos asfixia con humos de gasolina y aceite, mata fatalmente el atractivo de esta fiesta que tenía en su propia rusticidad su mayor atractivo".[26]

Paulatinamente surgieron nuevos lugares de veraneo, aglomerados durante Semana Santa, que la construcción de carreteras volvió más accesibles. Así, Cuernavaca y Acapulco devinieron en centros turísticos durante la década de los treinta. Los miembros de la élite comenzaron a construir residencias de descanso en la capital morelense a la que se trasladaban durante los fines de semana o en la época de vacaciones. Los

Nuevos lugares de descanso y esparcimiento.

hoteles Chula Vista, Casino de la Selva, Bella Vista, Rarik, Astoria y otros se llenaban durante esos días y los periódicos reproducían fotografías de las mujeres en trajes de baño de menor tamaño que los usados en la década anterior. Otros preferían trasladarse al balneario de Acapulco, donde las mujeres tomaban "baños de sol" en las playas de moda como Caleta y Hornos, se practicaba la pesca, la cacería y algunos realizaban vuelos de placer en avionetas para admirar la bahía desde la altura. A partir de 1930 la clase media adoptó también la costumbre de trasladarse a los balnearios para descansar.

DE LA CUNA A LA TUMBA

En las notas de sociales aparecían notas breves sobre los viajeros que llegaban o salían del país, las personas notables que se hallaban enfermas, los nacimientos, las defunciones y los ritos familiares como bautizos, primeras comuniones, presentación de señoritas en sociedad, bodas, fiestas de todo tipo, aniversarios de matrimonio y listados con los nombres de los personajes de la élite que celebraban su onomástico. Durante los periodos de mayor radicalismo, como en los gobiernos de Carranza, Calles o Lázaro Cárdenas, aparecían noticias de divorcios o se anunciaban abogados que realizaban estos trámites legales; una vez que terminaban estos ciclos, dicha información desaparecía de las columnas.

Las noticias de nacimientos y bautizos eran muy escuetas, pero dieron cuenta del traslado de los alumbramientos del ámbito hogareño al espacio público de los sanatorios. Las primeras comuniones y fiestas infantiles recibían mayor atención, y los 15 años, o presentaciones de jóvenes en sociedad, daban lugar a prolíficas notas. Los jóvenes asistían a estos bailes nocturnos acompañados por sus padres. En los 15 años de Lorenza Braniff Lascuráin, en 1923, las jovencitas asistieron vestidas de flores: Conchita Braniff vistió de alcatraz, su hermana Carmen de amapola y Lola Lascuráin de acacia.

Los viajes de la burguesía al extranjero se volvieron frecuentes al normalizarse la vida, una vez terminada la Revolución; los ferrocarriles reanudaron sus corridas hacia Estados Unidos y se podía viajar con mayor seguridad. Sin embargo, durante la guerra cristera, la serie de rebeliones que se desataron contra la reelección de Obregón en 1928 y las elecciones de 1929, hicieron que los trenes fueran con escoltas militares a fin de proteger a los pasajeros de posibles ataques. Los miembros de la élite viajaban a Estados Unidos, Cuba o Europa para descansar, hacer negocios y recibir tratamientos médicos, y enviaban a sus hijos a estudiar sobre todo a Estados Unidos. Con todo, los viajes al extranjero eran el privilegio de unos cuantos y ello explica que fueran noticia de sociales. En la sección de viajeros se señalaba, por ejemplo, el viaje a Nueva York del banquero Agustín Legorreta y su esposa María Guerrero de Legorreta en 1937, quienes

Primera comunión, 1930.

se embarcarían rumbo a Europa en compañía de sus hijos Agustín Legorreta Jr. y Cecile Chauvet de Legorreta, el conde Gilles de Prevoisin y Luz Legorreta de Prevoisin con sus nietos. Otra nota, aparecida nueve años antes decía:

> Distinguidas viajeras: Ayer a las 18 horas y por la estación de Buenavista arribaron a esta ciudad procedentes de un largo viaje de paseo por varias de las principales capitales europeas, la señora doña Guadalupe de la Mora viuda de Bassoco en unión de su bella hijita la señorita Concepción Bassoco. Numerosas personas de nuestra sociedad estuvieron en el andén a saludar a las viajeras.[27]

Las notas sobre los enfermos proporcionaban breves datos sobre el problema de salud que los tenía recluidos en sus casas u hospitales y reflejaban la costumbre católica de asistir y reconfortar a los enfermos mediante visitas, envío de notas o informándose sobre su estado. "La señora Amparo Arredondo de Necoechea se encuentra enferma en su casa en la calle de Sevilla. Sus amistades se informan afectuosamente por la salud quebrantada de la estimable dama".[28] Los avisos sobre los enfermos también tenían la finalidad de explicar por qué habían suspendido sus actividades sociales y con frecuencia señalaban que en pocos días podrían reanudarlas. Así, por ejemplo, una información decía que Inés Castro de Prieto, esposa del conocido industrial Adolfo Prieto, se recuperaba del accidente automovilístico sufrido unos días antes. Otra nota señalaba que Celia González de Bailleres y el banquero Raúl Bailleres[29] llegaron de Rochester, Nueva York, ciudad a la que fueron a someterse a cirugías en 1934. Mientras que los enfermos de la élite no mostraban empacho en que su estado de salud figurara en las páginas de sociales, los hombres del poder, ante la poca institucionalización del sistema político, ocultaban los síntomas de debilidad física que padecían. Pese a la delicada salud de los sonorenses, quienes frecuentemente se retiraban de sus funciones públicas para curarse de enfermedades, seguramente secuelas de la guerra, esta información no aparecía en las notas de sociales, sino desperdigada e imprecisa en otras columnas periodísticas.

El funeral del destacado jurista porfiriano Miguel S. Macedo, efectuado pocos días después del fin de la guerra cristera, mereció largas reseñas. Los deudos y sus amistades velaron el cuerpo en su casa, luego el ataúd fue cargado por los familiares y amigos más cercanos hasta depositarlo en la carroza de la funeraria Alcázar, para de ahí, seguido de numerosas plataformas cargadas con ofrendas florales y una larga hilera de automóviles, sepultarlo en el panteón Francés de la Piedad. Fue tan grande el cortejo fúnebre que se suspendió el tráfico por media hora en las calles de Bucareli. Las mujeres no asistieron al entierro, sino que permanecieron rezando en la casa del difunto encabezadas por la viuda. En tanto, en el cementerio, a nombre de los docentes de la Escuela Libre de Derecho, el abogado José Ángel Ceniceros y Villarreal, hermano de uno de los miembros de la Liga Nacional Defensora de la Libertad Religiosa, la cual había orquestado el levantamiento cristero, pronunció un discurso lleno de amargura y nostalgia por los tiempos idos:

> Murió llevándose la pena de que muchos de sus anhelos no se realizaran; pero explicándose cómo no es posible que a la madurez intelectual de un hombre, corresponda siempre la madurez intelectual de su pueblo. Honda pena la de los hombres que como él, al llegar a su plenitud, sienten con amargura que su pueblo muy lejos está de la plenitud, y tienen que vivir el drama íntimo, de ver despedazarse ensueños caros ante una dolorosa realidad.[30]

LOS CASAMIENTOS

Buena parte del espacio de las notas de sociales se dedicaba a informar sobre las bodas. Este rito familiar era objeto de largas reseñas porque brindaba una oportunidad singular de lucimiento, en el que se hacía gala de la riqueza y el refinamiento. Por supuesto, la mayoría de estas noticias se referían a uniones entre parejas católicas. Se informaba la hora y el templo en el que se había celebrado el matrimonio, se describía el adorno de la iglesia y se proporcionaban largas descripciones del vestido de la novia, señalando quién lo había confeccionado, del "cortejo de amor", de las madrinas y de algunas mujeres sobresalientes por su vestuario. También se proporcionaban los nombres de los invitados, del lugar donde se había servido el banquete, del sitio al que los novios irían de viaje de bodas, pero sobre todo, dedicaban un gran espacio a enlistar los obsequios recibidos por los novios, al lado del nombre de quienes los regalaron. Por lo general los recién casados iban de viaje a Estados Unidos, Europa o algunos lugares de México. El viaje de bodas de "Monchi" Mundet, hija del próspero industrial de refrescos, con Elías Pando, empresario de la industria alimentaria, en 1937, comenzó en Acapulco, donde tomaron un vapor a San Francisco y de ahí le dieron la vuelta al mundo, visitando Hawai, Japón, India, Europa y Estados Unidos.

Regalos de boda.

Las bodas de las familias burguesas eran por lo general menos ostentosas que las de la vieja élite porfiriana, aunque desde luego hay excepciones, como la de la hija de Arturo Mundet o la del hijo de Agustín Legorreta, que probablemente reflejaban las condiciones económicas del país y de estos empresarios en el momento. Por el contrario, en los sobrios matrimonios de otros hombres de negocios influyeron probablemente los valores del ahorro, la frugalidad y la productividad, asociados con la mentalidad capitalista, diferenciada de la aristocratizante del antiguo régimen proclive al gasto suntuario. Así, los matrimonios de Lorenzo B. Zetina, hijo del industrial zapatero Carlos B. Zetina, con Clara Riveroll; de Alexandre Signoret, hijo de Enrique Signoret, propietario entre otras empresas del almacén Al Puerto de Veracruz, con Marie Luise Colson, y de Carmen Sada Garza, hija del acaudalado miembro del grupo Monterrey, Enrique Sada Muguerza, con Manuel Escudero,[31] fueron ceremonias sencillas y en ninguna de ellas la prensa reprodujo la lista de regalos.

Los presentes obsequiados eran en su mayoría ornamentales, casi nunca utilitarios, y cuando los había, destacaban por estar elaborados con materiales costosos como la plata, la porcelana, la seda o adornarse con delicados bordados. El carácter suntuario de estas dádivas refrendaba la situación económica de los contrayentes. La publicación de la lista de los regalos ratificaba la importancia social de los novios y era un alarde de riqueza que permitía a los obsequiadores hacer gala de su largueza. Por lo general, las parejas se regalaban entre sí alhajas: la mujer recibía aretes, pendientes, pulseras, collares o anillos con piedras preciosas; el hombre, botonaduras, mancuernillas, fistoles de oro adornados con piedras preciosas o finos relojes. Los padres de la novia obsequiaban a su hija joyas u objetos de gran valor —don Arturo Mundet regaló a su hija una casa— en tanto que los padres del novio daban costosos adornos para la casa. Seguramente, los regalos entregados a la consorte por sus padres representan una transformación de la antigua costumbre de la dote, pues las joyas encierran valor considerable. Más adelante, en la década de los treinta, cuando la consolidación de la banca se hizo patente, se volvió usual que los padres regalaran cheques a sus hijos y aparecieron electrodomésticos, como un refrigerador, entre los regalos.

Los obsequios que recibieron Hortensia Elías Calles y Fernando Torreblanca, un matrimonio entre familias de políticos, sobresalieron por lo costoso y su carácter utilitario. Obregón regaló una sala Luis XVI; también recibieron una mesa fumador y un piano de cola, y Federico A. Luna, personaje con grandes influencias en el gobierno y socio de Arturo Braniff en el fraccionamiento de la colonia Moctezuma, les obsequió un automóvil Packard. La ostentación de ciertos regalos reflejaba la actitud de nuevos ricos de los políticos revolucionarios y a la vez manifestaba agradecimiento por los favores recibidos.

Los cambios en el protocolo de las bodas fueron mínimos a lo largo de este periodo, destaca sin embargo el inicio de la tendencia a celebrar la boda civil y religiosa en días distintos y cada una con su propio festejo durante la década de los treinta. Sin duda, brindarle un espacio especial a la ceremonia civil denota cierta secularización en las costumbres, que al fin otorgaban a ésta la solemnidad e importancia social conferida al enlace religioso. Durante la década de los veinte los templos preferidos fueron el de Santa Brígida, ubicado en San Juan de Letrán, cerca de avenida Juárez, y el de Nuestra Señora de Guadalupe de la Paz, en la calle de Enrico Martínez, cercana a la Ciudadela; en la década siguiente se puso de moda el de La Coronación, recientemente construido al lado del parque España, la capilla votiva del Sagrado Corazón y la Sagrada Familia; la Catedral metropolitana también fue utilizada, así como las capillas privadas enclavadas en las propiedades de los padres de los contrayentes.

Por lo general, las nupcias se verificaban a media mañana y de preferencia en viernes o sábado. El adorno floral y la iluminación de los templos eran cuidadosamente reseñados. La profusión de focos eléctricos, signo del avance tecnológico, denotaba el nivel social de la pareja. Terminada la ceremonia religiosa, acompañada de música sacra ejecutada por orquestas y, en ocasiones, por coros, se servía un banquete de bodas, por lo general en la casa de la recién casada o en algún restaurante lujoso como el San Ángel Inn, el Chapultepec o el Parque Lira. Hacia el final de la década de los treinta se adoptó la costumbre de servir la comida nupcial en clubes como el Mexico City Country Club, el Club France o en los salones del hotel Reforma. Así, el festejo de bodas transitó del espacio privado familiar a los salones públicos de los flamantes hoteles o de los clubes o restaurantes de prestigio.[32] Durante el almuerzo la orquesta tocaba música, en ocasiones "selectos trozos de ópera", y una vez concluido éste, se iniciaba el baile que por lo general se prolongaba hasta bien entrada la noche.

Entre 1921 y 1923 las bodas se celebraron con gran pompa y elegancia; algunos altos dignatarios eclesiásticos participaron en ellas ocasionalmente. Ernesto Filippi, el delegado papal, asistió al matrimonio de Laura Iturbide y José Cobián, y monseñor Fulcheri, obispo de Cuernavaca, ofició la misa en el enlace de Guadalupe Cuevas Lascuráin con Francisco García Sancho. Durante estos años, las informaciones de sociales crecieron hasta llenar dos páginas de periódico, como resultado del optimismo que reinaba en la sociedad y del ánimo conciliatorio que se vivía. Las nupcias de Fernando Torreblanca, secretario particular del presidente Obregón, con Hortensia Elías Calles, la hija del anticlerical secretario de Gobernación, en agosto de 1922, reflejaron las paradojas de una clase política que buscaba aceptación social, imitando las costumbres vigentes, pero sin renunciar totalmente a sus convicciones laicas. Los contrayentes se casaron por el rito católico en Santa Brígida; Álvaro Obregón y su esposa figuraron como padrinos de manos; los padres de la novia, Plutarco Elías Calles y su mujer, fueron los padrinos de velación. Sin embargo, don Plutarco no asistió al templo y en su representación estuvo su hijo. Durante el banquete, servido en Palacio Nacional, departieron políticos, diplomáticos y unos cuantos empresarios. Posteriormente, con el estallido de la rebelión delahuertista, en diciembre de 1923, renació la violencia política y durante ese año se tensaron aún más las relaciones del Estado con el clero.

EL IMPACTO DE LA SUSPENSIÓN DE LOS CULTOS

Durante el régimen de Calles la situación política se volvió más compleja aún. Las relaciones con Estados Unidos se deterioraron a tal punto en 1925, con motivo de la expedición de la ley petrolera, que corrieron fuertes rumores de que el país sería nuevamente invadido por el vecino del norte. El conflicto con el clero se intensificó, pues varios gobernadores, como José G. Zuno de Jalisco y Tomás Garrido Canabal de Tabasco, y secretarios de Estado, como Adalberto Tejeda de Gobernación y Luis N. Morones de Industria, eran convencidos anticlericales, dispuestos a someter al clero mexicano a la Constitución y a impulsar su proyecto de sociedad laica. Esta situación desembocó en la guerra cristera; con ella, la vida cotidiana fue trastocada afectando a la mayoría de los mexicanos y dejando renacer el pesimismo.

Los ritos familiares sacramentales sufrieron un terrible embate durante el conflicto religioso, pues el clero decidió cerrar los templos como protesta por la falta de garantías en el verano de 1926. Previo a la suspensión de los cultos, cientos de personas acudieron a las iglesias para que sus hijos recibieran los sacramentos. Se celebraron primeras comuniones al vapor, en las que los infantes recibieron la eucaristía sin haber memorizado el catecismo a conciencia. La prensa reproducía el ambiente que invadía a la capital, *El Universal Gráfico* señalaba el 27 de julio de 1926: "Esta instantánea, tomada esta mañana, da cuenta de la aglomeración que continúa en el atrio de la Catedral metropolitana, ante el temor de que se cierren las iglesias y se queden los menores sin recibir los bautizos y las confirmaciones de rigor entre los católicos. A pesar del crecido número de fieles que se agolpa a las puertas de las iglesias, no se ha lamentado ningún desorden". El gobierno respondió al cierre de los templos acordado por el clero, prohibiendo el culto en las casas particulares, aunque en febrero de 1927 la Procuraduría lo autorizó, siempre y cuando se ciñera a las leyes vigentes. Esta situación alteró la vida social de los capitalinos, para quienes la administración de los sacramentos se había vuelto semiclandestina. Aparecían noticias alarmantes como: "Más de treinta mujeres aprehendidas en la casa de la señora María Ayala de Vargas en la calle de Arquitectos, donde se celebraban actos de culto religioso prohibidos por la ley según las últimas disposiciones de la Secretaría de Gobernación".[33]

Entre 1926 y 1929 la violencia política llenó de nueva cuenta las páginas de la prensa: fotografías de jefes cristeros y miembros del ejército muertos; de casas de fami-

Cientos de capitalinos se aglomeraron en la Catedral metropolitana para recibir los sacramentos ante el anuncio de la suspensión de cultos, 26 de julio de 1926.

lias acomodadas que habían sido baleadas; de fusilados como el padre Miguel Agustín Pro, Humberto Pro, Luis Segura Vilchis, Juan A. Tirado y José de León Toral; de los cuerpos del general Francisco Serrano y sus seguidores, asesinados a sangre fría en Huitzilac; del carro perforado de Obregón después de un atentado, y del propio caudillo asesinado mientras comía para festejar su reelección a la Presidencia.

Las informaciones sobre los ritos familiares sacramentales se redujeron notablemente; pese a todo, las noticias sobre bodas de la élite siguieron apareciendo. Ya no se celebraban en los templos, pero retando las disposiciones vigentes en materia de cultos y negándose a renunciar a sus costumbres, señalaban abiertamente que la ceremonia religiosa se verificaba en la residencia de la contrayente. Los enlaces religiosos perdieron el brillo que tenían y su realización se convirtió en un desafío al régimen callista, que sólo los pudientes pudieron lanzar. A falta de iglesias, las casas fueron decoradas ricamente con flores, alfombras y cortinajes durante los matrimonios, aunque ya no figuraba el nombre del ministro religioso que los celebraba. Aunque las actividades sociales se retrajeron, se siguieron realizando fiestas de disfraces durante el carnaval, conmemoraciones de las fiestas nacionales de las comunidades extranjeras, como la española —aunque sin la tradicional misa en Santo Domingo—, torneos de polo, fiestas diplomáticas y bailes de todo tipo.

Matrimonio en una casa durante el conflicto religioso.

En contraste, las páginas de sociales dedicaron mayor espacio a las actividades de la Asociación Cristiana de Jóvenes, YMCA por sus siglas en inglés, a las comidas y actividades de los políticos y los empresarios, a las ceremonias escolares y a los festejos de la clase media. El gobierno emprendió campañas contra el alcoholismo y trató de secularizar las costumbres de la sociedad. En correspondencia con los vientos anticlericales que soplaban, se publicó la noticia sobre el matrimonio del secretario de Educación, Manuel Puig Casauranc, con María Elena Reyes Espíndola —en 1927—, el cual, a juzgar por la información periodística, sólo se celebró por lo civil. La novia asistió sin el tradicional vestido blanco, figuraron como testigos el presidente Calles y Adalberto Tejeda y fueron invitados políticos destacados, quienes disfrutaron del *lunch champagne* que se sirvió y posteriormente bailaron.

El arreglo del conflicto religioso entre el alto clero católico y el presidente Emilio Portes Gil, en junio de 1929, puso fin a la guerra cristera. La reapertura de los templos fue anunciada con el tañer de las campanas de todas las iglesias de la capital, que habían permanecido mudas durante casi tres años. Las notas de sociales recuperaron su anterior esplendor y se respiró alivio en la sociedad. Los matrimonios tornaron a celebrarse con gran fasto, y Pascual Díaz, el arzobispo de México, "con capa bordada hasta en sus orlas y báculo"[34] celebró la misa de algunos casamientos. No obstante, los políticos prominentes trataron de mantener una imagen laica, procurando que los matrimonios religiosos de sus hijos no figuraran en las páginas de sociales.

Tampoco apareció en esas páginas el casamiento civil de Alicia Ávila Richardy, hija de Maximino Ávila Camacho, gobernador de Puebla, quien se casó con Justo Fernández en agosto de 1940. En este matrimonio, celebrado cuando el tío de la novia, Manuel Ávila Camacho, ya era presidente electo, figuraron como testigos el propio don Manuel, el ex presidente Emilio Portes Gil y Ezequiel Padilla; el presidente Lázaro Cárdenas no asistió al enlace que se celebró en la calle de Sierra Nevada. En cambio, participaron en este acto, "que no fue festejado con mayor pompa",[35] algunos empresarios viejos y nuevos como Miguel Abed, los Cuevas Lascuráin y los Icaza. Pero si bien es cierto que la sobriedad caracterizó estas nupcias, el lujo estuvo presente en la lista de regalos: don Maximino regaló a su yerno un Buick y don Manuel obsequió a su sobrina un broche de brillantes y zafiros.

DIFÍCIL CONVIVENCIA

Durante la primera década revolucionaria fue poco común que los políticos y los empresarios convivieran en las fiestas privadas. Las fiestas diplomáticas constituyeron la excepción, en particular las organizadas por Pani, quien gozaba de aceptación entre este sector por su postura más conservadora; él había figurado en los gabinetes de

Carranza, Obregón y Calles, y sirvió como puente entre los empresarios y el gobierno de Carranza en 1917. Durante el régimen del Caudillo, la élite participó gustosa de los bailes y banquetes servidos en honor del cuerpo diplomático acreditado en México, al cual admiraban por su origen extranjero. Hacia el final de la década se percibe un cambio derivado del ascenso social de los políticos, quienes, a juzgar por la crónica, ya gozaban de aceptación social. Ejemplo de esta situación fue el "suntuoso *birthday*" ofrecido por Alfredo Breceda a su esposa en julio de 1929, al que asistieron políticos, artistas como Adolfo Best Maugard y miembros de la clase alta como los Zamora Plowes:

> Don Alfredo es un hombre que fue muy significado antes, en el mundo de la política y lo es hoy en el de los negocios. Disfruta por tanto de selectas amistades. Todo lo que más brilla en el alto plano social, con luz de belleza femenina o con prestigio de caballerosidad se dio cita anoche... Las damas comenzaron jugando *bridge*, siguieron escuchando el cantar melancólico —y a veces intencionado— de los mariachis tapatíos, y concluyeron, como concluye toda fiesta de este amable carácter, es decir bailando... Las sirenas de los automóviles reclaman afuera, un sitio para las máquinas lujosas. Pero las verdaderas sirenas, que son las invitadas, han de dedicarse al baile... Las señoras lucen elegantes toaletas sucintas, como se estilan ahora, y que exponen la suprema gracia de la forma.[36]

El casamiento del hijo del prominente banquero Agustín Legorreta con Cecile Andrée Chauvet fue ocasión también para que convivieran políticos, empresarios y la vieja élite porfirista en el suntuoso matrimonio celebrado en la Catedral metropolitana en diciembre de 1934, en el cual se dispusieron 50 butacones antiguos en la crujía central, ocupados por los familiares, y más tarde se sirvió el banquete "íntimo" en la casa de la novia en las Lomas de Chapultepec.

Durante el régimen de Cárdenas, la prensa dio, por primera vez, mayor cabida a las actividades sociales y los ritos familiares de la clase media. Salían noticias de clubes de excursionistas, reuniones con el presidente, comidas de empleados de empresas y se incluía un mayor número de fotos de los eventos sociales. Este cambio refleja el crecimiento de la clase media, producto de la recuperación económica que se vivió en este gobierno y el fortalecimiento de la clase política auspiciado por el obrerismo y la reforma agraria promovidos por el régimen. Mientras *El Universal* dedicó más espacio a las notas de sociales, que los domingos alcanzaban hasta cuatro páginas, *Excélsior* redujo este tipo de información a media página, sin enmarcarla en una sección especial y mezclándola con otro tipo de noticias. El cambio en la política de *Excélsior* fue producto de su afinidad con el gobierno y de los conflictos obrero-patronales que culminaron con la transformación de esta empresa en una cooperativa de trabajadores en 1938. El rotograbado dominical, que durante los años veinte reproducía fotografías de la nobleza europea, los artistas de Hollywood y los ricos empresarios estadunidenses, dedicó sus espacios más importantes a imágenes de corte nacionalista como indígenas y paisajes mexicanos. La mutación reflejaba el auge del indigenismo nacionalista promovido por Cárdenas.

En 1934 renació el anticlericalismo, orquestado por Garrido Canabal al frente de la Secretaría de Agricultura: los ataques a los templos y a los católicos, y el cierre de colegios confesionales se propagaron por la República, provocando la segunda cristiada. No obstante, dicha política cesó en la primavera de 1935; en el mes de junio Calles fue expulsado del país por el presidente Cárdenas y en ese mismo mes Garrido Canabal dejó el gabinete. El presidente no podía mantener abiertos varios frentes de lucha simultáneamente; la agitación en el campo desatada por la política agrarista y la lucha obrera en demanda de mejoras salariales eran suficientes. Así, el fervor religioso fue noticia de sociales durante la Semana Santa:

> Todas las ceremonias de la exaltación de la cruz, como los sermones de las siete palabras, del desprendimiento y el pésame atrajeron ayer a todos los templos de la capital, mayor número de fieles que en años anteriores, debido seguramente a los anuncios que se hicieron previamente y a que los oradores sagrados eran de gran fuerza y prestigio. En la catedral metropolitana la ceremonia de la señal fue la más concurrida. En San Francisco, no obstante estar el templo en reparación, afluyeron fieles en número tal, que la concurrencia desbordaba hasta muy cerca de las calles de San Juan de Letrán... Las parroquias y capellanías de las colonias aristocráticas tuvieron tanto o más publico que las del centro, debido a que numerosos sacerdotes jesuitas ocuparon la cátedra sagrada.[37]

Al terminar el régimen de Lázaro Cárdenas las reuniones sociales de los políticos ganaron espacio, como manifestación del fortalecimiento del Estado, en tanto que los matrimonios de los porfiristas, incapaces de reinsertarse en la economía, perdieron brillo. Tal sería el caso del matrimonio de María Victoria Rivas y Luis Osio y Torres Rivas, celebrado en el templo de La Enseñanza en 1940 y oficiado por el arzobispo de México, monseñor Martínez. Los recién casados recibieron licoreras y adornos de cristal, cubiertos de plata y vajillas inglesas, junto con juegos de "saleritos de plata", uno de ellos obsequiado por doña Carmelita Romero Rubio de Díaz, y regalos modernos, aunque utilitarios, como platones refractarios. El banquete de bodas se sirvió en el hotel Montejo y los novios salieron de viaje de bodas para Taxco y Acapulco. Esta boda, modesta en comparación con la de otros porfiristas, tal vez sea un indicio de la ruina que ocasionó la reforma agraria cardenista a la antigua élite latifundista.

La clase alta sufrió algunas mutaciones notables en sus costumbres, como la traslación de ciertos ritos y festejos del ámbito privado de los hogares a los espacios públicos y el pasar más tiempo en actividades al aire libre, practicando deportes, en los balnearios o en tés danzantes organizados en jardines entre 1920 y 1940. En este mismo periodo se aprecia cómo mientras algunos miembros de la burguesía porfiriana se arruinaron, otros sobrevivieron y otros más se encumbraron como producto de la recuperación económica que vivió el país a partir de 1932 y del impulso gubernamental a la economía mediante la construcción de infraestructura. Los Legorreta, los Mundet, los Pando, los Espinosa Yglesias[38] y los Bailleres representaron el nuevo sector burgués que supo aprovechar las condiciones del México posrevolucionario, en tanto que los Sada Muguerza ejemplifican a aquellos miembros del empresariado del antiguo régimen que tuvieron la habilidad de sobrevivir a la Revolución.

Señora Margarita Sevilla de Suárez, que el día de su matrimonio religioso lució un precioso traje nupcial de satín Laurent, creación de la CASA RIESTRA, VEINTE DE NOVIEMBRE 53, 2o. piso. (CATALOGOS ILUSTRADOS). Fotografía Leguízamo

MODA Y SOCIEDAD

Las Novias de la Flor de Lis.—Señora Amparo Bugarcía de Espinosa, el día de su enlace. Fué vestida por la Casa Combe. (Foto Martín Ortiz, exclusiva para EL UNIVERSAL)

El traje de novia recupera la tradición: Amparo Rugarcía de Espinosa Yglesias, 1940.

NOTAS

[1] Véase CERTEAU, 2000, 1, pp. XLII-XLIII. Aunque su trabajo se refiere a los grupos subalternos, sus observaciones bien pueden ser válidas para el resto de los grupos sociales.

[2] TENORIO, 1998, pp. 333-334.

[3] COLLADO, 1996, p. 20.

[4] WILLIAMS, 1982, pp. 21-23.

[5] "El éxodo", *El Sol*, 5 de agosto de 1914.

[6] Toda la información sobre las notas sociales periodísticas proviene de *El Universal* (1920-1940), *El Universal Gráfico* (1920-1926), *Excélsior* (1920-1940) y *El Hogar* (1921-1923).

[7] REYES, 1993, vol. II, pp. 121-129.

[8] REYES, 1993, vol. II, p. 115.

[9] *El Universal Gráfico*, febrero de 1926.

[10] MEYER, 1975, "Entrevista con Andrea Palma".

[11] COLLADO, 1992, pp. 107-108.

[12] "Lecturas para damas. Mi receta para ser bellas", *El Universal Gráfico*, 1 de junio de 1926.

[13] LIPOVETSKY, 1990, p. 113.

[14] *El Universal Gráfico*, 16 de marzo de 1926.

[15] Véase BEEZLEY, 1987.

[16] "Una escogida concurrencia presenció ayer las carreras en la Condesa", *Excélsior*, 2 de abril de 1922. La evocación a las carreras de Longchamps y Anteuil se explica porque durante ellas los modistos parisienses de renombre lanzaban sus colecciones y las mujeres de la élite vestían a la última moda.

[17] "Brillante y selecta fue la concurrencia ayer mañana al Hipódromo Condesa", *Excélsior*, 24 de abril de 1922.

[18] Una cacería organizada en febrero de 1923 se celebró en la hacienda de Lechería y asistieron varios varones de la élite, quienes después de una cacería "fructífera", disfrutaron un "suculento almuerzo" y por la noche regresaron en sus automóviles a la capital.

[19] *El Universal*, 14 de noviembre de 1927.

[20] En 1940 el presidente declaró a la prensa que era creyente y después de un largo jaloneo fue eliminado el término "educación socialista" del artículo 3o. constitucional en 1945.

[21] "El peinado Charleston-Iturbide", *El Universal Gráfico*, 8 de marzo de 1926.

[22] NORIEGA HOPE, 1923, pp. 139-140. En este cuento el protagonista se enamora de una mujer durante una de las fiestas de recibo organizadas por sus hermanas.

[23] Véase ARIÈS Y DUBY, 1990, vol. IV, pp. 274-277.

[24] Sobre el *bridge* en Estados Unidos, véase ALLEN, 1964.

[25] *El Universal*, 13 de abril de 1922.

[26] "Fiesta del Viernes de Dolores", *El Universal Gráfico*, 26 de marzo de 1926.

[27] *El Universal Gráfico*, 9 de julio de 1926.

[28] *El Universal Gráfico*, 25 de marzo de 1926.

[29] Raúl Bailleres fue uno de los empresarios destacados del periodo posrevolucionario. Fundó el primer banco especializado en la minería en 1934, se dedicó a los negocios industriales, comerciales y financieros, formó el grupo BUDA, y con sus socios adquirió la mayor parte de las acciones de El Palacio de Hierro, la Cervecería Moctezuma y otras empresas de importancia; además, participó en la fundación del ITAM en 1946.

30 "Funerales de Miguel S. Macedo", *Excélsior*, 17 de julio de 1929.

31 La familia Sada Muguerza era una de las accionistas principales de la Cervecería Cuauhtémoc, la Vidriera de Monterrey y otras grandes fábricas regiomontanas.

32 Es probable que este cambio haya provenido de Europa. Véase Morales, 1947, t. 11, pp. 93-94.

33 *Excélsior*, 9 de marzo de 1927.

34 "Matrimonio Rule y Cárdenas-Arrangoiz Escalante", *Excélsior*, 15 de diciembre de 1929.

35 "Matrimonio civil Alicia Ávila Richardy con Justo Fernández", *El Universal*, 6 de agosto de 1940.

36 "Fiesta en la casa de don Alfredo Breceda", *Excélsior*, 2 de julio de 1929.

37 "Los templos estuvieron llenos ayer", *Excélsior*, 27 de marzo de 1937.

38 Manuel Espinosa Yglesias era propietario de varios cines, se asoció con William Jenkins y ambos devinieron en prósperos distribuidores cinematográficos y dueños de salas de exhibición en la República entre 1930 y 1950. En este último año entró al consejo de administración del Banco de Comercio S.A., y en 1955 se convirtió en su director y poco después en socio mayoritario de esta institución hasta la nacionalización bancaria de septiembre de 1982.

REFERENCIAS

El Hogar
Excélsior
El Sol
El Universal
El Universal Gráfico

Allen, Frederick Lewis
1964 *Only Yesterday, an Informal History of the Nineteen Twenties*. Nueva York: Harper & Row Publishers.

Ariès, Philipe, y Georges Duby
1990 *A History of Private Life. From de Fires of Revolution to the Great War*, vol. iv. Londres: The Bell Knapp Press of Harvard University Press.

Beezley, William H.
1987 *Judas at the Jockey Club and Other Episodes of Porfirian Mexico*. Lincoln: University of Nebraska.

Certeau, Michel de
2000 *La invención de lo cotidiano. 1. Artes de hacer*. México: Universidad Iberoamericana-Instituto Tecnológico de Estudios Superiores de Occidente.

Collado, María del Carmen
1996 *Empresarios y políticos, entre la Restauración y la Revolución, 1920-1924*. México: Instituto Nacional de Estudios Históricos de la Revolución Mexicana.
1992 "Vida social y tiempo libre de la alta clase capitalina durante los tempranos años veinte", *Historias* (28) (abril-septiembre), pp. 101-126.

LIPOVETSKY, Giles
1990 *El imperio de lo efímero, la moda y su destino en las sociedades modernas*. Barcelona: Editorial Anagrama.

MEYER, Eugenia
1975 "Entrevista con Andrea Palma realizada los días 12, 17 de junio y 1 de julio en la ciudad de México". México: Archivo de la Palabra, Instituto de Investigaciones Dr. José María Luis Mora.

MORALES, María Luz
1947 *La moda, el traje y las costumbres en la primera mitad del siglo XX, 1921-1934*, t. 10. Barcelona: Salvat Editores.

NORIEGA HOPE, Carlos
1923 "El amor de los tres amigos", en *La inútil curiosidad. Cuentos mexicanos*. México: Talleres Gráficos de El Universal Ilustrado.

REYES, Aurelio de los
1993 *Cine y sociedad en México, 1896-1930. Bajo el cielo de México, 1920-1924*, vol. II. México: Instituto de Investigaciones Estéticas, Universidad Nacional Autónoma de México.

TENORIO TRILLO, Mauricio
1998 *Artilugio de la nación moderna. México en las exposiciones universales, 1880-1930*. México: Fondo de Cultura Económica.

WILLIAMS, Rosalind H.
1982 *Dream Worlds. Mass Consumption in Late Nineteenth-Century France*. Berkeley: University of California Press.

4
RADIO Y COTIDIANIDAD EN MÉXICO (1900-1930)

ROBERTO ORNELAS HERRERA
Posgrado en historia del arte,
Universidad Nacional Autónoma de México

Con gratitud a mi maestro Aurelio de los Reyes;
a Gigi un afectuoso abrazo.

LOS ANTECEDENTES

EN 1895 SE REALIZARON LAS PRIMERAS EXPERIENCIAS PRÁCTICAS CON LA RADIO en el mundo. El italiano Guillermo Marconi se instaló en Inglaterra y protagonizó uno de los hitos más significativos en la historia de las comunicaciones. Con apenas 21 años de edad y perteneciente a la clase media, Marconi era un diletante de la ciencia a quien le interesaba "todo", pero en especial el estudio de la física y la electricidad; era una especie de visionario que imaginaba el potencial de las ondas invisibles por encima de barreras geográficas.

Inglaterra fue el primer país en usar la radio. Digamos que la radio surgió en el mar, allí fue perfeccionada y aplicada para beneficio de la flota naval consolidando el poderío y la hegemonía británicos en los mares del mundo.

La historia de Marconi no terminó ahí, tiempo después, a finales de 1901, rompió totalmente la concepción de espacio y tiempo en las comunicaciones al unir instantáneamente, mediante las ondas invisibles, a Europa con América enviando por radio, en clave morse, la letra **S**. En 1900 recibió el Premio Nobel de Física y, hasta su muerte en 1939, sus contemporáneos lo llamaron "El Mago".

Los primeros aparatos de radio fueron síntesis de los medios de comunicación dominantes: el telégrafo y el teléfono, esto es, algunos transmitieron palabras (radiotelefonía) y otros señales en clave morse (radiotelegrafía), y ambos fueron llamados genéricamente TSH que significa "telefonía sin hilos".

La primera transmisión de radio en México, diciembre de 1900.

Cómo nació la antena

Durante mi larga estancia en Londres hice amistad con un escocés muy simpático y de muy buen humor, que muy serio me contó... que cuando Marconi presentó a los ingleses sus primeros aparatos de telegrafía sin hilos los llevaba instalados en una hermosa caja de caoba roja... Y cuando los ingleses se fijaron en los largos hilos que a modo de bigotes salían de la caja... se acordaron de las langostas que venden en Picadilly y por la semejanza con las antenas de estos animalitos los llamaron antenas.

Revista de Revistas, México, 1924.

CUANDO LA RADIO LLEGÓ A MÉXICO

Era el mes de diciembre de 1900 y hacía mucho frío. Fueron unidos de forma instantánea el Palacio Nacional y el castillo de Chapultepec. El primer mensaje por radio estuvo dirigido al general Porfirio Díaz, y su contenido era simple: felicitarlo por su sexta reelección.

Palacio Nacional quedó enlazado con Chapultepec, donde se instaló un poste de más de tres metros de altura. En la parte baja una lona cubría los aparatos de radio, y los asistentes, aproximadamente 18, reunidos en derredor de la antena en forma de poste, mantuvieron una ceremoniosa gravedad. Casi al centro del grupo, dos militares mostraron con orgullo los aparatos TSH de radiotelefonía y radiotelegrafía.

En la escena resaltaban un par de civiles de apariencia extranjera encargados de traer los aparatos de radio y asesorar las pruebas. Durante el mensaje, los concurrentes miraban hacia la cámara, sus ojos permanecían fijos en la lente saludando al septuagenario presidente mientras se comunicaban con él.

A principios de 1900 los cambios materiales convirtieron las ciudades en ejemplo de orden y limpieza. Las ciudades eran actores del progreso y del cambio material: agua entubada, teléfono, telégrafos, establecimiento de horarios, pavimentación de avenidas, etcétera.

En la ciudad capital la energía eléctrica era un fenómeno cotidiano en la vida pública, progresivamente la electricidad se apropiaba y dominaba las calles, sin embargo, era bastante ajena a la vida íntima de los espacios privados del grueso de la población, en particular de los hogares. Los cables y postes irrumpían y corrían por el paisaje urbano en contraste con la mayoría de los hogares que seguían alumbrados por velas y lámparas de petróleo. La electricidad era materia de iniciados, misteriosa y potente provocaba, según el sentir de la época, muchos accidentes. Si había un herido en la calle, ya el rumor corría, los mirones se arremolinaban y la malhadada corriente era la culpable:

> Como a las nueve y media de la mañana, pasaba por la esquina de Susanillo y Manzanares, un individuo que, al pisar la banqueta, fue lanzado a algunos metros de distancia, por una fuerza inexplicable. El transeúnte cayó dando gritos, que atrajeron a muchos curiosos y de entre el grupo que se formó se destacó uno de los más resueltos, que se resolvió a pisar la misteriosa acera. A su vez recibió un choque, cayendo al suelo como la primera víctima.[1]

Si los accidentes ocurrían dentro del hogar… muertos, quemazones, achicharrados u otros desperfectos, de nueva cuenta la deducción resurgía: es la electricidad.

> la prensa vocinglera atribuyendo el crimen en seguida a los conductores eléctricos, aun cuando la corriente que pasa por ellos sea apenas suficiente para tocar un timbre y aun cuando se encuentren a distancias considerables del punto en que el incendio haya empezado… la generalidad del público está ya bien persuadido de que los incendios motivados por los conductores no son más frecuentes, aun tanto como los que se pueden atribuir con pruebas irrefutables al gas, al petróleo, los cigarrillos, las cerillas y otros muchos artículos que se usan continuamente sin que se les mire de reojo por los desastres que han motivado a causa del descuido de personas en cuyas manos se encuentran.[2]

Las calles se inundaron de enigmáticos y peligrosos cables.

LAS PRIMERAS ESTACIONES DE RADIO EN MÉXICO

Fueron operadas por conocedores de la electricidad: los telegrafistas. La cantera de donde provenían eran el Colegio Militar y la Secretaría de Comunicaciones con su Escuela Anexa. En el caso de la segunda, sabemos que la mayoría de los estudiantes eran provincianos, que veían la profesión como una opción para alcanzar seguridad económica; los grupos eran nutridos, lo mismo mujeres que hombres compartían aulas y clases. Su educación tenía como parte medular el conocimiento de la electricidad. Fueron ellos los encargados de la segunda experiencia con la radio en México. A principios de 1901 telegrafistas encabezados por Alejandro Gutiérrez partieron a Veracruz portando aparatos del francés Eugenio Ducretet y del ruso Popoff.

Los aparatos que más "gustaron" emitían voces: radiotelefonía; por su parte, los que transmitían en clave morse: radiotelegrafía, mostraban imperfecciones. En fin, que la radio funcionaba en el territorio nacional y se autorizó la construcción de las dos primeras estaciones, una en Cabo Haro, Sonora, y la otra en Santa Rosalía, Baja California, las cuales comenzaron a transmitir el 16 de febrero de 1903.

La tecnología era alemana y el encargado de traer las estaciones a México fue En-

Grupo de telegrafistas en 1907. Hombres y mujeres pioneros de la radio compartían aulas y tareas.

rique Schöndube, un rubio y alto ciudadano alemán avecindado en la capital que terminó labrando su futuro material y familiar en territorio mexicano.[3]

La construcción de las estaciones fue ardua; vía Guaymas arribaron los trabajadores que levantaron presurosos las instalaciones, los telegrafistas que habrían de manejar las estaciones y los asesores alemanes, los ingenieros Kaysser y Scheller, encargados de dirigir los trabajos. El terreno era agreste y el clima uno de los más inhóspitos de la nación. Nada importó.

Los ingenieros recorrieron la región e hicieron algunas recomendaciones importantes, por ejemplo, prevaleció su criterio a la hora de seleccionar el sitio exacto en que habría de construirse la estación de Cabo Haro. Las autoridades ciñeron sus necesidades a los consejos de los alemanes.

Los materiales fueron transportados a lomo de mula, cuyas pesadas cargas incluían antenas, mástiles, materiales de construcción, voluminosas máquinas, acumuladores, motores, dinamos y muebles diversos para las habitaciones.

La vista se perdía entre dos dimensiones, de un lado, páramo y desierto y, del otro, las aguas del golfo de California.

El clima agreste puso a prueba los primeros pasos de la radio en México. Estación Cabo Haro, 1902.

LA VIDA EN LAS ESTACIONES

Los mensajes sufrían interrupciones, salían incompletos o nunca salían, los problemas se agudizaban entre julio y septiembre, "época de calores frecuentes y descargas atmosféricas".[4] El horario de trabajo en las estaciones comenzaba a las ocho de la mañana y terminaba a la una de la tarde. Los mensajes tenían un costo de un peso por las 10 primeras palabras y 10 centavos por cada palabra excedente.

A pesar de los contratiempos, el número de estaciones de radio fue en aumento. Al finalizar el porfiriato excedía la media docena: Santa Rosalía, Cabo Haro, Xcalak, Payo Obispo, Mazatlán, San José del Cabo y Cerritos.

La vida en ellas no era fácil, la mayoría de las veces mantenían una existencia independiente y aislada de las poblaciones cercanas, eran complejos autónomos y estratégicos, una especie de caja de resonancia para el centro.

Las estaciones, por lo general hechas de madera, eran centros autosuficientes que contaban con almacenes, y a veces, dependiendo del caso, con puesto naval, taller mecánico, alojamientos, muelle, un gran horno para hacer pan, almacenadores de agua de lluvia, edificio de correos y el epicentro era un par de construcciones: la estación de trabajo que tenía una gigantesca antena y la casa de los empleados que incluía una coci-

La radio como infalible remedio contra la calvicie

Los peinadores están dando este consejo a muchos clientes amenazados de calvicie. Los expertos en cuestiones de cabellos han averiguado que las perturbaciones eléctricas en el aire causadas por los mensajes inalámbricos tienen un notable efecto sobre el cabello. Las personas que han instalado estaciones receptoras en sus casas han descubierto que tienen que acudir más a menudo a ver al barbero.

Excélsior, México, 1923.

na y una bodega. En las habitaciones, el mobiliario era mínimo, y en el cuarto de trabajo había cables y voluminosos aparatos.

El olor era penetrante, gasolina y aceite recorriendo máquinas, cocina, bodega y mesa de trabajo; solía haber una pequeña división que separaba al telegrafista del cuarto de máquinas donde existía un abultado transformador y una serie de acumuladores que cubrían el espacio disponible.

El centro último era la mesa de trabajo en la que se instalaba por periodos prolongados el telegrafista en turno. La cantidad de personal era variable entre telegrafistas, ingenieros, ayudantes, personal de mantenimiento y maquinistas.

Vivir en una estación de radio implicaba una especie de lucha diaria en la que la naturaleza y la soledad eran la compañía cotidiana. Los sonidos dominantes eran los de la geografía circundante, y los pasatiempos, la lectura y la conversación junto al ruido del telégrafo y los mensajes de radio.

Los radiocomunicadores proseguían en cierta forma una tradición, una forma de vida determinada por las generaciones anteriores de telegrafistas mexicanos. Se les exigía una actitud de extrema reserva, debían ser cautelosos, medianamente cultos y en extremo discretos, obligados por los continuos secretos que cruzaban por sus dedos y oídos. Su personalidad imitaba la actitud "debida" de su profesión, el rostro ceñudo, la mirada concentrada: "el gesto respetable, grandes bigotes, y miradas severas, y una solemne ceremonia en sus ademanes, y además la palabra autoritaria a flor de labio".[5] Difícil una personalidad rebelde, parlanchina y abierta. Su exterior parece definido, un comportamiento, una vestimenta, los hábitos determinados. La profesión los engulle, su entrega es total: viven con la radio y para la radio.

> La aparición de estereotipos dificulta extraordinariamente las tareas del conocimiento de los hombres. Pues cuando el hombre desempeña un rol es perfectamente posible que no se "manifieste" en absoluto en lo que hace y que sus relaciones sociales, por muy numerosas que sean, no aumentan la variedad de su sustancia. En la estructura de rol se degradan las relaciones sociales, y pasan progresivamente de ser elementos cualitativos a serlo sólo cuan-

> titativos. Por muchos que sean los roles desempeñados por un sujeto, su esencia se empobrecerá. El conocimiento de los hombres no queda, pues, simplemente dificultado por el hecho de que la mucha "exterioridad" encubra la "interioridad", sino también porque empobrece la interioridad misma. También aquí se trata de extrañación de una propiedad característica del hombre.[6]

Los operadores de radio iniciaban el día colocándose en la mesa junto al aparato receptor y usando audífonos transcribían los mensajes que de manera instantánea recorrían la antena adentrándose por los cables hasta la mesa de trabajo. Los receptores, y todo el equipo en general, eran desmesurados, y dominaban el cristal, la madera y el metal.

Ni pensar en convertirlos en instrumentos agradables, eran prácticos y fríos, en ellos prevalecían las necesidades propias del aparato. En su diseño no cabía el goce ni el entretenimiento. Nada de líneas sinuosas, acabados finos, molduras perfectas ni embeleso. Trabajo y más trabajo.

Los telegrafistas asignados en las estaciones de radio pasaban grandes temporadas en completo aislamiento, la radio era para ellos una extensión de su trabajo, no alcanzaba todavía el estatus de entretenimiento y placer con el que hoy la conocemos.

Nada de diversión, trabajo y más trabajo.
La entrega debía ser total. Estación Bocochibampo, 1908.

LA RADIO EN LA REVOLUCIÓN

Al estallido de la revuelta muchos telegrafistas pasaron a engrosar las filas de la sublevación desempeñando un papel determinante en la lucha armada. Al tiempo que crecía el torbellino de la guerra, aumentaban las estaciones de radio: Veracruz, Campeche, San Quintín, Bahía Magdalena, Loreto, Bocochibampo, Isla María Madre, el cañonero Bravo y Chapultepec.[7]

Para ese momento las escuelas de telegrafistas compartieron créditos con los campos de batalla; en ambos se formaron los "nuevos" operadores, ellos eran los ojos y los oídos de los ejércitos, por decirlo de alguna forma. Ya formados, un gran número de telegrafistas se sumaron a la revuelta junto con otros sectores cultos.

Los conocedores de la electricidad aparecían cotidianamente por los campamentos revolucionarios, obraban con libertad pero muy cerca de los jefes principales. Se distinguían del resto constituido por una masa abigarrada, heterogénea; ellos eran distintos, se movían con libertad y seguridad, una presencia particular los envolvía; en ese sentido, eran vistos con respeto, eran piezas clave. Sin embargo, junto con todos los demás, sufrieron las precariedades propias de la guerra.

> [el telegrafista revolucionario] trocó el manipulador fijo por la magneta de campaña. Los caminos alucinantes de la aventura lo sacaron del ritmo sedentario... a gozar del descanso fugaz pero intenso de emoción, junto al humo del vivac... dejó la amistad de las mocitas de sociedad para codearse con aquellas otras mozas bravas, de audaz atractivo.[8]

De pronto los telegrafistas se volvieron parlanchines, relajados, su interior afloraba, bebían, cantaban, peleaban, seguramente por sentirse, como los demás, siempre próximos a la muerte y a las balas. La guerra y los avatares de la vida trashumante los transformaron: su cotidianidad y el rol estricto en el que se habían desenvuelto siguiendo la tradición que culminó con el porfiriato, pasaron en gran medida al olvido. Fuera del gabinete de trabajo eran ellos mismos, dentro del gabinete siguieron silenciosos y reservados. Por primera vez los telegrafistas gozaron de unidad de personalidad.

> En situaciones nuevas, sorprendentes, en las que los estereotipos dejan de funcionar o funcionan mal, se restablece siempre la unidad de personalidad, esto es, se manifiesta repentinamente cómo es el hombre de que se trate, qué clase de hombre es...
>
> Cuanto más conflictiva y desconocida, cuanto más nueva es una situación, tanto menos es posible comportarse en ella según un rol... el elemento rol del comportamiento se relaja desde el punto de vista social general en cuanto que su decurso se produce una situación conflictiva repentina y revolucionaria.[9]

Los telegrafistas convertidos en guerreros

A la hora de la batalla, el panorama inmediato cotidiano les hizo afinar el ingenio y el sentido común, y usar estrategias novedosas; cada uno a su manera y de acuerdo con su jefe actuaban con valentía y con arrojo.

En ese sentido las facciones y los grupos en rebeldía aplicaron las comunicaciones en forma original, recurriendo a la sorpresa, abriendo varios frentes y atrayendo al enemigo fuera de las rutas de abasto, espiaron sus movimientos y quebraron las comunicaciones de sus oponentes.

Los rebeldes repartidos en pequeñas células debían actuar con rapidez y efectividad; a veces, de manera autónoma golpeaban y huían hostilizando los grandes enclaves y cuerpos federales. Los cuarteles revolucionarios, a pesar de ser improvisados, contemplaron las comunicaciones como una prioridad en la guerra por lo que con el tiempo las usaron ordenadamente e incluyeron la radio y el telégrafo en las campañas.

La comunicación con los habitantes del planeta Marte

Anoche deben haber estado pendientes de sus señales en todo el mundo... El astrónomo don Joaquín Gallo, Director del Observatorio de Tacubaya, considera que cuanto se ha dicho en los últimos días sobre la posibilidad de que nuestro planeta entre en comunicación radiotelegráfica con Marte no pasa de ser un buen deseo de algunos hombres amantes de escudriñar el Universo, pero nada más.

Yo no creo en eso... [él] acepta como perfectamente posible semejante comunicación con Marte, por medio de aparatos de desmesurada potencia, no cree que a las estaciones de México les toque ni siquiera preocuparse por hoy del asunto, ya que aparte de ser insignificantes ningún provecho positivo les reportaría. Ni Chapultepec ni Ixtapalapa estuvieron pues, anoche, pendientes de la posible comunicación con el planeta Marte, como seguramente lo estuvieron las grandes estaciones radiotelegráficas del mundo.

El Universal, México, 1920.

La radio y los cuarteles

Estaciones portátiles y fijas fueron usadas en las campañas militares; las segundas eran las más poderosas y la Revolución las incorporó a los trenes junto a los aparatos telegráficos que, por lo general, ocupaban plataformas completas siguiendo los carros de ferrocarril de las comandancias. Por su parte, las estaciones portátiles deambularon por los campos de batalla a lomo de mula, aumentando la efectividad de las tropas.

Los telegrafistas encargados de las transmisiones de radio eran gente de confianza, por lo que era común que se les acomodara en un coche de ferrocarril cercano a las habitaciones del jefe; allí pasaban la mayor parte del tiempo y la convivencia era estrecha.

Durante las batallas su labor los convertía en centro neurálgico de las acciones, aunque luego de las batallas no parara el ajetreo; por ejemplo, en 1913 el general Pablo

Una estación de radio montada en un tren la convertía en una mortífera arma de combate. Durante la Revolución, comandancias generales quedaron unidas en un santiamén.

González tenía junto a su vagón de ferrocarril "un carro caja bien arreglado y acondicionado con literas para los telegrafistas y parte de los oficiales de su Estado Mayor". El carro estaba distribuido de la siguiente manera: en la parte trasera tenía una salita o recibidor, con un escritorio y mesa con máquina de escribir, donde despachaba don Pablo con su secretario Manuel W. González. También había un sofá, usado como cama por los ayudantes que hacían guardia, y un camarote donde dormían el secretario y el jefe de los telegrafistas, en este caso, el capitán primero Mauro Rodríguez, "muchachote jovial, lleno de vida, gordo y alto, a quien todos queríamos por su carácter guasón y travieso, pero infalible para trabajar en sus telégrafos".[10]

Luego del sofá, del escritorio y de la máquina, se encontraba una mesa polifacética que servía de comedor, de centro de reunión, de lugar de ocio y de herramienta para extender los planos de campaña. Los oficiales y telegrafistas deambulaban en el pequeño espacio; al final de la habitación estaba la cocina, atendida por los hermanos José y Joaquín Carracedo. La vida se deslizaba entre trabajo, bromas, charlas, peleas y comida.

Telegrafistas radiocomunicadores en el campo de batalla.

Eran labores cotidianas de los revolucionarios cortar líneas, aislando los frentes; intervenir con "escuchas" los mensajes militares federales; desplazarse rápidamente, anticipándose a las maniobras enemigas; ofrecer información falsa, y hacerse pasar por elementos federales para entregar informes erróneos.

> Hubo tumulto en torno al telégrafo portátil de campaña que fue instalado en las ruinas de la estación. Adentro sonaba el aparato. Soldados y oficiales, mezclados, se apretujaban en las ventanas y la puerta, cada que el telégrafo gritaba algo, resonaba una estruendosa algarabía y risas. Al parecer, el hilo telegráfico por un mero accidente se había conectado a un alambre que no habían destruido los federales, un hilo que se conectaba con el militar federal, de Mapimí a Torreón.[11]

La existencia de la radio estaba supeditada a la vida diaria de los telegrafistas, la cotidianidad tenía distintas constantes: las más importantes eran el sobresalto, la espontaneidad y un enorme pragmatismo; así, sus conocimientos y su trabajo pasaron a integrarse a la esfera de conocimiento práctico de los campamentos revolucionarios.

Los telegrafistas mantenían un rol determinado entre las tropas y su actitud los volvía singulares, sin perder el tono cotidiano.

> La entonación tiene una importancia apreciable en la vida cotidiana, tanto en la configuración de nuestro tipo de actividad y pensamiento cuanto en la estimación de otros, en la comunicación, etc. La aparición de un individuo en un medio dado "entona" al sujeto de que se trate, produce una atmósfera tonal específica en torno suyo que luego le sigue rodeando.[12]

Cada día, cada hora, cada momento, el control exacto de la información aseguraba la sobrevivencia. Los telegrafistas eran activos, sacrificados, luchones; en ellos se desataba una especie de mimesis, característica de la vida cotidiana, que los llevaba a igualar a sus temerarios compañeros que asaltaban las defensas enemigas, con acciones de heroísmo frente al equipo de radio o de telégrafos. Eran arrojados y constantemente exponían la vida al tratar de mantener en comunicación y al tanto a las direcciones de sus ejércitos.

> No hay vida cotidiana sin imitación. En la asimilación del sistema consuetudinario no procedemos nunca meramente "según preceptos", sino que imitamos a otros; ni el trabajo ni el tráfico social serían posibles sin mimesis. La cuestión estriba, como siempre, en si somos capaces de producir un campo de libertad individual de movimiento dentro de la mimesis o, en caso extremo, de deponer completamente las costumbres miméticas y configurar nuevas actitudes.[13]

Dentro de los vagones asignados, los ruidos del campamento revolucionario trashumante envolvían las labores de comunicación. Las pláticas de las soldaderas, el llanto de los niños, el movimiento de la gente y de las bestias en un ir y venir por el campo rodeaban el vagón donde se escuchaba el ruido del telégrafo y del transmisor de radio. Junto a sus aparatos, el telegrafista permanecía envuelto en un ambiente de tensión, su cuerpo era una extensión de su labor, un cuerpo amorfo que tenía sentido frente a su mesa de trabajo.

> Afuera brillaba la mañana, sólo interrumpida en su perfecta unidad por los lejanos ruidos y voces del campamento, en el coche, aparte el tremar del alma de Villa, no se oía sino el tic-tiqui del telégrafo.
>
> Inclinado sobre su mesa, frente de nosotros, el telegrafista trabajaba, preciso en sus movimientos, inexpresivo de rostro como la forma de sus aparatos... Y tomó el lápiz que

tenía detrás de la oreja y se puso a escribir pausadamente... El telegrafista desprendió del bloque color de rosa la hoja en que había estado escribiendo y entregó a Villa el mensaje. Él lo tomó, pero devolviéndolo al punto, dijo: —Léamelo usté amigo; pero léamelo bien porque ora sí creo que la cosa va de veras.[14]

Parte de la derrota y la retirada era la destrucción de las vías y de los telégrafos; parte de la victoria y del control pleno y seguro de un territorio era la reconstrucción de las vías y los telégrafos.

Los telégrafos y los equipos de radio sirvieron para dirigir las avanzadas, pero, en particular los primeros, fueron usados con singular interés para avisar del castigo impuesto a los contrarios:

Había algo amontonado al pie de un pequeño poste telegráfico, algo infinitamente pequeño y astroso, parecía una pila de trapos viejos. El rural estaba tirado boca arriba, torcido a un lado de las caderas. Los aprovechados rebeldes lo habían despojado de todo valor: zapatos, sombreros, ropa interior. Le habían dejado la andrajosa chaqueta con sus empeñados galones de plata, porque tenía siete agujeros de bala, y los pantalones estaban tintos de sangre.[15]

Salvo el paisaje, la guerra había trastocado todo. Las tropas viajaban en recorridos interminables custodiadas por un sinfín de durmientes, vías, postes y alambres. A veces la vida cotidiana no conocía otro horizonte.

Durmientes, postes y alambres; la vida cotidiana no conocía otro horizonte.

Los revolucionarios mexicanos experimentaron muy temprano con la radio. La Revolución mexicana fue el primer teatro militar en el mundo en el que fue aplicado de forma intensa el novedoso invento. Desde 1912 tenemos noticias de su uso intensivo en la guerra civil; el equipo incluía receptores y transmisores en buques, en trenes, a lomo de mula y hasta en aviones.

Supremos Poderes, la fantasía

Casi al final de la lucha armada fue creada una pequeña división de combate que se haría cargo de las comunicaciones en campaña. Carranza pensó oficializar a los comunicadores de la guerra y presentó un modelo a seguir. La División Supremos Poderes, idea del general Francisco L. Urquizo, contaba con un batallón de "Señaleros y Telefonistas", que dirigía uno de los pioneros de la radio y, más tarde, de la radiodifusión, el ingeniero Fernando Ramírez.

Muy lejos de la realidad de los campamentos revolucionarios, los "señaleros" de Supremos Poderes contaban con una apariencia y equipo modernos que se prestaban más al lucimiento y al brillo: pesadas banderas rojas y blancas, aparatos telefónicos, carretes de alambre, pinzas, etc. Eran jóvenes ágiles y fuertes, con garbo, todos apuestos, con uniforme color aceituna, pantalón con decorados vistosos, franjas verdes, una gorra con visera singular, tipo moscovita, también llamada "panza de burro", tenía grabado al frente un poste telegráfico con dos alambres dorados cortados por el cuello de la guerrera, y a cada lado ostentaban dos letras mayúsculas: S y P (Supremos Poderes). Lucían jóvenes y esbeltos:

> Nos veíamos bien como siempre se ven bien los jóvenes esbeltos, pero ocurrió que un condenado comerciante judío que compraba y vendía de todo, aprovechó la circunstancia de que para borrar el recuerdo de la injusta agresión al Puerto de Veracruz, invitaron a una corporación de la división de Supremos Poderes para que fuera a desfilar a San Antonio con motivo de una celebración nacional. Pues bien, así fue como el judío, por vender hizo que fuéramos a desfilar. En el desfile nos aplaudieron, pero al regreso se desató un torrencial aguacero y las mangas y los pantalones, que todavía no se sanforizaban, se nos encogieron; las mangas hasta el codo y los pantalones se zafaron de las polainas y se encogieron casi hasta las rodillas, pero lo que sí fue el colmo de la burla del judío, fue que aquellos zapatos que nos gustaron por sus suelas eran de cartón, y el sombrero panza de burro se volvió el tocado más ridículo que pueda imaginarse, por efecto de la lluvia intensa.[16]

El proyecto sólo se explica como parte de la mirada de la Revolución hacia la primera guerra mundial. Fue la búsqueda de un modelo militar, ajeno a la experiencia inmediata que había generado la lucha civil en México, un intento de trasladar la experiencia europea al panorama nacional que, a pesar de la extrema riqueza original de la Revolución, la cotidianidad del extranjero atrajo poderosamente. En ese sentido el nuevo ejército en formación buscó respuestas en el exterior y no en su historia inmediata: "¿qué tocado conviene más para la campaña?, ¿el casco, el sombrero de fieltro texano, o el petate netamente nacional?".[17]

Poco o nada se notó la presencia de Supremos Poderes en los campos de batalla. Fue sólo una fantasía.

LA RADIO EN LOS HOGARES

En el exterior la radiodifusión se consolidó a inicios de la década de los veinte; fue un fenómeno histórico que adquirió características y contenidos propios. Sin un antecedente equiparable, la radiodifusión aparece socialmente como una construcción constante de ideas, usos, materialidad y sonidos, por mencionar las más importantes, una especie de invención social mancomunada a formas de placer y sentimientos que, de forma inédita, terminan por conjugarse con tecnología y condiciones históricas específicas, especialmente su impulso y desarrollo como empresa comercial.

Los primeros experimentos que transmitieron entretenimiento vía la radio fueron desarrollados de forma anárquica a principios de siglo: por ejemplo, un concierto de Caruso en el Metropolitan en 1910 fue transmitido por radio; en Bélgica presentaciones musicales que semana a semana eran transmitidas por radio, y en Francia la música desde una embarcación situada en la costa.

Una de las primeras percepciones que generó la radio en la sociedad de su tiempo fue la de enfrentarse a un objeto casi mágico, un artefacto "moderno" que envolvía a los hombres con sus ondas invisibles, que prontas surcaban la realidad penetrando los espacios íntimos. No en balde algunos la llamaron "la caja que habla" y a su inventor, Marconi, "El Mago".

> Desperté a toda mi familia, todavía vivía mi abuelita,
> ven a oír; ¿a dónde es?, pues yo no le entiendo.
> No, pues es de Estados Unidos,
> ¿Cómo de Estados Unidos?
> Pues sí, le expliqué cómo se transmitía y todo eso.
> ¡Qué barbaridad, increíble!, respondió.
> Y al otro día creyó que había soñado.[18]

A principios de 1920, la radio inunda la vida cotidiana del grueso de la población.

La radio que entretiene apareció al finalizar la primera guerra mundial casi de manera simultánea en diversos países. La condición básica para su uso en la sociedad fue la aparición de la corriente eléctrica en los hogares, y su principal impulso más frecuente fueron los acuerdos entre prensa y estaciones de radio. Al usar la radio, la prensa aseguraba información pronta; la radio, por su parte, obtenía publicidad y difusión de su programación y horarios en las páginas impresas. Fue la prensa escrita el medio para introducir a la sociedad de su tiempo en el mundo radiofónico y "enseñar" al público a disfrutar los sonidos como un pasatiempo atractivo. La prensa ofrecía consejos técnicos y explicaciones acerca de su sentido moderno y el gozo que producía pasar horas interminables frente al extraño artefacto escuchando los nuevos ruidos. En sus inicios, la radio no tuvo el carácter informativo que la caracteriza en la actualidad. El público buscaba en la radio diversión, las noticias las leía en el periódico.

> Bueno llegamos en la noche a mi casa, él a su casa, yo llegué y empiezo a oír el mismo chiflido ¡ah que curioso!, estaba yo con eso y quise sintonizar el aparato y oigo que al acercar la mano y retirar la frecuencia, lo hacía muy agudo o muy grave. Al ir acercando la mano, se quita el zumbido y luego oigo música de Estados Unidos, de Norfolk, me quedé con la mano así parada y el audífono aquí [señalando su oído], y así estuve oyendo música y hablando inglés.[19]

Los primeros aparatos receptores en manos de la sociedad mexicana fueron hechos artesanalmente, improvisados, usaban la tecnología existente: "como a mí me gustaba, empecé a hacer nuestros transistores con bobinitas de los automóviles Ford, que era lo que producía chispa... entonces vimos un circuito y lo hicimos, estábamos con eso oyendo, y un día oíamos los telégrafos de mar con chispa, todavía con chispa".[20]

En la Ciudad de México los radioexperimentadores eran jóvenes, diletantes de la ciencia, especies de Marconi, interesados en diversas disciplinas, desde preparatorianos hasta alumnos de ingeniería, odontología y derecho: "entonces nos juntamos, hicimos un grupito como de ocho o diez y nos dedicamos exclusivamente a estudiar".[21]

Pertenecían a las clases medias con el estómago vacío y mucha sed de éxito. Paradójicamente no percibieron el invento como una empresa. Les interesaba la ciencia y la realidad en general, estar acorde con los tiempos modernos y donde estuvieran sus expresiones materiales más significativas: "a mí me gustaba mucho de todo", solía afirmar con seguridad uno de los jóvenes diletantes.

Dentro del pequeño universo de muchachos entusiasmados con la radio brillaron los hermanos Gómez: "usted se preguntará qué estaban haciendo un médico y un dentista con aparatos eléctricos, la respuesta es fácil: eran dos hombres enamorados de la ciencia y de la técnica".[22]

El médico militar Adolfo Enrique Gómez Fernández organizó el primer programa de radio en México. La "Estación del Doctor Gómez" transmitía por las noches jolgorio y entretenimiento.

Eran parte de una generación atraída por las innovaciones y el cambio, y sus pasatiempos eran novedosos, raros y modernos. Los hermanos Gómez eran "científicos que pasaron muchas horas construyendo e ideando aparatos eléctricos o instrumental médico". Como la mayoría de los radioexperimentadores, no convirtieron su afición en motivo de ganancia, y sí en cambio gastaban cantidades relativamente importantes para la realización de experimentos caseros: "él no era hombre de dinero... recuerdo que mi padre siempre tuvo en casa un aparato de radio experimentador... mi madre fue la única persona que siempre hizo bromas o comentarios en torno al hecho de que no ganó dinero con el radio".[23]

Los hermanos Gómez y el empresario Francisco Vilela adquirieron un permiso para realizar transmisiones de radio dedicadas al entretenimiento, sesiones similares a las del extranjero, especialmente de Estados Unidos.

Enamorados de la radio en 1924, Greta Garbo y John Gilbert.

El 27 de septiembre de 1921 se llevó a cabo la primera transmisión que se recuerde en la historia nacional usando canciones, música y versos. Las participaciones de los asistentes se organizaron en forma de programa, parecido a los que se presentaban en teatros, carpas y cines de la capital; la sociedad y los organizadores terminaron por llamar a esos "programas" de radio "funciones" o "conciertos".

En fin, la primera función o concierto de radio en México fue organizada por los hermanos Gómez en la ciudad capital y se llevó a cabo en el teatro Ideal; hombres, mujeres y hasta una niña participaron, la mayoría cantando; la niña, cuyo testimonio es el único que existe del evento, de escasos 11 años, era hija del doctor Enrique Gómez y se llamaba María de los Ángeles Gómez Camacho, "no se vaya a pensar que era una gran cantante, pero no desafinaba".[24]

Era su cumpleaños y papá decidió que debía cantar, él la tenía estudiando y la oportunidad se presentó. La estación había sido requisada por el gobierno mexicano a un barco pesquero y luego vendida a particulares. Los aparatos se colocaron en la parte baja del desaparecido teatro, pero poco sabemos de la manera en que fueron distribuidos. Casi 50 años después, la profesora María de los Ángeles recordaba con alguna nitidez que estaban cubiertos por una cabina de cristal construida para el acontecimiento. Su padre, el doctor Gómez, se encontraba en "mangas de camisa y con un cigarrillo entre los labios dando los últimos toques a sus aparatos".

Las transmisiones comenzaron; por la ciudad corría el festejo por el centenario de la consumación de la Independencia, en todos los teatros se anunciaban carteles interesantes, una romería incesante iba y venía por las calles. Entre las 20 y las 21 horas dio inicio el primer programa de radiodifusión en México.[25] Apenas unos cuantos supieron de él, con los dedos de las manos podemos contar el número de receptores que sintonizaron la histórica transmisión.

Ignoramos el orden del programa; parece que fungieron como locutores el propio doctor Gómez y algún otro de los participantes; su hija cantó *Tango negro*, de Belisario de Jesús García, y uno de los cuplés que había dado a conocer la tonadillera del momento María Tubau, "una cantante famosa por aquellos días... a la que admiraba profundamente".

Un grupo de curiosos miraba desde fuera de la cabina de cristal, con expresión de asombro no alcanzaban a entender lo que pasaba. Ni los actores principales del suceso ni los mirones sabían a ciencia cierta los alcances y los cambios que habrían de avecinarse. El jolgorio de la radio era una de esas cosas raras y extrañas que estaban sucediendo en la Ciudad de México y en el mundo entero, como el cabello corto de las mujeres, los autos veloces y los vuelos en aeroplano.

Sintonizaron la transmisión un puñado de hombres interesados en la ciencia, mucho menor que los curiosos que rodeaban la cabina de cristal. Los radioescuchas mexicanos eran pocos, un grupo anónimo, de apenas unos cuantos que estuvieron oyendo lo que en vivo ocurría por primera vez en México. No se trataba de música y palabras en otras lenguas que viajaban miles y miles de kilómetros, se trataba de música y palabras de mexicanos.

Durante la función, José Mojica interpretó *Vorrei*, de Paolo Tosti; también estuvieron Estela Banak, Ofelia Euroza de Yáñez y el violoncelista M. Rayas, "quien trabajó ante los micrófonos".[26]

La estación fue bautizada por los radioescuchas como la "Estación del doctor Gómez", y transmitió todos los sábados y domingos de octubre de 1921 a los primeros días de 1922. Por desgracia, la prensa de la época no le prestó atención, ninguna revista dio fe de sus trabajos. Así como apareció, desapareció.

LAS FIESTAS DEL CENTENARIO

Paralelamente a las pruebas de los hermanos Gómez, el Estado organizó transmisiones de radio para conmemorar el centenario de la consumación de la Independencia. Transmisores y receptores fueron colocados en Chapultepec, en el Palacio Legislativo, hoy Monumento a la Revolución, y en el aeródromo de Balbuena.

El Monumento a la Revolución había sido decorado vistosamente y se instalaron cientos de sillas, que a diario ocupaban los visitantes.

De Estados Unidos vino una docena de estrellas de los mejores "Follies Danzant" (revistas teatrales) de Nueva York, "que por su hermosura, elegancia y arte serán del gusto público metropolitano".[27]

El público acudió en forma de "una romería incesante". Diversos objetos materiales fueron presentados patentizando el desarrollo de la nación, su nacionalidad y progreso. En ese tenor, la Secretaría de Comunicaciones presentó aparatos de radio; su local estuvo enmarcado con

> Mármoles labrados, cerámica, vidriería, herramientas corrientes y finas, telas, estampados y mantas, calzado, peletería, porcelana, manufacturas de ixtle, alcoholes, sombreros, casimires, muebles, bonetería, ferretería en general, productos químicos, sueros, inyecciones, substancias químicas, todo cuanto se necesita para la vida moderna... bajo un motivo azteca tan sencillo como elegante.[28]

El público sucumbió a los encantos de la radio; innumerables mirones se deleitaban diariamente con los mensajes y los ruidos del aparato que, coronado por una antena en forma de sombrilla, no cesaba de producir sonidos. Los organizadores idearon inaugurar los trabajos de la exposición usando la estación en forma de sombrilla; según la prensa del día el licenciado Rafael Zubarán Capmany procedió ceremoniosamente con la misión encomendada frente al micrófono y pronunció el mensaje de inauguración dirigido al señor presidente Álvaro Obregón, quien en un parpadeo lo escuchó atento e instalado cómodamente en el castillo de Chapultepec. La prensa, de nuevo solícita, transcribió en sus páginas el histórico texto: "Hónrome comunicar señor Presidente de la República, que hoy a las once de la mañana, hora oficial, inauguróse la Gran Exposición Comercial Internacional lamentando su ausencia".[29]

La exposición atrajo multitudes; los asistentes quedaban embelesados con los nuevos ruidos y con el rompimiento del tiempo y del espacio que significaban las comunicaciones por radio.

Los aparatos estaban colocados en tres mesas: "una mesa corrida que sirve de asiento para el transmisor radiotelefónico y otros aparatos", y dos más ocupadas "por el receptor del juego telefónico y con un receptor de antena de cuadro". Los paseantes recorrían con la mirada mármoles y sarapes de Saltillo deteniéndose boquiabiertos en la vistosa antena de cuadro colocada justo al centro. Todos los objetos materiales tenían una función simbólica, hablaban del pasado, del presente y del futuro de México: "El juego radiotelefónico que por todos motivos hasta por el vivo interés que despierta en los visitantes, ocupa un lugar prominente de la exhibición del sistema De Forest, de 1 kilowatt".[30]

El aparato radiotelegráfico era de la marca Longoria. El receptor, por su parte, era de manufactura nacional, "construido en los talleres del ramo" por los señores Agustín Flores y José Valdovinos, con alcance de 150 kilómetros,[31] Diariamente salían por los aires entre 234 y 335 mensajes, todos en un tiempo de 1.75 a 2.3 horas. Los aparatos mostraban un letrero explicativo que hacía alusión al inventor y a su nacionalidad, invitando "al público a fin de que pida informes y datos acerca de cualquier cosa que pueda interesarle".[32]

> En la misma mesa en que se encuentra este receptor ha sido colocada tal, que se destaque desde luego el absoluto aislamiento de los aparatos mencionados con relación a los demás que ocupan el local, para que el público no sufra la impresión de que los fenómenos que se le muestran son ayudados o modificados por algún arreglo exterior.[33]

Fue tal la aceptación de los paseantes que en los días subsecuentes largas filas se acomodaron frente a los receptores, escuchando con admiración mensajes procedentes de Veracruz y de algunas embarcaciones que rondaban las costas, a veces palabras, a veces el tic-tac de los mensajes de radiotelegrafía. El público, según el decir de la prensa, salía gustoso y convencido luego de admirar los aparatos y escuchar las estaciones nacionales, norteamericanas y europeas atrapadas por los receptores nacionales que, "a toda hora y en todo momento es posible oír",[34] los cuales, bien separados, bien lejitos, unos de otros, mostraban su poder y magia. Nadie cantó frente al micrófono del Palacio Legislativo, nadie recitó ni tocó algún instrumento, nadie cumplió años, no hubo programa ni función o concierto, no hubo diletantes, ni sueños... eran pruebas dirigidas por el Estado que siguiendo una trayectoria de principios de siglo usaba la radio en forma de patrimonio estratégico.

Un día después, el 28 de septiembre, se "congregaron además del señor Presidente de la República y de los altos funcionarios de la Administración actual, miembros de las Delegaciones Diplomáticas y una gran cantidad de público".[35]

El piloto Fernando Proal montó en un avión de la marca Farman, en el que previamente se había instalado una estación de radio "comunicada con las que existen en Balbuena y en la capital del Estado de Hidalgo".[36]

Obregón presenció las transmisiones mientras observaba el vuelo de los aeroplanos.

Las pruebas finalizaron con una transmisión musical, al colocar "cerca de la estación [de Pachuca] un fonógrafo que ejecutó la popular canción *Adelita* que se oyó en Balbuena sin que se perdiera un solo detalle".[37]

Las fiestas del centenario eran interminables con festejos todo el día, se prolongaban desde la mañana cuando rompía el alba hasta ya entrada la madrugada. Brillaron especialmente las "Noches mexicanas" en Chapultepec, los boletos se vendían a partir de las 12 del día en las taquillas ubicadas en los teatros Iris, Arbeu y Principal, y la entrada costaba 5 pesos. Por las calles todo era una función o concierto, la vida en la ciudad estaba convertida en espectáculo, el programa daba inicio desde temprano, las calles se llenaban de curiosos, desfiles, carros alegóricos y concursos. Al llegar la noche la fiesta se trasladaba a Chapultepec: a eso de las 8 arrancaba con una jamaica típica y bailes regionales, la entrada al bosque estaba decorada con adornos y la gente se arremolinaba en los puestos. La prensa y las imágenes de esos días retratan una ciudad convulsa, donde el nacionalismo irradiaba en cada esquina, en cada templo, en cada casa, y en cada festejo el día y la noche se alargaban, produciéndose una completa amalgama de clases.

LAS ESTACIONES CON MÚSICA, VERSOS, CANCIONES Y NOTICIAS

Hacia 1923 la radio se populariza debido a los esfuerzos por convertirla en esparcimiento de masas y empresa comercial. Por la ciudad pululan negocios dedicados a la venta de aparatos receptores y piezas sueltas: bulbos, antenas, baterías, cables, etc., en fin, como señalan algunos anuncios "todo lo relacionado a su radio". Las casas comerciales se ubican en las avenidas más céntricas de la metrópoli: Wagner y Levin, en Capuchinas 21; Hubard y Bourlon en avenida 5 de Mayo 34, esquina con Motolinía; El Ideal en 5 de febrero 42; La Casa del Radio, en avenida Juárez 62; J.M. Velasco y Cía., en Uruguay 104; etcétera.

Gran cantidad de comercios dedicados al radio inundaron la Ciudad de México. Las familias lo integraron a su cotidianidad, a la decoración del hogar, al ejercicio de jerarquías y poder entre sus miembros.

Por primera vez en México se bailó anoche con radiofonía

Un éxito sin precedentes en México, de aquellos que no se discuten, obtuvo ayer la primera estación transmisora instalada en la capital de la República. Desde el Presidente de la República [Álvaro Obregón] hasta el último de los aficionados al radio escucharon con una claridad absoluta, el concierto dado por la "Palace of Orchestra" de la Casa de Sanborns, que galantemente cubrió ayer el programa.

Tan pronto como principió a funcionar la Oficina Transmisora el teléfono funcionó incesantemente, dando cuenta de la enorme cantidad de personas que gozosamente escuchaban, por segunda vez en la historia del radio, un concierto del radio, un concierto mexicano. El primero fue el señor ingeniero Stampa, quien participó que en su residencia se encontraban bailando catorce parejas, a los acordes de la Orquesta de la Oficina Transmisora. De Mixcoac, San Ángel y Coyoacán nos llegaron igualmente, mensajes de felicitación.

Excélsior, México, 1923.

El Universal y *Excélsior* publicaban los anuncios más importantes y nutridos de las casas comerciales dedicadas a la radio, junto a consejos, noticias y caricaturas sobre el nuevo medio. En ese primer momento introductorio y comercial de la radiodifusión, la información estaba dirigida a las clases medias y altas. También en ese momento, por sus características, los receptores eran artículos prohibitivos para el grueso de la población, por un lado, sus precios iban de 13 a 800 pesos, cuando el salario mínimo de un obrero en promedio era de 2 a 4 pesos; por el otro, se requerían conocimientos mínimos que sólo una educación regular podía facilitar, por lo que la radiodifusión en México nació lejos de ser un medio masivo, con el potencial sí, pero con las condiciones concretas inmediatas algo lejanas.

> Es necesario [el radio]. Es insustituible. En los hogares, para que sean del todo felices, no debe faltar...
>
> Por medio del radio se pueden escuchar, desde distancias inconmensurables: el "foxtrot" de moda en New York, las canciones trágicas de los vaudevilles rusos y las proclamas bolcheviques que vocean las tobilleras en París...
>
> El radio como todo lo grande y lo pequeño de la vida, ha buscado la ocasión para imponerse. Se ha impuesto. Se ha hecho indispensable. Está de moda. Todo se hace por medio de la Radio. Se piensa por medio del radio, se duerme por medio del radio, se sueña, se ama, por medio del Radio...
>
> Tendremos que acostumbrarnos a vivir sin cariños, sin mimos. Solos. Como los grandes hombres. O como los idiotas.
>
> Ya no habrá infancias tristes. Serán alegres. Todos, no importa que unos sean hijos de ricos y otros de pobres. Todos tendrán una infancia igual o, por lo menos parecida. Una infancia alegre-triste. El hogar ya no existirá en el futuro... las familias, ya sin las preocupaciones cotidianas que requiere el hogar, harán sus pedidos a diversos proveedores, por medio del Radio —entonces cada persona llevará un aparatito en el bolsillo... cuando las cosas hayan llegado a ese punto y la mujer no esté, como ahora, abrumada por los haceres domésticos, y no tenga que pensar más que en sí misma y se baste a sí misma, su educación será realmente admirable. El matrimonio desaparecerá.[38]

En 1923 las estaciones transmisoras más importantes eran dos: La Casa del Radio y El Buen Tono. La segunda transmitía desde la plaza San Juan y había sido inaugurada oficialmente la noche del 15 de septiembre de 1923. Sus programaciones estaban repletas de contenidos musicales, preferentemente nacionales, y sus trabajos radiodifusores eran muy similares a los de La Casa del Radio, excepto que no comerciaban con receptores, los obsequiaban como parte de concursos y demás ardides publicitarios para describir las bondades y calidad de sus cigarrillos: Primores, Radio, Elegantes, No. 12,

Caprichos, etc. Su ambición era, de alguna manera, convertir a los radioaficionados en radiofumadores. Unir ambos placeres.

¿Cómo era la vida cotidiana en una estación radiodifusora? Por distintos medios como anuncios, notas, cartas, etc., sabemos de la rusticidad de las transmisiones, por ejemplo, La Casa del Radio, ubicada en avenida Juárez 62, frente a la Alameda Central, usaba un fonógrafo común y corriente para amenizar las funciones de radio y su cabina no era ni de cristal ni aislante, era un cuarto adaptado; frecuentemente el ruido del público asistente inundaba la emisión, los escuchas podían darse cuenta del movimiento de pies, del estornudo y del carraspeo. Todo en vivo, los ruidos diversos convertían las transmisiones en una experiencia intensa que agradaba, que exigía ejercicio imaginativo, un nuevo ejercicio de objetos sonoros hasta ese momento desconocido.

Entre 1921 y 1924 predominaba el uso de audífonos, muy al estilo de los telegrafistas. Bocinas y audífonos existían de forma combinada; determinar con precisión el cambio es casi imposible, sabemos que los audífonos iban cayendo en desuso y las bocinas eran en realidad altavoces de fonógrafos, vitrolas y grafonolas adaptados para esparcir la bulla por la casa.[39]

> La colocación del altoparlante es un punto que debe cuidarse, pues resulta que la mayoría de las veces, ya sea por comodidad, o por estética, se coloca éste encima del receptor, sin

En El Buen Tono aspiraban convertir a todo radioaficionado en un radiofumador. Unir ambos placeres.

> darse cuenta que las lámparas de filamento de poco consumo son sumamente microfónicas, es decir que producen ruidos con los menores movimientos... El altoparlante, sobre todo cuando se trata de aparatos de gran sonoridad, debe ir colocado en una mesa aparte y cuando ello no fuera posible, deberá colocarse en la base del mismo un pedazo de fieltro u otro material que amortigüe las vibraciones.[40]

Si observamos la estructura de los primeros "radios" descubrimos de inmediato una relación estrecha en su estructura con los reproductores de discos; otra similitud radica en los anuncios publicitarios de ambos: los anuncios de aparatos de radio y de reproductores de discos tienen idénticos diseños, eslóganes y personajes. En los anuncios domina la idea del nacionalismo, descubrir el entorno geográfico, los personajes, el paisaje y los sentimientos mediante formas sonoras. En ese sentido se habla de la existencia "del ruido nacional" que entra a los hogares por medio de la radio.

El retrato de la realidad producido con la radio es una invención de formas sonoras, paisajes, colores, etc., muy similar a los experimentos que en tiempo y forma se realizan en la música y la pintura mural.

> Este sonido en tanto que objeto no es fruto automático de la tecnología; ésta solamente lo permite. La tecnología no basta para constituir objetos; le hace falta un método de escucha,

Las imágenes sonoras atrapan la imaginación; el tiempo transcurre, los hábitos se modifican. Comienza la construcción de imaginarios sonoros.

> pensamiento y palabras. Así, del mismo modo que la noción de imagen es una noción cultural, el sonido se puede abordar muy bien como algo que construimos mediante un trabajo de obras, de reflexión, de nominación, de escucha.[41]

Las experiencias sonoras por la radio no son una mera reproducción de los sonidos que surcan los alrededores. La tecnología de la época no permite grabar y reproducir los sonidos; la radio comienza experimentos pioneros para reconstruir la "realidad" del sonido nacional. Su poder masivo que irá desarrollando rápidamente, la convierte en un fenómeno de penetración inédito, circunda espacios públicos y privados, entra en las salas de las casas, lo mismo que discurre por los aparadores de las avenidas céntricas, penetra en el comedor, las recámaras, los parques, las esquinas, etcétera.

En la cotidianidad estética de la radio los "objetos" sonoros recrean un diálogo con la realidad que nutre la percepción sonora de la sociedad. Los ruidos citadinos aumentan de dimensión, tamaño y formas, los radioescuchas oyen objetos diversos: las nubes nacionales, los cielos nacionales, los ríos y las montañas nacionales, etcétera.

La radio es básicamente un estudio y exploración de volúmenes de sonidos circundantes, cuya experimentación abre horizontes insospechados. Los programas de radio son experimentos sonoros que empiezan con el uso del micrófono, transforman la realidad sonora, la contraen, la expanden, la envuelven, inmóvil o vibrante, convirtiendo las experiencias estéticas sonoras en un proceso de goce íntimo y común, en las que el objeto creado, como ya dijimos, no es la mera reproducción de la realidad mediante líneas, colores, fondos y ambientes, el objeto artístico radiofónico es gestado con base en la capacidad de expresión sonora del creador, con base en su intuición.

Toda la casa queda pintada de "sonidos de México", de lo que se cree que es México, de lo que se desea convertir a México. Una gran construcción imaginaria íntima y colectiva a base de ruidos.

El concierto al aire libre

Un auto fue provisto de un aparato receptor con bocinas de alta potencia y estuvo recorriendo las principales calles de la ciudad [de México] seguido por una nutrida muchedumbre y por varios autos particulares. Posteriormente se instaló frente al Teatro Nacional [Palacio de Bellas Artes] y una enorme muchedumbre de más de quinientas personas estuvo escuchando el concierto. Fue tal la aglomeración que la policía vióse en la necesidad de intervenir, con el objeto de que no se interrumpiera el tráfico.

Excélsior, México, 1923.

Los escuchas apasionados de los nuevos ruidos trasponen el mundo público, inventan y reinventan la realidad, se interiorizan, dejan de lado la actitud pública, el rol asumido, entran en contacto con un mundo de imágenes sonoras que los conducen al ensueño. El nacionalismo del momento guía al radioescucha por un ensueño íntimo en el que reafirma lazos con el resto de la comunidad, se identifica, escucha los "sonidos de México", del alma nacional.

> El comportamiento global de los hombres se transforma cuando están puestos ante el público, ante sus ojos y ante su juicio; los hombres adoptan entonces una "postura" en un sentido redundante. Ello se debe en parte a que, puesto en el medio público, el hombre siente más intensamente como un deber de representar a la humanidad, de dar ejemplo. El que lanza una viva a la patria desde el cadalso, el que declara en el lecho de muerte su legado moral a la familia reunida, el niño que se atreve a decir al maestro la verdad, delante de sus compañeros, "se superan a sí mismos". Por otra parte, es un hecho que el hombre ve muchas cosas de otro modo cuando se encuentran bajo la luz pública. El que ha faltado lo ve mucho mejor ante la publicidad y no por oportunismo, sino porque la presencia de la comunidad funciona, por así decirlo, como un catalizador. En esa situación es posible reconocer faltas propias que en otras sería imposible percibir.[42]

LA FAMILIA

Los primeros anuncios publicitarios que difunden la presencia de la radio en México recurren a la imagen de la familia nuclear, pequeña y moderna, como una pieza fundamental de su discurso visual. La familia que usa la radio es una familia llena de felicidad y estabilidad. ¿Cómo fue el proceso que generó tal representación: la familia, la felicidad y la radio? De manera inmediata la época difunde la máxima de que la radio es alegría, desde muy temprano aparece orientada a la lucha contra la soledad, por lo que la radio es prácticamente un panegírico a la familia unida y con valores firmes. Un discurso por demás atractivo para una sociedad que acaba de sufrir una seria descomposición social y familiar a raíz de la guerra civil.

En los anuncios, el padre guarda una posición jerárquica, la madre lo acompaña en un lugar de menor importancia, a veces sentada a su lado, a veces de pie, los niños, por lo general dos y de sexos opuestos, miran, al igual que sus padres, al receptor; su actitud es de arrobamiento y embeleso, una mirada extraviada, ausente, resalta su inmovilidad, sobre todo en los niños. Los anuncios publicitarios de la radio subrayan el papel del padre como sostén de la familia y ensalzan las bondades del aparato receptor con relación al dominio masculino en el hogar.

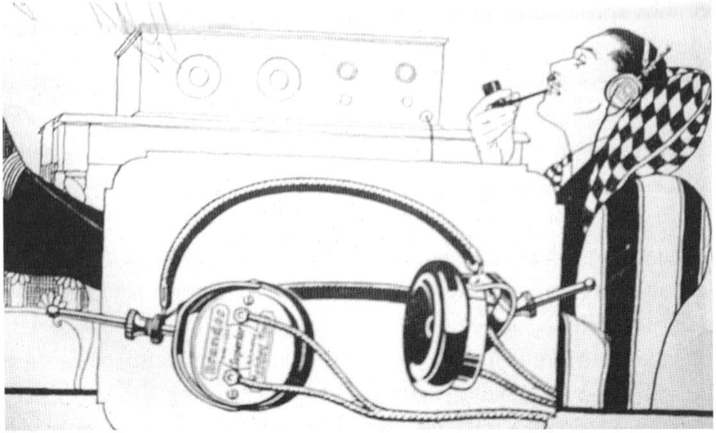

Él sabía, él dominaba, él controlaba..., la radio era suya.

Son familias petrificadas, definidas y sólidas. Son las clases medias luego de la Revolución, de la pérdida de valores y de líneas sociales. En ese sentido parece que las clases medias se alzaron con la radio diferenciándose de otros grupos; la radio sirvió para denotar distancia; mostrar la diferencia a los distintos; la radio ayudaba a la afirmación social, sustraída por la guerra, reafirmaban el sentido de su educación, su patrimonio y sus ideales.

> El gusto y el apego a ciertos elementos culturales es un modo de identificación a cierto grupo y también la diferenciación respecto a otras formas de vida y gustos... "¡Ni muerto me dejaría ver con eso!". "No tendría eso en mi casa ¡ni aunque me pagaran!". "¡No, nunca! ¡Pasarán sobre mi cadáver!"... Cuando uno oye (o vocifera) alguna de estas frases advierte que el objeto en cuestión, si bien provoca desagrado, no está mal hecho, ni es barato, ni tiene necesariamente que ser chillón. La causa del rechazo es que la persona no quiere que se le asocie con alguna otra a la que definitivamente le gusta, que se le vea con esos zapatos, esa corbata o ese pañuelo. Tales discriminaciones por sexo, por edad, por clase social, etc., operan en una gran cantidad de ocasiones, y como las señales de desprecio están destinadas a que se les vea y se les entienda como tales, no sería difícil identificarlas. Una buena vasija debe su valor a su indiscutible pretensión de pertenecer a su propia clase de vasija.[43]

En fin, parece que el gran sentimiento que envuelve a la radiodifusión entre 1921 y 1930 es la urgente necesidad de las clases medias por plantarse sólidamente en el mundo, y qué mejor lugar que el espacio físico básico de la sociedad, la célula y reproductora de valores: el hogar.

EL HOGAR Y EL ENSUEÑO

En un principio las transmisiones de radio eran nocturnas, fuera de las interferencias atmosféricas del día; en ocasiones los empleados del gobierno que manejaban las estaciones de radio estatales se dedicaban a jugar, interrumpiendo la recepción de los programas de mayor audiencia; eran bromas de la época que no gustaban mucho a los radioescuchas.

> Como si las trabas de las disposiciones oficiales no fueran suficientes, el trabajo mismo de las estaciones del gobierno hacen a veces casi imposible la recepción en los aparatos de los aficionados... Usted sabe, señor Presidente, que las estaciones modernas trabajan con las ondas de gran longitud... No desearíamos insistir en la labor que no puede llamarse sino de mala fe de algunos telegrafistas quienes algunas noches se complacen en hacer llamadas inútiles por largo tiempo con el objeto deliberado de molestar a los aficionados. No dudamos que el señor Ministro de Comunicaciones sabrá poner remedio concerniente a éste abuso.[44]

Los horarios nocturnos de la radio van definiendo las actividades de la familia, surge una especie de tiempo lento, previo a la hora de ir a dormir, cuando el ensueño y el arrobamiento dominan, como si el padre y la madre se hallaran en una actitud de dejarse caer en el sillón y ver pasar las horas junto a los objetos e imágenes sonoras.

> El ensueño nocturno puede muy bien ser una lucha violenta o astuta contra el lenguaje sin censuras. La ensoñación nos permite conocer el lenguaje sin censura. En la ensoñación solitaria podemos decírnoslo todo a nosotros mismos.[45]

Poca plática, mucha atención a los ruidos, silencio en el hogar, calma y aparente paz, la atención y el esfuerzo concentrados en un solo punto, un punto hipnótico que atrapa a la familia.

> La casa vivida no es una caja inerte. El espacio habitado trasciende el espacio geométrico... la fenomenología de la imaginación pide que se vivan directamente las imágenes, que se tomen las imágenes como acontecimientos súbitos de la vida. Cuando la imagen es nueva, el mundo es nuevo.[46]

En los hogares, los sonidos del receptor se confunden con los del mundo cotidiano; de alguna forma podemos reconstruir tales ruidos con la crítica ácida de las caricaturas que muestran a niños y mujeres gritones cuyos sonidos se confunden con los chillidos y estridencias del receptor; es un discurso masculinizado que agrede y reafirma la supuesta solidez del sexo masculino.

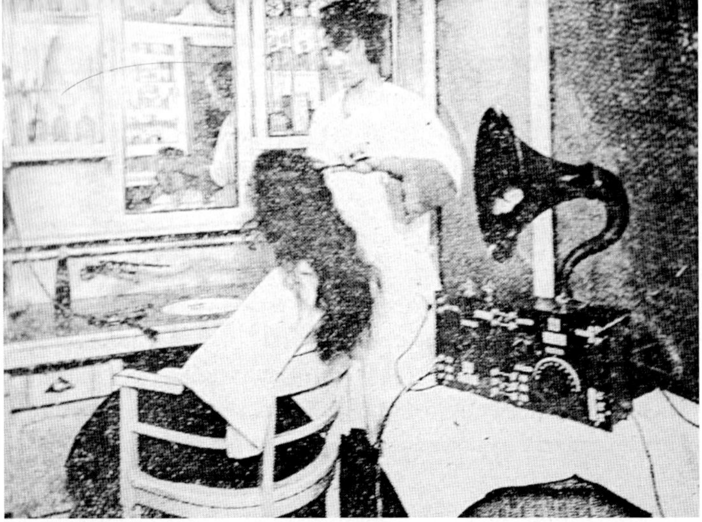

Las actividades cotidianas se transformaron debido a la cascada de sonidos. Los placeres más sencillos cobraban nueva dimensión.

Una idea más clara del sentimiento hacia los ruidos generados por los receptores nos la ofrece un poema estridentista escrito por Luis Quintanilla, "Kin Taniya", en el que reconstruye con algunas onomatopeyas el sonido de la radio y la sensación que producía, una cascada de palabras, de sentidos y ruidos, expresando implícitamente su admiración hacia los "nuevos" sonidos. El texto resalta por la ausencia de puntos y comas, de allí su fuerza expresiva; en la época se hacía una lectura ágil, pero nosotros debemos explicarlo: los primeros receptores en manos de la sociedad tenían múltiples defectos, uno de ellos la mala sintonía. Durante varios años los radioescuchas pasaban sin ton ni son de una emisión a otra, dando saltos entre las señales, sin poder controlar la recepción, de allí la ausencia de puntuación en el poema que brota como una sesión de radio de la época.

...IU IIIUUU IU...

ÚLTIMOS SUSPIROS DE MARRANOS DEGOLLADOS EN
CHICAGO ILINOIS ESTRUENDO DE LAS CAÍDAS DEL
NIÁGARA EN LA FRONTERA DE CANADÁ KREISLER
RISLER D'ANNUNZIO FRANCE ETCÉTERA Y LOS JAZZ
BANDS DE VIRGINIA Y TENESÍ LA ERUPCIÓN DEL POPO-

CATÉPETL SOBRE EL VALLE DE AMECAMECA CASI COMO
LA ENTRADA DE LOS ACORAZADOS INGLESES A LOS
DARDANELOS EL GEMIDO NOCTURNO DE LA ESFINGE
EGIPCIA LLOYD GEORG WILSON Y LENIN LOS BRAMI-
DOS DEL PLESIOSAURO DIPLODOCUS QUE SE BAÑA TO-
DAS LAS TARDES EN LOS PANTANOS PESTILENTES DE
PATAGONIA LAS IMPRECACIONES DE GANDI EN BAG-
DAD LA CACOFONÍA DE LOS CAMPOS DE BATALLA O
DE LAS ASOLEADAS ARENAS DE SEVILLA QUE SE HAR-
TAN DE TRIPAS Y DE SANGRE DE LAS BESTIAS Y DEL
HOMBRE BABE RUTH JACK DEMPSEY Y LOS ALARIDOS
DOLOROSOS DE LOS VALIENTES JUGADORES DE FÚTBOL
QUE SE MATAN A PUNTAPIÉS POR UNA PELOTA

Todo esto no cuesta ya más que un dólar
Por cien centavos tendréis orejas eléctricas
y podréis pescar los sonidos que se mecen
en la hamaca kilométrica de las ondas

...IU IIIUUU IU...[47]

El radio adquiere un papel fundamental en el mundo material que compone el hogar. Podemos decir que los aparatos de radio hallan acomodo en la sala y en el comedor de forma natural para deleite de la familia, el ser identificados como un elemento determinante para el solaz familiar y, sobre todo, como objetos de ornato a la mirada externa: a las visitas se les presume el radio de casa.

> la casa es primeramente un objeto de fuerte geometría. Nos sentimos tentados de analizarlo racionalmente. Su realidad primera es visible y tangible. Está hecha de sólidos bien tallados, de armazones bien asociadas. Domina la línea recta. La plomada ha dejado la marca de su prudencia y de su equilibrio. Un objeto geométrico debería resistir las metáforas que acogen el cuerpo humano, el alma humana. Pero la transposición a lo humano se efectúa inmediatamente, en cuanto se toma la casa como un espacio que debe condensar y defender la intimidad. Entonces se abre, fuera de toda racionalidad, el campo del onirismo.[48]

La casa, según consejos de la época y los anuncios publicitarios, debe ser decorada dándole prioridad a la sala y al comedor, lugares de inserción natural del radio. El radio es la nota del arreglo y la decoración, digamos que, según palabras del momento, es lo "chic",[49] un "no sé qué", una especie de esencia invisible, inasible, que no fuerza los restantes objetos, no se torna llamativo en exceso ni atrapa la distracción con exageración, que provoca el interés, la armonía.

> En la elección de los muebles para el comedor no existe la libertad que para otras piezas de la casa, no solamente deben existir ciertos muebles, sino que la intromisión de algunos en este lugar da una nota tan ridícula. En cualquier otro sitio de la casa un error como ése puede ocultarse y disimularse, cuando es fuerza cometerlo, pero nunca en el comedor.
>
> Otra de las cosas que debe tenerse en cuenta mucho más en este cuarto que en cualquier otro es la relación entre fondos y los muebles. La sensación de descanso debe ser la nota dominante en el comedor, y por lo mismo se evitarán los fondos excesivamente llamativos. Los fondos deben ser no sólo armoniosos, sino parejos hasta donde sea posible, de manera que no haga mucha distracción para la vista es un centro de interés y físicamente, debemos estar rodeados por una decoración que conserve nuestro interés concentrado sobre esa mesa cuando estamos allí, por la mayor parte del tiempo que estamos en el comedor.[50]

La radio también protagoniza la catarsis familiar más importante y formalmente permitida: el baile en el hogar. En los anuncios publicitarios se encuentra la idealización de modelos a seguir, las familias disfrutan de la radio plácidamente conservando las formas o lo hacen bailando; en el caso del baile el ambiente hogareño se trastoca, las parejas danzan y *salen* del hogar proyectándose a cualquier parte, los niños desaparecen, hombres y mujeres se tocan, el acto de bailar en el hogar con la radio, escuchando transmisiones lejanas, a miles y miles de kilómetros, termina diluyendo cualquier diferencia entre el mundo público y el espacio privado. Sentados en la sala y el comedor o bailando, con la radio las familias vuelan por lugares imaginarios y las parejas danzan cadenciosamente, escapando del mundo material que los ata, con "los cantos modernos, los joviales jazzes para baile, los alegres fox trots y one steps".[51]

> al colocar el receptor deberá cuidarse que éste quede lo más cerca posible de la bajada de antena, si es posible inmediatamente debajo de la antena y en forma que los hilos de la corriente eléctrica de alumbrado o fuerza motriz no pasen en las cercanías de ella, si se desean evitar ruidos molestos, especialmente cuando se trata de corriente alterna, la cual produce un zumbido muy molesto.
>
> El sitio del receptor debe ser fácilmente accesible y en forma que no obstruya el paso de las personas, pues de otra manera, es fácil que los distintos movimientos que se hacen con él, muevan las conexiones que están detrás del panel y se puedan producir perjuicios.[52]

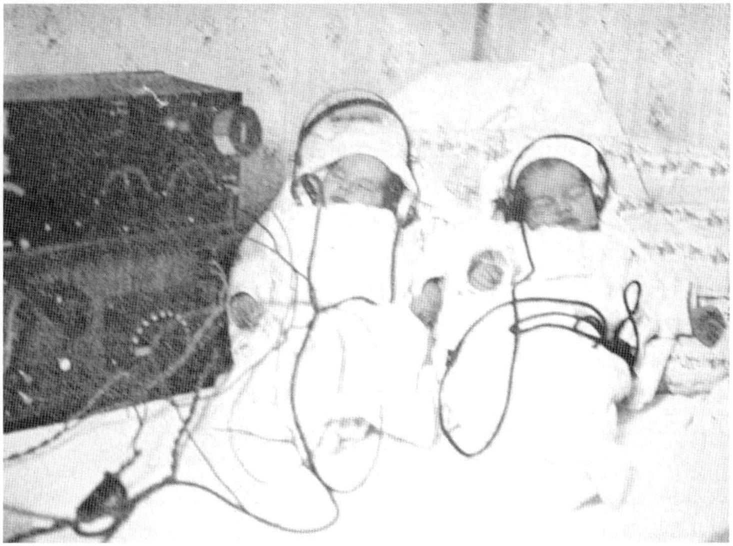

La radio liberaba la percepción, creaba imágenes y sensaciones únicas. Arrancaba una nueva forma de ver y escuchar el mundo.

LA FIEBRE

Uno de los acontecimientos que nos provee de mayor información respecto al impacto que tuvo su llegada a México fue la Feria de la Radio organizada en 1923 en el Palacio de Minería. Es el nacimiento de una fiebre social, una sed por consumirla en la que participaron las principales casas vendedoras y estaciones transmisoras de la época. La fiebre denota los pasos que se daban en el plano comercial por consolidarla como una empresa. Hubo concursos, exposiciones, películas, etc., y el impulso de un mundo material relacionado con ella: cigarrillos-radio-peinados-radio, anuncios que afirmaban propiedades curativas de la radio contra la calvicie, la sordera, la falta de visión, etc.[53] Las transmisiones comenzaron a ser tan importantes para la vida familiar, y a regularla de tal manera, que muchas madres agradecidas se expresaron públicamente a favor del bendito invento que lograba lo imposible: durante las transmisiones más atractivas, por lo general en la noche, los esposos permanecían en el hogar, junto a su familia.

> a nombre de todas las esposas que tienen al marido a su lado y de todos los hijos que todos los martes, los jueves y los sábados acaban por dormirse en las manos del padre, a nombre de todos esos seres que no saben a quién, ni cómo expresar gratitud... ¿Cuántos cora-

zones agradecidos, pero que no saben expresarse, bendecirán a [la estación de radio de] "El Buen Tono".[54]

De 1921 a 1924 los receptores se multiplicaron, la radio inundaba la ciudad, dejó de ser paulatinamente patrimonio de la clase media y se integró a la vida de otros grupos; también había dejado de pertenecer estrictamente al Estado y pasaba, en general, a la cotidianidad de la sociedad.

La sociedad en general terminó por adoptarla usando como eje la idealización desarrollada por la clase media, con todos los códigos de comportamiento y uso que estableció; así, vemos a la radio integrarse en la vida de las barriadas y las vecindades usando las mismas aspiraciones y modelos de comportamiento con que había sido adoptada por la clase media y alta;[55] digamos que en ese breve lapso las barriadas aprendieron el gusto por la radio mirando los hogares desahogados de las clases medias.

> El observador que haya pasado por las colonias Roma y Juárez, habrá notado sin duda alguna, cómo las azoteas de las casas se encuentran erizadas de antenas, que acusan la existencia de otras tantas estaciones receptoras de radiofonía y que no es menester tenerlas a la intemperie puesto que son capaces de recibir los sonidos encerrados, no digamos en una habitación, sino dentro de una caja fuerte.
>
> Pero la verdadera afición por la radio se nota en la barriada de Guerrero, podemos decir que todos los barrios de México, lo mismo en los aristocráticos de señoriales residencias, que en los humildes donde la gente humilde habita en vecindades que son verdaderos pueblos. Se estima en más de quince mil el número de estaciones receptoras instaladas en la ciudad.[56]

Al tiempo que se consolidaba la radio como una hábito cotidiano en las familias y una sed social por consumirla, los aparatos receptores fueron cambiando y paulatinamente adoptaron formas sinuosas, acabados finos, colores atractivos. Las bocinas, antes independientes del receptor, se integraron constituyendo una especie de guía que, metafóricamente, irradiaban la luz sonora, decoradas con tela protectora en colores fríos, oscuros. El receptor adopta diversos diseños, tantos y tan variados como los contenidos de las programaciones, que los conducen a la metamorfosis de flores, bocas, ojos, complaciendo la evasión del radioescucha.

> —Ya ve usted— me decía en la ciencia
> qué notables inventos
> que hace cosa de un siglo la gente los creería
> cosas de brujería
> estos descubrimientos;

el radio por notable... y por barato
se ha extendido en un rato
y hoy no hay azotea sin antena
de fierro o de carrizo, mala o buena,
ni casa que no tenga un aparato
de bulbo de galena,
ni familia que ahora se visite
que si es de noche no se nos invite
a escuchar el concierto
de la "ce, y griega... y ene" que por cierto
tiene una feroz monotonía,
y a los cuales ninguno asistiría
y nadie lo honraría con su presencia,
aunque fueran de pura invitación
noche a noche lo escucha con paciencia
digna de mejor causa
y no hacen ni una pausa
ni platican ni nada,
están con su orejera bien pegada,
y yo, amigo, será que soy muy burro,
pero la verdad pura, que me aburro, el invento es
notable pero la costumbrita intolerable.
¡Ah qué usted, don Ramón!
Es como la afición
cuando estuvo el fonógrafo de moda
y la gente toda
se compró su vitrola en abonitos
y discos más discos muy bonitos
pero que el dueño muy inoportuno
quería que se escucharan uno por uno,
y a mí a la octava pieza
me dolía horriblemente la cabeza,
a la décima ya
pensaba yo un poquito en su mamá
y me salía de allí sin despedida.[57]

Hacia 1930 las casas comerciales dedicadas al ramo aumentaron desproporcionadamente; los equipos receptores fueron cada vez más sofisticados, los voluminosos aparatos desaparecieron, las enormes antenas se convirtieron en pequeñas y discretas, la sintonía y las frecuencias claras y nítidas, horarios de transmisión todo el día, comenzaron las radionovelas y las programaciones infantiles, sin faltar la música, los versos y el canto. Cartas y telefonemas inundaban las estaciones.

Varios son los puntos de continuidad en el proceso que vivió la radio en México de 1900 a 1930, pero me interesa terminar hablando sólo de uno: el prestigio personal y social. Los telegrafistas metidos a radiocomunicadores fueron valorados y tratados con distinción, los telegrafistas en los campos revolucionarios gozaron de fama y reputación entre la tropa, los jóvenes pioneros de la radiodifusión en la década de los veinte antepusieron el gozo y el realce social al lucro y, finalmente, ya consolidada como radiodifusión, la radio adquirió peso social entre la clase media como un signo que la identificaba y distinguía del resto del entramado social.

Su encanto y prestigio prosiguió entre sus hacedores, en las estaciones de radio comerciales a finales de la década de los treinta todos se "creían mucho", "andaban pavoneándose y fumando cigarrillos caros".[58] Desde el portero, pasando por el vigilante, empleados, secretarias, locutores, programadores, efectistas, etc., pertenecían a una élite, su trabajo los llenaba de prestigio y admiración entre el resto de la sociedad. Cuando alguien *salía* en la radio era motivo de orgullo entre las familias y vecinos del agraciado.

El hogar y la ensoñación prosiguieron como depositarios del objeto material que con mayor fuerza concentró la esencia de esa modernidad en la década de los veinte: la radio. Ella desarrolló perspectivas de la realidad insospechadas por medio del estudio de diversos objetos sonoros; resalta un profundo interés de la sociedad por la invención del país mediante el sonido. Una exploración con tintes masivos que involucró una gigantesca recreación nunca antes vista de la realidad por medio de ruidos.

NOTAS

[1] "Peligros de la electricidad en la vía publica", *El Mundo*, 8 de diciembre de 1900, p. 2.

[2] "La electricidad en los incendios", *El Progreso de México*, 22 de diciembre de 1900, p. 176.

[3] Cosas del destino: una de sus nietas, Gina Schöndube, contrajo nupcias la tarde del 15 de enero de 1952 con Emilio Azacárraga Milmo, "El Tigre", forjador del imperio Televisa. Gina murió poco tiempo después de consumado el matrimonio; fue su primera esposa, el gran amor de su vida, según la familia.

[4] Secretaría de Comunicaciones, 1905, p. 195.

[5] "El telegrafista en la revolución. Apuntes de la biografía del extinto telegrafista revolucionario Miguel Ángel Pavón", *El Telegrafista*, 31 de agosto de 1954, p. 13.

[6] Heller, 1970, p. 129.

[7] *Los presidentes de México ante la nación*, 1966, pp. 11-12.

[8] "El telegrafista en la revolución. Apuntes de la biografía del extinto telegrafista revolucionario Miguel Ángel Pavón", *El Telegrafista*, 31 de agosto de 1954, p. 14.

[9] HELLER, 1970, pp. 147-148.

[10] HELLER, 1970, p. 136.

[11] REED, 1971, p. 177.

[12] HELLER, 1970, p. 64.

[13] HELLER, 1970, p. 63.

[14] GUZMÁN, 1961, p. 345.

[15] REED, 1971, p. 151.

[16] VARGAS, 1989, p. 176.

[17] "Iniciativa sobre uniformes", *Revista del Ejército*, julio de 1916, p. 459.

[18] VELÁZQUEZ, 1980, p. 42.

[19] VELÁZQUEZ, 1980, p. 142.

[20] VELÁZQUEZ, 1980, p. 142.

[21] VELÁZQUEZ, 1980, p. 142.

[22] GÁLVEZ, 1976, p. 443.

[23] GÁLVEZ, 1976, p. 443.

[24] GÁLVEZ, 1976, p. 443.

[25] GÁLVEZ, 1976, p. 443.

[26] GÁLVEZ, 1976, p. 443.

[27] "La Exposición Internacional de Comercio", *El Universal*, 26 de septiembre de 1921, p. 11.

[28] "La Exposición Internacional de Comercio", *El Universal*, 26 de septiembre de 1921, p. 11.

[29] "La Exposición Internacional de Comercio", *El Universal*, 26 de septiembre de 1921, p. 11.

[30] "Dos estaciones de telefonía inalámbrica ayer fueron inauguradas en la Exposición Internacional", *Excélsior*, 28 de septiembre de 1921, p. 2.

[31] "Dos estaciones de telefonía inalámbrica ayer fueron inauguradas en la Exposición Internacional", *Excélsior*, 28 de septiembre de 1921, p. 2.

[32] "Dos estaciones de telefonía inalámbrica ayer fueron inauguradas en la Exposición Internacional", *Excélsior*, 28 de septiembre de 1921, p. 5.

[33] "Dos estaciones de telefonía inalámbrica ayer fueron inauguradas en la Exposición Internacional", *Excélsior*, 28 de septiembre de 1921, p. 5.

[34] "Dos estaciones de telefonía inalámbrica ayer fueron inauguradas en la Exposición Internacional", *Excélsior*, 28 de septiembre de 1921, p. 5.

[35] "Las primeras pruebas de Telefonía Inalámbrica. También se inauguró en la Escuela de Aviación la Exhibición del Circo", *El Universal*, 29 de septiembre de 1921, p. 1.

[36] "Las primeras pruebas de Telefonía Inalámbrica. También se inauguró en la Escuela de Aviación la Exhibición del Circo", *El Universal*, 29 de septiembre de 1921, p. 1.

[37] "Las primeras pruebas de Telefonía Inalámbrica. También se inauguró en la Escuela de Aviación la Exhibición del Circo", *El Universal*, 29 de septiembre de 1921, p. 1.

[38] "El radio dueño del mundo", *El Universal Ilustrado*, 20 de julio de 1922, p. 35.

[39] "Por qué se usa en Radio-Telefonía el amplificador o Magnavox", *El Universal*, 27 de mayo de 1923, p. 8.

[40] "La colocación del receptor", *Revista de Revistas*, 13 de abril de 1927, p. 8.

[41] CHION, 1999, p. 352.

[42] HELLER, 1970, p. 127.

[43] DOUGLAS, 1996, p. 77.

[44] "No deben poner obstáculos a las estaciones de radio", *Excélsior*, 17 de marzo de 1923, 2a. sección, p. 8.

[45] BACHELARD, 2000, p. 89.

[46] BACHELARD, 1997, p. 79.

[47] Luis Quintanilla, "Kin Taniya", en SCHNEIDER, 1983, p. 68.

[48] BACHELARD, 1997, p. 80.

[49] "El 'chic' depende de un adelanto o de un retraso: es un aspecto personal de lo imprevisto, es algo, un no sé qué, independientemente del nacimiento, de la edad y de la fortuna... El 'chic' no está en nada y está en todas partes... El 'chic' es un pequeño dios quizá hijo del amor... El 'chic' depende más de la manera de hablar, de sonreír y de mirar, que del vestido que se lleva puesto... Tan fácil", *Revista de Revistas*, 4 de julio de 1926, p. 3.

[50] "En una casa pequeña también se necesita cuidarse de todos los detalles del decorado", *Excélsior*, 18 de marzo de 1923, p. 11.

[51] Anuncio, *Excélsior*, 1 de octubre de 1922, 3a. sección, p. 1.

[52] "La colocación del receptor", *Revista de Revistas*, 13 de abril de 1927, p. 8.

[53] Anuncio, *El Universal*, 15 de junio de 1923, 1a. sección, p. 8.

[54] "Humildes gozan de los conciertos de El Buen Tono", *El Universal*, 30 de noviembre de 1923, p. 2.

[55] "No hay vida cotidiana sin imitación. Ni el trabajo ni el trafico social son posibles sin imitación. ¿En qué medida somos capaces de producir un campo de acción libre e independiente? Depende de la esfera social, depende de la época, de la situación. En ocasiones no se presenta la mimesis", HELLER, 1970, p. 63

[56] *El Universal*, 16 de enero de 1924, p. 1.

[57] *El Demócrata*, 20 de julio de 1924, s.p.

[58] "De mucho estreno", *Revista de Revistas*, 28 de octubre de 1934, s.p.

SIGLAS Y REFERENCIAS

AH-UNAM ARCHIVO HISTÓRICO UNIVERSIDAD NACIONAL AUTÓNOMA DE MÉXICO
Fondo Amado Aguirre
Fondo Observatorio Astronómico Nacional
Fondo Bellas Artes
Fondo Juan Barragán
Fondo Escuela Nacional de Ingeniería
Fondo fotográfico Alfonso Cornalejo
Fondo fotográfico Blas Corral Martínez
Fondo fotográfico Aurelio Acevedo
Fondo fotográfico Juan Barragán
Fondo fotográfico Marciano González Villarreal
Fondo fotográfico Carlos Basave del Castillo Negrete
Fondo fotográfico Roque Estrada

	Fondo fotográfico Gildardo Magaña
AHA	Archivo del H. Ayuntamiento
	Ramo Diversiones, 1921, 1922
	Informaciones, Teatros y cines, 1919, 1920
	Licencias en general: 1921
AGN	Archivo General de la Nación, México
	Ramo Comunicaciones
	Ramo Hacienda
	Ramo Obregón-Calles
	Ramo Propiedad Artística y Literaria
	Ramo Gobernación
	Ramo Contaduría Mayor de Hacienda
UI-AH	Universidad Iberoamericana, Archivo Histórico
	Fondo Alberto Salinas Carranza
	Fondo Porfirio Díaz
CEHM	Centro de Estudios de Historia de México
	Fondo fotográfico constitucionalista
	Fondo Carranza
	Fondo Bernardo Reyes
SCT	Secretaría de Comunicaciones y Transportes
	Fondo fotográfico
API	Archivo de la Propiedad Industrial
	Registro de patentes, 1890-1903

El Universal, 1916-1930
Excélsior, 1916-1930
El Demócrata, 1918-1922
Revista de Revistas, 1914-1940
Comunicaciones inalámbricas, 1916-1917
El Telegrafista, 1924-1930; 1940-1955
Revista de los Telégrafos, 1921-1923
Revista Marte, 1915-1916
Tohtli, 1915-1924
Revista del Ejército, 1915-1924
El Soldado, 1915
Nueva Política, 1974-1976
Revista de Comunicaciones y Transportes, 1965-1968
Memorias de la Secretaría de Guerra y Marina, 1900-1910
Memorias de la Secretaría de Comunicaciones y Obras Públicas, 1900-1910
El Mundo, 1899-1902
El Progreso de México, 1899-1902

ARIÈS, Phillippe
1990 *Historia de la vida privada*. Madrid: Taurus.

BACHELARD, Gaston
1997 *La poética del espacio*. México: Fondo de Cultura Económica.
2000 *La poética de la ensoñación*. México: Fondo de Cultura Económica.

BARAJAS, Manuel
1936 *Bosquejo histórico de la radiodifusión en México. Su influencia en la educación del pueblo y su importancia como fuente de trabajo*. México: Editorial Cultura.

BARRAGÁN RODRÍGUEZ, Juan
1946 *Historia del ejército y la revolución constitucionalista*. México: Stylo.

BRAVO IZQUIERDO, Donato
1964 *Un soldado del pueblo*. México: s.e.

BUSTAMANTE, Luis
La defensa de El Ébano. México: Talleres de "El Constitucional".

CIRT
1991 *La industria de la radio y la televisión en México*. México: Cámara Nacional de la Industria de Radio y Televisión.

CHION, Michael
1998 *El sonido*. Madrid: Paidós.

DOUGLAS, Mary
1996 *Estilos de pensar*. Madrid: Gedisa.

DULLES, John W.F.
1977 *Ayer en México*. México: Fondo de Cultura Económica.

DURÁN, Esperanza
1975 *Guerra y revolución. Las grandes potencias y México 1914-1918*. México: El Colegio de México.

FERNÁNDEZ CHRISTLIEB, Fátima
1975 "La industria de la radio y la televisión: Gestación y desarrollo", *Nueva Política: 3*, pp. 441-447.

GÁLVEZ CANCINO, Felipe
1975 *Los felices del alba*. México: Universidad Nacional Autónoma de México.
1976 "Canté en el primer programa de radio en México", *Revista Comunidad*, pp. 441-447.

GONZÁLEZ, Manuel W.
1935 *Contra Villa*. México: Ediciones Botas.
1940 *Con Carranza*. México: Ediciones Botas.

GUZMÁN, Martín Luis
1961 *El águila y la serpiente*. México: Compañía General de Ediciones.

HELLER, Agnes
1970 *Historia y vida cotidiana*. México: Grijalbo.

IBARRA, Issac
1975 *Memorias*. México: s.e.

KATZ, Friedrich

1996 *La guerra secreta en México*. México: Ediciones Era.

LONDON, Jack

1980 *México intervenido*. México: Nueva Imagen.

CÁMARA DE DIPUTADOS

1966 *Los presidentes de México ante la nación*. México: Cámara de Diputados.

OBREGÓN, Álvaro

1970 *Ocho mil kilómetros en campaña 1910-1916*. México: Fondo de Cultura Económica.

REED, John

1971 *México insurgente*. Madrid: Ariel.

REYES, Aurelio de los

1992 *Con Villa en México. Testimonios de camarógrafos norteamericanos en la Revolución 1911-1916*. México: Instituto de Investigaciones Estéticas, Universidad Nacional Autónoma de México.

1983 *Cine y sociedad en México 1896-1924*. México: Instituto de Investigaciones Estéticas, Universidad Nacional Autónoma de México.

SANTOS, Gonzalo N.

1984 *Memorias*. México: Grijalbo.

SCHNEIDER, Luis Mario

1983 *El estridentismo*. México: Cuadernos de Humanidades, Universidad Nacional Autónoma de México.

TUDESQ, André-Jean

1995 *Historia de la radio y la televisión*. México: Fondo de Cultura Económica.

URQUIZO, Francisco L.

1964 *Origen del Ejército Constitucionalista*. México: Talleres Gráficos de la Nación.

VARGAS, Eduardo

1989 "La ciudad de México de 1900 a 1920", en *Mi pueblo durante la Revolución mexicana*. México: Instituto Nacional de Antropología e Historia.

VELÁZQUEZ ESTRADA, Rosalía

1980 *La radiodifusión mexicana durante los gobiernos de Álvaro Obregón y Plutarco Elías Calles*. México: Universidad Nacional Autónoma de México.

5
UNA FAMILIA DE TANTAS. LA CELEBRACIÓN DE LAS FIESTAS FAMILIARES CATÓLICAS EN MÉXICO (1940-1960)

VALENTINA TORRES-SEPTIÉN TORRES
Universidad Iberoamericana

¡Adelante milicia de Cristo!
¡Por su Reino en la tierra a luchar!
¡Nos esfuerza quien todo lo puede!
¡A las armas milicia de paz![1]

CONSIDERACIONES

EN 1940 MÉXICO HABÍA CAMBIADO. Después de las grandes convulsiones sociales y anticlericales durante las presidencias de Plutarco Elías Calles y Lázaro Cárdenas, sobre todo después de la persecución de la "segunda cristiada" y el establecimiento de la educación socialista, el régimen del presidente Manuel Ávila Camacho justificó el cambio hacia una política proclamada como de unidad nacional, que en la realidad se tradujo en una forzada tranquilidad social, muy favorable para la Iglesia, que había quedado marginada de una posible acción religiosa y social.

El país vivió uno de los grandes momentos de su crecimiento, ya que las nuevas obras públicas abrían paso a un México que se había quedado en el rezago. El proyecto avilacamachista pretendía la estabilidad política, la paz social, a base de un equilibrio de fuerzas sociales que permitiera el crecimiento económico que todos los mexicanos anhelaban. Para conseguir esta paz social, el presidente empezó por acallar el malestar que inquietaba a los católicos. Desde el "soy creyente" del presidente "caballero", las leyes anticlericales se suavizaron y el modus vivendi, resultado de los arreglos de la guerra cristera en 1929, se aplicó de manera tal que la Iglesia pudo desarrollarse y recuperar su organización clerical y, en general, su fortalecimiento como institución. La Iglesia entonces colaboró con el gobierno. El Estado, en lugar de luchar contra ella, la aprovechó y utilizó para incrementar y consolidar su poder, incluso dentro del sector católico.[2]

La convivencia entre Iglesia y Estado iniciada al finalizar el cardenismo, se afianzó sin que se modificaran las leyes. El cambio legislativo al artículo 3°, origen de mucha discordia, fue paulatino. Sin embargo, hubo una gran preocupación por apartar a los maestros comunistas que tanto habían agitado, y el Estado se dio a la tarea de conciliar a los diversos grupos. El empeño por disminuir la retórica de izquierda fue favorecido por el "estado de guerra". La segunda guerra mundial significó un verdadero respiro para el país. México era un punto geográfico estratégico y Estados Unidos se veía forzado a reconsiderar su política de castigo causada por la nacionalización del petróleo; el momento resultaba propicio para resolver problemas pendientes, ante la buena voluntad que fomentaba la amenaza común.

Los resultados de la reconciliación fueron muy productivos para la Iglesia católica: fueron años de un crecimiento importante para las organizaciones laicales, de un gran incremento de las vocaciones religiosas, del fortalecimiento de las instituciones educativas privadas confesionales, de un aumento de publicaciones de tipo religioso; este auge se ligaba con el crecimiento de las ciudades, que la migración interna favorecía. En los años que van de 1940 a 1970, Iglesia y Estado evitaron cualquier posible confrontación.

El espacio de acción que propició el Estado fue inmediatamente ocupado por organizaciones como la Unión Nacional de Padres de Familia, que no se conformaba con una "tolerancia" implícita, sino que decidió llevar a cabo una acción muy beligerante para presionar al Estado y obtener la "libertad de enseñanza", entendida como la posibilidad de enseñar religión en los colegios católicos, que había quedado expresamente prohibida en la Constitución de 1917. Si bien la libertad no se obtuvo en la ley, en la práctica las escuelas católicas funcionaron sin mayores tropiezos durante estas décadas.

La Acción Católica Mexicana (ACM), fundada en 1929, era por definición "la participación de los seglares en el apostolado jerárquico"; se desarrollaba en tres planos: parroquial, diocesano y nacional. Integrada por todos los sectores sociales, en estos años alcanzó la cúspide de su poder y de su control sobre la mayor parte de las organizaciones religiosas del país, que después del Partido Revolucionario Institucional (PRI) contaba con el mayor número de miembros. El acercamiento a esa organización nos permite conocer algunas de las prácticas religiosas que se seguían en estos años, ya que tuvo una gran preocupación por elaborar publicaciones para todos sus miembros.[3] La ACM movilizó a los católicos y los organizó en sus prácticas religiosas. Los católicos, y sobre todo las organizaciones laicas dependientes de la Iglesia, desempeñaron una intensa actividad con repercusiones importantes en la vida social y religiosa mexicana.[4]

En este capítulo me referiré a la clase media, que se presenta como "el nido y que será exaltado como modélico en el nuevo Estado burgués".[5] Familia de puertas cerradas,

La catedral de San Luis Potosí con el distintivo de los miembros de la Juventud Católica Femenina Mexicana, en una asamblea general.

prolífica en vástagos, tradiciones y vocaciones sacerdotales, en cuyo espacio físico, bardas y paredes se resguardaba la intimidad. La composición de la familia estará definida en los siguientes términos: "el padre, que es el jefe de la casa y trabaja para proporcionar todo lo necesario a la familia; por la madre que atiende a todas las necesidades dentro del hogar, y por los hijos que tienen la misión de obedecer, respetar y ayudar a sus padres".[6] El transcurrir cotidiano de las vidas de estos católicos y sus relaciones con el tiempo, el espacio, el peso del pasado y su mundo religioso serán el objeto de este estudio.

En la Iglesia de esos años, institución tradicional en vías de cambio, subsistían la doctrina y las normas más tradicionales, con atisbos de nuevas prácticas producidas por agentes exógenos. No se puede hablar todavía ni de ecumenismo ni de ningún tipo de apertura. No obstante, la Iglesia en estas dos décadas, a pesar de considerarse la salvaguarda de la tradición, se veía amenazada por una secularización galopante, por lo que no tendrá más alternativa que ir capoteando los embates de la modernidad, sin aceptarlos del todo.

Lo que podemos ver en la documentación que la Iglesia produjo en estos años, no es el sentir religioso privado de los individuos, sino más bien cómo funcionaba la Iglesia en lo social y cómo las prácticas religiosas eran también actos sociales. Las revistas católicas mexicanas no nos dicen mucho sobre la manera privada como los católicos vivían su fe; sí expresan, en cambio, las preocupaciones de la institución por conservar las normas y sobre todo las tradiciones, que se veían como fundamento para mantener un "modo de ser católico".

Si bien para 1940 se hablaba ya de una sociedad en vías de secularización en todos los ámbitos de la vida, en el interior de las familias privaban todavía factores de índole religiosa que regían el comportamiento de la vida cotidiana. Los registros de la Iglesia muestran una religiosidad, por lo menos hacia el exterior, de buena parte de la sociedad mexicana. Este comportamiento se puede apreciar en el cumplimiento de las fiestas litúrgicas y religiosas que daban a la vida diaria todo un cariz de identidad propia que tenía que ver con el cumplimiento del rito y el mito religioso... a la mexicana.

En la producción de la revista *Juventud*, de la Juventud Católica Femenina Mexicana, participaban activamente socios de la misma.

La vida de las familias católicas practicantes urbanas estaba fuertemente ligada con la práctica sacramental y litúrgica que marcaba la tradición heredada desde tiempos coloniales. No se diferenciaba mucho de familias similares en otros países. Lo que distinguía a la sociedad católica mexicana de otras radicaba en la forma como ésta cumplía con las tradiciones, lo que incluía un comportamiento definido en las prácticas y las costumbres. Estas particularidades pueden apreciarse, muy específicamente, en el cumplimiento de las fiestas religiosas que incluían las prácticas heredadas de la tradición, aunque modificadas y adaptadas al paso del tiempo.

Ya en los años cuarenta hay señales de alarma frente al cambio de costumbres. Una militante de la ACM se quejaba de que "año tras año sentimos una corriente vertiginosa que nos arranca de nuestras viejas costumbres".[7] Estas décadas son las últimas en que estas tradiciones ancestrales tienen cumplimiento. La Iglesia afirmaba en sus escritos a los jóvenes que:

> La moral católica, a pesar de tan terribles embates, ha sobrevivido sin alterar sus principios y en ello, precisamente, estriba su grandeza. Habrán sufrido algunos cambios las costumbres, se habrán captado algunas formas nuevas, pero los principios básicos no han variado ni variarán jamás, pues son los principios de la moral natural.[8]

El gran cambio es el papel protagónico que la mujer ha obtenido en el funcionamiento social y que la sociedad tradicional no acaba de aceptar. En los artículos dirigidos a las mujeres, supuestamente escritos por hombres, se hacen reconocimientos como el siguiente: "En esta era la juventud se impone, impera en todos los campos de acción, y especialmente la mujer invade los ambientes".[9] La idea de un cambio de normas, de códigos y costumbres perturba seriamente a la institución religiosa que no se resigna a estas transformaciones. Un articulista afirma: "La vida transcurre en medio de una acti-

Dirigentes de la Unión Femenina Católica Mexicana: se reconoce a Sofía del Valle (fundadora), Eugenia Olivera (presidenta), Guadalupe Gutiérrez de Velazco, Teresa Olivera, Aurora de la Lama, Isabel Gibbon, Margarita Olivera, 1937.

Visita de las Congregaciones Marianas al convento de Tepozotlán, 1940.

Comité Central de la Acción Católica de Guadalajara,
Jalisco, 3 de octubre de 1933.

vidad cada vez más agitada que, influenciada por el modernismo, trae como consecuencia nuevas normas de vida que pueden ser causa de cambio de actividades y diversidad de ideas, pero nunca del desquiciamiento de los más nobles sentimientos y los más sagrados deberes; nunca de los principios de la moralidad".[10] Incluso la idea de la educación profesional de la mujer es una idea perturbadora para los dirigentes eclesiásticos:

> Con la libertad, las jóvenes de ahora han conquistado la ciencia. Las bachilleras abundan. Las universidades y las grandes escuelas ven pasar la ola femenina. Entre las estudiantes hay unas que quieren la ciencia por ella misma, otras para ganar su vida, otras, las mejores, para su propio perfeccionamiento, para acrecentar su valor de mujer, algunas para la pose, para hacer gala de su saber.[11]

Nos enfrentamos a un tiempo en que los cambios parecen irremediables; para la Iglesia son momentos de crisis, en que los principios morales se tambalean. La sensación de una Iglesia que teme la pérdida del control se percibe en muchas de las páginas de sus publicaciones. El esfuerzo que realizó en sus organizaciones laicales, mediante la Acción Católica, fue muy importante y consecuente con las prédicas en las parroquias, la formación en los colegios católicos y en las publicaciones emanadas por la Iglesia. Así se aprecia en párrafos como éstos:

> Tristemente, mis queridas lectoras, nuestro mundo de ayer, se ha metamorfoseado... ¡el actual es otro! Se han trocado los hábitos y costumbres católicas y decentes, en las paganas. El mundo de hoy está paganizado.[12]

> La tradición cristiana en otros tiempos tan fuerte y fecunda ha ido replegándose, para dar cabida a las diversiones modernas. El mexicanismo [que se identifica con el catolicismo] parece perderse en el ensordecedor estrépito del jazz, de los cines, de las bocinas de los automóviles. Las ideas fundamentales agonizan en el estrépito moderno.[13]

> ¡Afuera lo grotesco y ridículo! ¡Guerra a lo extranjero que atente contra el alma nacional! ¡Sepultemos lo indecoroso y maligno y exaltemos lo puro y cristiano!... En una casa en donde se pide a diario la bendición de los padres, donde se reza en familia el Santo Rosario, donde se saluda con la bellísima jaculatoria de "Ave María Purísima", donde se celebra la Navidad cristianamente no puede tener entrada ni la rebelión ni la disolución.[14]

La Iglesia, por lo menos en el discurso, no perdía la esperanza de ser la detentadora de la identidad nacional. Esta identidad incluía las tradiciones religiosas, que se vinculaban a la idea de mexicanidad así como a la del abolengo social:

> Tiempos felices de los que nos platica abuelita y la nana de mamá... ¡Alegría sana que esperaba la Navidad con santo recogimiento y devoción!... ¿Será posible que no podamos conservar esa tradición, con el fervor que hemos recibido de nuestros mayores?... Si tú como yo, y como todos los mexicanos, somos cristianos de verdad y mexicanos de abolengo, ¡celebremos las posadas y la Navidad con toda la devoción que se merece la fiesta más hermosa del año![15]

La añoranza y la nostalgia por los tiempos idos cuando el orden y la tradición producían la "felicidad", parecía estar a punto de írseles de las manos.

Uno de los conceptos que la Iglesia manejaba era el de la mexicanidad.
La religión católica era la religión de los mexicanos
y por ello utilizaban símbolos alusivos.

LO QUE DIOS UNE...

La vida familiar de los católicos practicantes se iniciaba al cumplirse con el séptimo sacramento: el matrimonio, que en la vida cotidiana de las familias urbanas era una de las instituciones mejor codificadas, más cimentadas y cuya práctica seguía reglas complejas y puntuales.

El objetivo de este sacramento era "dar la vida y educación a los hijos y preparar con ello almas para el cielo". El fin secundario era que al unirse en matrimonio el hombre y la mujer se ayudaran y se apoyaran mutuamente en el orden moral y material.[16]

En el imaginario de toda muchacha "decente" de los cuarenta y cincuenta, la concepción del matrimonio no había variado sustancialmente de siglos atrás; consistía en llegar virgen al matrimonio y empezar, ahora bajo la tutela del marido, una nueva vida.

El cuidado de la virginidad tenía que ver con la idea de que ella guardaba el honor de la familia, y ésta era una posesión invaluable para el futuro esposo. Conservar la virginidad hasta el momento del matrimonio se veía como la "etiqueta de garantía" del honor incuestionable para el futuro esposo,[17] ya que la idea de que la mujer era el motivo del pecado en el hombre, poco había evolucionado:

> Las pasiones del hombre, su ansia de posesión y de placer, pueden crear peligros mayores de los que nosotras imaginamos. Nuestras ligerezas y libertades pueden ser verdaderas provocaciones: lo que a nosotras nos parece sencillo, para ellos puede ser inquietud; la sensación que para una muchacha es sólo halago y pasatiempo, para el hombre puede ser caída.[18]

Carta (probablemente ficticia) de una madre a su hija, "¿Qué hago?"

Hija, ten siempre presente la íntima relación entre la parte física y la moral por la estrecha unión que existe entre el alma y el cuerpo. El beso, que debe ser una manifestación de afecto, se convierte en grave peligro, sobro todo si es un beso en la boca, por las influencias particulares que ejerce sobre el sistema nervioso y sobre los órganos del cuerpo. El mejor de los hombres o la mejor de las mujeres pueden ser arrastrados por estas sensaciones y actos reprobables. Por eso debes alejarte de las tentaciones, por eso te digo que las caricias son peligrosas... Vuelvo a repetirte hija, que no permitas familiaridades o caricias de los jóvenes que te rodean; no permanezcas a solas con un muchacho, sobre todo en las horas de la noche. Nunca vaciles en poner un hasta aquí a una situación que pueda significar un peligro: corta inmediatamente la compañía de otras personas: no tienes por qué titubear y mucho menos por qué pedir disculpas.

Nosotras, septiembre de 1945, p. 10.

A pesar de la estrecha vigilancia sobre el amor prematrimonial, los cambios que las sociedades urbanas más liberales presentaban se empezaban a resentir; los jóvenes ansiaban más libertad en la forma de pensar, de vestir, de actuar, pero en términos generales, para los padres católicos tradicionales en esto no se transigía. Todavía funcionaba la moral puritana de la sociedad: "matrimonios aburridos y convencionales, temor y miedo frente a las nuevas formas de relación erótica".[19] Esa forma de ver la vida era reforzada por la educación que se recibía tanto en los colegios católicos como en las parroquias, donde estos valores se reiteraban como los más importantes en la conducta de los jóvenes.

La Iglesia realizaba importantes esfuerzos en este sentido, como con la organización de campañas a favor de la pureza.[20] En ellas se priorizaban como asuntos de la mayor trascendencia los siguientes:

a) Conversaciones peligrosas: sobre todo chistes y chascarrillos.
b) Cantos peligrosos: "porque fomentan más la sensibilidad".
c) Lecturas peligrosas: "la lectura de novelas sentimentales, aunque no sean abiertamente inmorales, arruina el alma de la mujer, ya por naturaleza tan sensible".
d) Malas compañías: necesidad de alejarse de las almas enfermas de corrupción como se hace con los enfermos contagiosos.
e) Diversiones inconvenientes: el baile porque es "un peligro terrible". El cine porque "en la mayoría de los casos viene a ser la apología de la depravación y del delito". El teatro porque "se ha desvirtuado y sucede frecuentemente que en vez de corregir enseña malos ejemplos", aunque no se consideraba tan peligroso como el cine.

El discurso no era nuevo; tal vez ya sonaba un poco gastado para la sociedad más moderna y secular. Sin embargo, seguía introyectado en las mujeres y los hombres creyentes del siglo XX, que habían aprendido que el cuerpo era el enemigo del alma y el mayor obstáculo para su salvación y que hacía presente el antiquísimo discurso de la sexualidad alrededor del matrimonio, que se oponía a la libertad carnal, propuesto desde el Concilio de Trento. El cuerpo femenino "pozo sin fondo, espanta", comenta Michelle Perrot.[21]

Los jóvenes debían llegar puros al matrimonio, pero sobre todo ellas, quienes se habían preparado durante buena parte de su vida para ese momento. La chica ideal era como en los versos:

Es la mujer mexicana
Flor que recuerda sencilla
Algo a Isabel de Castilla
Mucho a la Guadalupana.[22]

La etapa previa al matrimonio era el noviazgo, un tiempo en que la ilusión se aunaba al compromiso. Los clubes sociales como el Jockey Club y los deportivos como el Club Chapultepec, el Club France, el Club de Golf México, el Country Club, el Club Suizo, el Club Italiano, entre otros, así como las parroquias y las reuniones familiares eran los sitios más propicios para conocer al futuro marido. Se pedía a los jóvenes que buscaran "buenas muchachas", aunque no en bailes o excursiones.

Estos ambientes eran bastante cerrados y, por lo general, se esperaba que muchachos y muchachas eligieran pareja dentro del mismo grupo social al que pertenecían, sin embargo, existía la posibilidad de elegir entre varios candidatos o candidatas. En estas décadas los matrimonios "arreglados" ya no eran tan comunes.

Los padres cuidaban muy de cerca las relaciones de los jóvenes, que eran vigiladas hasta el mismísimo día de la boda. El chaperón era el acompañante forzado e indispensable para que la pareja se desplazara fuera del hogar paterno. Este chaperón —por lo general un hermano o hermana de la novia— tenía que acompañar, voluntaria u obligadamente, a la pareja de novios en sus momentos de diversión o aun en los de obligación, como la asistencia a misa los domingos. Tal vez el cambio más perceptible, en relación con décadas anteriores, fue que la madre ya no cumplía con esta función. El

Con el matrimonio religioso los contrayentes católicos iniciaban su propia familia. Era sin duda el acontecimiento más importante para los jóvenes mexicanos.

chaperón cuidaba, ante todo, del comportamiento sexual de los novios. Los acercamientos entre ellos estaban perfectamente regulados. Frente a otros, tal vez lo único permitido era tomarse de la mano ("andar de manita sudada"), aunque raramente se permitía este contacto en presencia de los padres. Todo lo demás quedaba prohibido; "las ideas de amor y erotismo", como comenta un investigador, "quizá como ahora eran terriblemente irracionales".[23]

Las caricias estaban claramente reguladas. Las horas permitidas fuera del hogar estaban perfectamente estipuladas para la joven, quien había de cumplirlas puntualmente sin pretexto alguno, so pena de castigo o reprimenda grave.

Por lo general el noviazgo era "ni más ni menos que la preparación para el matrimonio".[24] Su duración era irregular, aunque normalmente iba de dos a cinco o seis años, en espera de que el futuro esposo terminara sus estudios y estuviera en capacidad de poder mantener a la nueva familia. El noviazgo era un tiempo de compromiso que dejaba fuera toda posibilidad de "aventuras y frivolidades"; también implicaba fidelidad absoluta. Era impensable que el novio o la novia pudieran ver a una amiga o amigo del sexo opuesto, de manera privada. Este tipo de amistad no era bien vista y era motivo de especulación y hasta de ruptura entre los novios.

El novio era quien "debía conquistar" a la chica, lo que tenía que ver con la idea incuestionable de la superioridad masculina: "a los muchachos por su misma naturaleza les gusta ser ellos los que conquisten y no los conquistados".[25] Y también era él quien visitaba a la novia en su casa, una o dos veces por semana, con el permiso paterno, y por lo general el fin de semana cuando acudían a reuniones, cafeterías, al cine o alguna otra actividad de tipo recreativo.

Las cafeterías a las que iban eran pocas. "Cuando la ciudad de México tenía tres millones de habitantes, el romanticismo florecía en los 'Kikos', cafés que proliferaban en la capital y donde se reunían muchachas y muchachos para oír las canciones melosas de Los Panchos".[26] También era habitual ir a tomar helados en Chiandoni o en el Sanborns de Madero. El cine, rigurosamente censurado por la Iglesia, no era una actividad frecuente. La posibilidad de asistir a este tipo de espectáculos tenía que ver con que en los pocos cines de cuatro pesos —los mejorcitos como el Ópera, el Astoria, el Chapultepec, el Real Cinema, el Alameda o el Ermita— se proyectara alguna película que no sobrepasara la clasificación A o B1.[27] Los medios de comunicación que empezaban a proliferar eran un medio temido por la Iglesia:

> Cine... radio... prensa... Tres medios magníficos para educar a un pueblo, para llevarle ideas nobles, diversión sana, elevación espiritual... Pero no es ésa la realidad que vivimos; en la mayoría inmensa de los casos el cine, el radio, la prensa están dominados por la inmoralidad y ésta es el VEHÍCULO NATURAL DE LAS TEORÍAS MÁS SUBVERSIVAS Y ANTISOCIALES.[28]

Un lugar al que los padres permitían que los jóvenes acudieran al cine sin preocupación era el Deportivo Vanguardias, un espacio bajo la vigilancia de los jesuitas, donde se proyectaban cada domingo dos películas aptas para jóvenes, y cuyas escenas peligrosas eran censuradas por el padre Pérez del Valle, quien personalmente velaba por el buen comportamiento de los asistentes.

Las reuniones familiares se organizaban sobre todo para celebrar días de santo y cumpleaños. La más importante era el festejo de los 15 años de las jóvenes, cuando eran presentadas en sociedad y podían empezar a relacionarse con el sexo opuesto.

Al ser el noviazgo una preparación y un compromiso, la Iglesia se preocupaba por que los novios tuvieran una formación religiosa. Para ello se daban tandas de ejercicios espirituales y círculos de parejas, para orientarlos hacia la formación cristiana integral de su hogar.

La Iglesia organizaba, asimismo, una preparación prematrimonial mediante cursillos, charlas o conferencias para "la consecución de un noviazgo más santo y feliz que sea digno preámbulo de un santo matrimonio". También existía una acción posmatrimonial, antecedente del Movimiento Familiar Cristiano,[29] con cursillos, charlas o conferencias para instruir a los jóvenes esposos en sus deberes conyugales y brindarles soluciones a los problemas familiares.

En cuanto a la preparación material para la boda, las prácticas no variaban mucho en relación con las de otros sectores económicamente similares. La mujer iniciaba la preparación de su ajuar que era el "tesoro" que la novia elaboraba para el gran momento de su vida; ya Duby hablaba de esta tarea en Francia: "su confección constituye una etapa importante de la educación de las niñas: aprendizaje de los trabajos de aguja, pero más aún, aprendizaje del trabajo paciente y de la inmovilidad, larga meditación sobre el cuerpo, sus partes, sus funciones. Desde la pubertad hasta la boda, la niña 'marca' su ropa blanca [la ropa interior de las mujeres decentes siempre será blanca][30] con sus iniciales bordadas y rodeadas de motivos cada vez más elaborados".[31]

Con la posibilidad de viajar, la confección del ajuar se fue modificando para adquirirlo ya elaborado. Sin embargo, la idea de contar con ajuar de bodas no se modificó. "Lo único que de verdad cambia es la relación de la mujer con su aspecto interior. Es la imaginación que ella misma confiere a su atuendo y es la gracia con que se viste y se desviste y se prepara para delicados y sutiles juegos íntimos, donde la chispa, si se prende, vendrá vestida de encajes, de sabias aperturas y de válidas fantasías mentales".[32]

En general, la boda era el gran acontecimiento social de la familia. Aceptado el compromiso por ambos padres, el rito previo al matrimonio consistía en pedir la mano de la joven, ceremonia muy formal, en la que los padres de los contrayentes se conocían e iniciaban los trámites de la ceremonia. A esta reunión normalmente asistían los padres y hermanos de los contrayentes. El padre del novio elaboraba un pequeño

"Carmina contesta"

[Como toda ceremonia importante se celebraba con una misa de acción de gracias o tedeum. Por la noche había una fiesta que podía ser desde un baile en la casa o en un salón, o una reunión de amigas más informal. De cualquier forma la joven se ataviaba con un vestido especial]: "en la noche, le hicieron la fiesta social [a la quinceañera] a la que asistimos catorce amigas como damas de honor, con unos vestidos de tul azul muy ampones y adornados con coronas de rositas color de rosa. Ella iba con un vestido igual, nada más que rosa adornado con florecitas azules". [Esta fiesta era importante, ya que se consideraba que al cumplir los quince años, la joven debutaba en sociedad, es decir podía participar en las reuniones de familia y asistir con ésta a los compromisos sociales que se presentaban].

Aspirante, 1 de junio de 1941, p. 35.

"Campaña de moralización"

[La idea tradicional de la novia pura, abnegada, femenina era un estereotipo que las revistas católicas fomentaban ante el temor de la modernidad y el cambio. En una sección de preguntas y respuestas de una de estas publicaciones encontramos lo siguiente]: "M.P.S. de México, nos describe a su novia. Y nosotros le contestamos: Cuando tú me dices que es muy buena y sólo tiene esos 'ligeros inconvenientes', te veo perdido. Menos mal que consultas y ojalá sigas el consejo. Esa mujer no te conviene: es un marimacho. Sale a excursionar vestida de hombre, sabe bailar perfectamente y nadar y manejar motocicleta. Es afecta a la lectura de la nota roja diaria y a novelas de dudosa moralidad. No, no te conviene. Ella necesita a un "maricón" que sepa cocinar, remendar medias, hacer la comida, tender las camas, cuidar a los niños y que se deje mandar, gobernar y regañar. Tú no eres de ésos afortunadamente. Es tiempo ya de que los solteros nos fijemos en las buenas muchachas que a Dios gracias, abundan aún, y ni por juego celebremos a esos monstruos que a veces usan falda, que siempre se pintan como caricatos, que coquetean sin pudor, que tienen el cerebro lleno de aventuras inverosímiles, que no piensan sino en ser las heroínas de una de esas estúpidas películas en donde el flirt y la inmoralidad campean".

Boletín entre Nosotras, septiembre de 1951, núm. 10, p. 3

Anuncio de FAB

Ropa limpia, blanca y fragante, sólo con FAB super remojante. FAB deja su ropa limpia, limpia, limpia, blanca, blanca, blanca.

Nosotras, marzo de 1960, p. 15.

discurso en el que pedía a los padres de la novia, su mano para el hijo. Por su parte, el padre de la novia contestaba otorgándola. El novio hacía formalmente su compromiso con la novia mediante la entrega de un anillo con un diamante. El tamaño de éste dependía de la fortuna del joven.

El matrimonio civil era para los católicos un requisito necesario pero de segundo orden frente al religioso. Después de que el juez de lo civil leía la epístola de Melchor Ocampo, los contrayentes, sus padres y los testigos firmaban el acta.

La fiesta de la boda era responsabilidad del padre de la novia y la familia de ésta tenía que hacer todos los preparativos y gastos del caso, a excepción del vestido de la novia que debía sufragar el futuro esposo. Esta celebración era aprovechada por el padre de la novia para cumplir con todos sus compromisos sociales y aun políticos. En general se invitaba a todos aquellos allegados con los que el padre tenía alguna amistad o compromiso de trabajo. En las listas de invitados los novios tenían poca injerencia. Las invitaciones —impresas o grabadas— se mandaban con bastante anticipación, hasta un mes antes, con objeto de que los invitados tuvieran tiempo de enviar el regalo a casa de la novia y preparar su indumentaria.

La boda civil no tenía la importancia de la religiosa, era un trámite exigido con el que había que cumplir. Por lo general se llevaba a cabo antes de la ceremonia religiosa y casi siempre era en casa de la novia. En la Ciudad de México, en las bodas de postín, el licenciado José María Lozano era el más solicitado para leer la epístola de Melchor Ocampo.

Para la ceremonia religiosa, la novia invitaba a sus damas de honor, que elegía entre sus hermanas, cuñadas y amigas íntimas. En las bodas "elegantes" había damas de anillos, arras y lazo. Las flores y la música eran elementos muy importantes, profusos, cuidados y elaborados. Las iglesias más frecuentadas para estas ceremonias en la Ciudad de México eran La Profesa, La Sagrada Familia, del Santo Niño de la Paz (Praga), Santa Teresita, La Coronación, Nuestra Señora de Guadalupe de la Paz (Enrico Martínez), Nuestra Señora de Guadalupe (del Buen Tono) y La Enseñanza, entre otras.

Después de la ceremonia religiosa seguía la fiesta o banquete de bodas en casa de alguno de los contrayentes o, raramente, en algún restaurante de prestigio.

QUE LA MUJER, SUMISA A SU MARIDO, LO RODEE DE UNA TERNURA SINCERA...

La preocupación por perpetuar la familia católica es una constante en todos los discursos. Esto se hace evidente en el número de hijos de las familias católicas que recibían los hijos que Dios les mandara. La Iglesia presenta a la familia como la célula de la sociedad y de la patria:

> La Patria nuestra está formada por la unión de todos los hogares mexicanos, como un gran lago lo está por distintas corrientes. Sin esas corrientes no habría lago; pero si esas corrientes vienen turbias o envenenadas, el lago así lo estará. Por tanto, proteger el hogar, embellecerlo, amarlo, es trabajar por el bien de la Patria, lo mismo que por el bien propio.[33]

La idea de los católicos es que la tradición está permeada de religiosidad que hay que cuidar para transmitirla a los hijos "hasta lograr que ellos sean, como deben serlo, la continuidad de nosotros y por lo tanto la continuación del acatamiento a la moral cristiana que nos legaran nuestras madres; de la tradición familiar con todas sus virtudes que recibimos de nuestros antepasados y así formar esa unidad nacional que no la hace sino el concepto mismo del hogar, ampliado generosamente para formar Patria".[34]

En esta idea de familia el hombre continúa justificando la existencia femenina; la esposa asumía la postura de mujer abnegada, dulce, suave, trabajadora, fiel y amorosa como lo pedía la tradición. No obstante la propia negación femenina, éste era el único camino posible. Así "se evitaba la angustia y la tensión de la existencia auténticamente asumida". El hombre "soberano" la protegerá económicamente y a cambio de esto ella aceptará su papel de mujer vasalla y justificará su existencia representando el papel de buena esposa.[35]

La esposa en los cuarenta es, "la mujer compañera del hombre en el orden material y espiritual, [que] sabe que al formar la sociedad conyugal, a pesar de la igualdad de deberes y derechos, que ésta trae aparejada, debe aceptar a causa del orden y de la sociedad, una cierta desigualdad que se traduce en la obediencia al marido, apoyando su fuerza sólo en el corazón, con la dulce influencia del amor".[36]

En la práctica, la mujer no tenía escapatoria dentro del matrimonio. Raramente tenía una preparación profesional y sus bienes eran administrados por el jefe de la familia. A pesar de que existieran causantes de separación o divorcio, la Iglesia insistía en la necesidad de que la mujer se mantuviera fiel al vínculo conyugal, idea que se reflejaba en volantes con textos como éstos:

> ¡Oh buenas mujeres mexicanas!, a ustedes nos dirigimos para darles buenos consejos y recomendarles y pedirles en nombre de Dios y de la Santísima Virgen de Guadalupe, que la que haya abandonado el hogar vuelva a él y si tiene hijos con más razón, inmediatamente regrese a la casa de su marido y al instante debe volver si él así lo desea y ella debe conformarse con lo que gane su marido y ponga en sus manos para los gastos pobremente de la casa y viviendo en armonía, en lo sucesivo serán felices y dichosos hasta que la muerte los separe... Usted señora a quien le mandamos este ejemplo, si está separada de su marido vuelva inmediatamente a su hogar y le repetimos que eso se lo pedimos en nombre de DIOS y de la SANTÍSIMA VIRGEN DE GUADALUPE, SERES INFINITOS a quien usted no despreciará.
>
> La Sociedad Consejera del Prójimo.[37]

En estos textos se utilizan las noticias de moda para también evangelizar. Elizabeth Taylor enviuda y se casa con un hombre casado. La nota es la siguiente:

> Pero aún estaba removida la tierra de la sepultura, cuando la apresurada viuda, convertida en cuña del hospitalario hogar, se consolaba separando al matrimonio de su mujer y volando en él a cuartas nupcias.[38]

Propaganda para evitar divorcios de esposos y separaciones de amantes

Respetable señora:
Nuestras agentes propagandistas que toman informes con caseras y otras personas para saber nombres y domicilios, entre otros nombres nos trajeron el de usted y el de su honorable marido y tanto a él como a usted, hoy les mandamos y seguiremos mandando dibujos con ejemplos muy morales suplicándoles por su buena educación, los lean y si se les graban en la memoria y los practican vivirán felices y dichosos en este mundo. Señora, nosotras somos unas personas que pertenecemos a una Sociedad Secreta Propagandista del Bien. Y para que sea usted feliz y dichosa con su marido tenga o no tenga hijos le recomendamos cumpla con los sagrados deberes que le impone el hogar. Si tienen hijos, no los maltrate y nunca los abandone y para eso jamás se separe de su marido y aunque él la corra en un momento de coraje sea prudente y verá como su marido al poco rato reflexionará y se arrepentirá de su dura reprensión y todo queda en paz... Si se ha enfriado el cariño ente su esposo y usted, ya volverá ese amor y cariño y ni él ni usted deben pensar en divorciarse y por el contrario si su marido quiere el divorcio usted haga por evitarlo a todo trance y si tiene usted mal genio, cambie usted de carácter para que su esposo no ponga ese pretexto y si él por otros motivos que no sea el delito de adulterio quiere divorciarse o ya está tramitando el divorcio, usted no lo acepte por ningún motivo, convénzalo de que eso sería una vergüenza para ustedes cuando sus padres si los tienen y demás familiares y sus amistades sepan esa determinación, porque los señalarían con el dedo índice, por haber faltado a su fidelidad y a sus promesas de amarse y nunca separarse hasta la tumba...

Sociedad Propagandista del Bien, AACM.

Bienaventuranzas

[Las ocho bienaventuranzas de una casa, que de alguna manera reflejan la práctica religiosa de esos años eran las siguientes]:

1. Bienaventurada la casa en que se reza, porque en ella habitará Dios.
2. Bienaventurada la casa en que se guardan las fiestas, porque sus moradores asistirán a las fiestas del cielo.
3. Bienaventurada la casa de la que no se sale para frecuentar diversiones mundanas, porque en ella reinará la alegría cristiana.
4. Bienaventurada la casa cuyos hijos reciban pronto la gracia del bautismo, porque en ella se criarán bienaventurados para el cielo.
5. Bienaventurada la casa donde se practica la caridad para con los pobres, porque Dios bendecirá el trabajo de sus moradores.
6. Bienaventurada la casa donde los que mueren reciben los santos sacramentos, porque su muerte será tranquila y llena de esperanzas.
7. Bienaventurada la casa donde se ama la doctrina cristiana, porque en ella no faltarán los consuelos de la religión.
8. Bienaventurada la casa en la que padre e hijo se dan mutuos ejemplos de virtud, porque será nido de alegría y hogar de felicidad.

Acción Femenina, t. VI, núm. 150, julio de 1945, p. 9.

El guadalupanismo se mantiene como una devoción muy difundida con seguidores en todos los estratos sociales. La Iglesia invitaba a las mujeres a seguir el modelo de la Virgen de Guadalupe e insistía en que las madres mexicanas se encomendaran a ella. "¿Qué sería de México si la Virgen de Guadalupe no estuviera en el Tepeyac? ¿Qué sería de los hogares mexicanos? Pues hagamos en nuestros hogares lo que Ella hace en el Tepeyac, velar constantemente con sus ojos, bendecir con sus manos, amar con su tierno corazón".[39]

NIÑITO JESÚS, SAL DEL COPÓN Y PEGA UN BRINQUITO A MI CORAZÓN

El nacimiento de los hijos significaba una bendición de Dios, y la Iglesia recomendaba bautizarlos a la brevedad posible. El sacramento del bautismo convertía a los niños en hijos de Dios y miembros de la Iglesia; se aseguraba que los niños ya no fueran al limbo, lugar donde se iban las almas de los no bautizados quedando así sin la posibilidad de estar con Dios. El bautizado debía tener padrinos, hombre y mujer, cuya obligación radicaba en otorgar educación cristiana al ahijado en caso de que los padres, por muerte o por desobligados, no la dieran.

> Es tanta la necesidad del santo Bautismo, que quien muere sin recibirlo o a lo menos sin desearlo, no puede entrar en el Cielo; porque los niños están en gran peligro de morir, y por sí no son capaces de desear el Bautismo, por eso es necesario bautizarlos luego; y aunque no conozcan lo que reciben, suple y admite la santa Iglesia lo que por medio del Padrino o de la Madrina se responde y promete por ellos, y esto basta.[40]

El bautismo era, en general, una ceremonia muy familiar, en alguna iglesia, en el sanatorio donde se daba a luz o incluso en la casa del recién nacido. El padrino tenía la obligación de dar el bolo, que consistía generalmente en monedas de baja denominación que se tiraban a los niños presentes.

De los eventos más importantes en la vida de las familias católicas estaba sin duda la primera comunión. "Entre todas las comuniones que recibe el hombre durante su vida mortal, ninguna hay de mayor trascendencia que la primera: pues de ella suele depender el fruto de todas las demás".[41]

La primera comunión en la clase media era todo un acontecimiento. En general se hacía en familia y para la recepción de este sacramento se reunía a los hermanos que

Grupo preparado por las socias de la Juventud Católica Femenina Mexicana para su primera comunión, celebrada el 12 de abril de 1937 en Teocaltiche, Jalisco.

estuvieran cercanos a la edad de recibirla, entre los seis y los ocho años aproximadamente.

La segunda alternativa era que esta ceremonia se realizara con el grupo formado por varios alumnos de una escuela católica. En el peor de los casos, que tal vez no era el caso de los niños de esta clase social, el sacramento se podía recibir con el "grupo de primera comunión" de los niños de una parroquia.

La preparación para recibir este sacramento consistía en el conocimiento del catecismo del padre Ripalda, y la posibilidad de repetir de memoria los mandamientos de la ley de Dios, los mandamientos de la Iglesia, los sacramentos y las oraciones fundamentales de la doctrina, como la señal de la Santa Cruz, el padrenuestro, el avemaría, la salve, el yo pecador, el credo y el Señor mío Jesucristo. La preparación se realizaba durante cuatro o cinco meses, y el grupo de primera comunión recibía atención especial por parte de los catequistas en el hogar, el colegio o la parroquia.

Ya en vísperas del evento, se iniciaban los arreglos de la ceremonia. Niños y niñas se ataviaban con vestiduras blancas, de gala —que simbolizaban su pureza—, y con una serie de accesorios que integraban el atuendo. Las niñas llevaban vestido blanco largo, normalmente de organdí o encaje, con falda de vuelos y muchas alforzas. La confección del vestido estaba a cargo de las madres de familia o las abuelas, pero también se podía mandar a elaborar con alguna afamada costurera o comprar en tiendas especializadas como El Puerto de Liverpool. Los accesorios del vestido consistían en guantes blancos, un "limosnero" (pequeña bolsa de la misma tela que se sujetaba con el cinturón), un tocado de flores, un velo de tul, un libro especial de primera comunión, también de forros blancos (los había muy elegantes de concha y otros materiales lujosos con cantos de oro), un rosario y una vela.

El traje del niño podía ser una especie de jaqué con saco oscuro y pantalones listados o un traje blanco, con camisa y corbata también blancas. En el brazo izquierdo llevaba un lazo de listón con flecos y dibujos alusivos al día. También llevaba su misal, guantes, rosario y vela. De estos elementos sólo la vela se utilizaba durante la ceremonia. El libro y el rosario eran sólo elementos decorativos.

El día anterior a la primera comunión el niño o la niña se confesaban por vez primera. Los confesionarios eran espacios de arrepentimiento y descarga de culpas. Los hombres se confesaban de frente al sacerdote. La mujer (al fin, causa del pecado) lo hacía de lado, tras rejas y velos que no permitían el contacto personal. La confesión era la oportunidad de descargarse de las faltas sin temor a que éstas fueran divulgadas.

Las confesiones de los niños se realizaban con ayuda de la madre o la catequista, y se probaba que el niño hubiera aprendido las oraciones, como el yo pecador y el Señor mío Jesucristo, y las fórmulas de la confesión que eran: el examen de conciencia, el dolor de corazón o arrepentimiento, el propósito de enmienda, el decir los pecados al confesor y el cumplir con la penitencia.

El día de la primera comunión, que comúnmente se celebraba en sábado puesto que ese día no asistían a la escuela, los niños guardaban vigilia (no comían nada) desde la noche anterior. El ayuno prohibía comer o beber la más mínima cantidad después de medianoche. Si por error se comía algo, se rompía el ayuno y por tanto era imposible recibir la comunión. La prescripción especificaba que tragar sangre que saliera de las encías, no rompía el ayuno.[42] La ceremonia se realizaba en alguna iglesia de postín o en algún convento; los más afamados eran los de las madres reparadoras y el de las madres capuchinas en Tecoyotitla, el de las madres de la Cruz o el de la calle de Francisco Sosa, en Coyoacán. Los niños acudían con sus padres, padrinos, familiares y amigos.

Anuncio publicado en *Juventud*, 1940.

Niños de primera comunión ataviados con los elementos distintivos de la ocasión: libro, rosario, medalla. En el caso de la niña, el vestido blanco se complementaba con el velo y el limosnero. El niño llevaba un moño decorado en el brazo izquierdo.

Después de la ceremonia religiosa se servía un desayuno. Si la ceremonia había sido en un convento, las monjas lo preparaban. También podía ser en las casas de los niños o en algún restaurante (lo cual no era tan frecuente). En general el menú era muy similar en todos los casos: jugo de naranja, coctel de frutas, tamales de pollo (verdes), de mole (rojos) y de dulce, frijoles y chocolate. También se ponían charolas con pan.

Parte fundamental del evento era la foto que se tomaba a los niños. En ella debía quedar reflejada su pureza y su imagen "angelical". La postura de éstos era muy similar; de pie, mostrando su atavío con todos sus accesorios a la vista: libro, rosario, vela y en algunos casos hasta un crucifijo. Era común que los niños recibieran, como regalo de sus padrinos, una medalla de oro, alusiva al día, con el santo patrón del comulgante. También recibían otros regalos que incluían álbumes de primera comunión, libros de vidas de santos, pequeñas biblias para niños u otro tipo de objetos religiosos.

Después de la primera comunión, los comulgantes habían de hacerlo con frecuencia, normalmente durante la misa dominical. En estos años empieza a difundirse la práctica de la comunión diaria, incluso en las escuelas católicas.

Una práctica muy común era "hacer los primeros viernes de mes", establecida como una devoción al Sagrado Corazón de Jesús por Santa Margarita María Alacoque, a finales del siglo XVII. Según esta práctica, ningún cristiano que hubiese realizado la comunión durante nueve meses los primeros viernes de cada mes, moriría en pecado mortal, ya que Dios le concedería la gracia del arrepentimiento. Para ello había que confesar y comulgar con el objeto de ganar indulgencias y lograr así la remisión de las culpas. La idea que se tenía era como la de un libro de contabilidad: debe y haber. Las indulgencias[43] se acomodaban del lado del haber con objeto de disminuir la pena de las culpas, situadas en el lado del debe. Esta práctica era promovida tanto por los colegios católicos como por las parroquias. El primer jueves de mes era muy usual que los niños se confesaran, clase por clase, de manera que pudieran comulgar al día siguiente. Las parroquias también se abarrotaban de fieles que se confesaban el jueves para comulgar el primer viernes del mes.

La confirmación o crisma era un sacramento, de trámite, en el cual los niños eran presentados ante el obispo para que éste, mediante la unción del crisma en la frente, confortara y fortaleciera el alma "para combatir contra el demonio y confesar con valor la santa Fe, sin miedo a los tormentos, ni a la propia muerte".[44] Durante estas décadas, no era necesaria una preparación para recibirla, sólo había que esperar la visita del prelado a la parroquia y contar con un padrino, con las mismas características del de bautizo.

Otro sacramento que se aplicaba en el lecho del enfermo agonizante era la extremaunción, actualmente unción de los enfermos, que consistía en untar con el óleo santo al enfermo, rezando sobre él algunas oraciones; se llamaba así por ser la última de las unciones que se daba en los sacramentos de la Iglesia y porque se imponía al final de la vida. Este sacramento se daba cuando los médicos juzgaban que la enfermedad era peligrosa y los remedios humanos no parecían ser suficientes. Por ello, el recibir y proporcionar este sacramento era un acontecimiento sumamente triste, cuando se esperaba ya la muerte del ser querido.

"ENTREN SANTOS PEREGRINOS..."

Las fiestas de Navidad, en las que se celebraba el nacimiento de Jesús, eran un gran acontecimiento en la vida de los católicos. Se iniciaban a mediados del mes de diciembre al poner los nacimientos en casas e iglesias. Para estas fechas ya también era popular el árbol de Navidad, aunque era considerado como una tradición importada de Estados Unidos.

Poner el nacimiento era todo un acontecimiento familiar. Entre las familias se hacía una competencia implícita por poner el nacimiento más grande y bonito en el que participaba toda la familia. La Iglesia incitaba a esta práctica en sus homilías y publicaciones: "No sólo debemos celebrar las posadas, sino poner 'nacimientos', costumbre ésta, auténticamente mexicana y bellísimamente cristiana".[45] "Que en tu casa se ponga el Nacimiento y el árbol: el Nacimiento se impone... no importa que tu Nacimiento sea pequeño, debes reservarle el sitio más hermoso de la casa; el sitio por donde todos pasan, en donde todos lo vean, en donde todos sientan su presencia, aunque tus hermanitos hagan peligrar la estabilidad de la estrella o la colocación de los borreguitos...";[46] "es una tradición católica y mexicana, es una ofrenda ingenua y tierna al Niño Dios. El árbol, costumbre sajona, católica o quizás protestante es muy bonita".[47]

Las posadas se celebraban nueve días antes de la Navidad. Lo fundamental de estas celebraciones era el rezo del rosario y la procesión cantando la letanía en latín, precedida por los santos peregrinos —las figuras de José y María montada en el burro— que llevaba algún elegido de la familia. Después de esto se pedía posada. La concurrencia se dividía en dos grupos; uno se acomodaba dentro de la casa y representaba a los habitantes de Belén que no aceptaban a los peregrinos, y el otro se quedaba fuera y era el que pedía posada. Todos los concurrentes llevaban velitas de colores prendidas y cantaban las correspondientes estrofas del canto.

Al terminar la petición de posada se rompía la piñata llena de frutas. También se podían ofrecer tamales y chocolate. Al final se regalaba a los niños la colación, pequeñas canastitas con dulces confitados. Lo tradicional era asistir a las nueve posadas, de manera que su celebración se planeaba adecuadamente entre familiares, vecinos y amigos. En estos años, se empezaba a poner de moda que después de pedir y dar posada hubiera baile. La Iglesia condenaba esta modificación mediante campañas de recatolización y combatía lo que llamaba "mojigangas protestantes".[48] En las alocuciones a los católicos se explicaba: "los mexicanos debemos conservar nuestras costumbres. Celebremos las posadas con sana alegría y sin profanarlas con el pecado y el baile. Debemos celebrarlas como una preparación de nuestras almas para recibir en nuestros pechos al Dios hecho hombre".[49] Para dar a conocer estas consignas se ponían carteles en lugares visibles de los templos.

El día de Navidad por la mañana se cocinaba la cena en las casas. También se preparaban los obsequios, parte importante de la celebración. Sobre todo se pensaba en los regalos para los niños que les dejaba el Niño Dios. Santa Claus también fue ganando terreno en estos años, en particular al exhibirse uno, de tamaño natural, en la recién creada tienda Sears Roebuck, situada en la gran avenida Insurgentes, quien sentado en una mecedora reía y reía.

> Todo nos habla de ella: los escaparates de las tiendas, los anuncios de la prensa, los letreros multicolores de los almacenes —y en ese especial fulgor en los ojos de los niños... que espera la llegada del Dios Niño o la del generoso y benévolo Santa Claus—... Fiesta que nos inclina suavemente, a cada uno, a buscar el mejor modo de agradar y sorprender a aquéllos a quienes amamos... El regalo más estimado... será siempre el que haya sido elegido con mayor esmero, con más cariño.[50]

Lo indicado la noche del día 24 era asistir a la misa de Gallo, a la medianoche. En ella se reunían las familias y se cantaban villancicos. Al final de la ceremonia se arrullaba al niño y se le acomodaba en el nacimiento de la iglesia y luego en el de las casas.

El menú de Navidad era variado. Una revista de la época proponía:

> Consomé muy caliente y muy sazonado, o caldo de camarones con chile piquín, ensalada rusa (muy de Navidad), que no es más que apio, betabel, perón y arenque ahumado picados muy menudo y sazonados con aceite, vinagre y sal, todo al tanteo, todo muy bien revuelto. De plato fuerte, el pavo al horno relleno de picadillo o de jalea de naranja o de mermelada de zarzamora, acompañándolo con papas doraditas, si se rellena de dulce o de puré de perón, si se elige el picadillo. De postre buñuelos, pastel de fruta inglés, budín de ciruelas, colación, galletas de jengibre y melaza, frutas secas, mentas y un buen ponche de frutas hirviendo.[51]

El día 25 se visitaban o recibían amigos y familiares y se les servía ponche, galletas y colación, y algunas familias hacían caridad. La Acción Católica aprovechaba también esta fiesta para invitar a los fieles a ayudar a sus semejantes. Se comisionaba a grupos de señoras y señoritas para que en los barrios más pobres de la ciudad tomaran nota de algunas familias indigentes, del número de personas componentes de la familia, de la edad de los niños y de las necesidades más apremiantes, así como de sus respectivos domicilios. Ya con estas listas se invitaba a algunas "familias acomodadas de la ciudad" para que cada una socorriera a una familia indigente; "el principal fin de este sistema, consiste en establecer un contacto entre quien nada tiene y quien disfruta de comodidad y que tal vez ignora lo espantoso de la miseria y luego, que la caridad se ejercite sin

Las damas de la Unión Femenina Católica Mexicana en una ceremonia de reconocimiento a su labor en la organización. El uso de peinetas y mantillas era frecuente en las ceremonias religiosas importantes.

intermediarios, lo cual mucho eleva a quien la realiza y no humilla a quien la recibe". Así, nos cuentan:

> Otro matrimonio ocurrió la tarde del 24 a llevar los obsequios a la familia que se les designó. La señora de gran corazón y delicadeza, entre los muchos obsequios que llevaba consigo, preparó una cesta con comestibles y apetito para una Cena de Navidad, porque, nos dijo ella: "¿qué los pobrecitos no deberán tener cena y fiesta de Navidad?". Después de entregar los regalos, llevaron en un coche a los niños a las tiendas a que escogieran juguetes, porque esos buenos padres de familia supieron entender que los niños no pueden ser felices, si no disfrutan de un juguete.[52]

TODO SILENCIO, TODO NEGRO, TODO SUSPIRO...

La Cuaresma es el tiempo litúrgico en que la Iglesia recuerda el retiro de Jesucristo al desierto, durante 40 días para orar y hacer penitencia, antes de iniciar su vida pública que culmina con la crucifixión. La Acción Católica ponía en práctica campañas cuaresmales para que los fieles hicieran sacrificios: "Prívate de cigarrillos, golosinas, diversiones, algún platillo especial, etc., durante todo el tiempo de la Cuaresma". Los dulces se guardaban en la alacena "porque nadie en la casa tomaba dulce en la Cuaresma, a excepción de los domingos". A los hombres se les invitaba a hacer ayuno corporal: "abstinencia varonil, cristiana, de cuanto pueda significar en nuestra vida mundanidad, sensualidad o entrega al demonio".[53]

Era costumbre y casi un deber asistir a las tandas de ejercicios cuaresmales, los cuales eran propios para cada uno de los grupos de personas: señoritas, señoras, caballeros, sirvientes, niños, etc. Como parte de la campaña pascual se repartían cartas a los jefes de familia distribuidas de casa en casa "sin dejar una sola" en las que se avisaba de los ejercicios cuaresmales y los días de cumplimiento del precepto pascual. En este tiempo en las escuelas católicas se ofrecían ejercicios cuaresmales a los alumnos.

Durante la Cuaresma el católico había de cumplir dos de los cinco mandamientos de la Iglesia: el que manda confesar cuando menos una vez al año y el que manda recibir el cuerpo de Jesucristo en tiempo pascual. También se ayunaba y se guardaba la abstinencia de carnes o vigilia. Los días de ayuno eran todos los miércoles de la Cuaresma; días de ayuno y abstinencia, el Miércoles de Ceniza, el Jueves Santo, todos los viernes de Cuaresma y el Viernes Santo. Faltar a estas reglas se consideraba pecado y había que confesarlo. Si bien ésas eran las prescripciones codificadas, existían en la práctica otras más. En muchos hogares se restringía durante estos 40 días la asistencia al cine o ver la televisión; en general se proponía a los fieles abstenerse de cualquier tipo de diversión. Por supuesto que las familias más ortodoxas no pensaban en estos días como de descanso, sino como obligación religiosa.

Ya para los días cercanos a la Semana Santa se empezaba a preparar el altar de Dolores.

> La señora de la casa sacaba sus mejores manteles, cortinas, galones, vasos, floreros y todo lo necesario para poner el altar. La "nanita" sembraba el trigo en platos y en latas vacías de sardinas, y los escondía en una cómoda tanto para que no les diera el sol y se amarillaran, como para que los muchachos traviesos no se los maltrataran. Unos días antes se bajaba el cuadro famoso de la Virgen de los Dolores, para colocarlo en el centro del altar; se ponían los platos de trigo amarillo y sujeto con cintas de papel picado azul o color de rosa; los cantaritos de barro poroso revestido de chía o de alegría, las torteras con lentejas o maíz; las tacitas con piñones o garbanzos y los grandes frascos con aguas azules, coloradas y verdes. Todo esto se colocaba sobre blanquísimos lienzos entre muchas naranjas cubiertas de banderitas de plata y oro volador y la profusión de flores y de luces, daba al conjunto un aspecto alegre y simpático. El Viernes de Dolores, desde temprano las visitas llegaban a ver el altar y se les obsequiaba agua de horchata, tamarindo, chía, limón y piña, y nada más, porque era día de ayuno y de vigilia.[54]

El altar se complementaba con velas y un tapete que se colocaba al pie del altar elaborado con salvado, polvo de café y pétalos de flores.

Las festividades preparatorias a la Semana Santa comenzaban el Domingo de Ramos con el evangelio más largo del año en el que se leía el evangelio de la Pasión según San Mateo. Ese día fuera de las iglesias se vendían las palmas —que conmemoraban la entrada de Jesús a Jerusalén— bendecidas en las misas del día. Las palmas ya benditas se colocaban en las puertas de las casas hasta el año siguiente, cuando eran cambiadas por las nuevas. En algunas iglesias había procesiones con una figura de Jesús y un borrico en andas, y la gente con sus palmas hacían valla.

La Semana Santa era época de recogimiento, oración, luto y penitencia. Días en que se asistía a los oficios y demás ceremonias que evocaban los padecimientos de Cristo, como el rezo del vía crucis, que los católicos compartían con corazón contrito. Se meditaba la Pasión, así como los Dolores de la Virgen María y después el triunfo y la gloria de Cristo resucitado.

Cada día tenía su propia liturgia: el Martes Santo se leía la Pasión según San Marcos. El Miércoles Santo se leía la Pasión según San Lucas; comenzaba el luto. Era día de abstinencia. Se comían camarones, torrejas y capirotada. El Jueves Santo los altares se velaban y en lugar de campanas se utilizaban las matracas, en señal de duelo. Había dos misas: una, la crismal en las catedrales, en la cual se bendecía el óleo de los enfermos y el de los catecúmenos, y la misa que rememoraba la institución de la eucaristía en el resto de las iglesias. En esta misa se realizaba el "lavatorio de los pies" en la que el oficiante lavaba los pies a 12 feligreses que representaban a los 12 apóstoles. Por la tarde de ese día y por la mañana del siguiente, las familias salían a la visita de las siete casas. Se visitaban siete diferentes iglesias donde se hacía una oración. A la salida se vendía pan bendito en conmemoración del pan que Jesús bendijo en la última cena y también matracas para los niños.

Viernes Santo

> Todo silencio. Todo negro. Todo suspiro. Que van a empezar las siete palabras. Las bancas de Catedral llenas desde las once. Algunos precavidos entran con un silletín y piden, melosamente, que les hagan un campito bajo el púlpito. Los violines afinan sus cuerdas líquidas. Y tose el predicador afinándose en la nerviosa sacristía. Todo silencio. Todo negro. Todo suspiro. Adorámoste Cristo y bendecímoste. Porque por tu Santa Cruz redimiste al mundo y a mí pecador. Amén.

Las señoras vestían de negro, los señores de traje oscuro y asistían a las ceremonias de "las agonías"; también era de alcurnia asistir a la iglesia de La Profesa al "sermón de las tres horas", "y era de rigor, siendo de buen linaje, acudir a escucharlo". Por la noche se asistía al "pésame" a la Santísima Virgen. En el altar, la Virgen estaba sola al pie de la cruz que tenía un paño blanco. Por la tarde sólo se tomaba una ligera merienda "porque era el día más triste de todo el año".[55] La ceremonia de ese día consistía en una liturgia de cuatro partes: lecciones, que incluían la lectura de la Pasión de San Juan, las oraciones solemnes, la adoración de la cruz y la comunión.

La Acción Católica Mexicana en su campaña cuaresmal sugería que el Viernes Santo a las tres de la tarde, todo católico, donde quiera que se encontrara, suspendiera sus actividades y "se concentre en su alma para pensar por un momento en nuestro Divino Redentor expirando en la Cruz, y en acto de agradecimiento, de amor y de reparación rece devotamente el Credo". Esta propuesta procedía del señor Luis Beltrán y Mendoza, presidente de la ACM.[56]

La celebración del Sábado de Gloria consistía en prender una lumbre nueva, o bendición del fuego nuevo, lecciones, letanías, mientras el ministro acostado en tierra pasaba lista a los arcángeles. "Todavía la Virgen de los Dolores está con pena y abierta como un inmenso tulipán; bendición del agua bautismal, renovación de las promesas del bautismo, y luego la misa pascual. Y de pronto las campanas repicaban al aire, junto con parvadas de palomas jubilosas. ¡Se abrió la Gloria!".[57] Se quemaban los judas en las esquinas donde había casas comerciales y se vendían juguetes mexicanos, como muñecas de cartón, anafres de hoja de lata con su charola y sus cucharas, trasteros llenos de cazuelitas y jarritos para la casa de muñecas, matracas y cháchara de barro. Y para los niños había judas con un solo cuete, que se les permitía quemar en el patio de la casa, y carretones de madera pintados de colores chillantes con su matraca.

El Domingo de Pascua era un día glorioso. Los niños se vestían de blanco y la familia asistía a la misa de Resurrección. Por la tarde se visitaba a los abuelos, que tenían escondidos huevos de chocolate y azúcar.

La Semana Santa se fue secularizando como casi todas las prácticas cotidianas. En 1960 hay ya una fuerte crítica a la ausencia de estas prácticas que se estaban trocando en otras mucho más mundanas, "esta vez época de placer. Las playas pletóricas de turistas... los bañistas semidesnudos exhiben sus cuerpos y su desvergüenza... sobre todo las mujeres, aunque también los hombres... Se bebe a toda hora, con las consecuencias naturales".

"¡VENID Y VAMOS TODOS, CON FLORES A MARÍA...!"

Una de las tradiciones de mayor impacto era la del mes de María en el mes de mayo, práctica que consistía en el ofrecimiento de flores que niños y niñas llevaban a la Virgen durante todo el mes. Los jovencitos se vestían de blanco y llevaban flores blancas a la iglesia. De un lado las niñas y del otro los niños eran acomodados por madres de familia y catequistas en las bancas primeras de las iglesias. El sacerdote rezaba el rosario y al término de cada "misterio" (un padrenuestro y 10 avemarías) las niñas iban a dejar sus flores al altar con cantos a la Virgen. "Una ola de flores puras como la nieve, como la espuma, una ola de pureza sobre el mundo".[58]

En el mes de mayo se invitaba a los fieles a meditar y hacer lecturas en relación con la Virgen María, a que asistieran a círculos de estudios, cursos y conferencias sobre la vida de la Santísima Virgen; a tener retiros espirituales, a promover el rezo del santo rosario, de preferencia en familia. También se hacía referencia a una bibliografía sobre el tema.

Asimismo se pedía a las niñas que trabajaran porque en sus casas se hiciera la consagración solemne del hogar a María, reina y madre de los hogares cristianos el 31 de mayo. Parte de estas fiestas religiosas señalaba la necesidad de "intensificar en nuestras queridas niñas, la formación piadosa, basada en la vida litúrgica, genuina expresión de la Iglesia y la formación familiar".

A estas fiestas marianas se añadían las de diciembre en las que se explicaba la fiesta patronal de la Inmaculada, celebración que recordaba que la Virgen María fue preservada del pecado original porque estaba destinada a ser la madre del Redentor. La pureza era el más preciado valor que las jóvenes debían tener:

Grupo de niños frente al altar de la Virgen María en el que le ofrecían flores, con el rezo del rosario en la iglesia de la Votiva, 1958.

> Si hubiera más blancura, más pureza, más espíritu de oración sobre la tierra, el mundo conocería resurrección luminosa, las almas saborearían más la verdadera paz, la que nace de una conciencia cristiana, del deber de estado perfectamente cumplido. Al fuego todos los impresos que no quieren respetarnos. Estimulemos los buenos magazines, la literatura sana.[59]

Las niñas debían imitar a la Inmaculada cuidando de no manchar su alma para conservar su pureza. Otra celebración de diciembre era "la principal fiesta de los mexicanos: la de nuestra amada Reina y Madre: Santa María de Guadalupe" en la que se narraba a las niñas las apariciones para hacerlas ver "todo lo que le debemos los mexicanos, pues a ninguna nación ha amado tanto la Madre de Dios como a México". Esta fiesta se conmemoraba con innumerables peregrinaciones de organizaciones civiles y religiosas de todo el país a la Basílica de Guadalupe.

Junio era dedicado al Sagrado Corazón de Jesús. Era el mes del Apostolado de la Oración, una organización de devoción a esta advocación, en la que fundamentalmente se promovía la práctica de los viernes primeros; ésta consistía en comulgar nueve

Procesión del mes de mayo en la iglesia de la Votiva, donde se reunía la Congregación Mariana, 1958.

En ocasiones, los niños eran vestidos como religiosos (asuncionista, madre reparadora, franciscano, jesuita, etc.) para ofrecer flores.

viernes primeros de mes, de manera continua, para obtener la remisión de las culpas, según la promesa hecha a Santa Margarita María Alacoque.

Muchas otras ocasiones eran pretexto de una ceremonia religiosa, en la que se celebraba una misa, se organizaba una peregrinación o alguna liturgia especial.

La vida cotidiana de los católicos estaba fuertemente regulada por las fiestas religiosas y a ellas se dedicaba una parte importante del tiempo. La religión cumplió hasta estos años una función reguladora y de socialización, que se fue perdiendo con la secularización de la sociedad, a la que contribuyeron factores de diversa índole. La difusión de los medios de comunicación, el empleo de la píldora anticonceptiva, los movimientos estudiantiles del 68 y finalmente el Concilio Vaticano II, produjeron en la vida de los católicos un fuerte cambio de prácticas y costumbres.

NOTAS

1 Himno de la Acción Católica Mexicana (coro). AACM, s.f.

2 Negrete, en PUENTE, 1973, pp. 175-176.

3 Así por ejemplo sabemos que en 1944, 177 456 mujeres estaban afiliadas a una sola organización, la Unión Femenina Católica Mexicana, cifra interesante en los anales de las organizaciones nacionales. GALINDO, s.f., p. 25.

4 Estas mujeres funcionaban por medio de una junta central agrupadas en diversos sectores como los movimientos de campesinas, obreras, empleadas independientes y profesionales, maestras, enfermeras; este número no consideraba a los grupos de las jóvenes (Juventud Femenina Católica Mexicana) de las vanguardias y de las aspirantes que agrupaban a las niñas y a las pequeñitas. Los hombres se agrupaban en sectores similares. En total se calcula que para 1940 estaban afiliados a la organización 365 088 socios activos. GALINDO, s.f.

5 DUBY, 1991-1993, p. 296.

6 "Concurso de formación familiar", *Colegiala*, año 1, núm. 21, febrero de 1951, p. 12.

7 Matilde E. de Wiechers, "Madres de familia", *Acción Femenina*, tomo VI, núm. 145, febrero de 1945, p. 6.

8 "Queridísima Marisela", *Nosotras*, agosto de 1948.

9 "Lo primero que observa el hombre en la mujer", *Nosotras*, septiembre de 1953, p. 19.

10 "Lo primero que observa el hombre en la mujer", *Nosotras*, septiembre de 1953, p. 19.

11 Aurora de la Lama, "Jóvenes de ayer o jóvenes de hoy", *Juventud*, diciembre de 1953, p. 12.

12 Verónica de C., "La semana santa y las vacaciones", *Nosotras*, abril de 1960, p. 19.

13 Hernando de Salvatierra, "Rescatemos la tradición", *Juventud Católica*, diciembre de 1945, p. 10.

14 Hernando de Salvatierra, "Rescatemos la tradición", *Juventud Católica*, diciembre de 1945, p. 11.

15 "La Noche Buena", *Colegiala*, año 1, núm. 19, diciembre de 1950, p. 5.

16 "Concurso formación familiar", *Colegiala*, abril y mayo de 1951, p. 24.

17 DUBY, 1991-1993, p. 30.

18 "Comentario", *Nosotras*, noviembre de 1945, p. 11.

19 CAREAGA, 1977, p. 107.

[20] "Cruzada por la pureza", en *Boletín del Comité Central JCFM*, 1944, pp. 16-18.

[21] PERROT, 1997, p. 8.

[22] *Juventud Católica*, agosto de 1945, p. 30.

[23] CAREAGA, 1977, p. 105.

[24] Ma. de la Luz G. de Álvarez Domínguez, "Yo también tuve 15 años", *Nosotras*, agosto de 1960, p. 27.

[25] "¿Ella?... Ella no es mi novia", *Nosotras*, junio de 1960, p. 27.

[26] "¿Ella?... Ella no es mi novia", *Nosotras*, junio de 1960, p. 107.

[27] Clasificación que se obtenía todos los domingos a la salida de misa; la clasificación más conocida y que se difundía a través de la hoja de apreciaciones era alfabética e iba de la A (películas propias para niños), B1 y B2 (para jóvenes), B3 (para adultos), C1, C2 y C3 (para adultos con restricciones), y D (filmes prohibidos por la moral cristiana). La clasificación estadunidense era: A1 (sin objeciones para el público general), A2 (sin objeciones para adultos), B (objetable en parte), C (condenada). BLACK, 1997, p. 25. Sin embargo, en Estados Unidos, la clasificación se daba ya que había cubierto los estándares morales de la legión. Véase TORRES-SEPTIÉN, *Los fantasmas de la Iglesia ante la imagen cinematográfica: 1953-1965*. Más información sobre las consideraciones para la clasificación en ZERMEÑO, 1997, p. 83.

[28] "Campaña de moralización", *Boletín entre Nosotras*, núm. 10, p. 3, septiembre de 1951 (mayúsculas en el original).

[29] El Movimiento Familiar Cristiano se fundó en 1958. "Es un movimiento de matrimonios que trabajando juntos, están empeñados en hacer más feliz a la familia". AACM, circular núm. 4, Comisión Central de Acción Familiar, Junta Central, 1 de marzo de 1958.

[30] La ropa de color sólo la usaban las "malas mujeres".

[31] DUBY, 1991-1993, p. 8.

[32] GAVARRÓN, 1982, p. 257.

[33] "¡Vivamos más con Nuestros Hijos!", *Entre Nous*, núm. 5, 15 de octubre de 1944, p. 17.

[34] "¡Vivamos más con Nuestros Hijos!", *Entre Nous*, núm. 5, 15 de octubre de 1944, p. 17.

[35] Véase CAREAGA, 1977, pp. 115-117.

[36] Matilde Escandón de Wiechers, "La mujer esposa y madre", *Acción Femenina*, tomo VII, núm. 159, abril de 1946, p. 5.

[37] "Para mujeres que abandonan el hogar", AACM.

[38] "Michiko la sintoísta y Elisheba, la ex cristiana. Dos mujeres de hoy", *Juventud*, octubre de 1959, p. 7.

[39] Matilde Escandón de Wiechers, "Modelo de madres", *Acción Femenina*, tomo VI, núm. 153, agosto de 1943, p. 20.

[40] BELARMINO, 1883, p. 528.

[41] BELARMINO, 1883, p. 555.

[42] "Aclaremos dudas", *Nosotras*, octubre de 1948, p. 16.

[43] Las indulgencias son una gracia que Dios otorga a través de su vicario con los fieles, perdonándoles en todo o en parte la pena temporal que estaban obligados a padecer por sus pecados en este mundo o en el Purgatorio. BELARMINO, 1883, p. 590.

[44] BELARMINO, 1883, p. 534.

[45] AACM, circular núm. 2, Periodo social 1944-1946. Acción Católica Mexicana, Comisión Central de Propaganda y Estadística, 11 de noviembre de 1944.

[46] "La Noche Buena", *Colegiala*, año 1, núm. 19, diciembre de 1950, p. 19.

[47] Susana Herraste, "Navidad", *Nosotras*, diciembre de 1948, pp. 5-6.

[48] Memorándum de asuntos y proyectos pendientes, AACM.
[49] AACM, circular núm. 2, Periodo social 1944-1946, Acción Católica Mexicana, Comisión Central de Propaganda y Estadística, 11 de noviembre de 1944.
[50] Ma. Elena Murguía Quijano, "Navidades", *Nosotras*, diciembre de 1945.
[51] Susana Herrasti, "Navidad", *Nosotras*, diciembre de 1948, p. 6.
[52] Carta al Sr. Presidente de la H. Junta Central, México (sin fecha ni firma), AACM.
[53] Felipe Pardinas, "Cuaresma Acejotaemera", *Juventud Católica*, mayo de 1948, p. 3.
[54] "La abuelita nos cuenta", *Colegiala*, año 1, núm. 22, marzo de 1951, pp. 4-6 y 14.
[55] "La abuelita nos cuenta", *Colegiala*, año 1, núm. 22, marzo de 1951, pp. 4-6.
[56] Carta de Luis Beltrán y Mendoza, AACM, s.f..
[57] "Estampería de Semana Santa", *Nosotras*, abril de 1960, p. 17.
[58] Jacques Leclercq, "Tú eres inmaculada, María", *Juventud*, mayo de 1957, p. 15.
[59] "En el mercado", *Nosotras*, julio de 1948, p. 15.

SIGLAS Y REFERENCIAS

AACM   ARCHIVO DE LA ACCIÓN CATÓLICA MEXICANA, UNIVERSIDAD IBEROAMERICANA

Revistas de la Acción Católica Mexicana (1930-1960):

Acción Femenina
Aspirante
Boletín del Comité Central JCFM
Boletín entre Nosotras
Colegiala. La Revista de la Joven Mexicana
Sembrando
Juventud
Juventud Católica
Nosotras
Pequeña

ALFARO, Francisco H., y Alejandro OCHOA
1998 *La república de los cines*. México: Clío.
BELARMINO, Roberto
1883 *Tesoro del catequista o Explanación de la doctrina cristiana*. Barcelona: Imprenta de Francisco Rosal.
BLACK, Gregory D.
1997 *The Catholic Crusade Against the Movies, 1940-1975*. Nueva York: Cambridge University Press.
CAREAGA, Gabriel
1977 *Mitos y fantasías de la clase media en México*. México: Joaquín Mortiz.

DUBY, Georges, y Michelle PERROT
1991-1993 *Historia de las mujeres*. Barcelona-México: Taurus.

Entre Nous. Revue Trimestrielle Illustrée des Anciennes Éleves du College Français
1943-1961 México: San Cosme 33.

GALINDO M., Alfredo
s.f. *Apuntes geográficos y estadísticos de la Iglesia católica en México*. México: s.p.i.

GAVARRÓN, Lola
1982 *Piel de ángel. Historias de la ropa interior femenina*. Barcelona: Tusquets.

Historia y Grafía, núm. 16, julio de 2001.

INTERNADO MÉXICO
1960-1964 *Anuario*. México.

MEDINA, Luis
1978 *Del cardenismo al avilacamachismo*. México: El Colegio de México (Col. Historia de la Revolución Mexicana, núm. 18).

MEYER, Lorenzo
1976 "La encrucijada", en *Historia general de México*, vol. 2. México: El Colegio de México.

PERROT, Michelle
1997 *Mujeres en la ciudad*. Santiago de Chile: Andrés Bello.

PUENTE LUTTEROTH, Ma. Alicia
1993 *La Iglesia en la historia de México*. México: Comisión de Estudios de Historia de la Iglesia en América Latina-Editorial Jus.

RIPALDA, Jerónimo de
1907 *Catecismo y Exposición Breve de la Doctrina Cristiana*. México: edición oficial de esta Sagrada Mitra.

ZERMEÑO, Guillermo
1997 "Cine, censura y moralidad en México", *Historia y Grafía*, 8, pp. 77-87.

6

EL PUERTO DE VERACRUZ EN LOS AÑOS VEINTE: SANIDAD, VIVIENDA Y COTIDIANIDAD

JOSÉ RONZÓN
Universidad Autónoma Metropolitana-Azcapotzalco

CONSIDERACIONES

A LO LARGO DEL PERIODO COLONIAL, EL SIGLO XIX Y LA PRIMERA MITAD DEL XX, el puerto de Veracruz se caracterizó por ser un lugar donde las enfermedades infecto-contagiosas se desarrollaron con gran rapidez y de manera endémica. La frecuencia con que la población fue atacada por diversas epidemias como la fiebre amarilla, la viruela, el sarampión, la peste bubónica, la malaria y la influenza condujo a crear determinados parámetros de comportamiento político, económico, social y de vida cotidiana tanto en al ámbito público como en el privado.

El transcurrir diario en el puerto de Veracruz se identificó, ciertamente, con la alegría y la chispa de sus habitantes, pero también por sus estrategias para sobrellevar una serie de hábitos y costumbres vinculados con un ambiente insalubre y propicio para el desarrollo de enfermedades.

Desde tiempos coloniales Veracruz fue descrito y considerado como un lugar altamente peligroso para todo aquel que tuviera que visitar sus tierras. Esta situación se prolongó por todo el siglo XIX hasta el porfiriato cuando se logró instrumentar un proyecto de modernidad urbana que buscó el saneamiento de la ciudad. Los acontecimientos provocados por la Revolución mexicana, la ocupación norteamericana de 1914 y el establecimiento de la capital de la nación por el gobierno carrancista recrudecieron la insalubridad porteña al enfrentar un crecimiento poblacional desmesurado que rebasaba cualquier intento de control sanitario.

Sobre el puerto veracruzano se ha escrito mucho, pero quizás aún falta por explicar algunas facetas de sus costumbres y formas de ver la vida. Sobre todo durante la década de los veinte, cuando se presentó una serie de circunstancias especiales a partir de la presencia de enfermedades y los parámetros y hábitos que esta situación provocó. La cotidianidad porteña estuvo compuesta por usos y costumbres estrechamente vinculados con una situación de insalubridad, demandas sanitarias, representaciones y aspiraciones por parte de los porteños por definir, alcanzar y mantener un espacio saneado e higiénico.

EL ESCENARIO VERACRUZANO

La década de los veinte en el estado de Veracruz en general, y para el puerto veracruzano en particular, fueron años convulsionados y de profundas transformaciones en diversos aspectos que involucraron los ámbitos político, económico y social.

Dentro de la estructura política, los años veinte fueron testigos de las dos administraciones gubernamentales del general Adalberto Tejeda, caracterizadas por la aplicación de una legislación radical, socialista y anticlerical, cuya base social era el campesinado, y en las que el reparto agrario desempeñó un papel importante. De allí que su segunda gestión de 1928-1932 fuera conocida como la "época dorada del agrarismo veracruzano".[1]

Los años de 1920 a 1930 también fueron años de inversión extranjera en la industria y el sector agropecuario. El campo experimentó con nuevos instrumentos y la ganadería reinició un crecimiento interrumpido por los años de la Revolución y la intervención norteamericana.

En el terreno social fueron épocas de mucho movimiento en diversos aspectos: educativo, religioso, de esparcimiento y de consumo, entre otros. Dos acontecimientos parecería que marcaron con mayor profundidad a la sociedad veracruzana: el movimiento inquilinario (1922) y la rebelión delahuertista (1923).[2]

Otro factor que determinó varias actividades de la sociedad porteña en este periodo fue la presencia de enfermedades y epidemias, pues Veracruz seguía fiel a su tradición de "hospitalario" para las enfermedades infecto-contagiosas debido a sus condiciones climáticas.

Tres grandes epidemias destacan por su virulencia y fuerte presencia en la década de los años veinte: la peste bubónica (1920), la fiebre amarilla (1920) y la viruela (1925). Estas enfermedades provocaron la confección de estrategias sociales que muchas veces tuvieron que ver con mecanismos de sobrevivencia, desde cambios en el paisaje urbano materializados en obra pública, hasta la configuración de todo un entorno social reflejado en la publicidad y el uso de los espacios de sociabilidad, pasando por las disposiciones oficiales y el desarrollo médico científico.

Pero, ¿qué era el puerto de Veracruz al iniciar los años veinte? La Revolución y el establecimiento del gobierno carrancista en 1914-1915 habían dejado un crecimiento

Hacia la década de los años veinte, el puerto de Veracruz guardaba muy poco de lo que la modernidad porfiriana le había otorgado. La intervención norteamericana de 1914 y la instalación de "la capital de la nación" por parte del gobierno carrancista habían deteriorado la salubridad portuaria, y enfermedades contagiosas como la peste bubónica, la fiebre amarilla y la viruela volvieron a reinar entre sus habitantes.

poblacional reflejado en un hacinamiento que rebasaba cualquier expectativa de vivienda.[3] Después de que Veracruz tuvo "el privilegio" de albergar a la capital de la nación, vivía los problemas propios de una ciudad que crecía de manera desmesurada y sin planeación urbana. La escasez de vivienda fue problema severo después de la llegada del gobierno carrancista. Al puerto jarocho llegaron muchos emigrantes como funcionarios, miembros del ejército o vecinos de tierras cercanas.[4] El crecimiento de la población, que durante los años carrancistas pasó de 50 000 a 100 000, implicó una mayor demanda de viviendas y, con ello, mayores problemas de mantenimiento de las mismas. En los primeros años de la década de los veinte, muchas viviendas de alquiler (hoteles, casa de huéspedes y patios en general) eran completamente insalubres y las habitaciones descuidadas:

> carecían de servicios sanitarios, de aire y de luz. Los techos y las paredes de madera eran criaderos de alimañas; las arañas ponzoñosas, los alacranes y las salamanquesas, así como los cangrejos de mar, eran como elementos decorativos, inevitables en toda vivienda.[5]

A partir de esta situación no fue extraño que las enfermedades hicieran su aparición y cobraran muchas víctimas entre la población porteña.[6]

INSALUBRIDAD E INCONFORMIDAD SOCIAL

La falta de higiene llegó a tal punto que se suscitaron una diversidad de problemas sociales que repercutieron de diferentes maneras en las relaciones sociales. Estas problemáticas podrían ubicarse desde reacciones a situaciones de conflicto, hasta parámetros de conducta propios de circunstancias de peligro, como fueron las épocas epidémicas.

El panorama en temporada de epidemias debió ser desolador en muchos aspectos, pero quizás uno de los de mayor impacto fue el paso de los carruajes, los cuales transportaban enfermos o cuerpos para incinerar o sepultar. El uso del carruaje fue una tradición que distinguía a la ciudad en momentos álgidos de alguna enfermedad infectocontagiosa. Su práctica se convirtió en una costumbre e incluso se promocionaban una serie de rentas de estos transportes para dar servicio a quien necesitara trasladar a su enfermo o el cuerpo de algún familiar. Hay que señalar que estas prácticas también ocasionaban problemas, pues cuando su demanda era alta, la gente se quejaba que no contaban con las condiciones de higiene mínimas, ya que lo mismo transportaban un cadáver de alguien que moría de fiebre amarilla o peste que a una persona con alguna torcedura u otro mal menor, pero que después resultaba contagiada.

La situación de insalubridad se extendía por todas partes. Las calles constantemente fueron denunciadas como criaderos perfectos de alimañas y carentes de servicios mínimos.

> Numerosas quejas se han presentado al Alcalde señor Sandoval Campa, porque los coches de alquiler son utilizados para el transporte de enfermos atacados de peste bubónica, y algunas otras enfermedades infecto contagiosas, y sin que dichos vehículos sean sometidos a fumigación continúan al servicio del público, constituyendo una grave amenaza a la salubridad. Ayer se hizo la denuncia de que el enfermo que fue encontrado en la calle de Arista, había sido trasladado de por el rumbo de la avenida 20 de noviembre, para eludir la acción de las autoridades sanitarias... En vista de que se repiten los casos de traslación de enfermos, sin que los conductores de vehículos desinfecten sus coches, el Presidente Municipal ha dispuesto proceder enérgicamente contra cochero o chofer que haga alguna traslación clandestina, castigándolo con una fuerte multa, aparte de que deberá pagar el importe de la fumigación.[7]

El caso del brote de la peste bubónica ocurrida en 1920 mostró una ciudad en completo abandono. Toda la maquinaria de modernidad instrumentada en el porfiriato había caducado. Las amplias calles y avenidas tan "afamadas" por el gobierno porfirista como ventiladas y limpias, ahora estaban llenas de basura y de desechos (carne, pescado, etc.) que provocaban malos olores, moscas, mosquitos, pulgas, cucarachas y ratas.

Los servicios de limpieza eran insuficientes y la acumulación de desperdicios aumentaba por doquier. El crecimiento desmesurado rompió con cualquier proyección de servicios urbanos y sanitarios posibles. Si bien existían barrios más o menos limpios, éstos eran los menos, y las viviendas populares —por mucho las más grandes en la ciudad— mostraban un estado de abandono.

Las calles pavimentadas se reducían a un pequeño número y en su mayoría eran caminos, veredas y pasos improvisados, en los cuales se acumulaba y estancaba el agua, convirtiéndolos en verdaderas lagunas de aguas negras a donde llegaban a vivir ranas, sapos, moscas y, por supuesto, el famoso mosquito transmisor de la fiebre amarilla, que durante el siglo XIX constituyera el principal enemigo de las campañas sanitarias en México, y en otros lugares del mundo como Europa y Estados Unidos.

Algunas calles seguían manteniendo su amplitud de acuerdo con lo planeado durante el porfiriato, pero otras ya no respetaban su alineación y se hacía difícil mantenerlas dezasolvadas y con los recursos mínimos de supervivencia. Había escasez de agua potable, además de una ineficiencia del servicio de drenaje, por tanto, los desechos caseros y

El periódico *El Dictamen*, fundado en 1899, constituyó un medio excelente para la difusión de algunos aspectos de la vida porteña. Durante los años veinte fue fundamental en la publicidad para los productos de belleza y salud.

sanitarios corrían libremente por las orillas de las casas habitación evitando el paso peatonal y fomentando una situación insalubre. Muchos barrios fueron conocidos por sus problemas de lagunatos y baches en sus calles. Tal fue el caso de los barrios de Nezahualcóyotl y Revillagigedo.[8]

Al mediar la década, la descripción de la ciudad a decir del periódico local *El Dictamen* era dantesca y los patios totalmente insalubres. Los propios hospitales se encontraban en completo descuido e incluso en ellos era posible contagiarse de enfermedades como la viruela.[9]

Este estado tan deplorable y socialmente irritable provocaba quejas y malestares entre la población que exigía mejores servicios para sus calles, por ejemplo zanjas para el desalojo de las aguas negras. Esta condición de inconformidad encontró varios matices y vertientes. La queja abierta fue uno de ellos, pero las acciones por propia mano constituían otras posibilidades.

Algunos vecinos organizaban brigadas para realizar trabajos de saneamiento e integraban cuadrillas vecinales para hacer canales que secaran pantanos y lodazales de sus calles. Estas brigadas mantenían una dinámica propia y las labores se realizaban en domingo, pues en el transcurso de la semana sus obligaciones se los impedían.[10] A la par de estas medidas se planeaban jornadas para barrer calles, jardines, paseos y otros sitios descuidados por las autoridades.

LA VIVIENDA PORTEÑA Y OTROS ASPECTOS DEL ENTORNO URBANO

La fisonomía del puerto veracruzano constituía una tradición y una identidad de la ciudad. En cuanto a la vivienda, es posible identificar dos tipos básicos: las casas particulares y los patios de vecindad.

Las casas habitación particulares en general eran altas para evitar la acumulación de humedad y propiciar la libre circulación del aire. Sus techos eran a dos aguas para ayudar a la ventilación, y de teja para disminuir la temperatura interna de las casas. Se buscaba construirlas con ventanas amplias y con balcones que permitieran dejarlas abiertas para la entrada de aire suficiente. El uso de la madera constituía un buen recurso para evitar las casas extremadamente calientes.

La distribución y la convivencia dentro de la casa eran variadas, dependiendo en buena medida de la posición social. Las casas particulares que durante la Colonia y el siglo XIX formaban parte de la ciudad intramuros conservaban más o menos su buena posición y, en la medida de lo posible, sustentaban su comodidad mediante la limpieza, la ventilación y la decoración de sus espacios amplios y llenos de plantas. Mantenían jardines internos, patios y corredores ventilados, aislados de muchedumbres, bu-

La vivienda veracruzana mantuvo su estilo arquitectónico y se caracterizó por sus patios interiores llenos de plantas y árboles, entre éstos las palmeras.

llicio, basura, ratas y demás inconvenientes. Sus moradores solían descansar en ellos y tomar algo de fresco durante las tardes de los días de verano. Alrededor del jardín se encontraban las habitaciones; la cocina, el comedor y la sala estaban aparte, lo cual daba una sensación de amplitud y libertad. La clase acomodada contaba además con áreas de servicio. Generalmente observaban una presencia de limpieza, orden e higiene: patios lavados, habitaciones pulcras con camas altas, sábanas y colchas blancas que resultaban frescas para las sofocantes noches de verano.

Durante los momentos de epidemias y cuando algún miembro de estas viviendas enfermaba, se destinaba una habitación exclusiva para él con todas las atenciones y cuidados necesarios. El resto de los familiares no tenía necesidad de compartir la habitación con el enfermo y mucho menos la cama. Se destinaba personal del servicio doméstico para su atención especial; los demás familiares difícilmente estaban en contacto permanente, lo cual les evitaba el contagio. Se realizaban oraciones y plegarias por el pronto restablecimiento o por encomendarlo al bien morir, pero con las precauciones que la situación demandara. Aunque en ocasiones la población recurría a las misas y rezos en iglesias y capillas.

La otra cara de la moneda eran las viviendas populares. Si algo caracterizaba al puerto de Veracruz era la proliferación de patios de vecindad, compuestos por uno o dos cuartos que llegaban a albergar familias completas.

La vida en las vecindades o patios era totalmente diferente a la de las casas grandes. El orden era cosa ajena, y la limpieza, empresa difícil para sus moradores. No porque no lo quisieran, sino porque cómo controlar a los moradores, cómo exhortarlos a mantener limpios los baños y letrinas compartidos, cómo evitar que arrojaran desechos y demás objetos a las alcantarillas para impedir la acumulación de las aguas negras.

Los habitantes de los patios fueron en repetidas ocasiones las primeras víctimas de diversos brotes epidémicos. Su contagio resultaba casi inevitable, pues al convivir de manera muy cercana se facilitaba su difusión. Pensar en una cama para un enfermo resultaba complicado y ya no se diga una habitación.

En los patios se creaban lazos de identidad y familiaridad. Sus moradores compartían más allá de paredes, lavaderos, baños y tendederos, e intercambiaban preocupaciones, conflictos, satisfacciones, diversiones, duelos y pérdidas, entre otras cosas. La presencia de enfermos causaba alteración para la mayoría de sus miembros, no sólo por la preocupación de que se convirtiera en epidemia y causara muchas muertes en su interior, sino por la pérdida de alguien que era un elemento más en su vida diaria. Ejemplo de ello fue el patio Tanitos donde la señora Candelaria Ramírez conocida por sus vecinos como "Doña Cande" enfermó de encefalitis y los vecinos pidieron la intervención de las autoridades para prevenir al resto de los inquilinos.[11]

Los patios de vecindad fueron centros de convivencia social. Sus moradores lo mismo padecieron epidemias que disfrutaron de bailes y tertulias.

Dentro de la vivienda popular no sólo se sufría; sus moradores fueron importantes promotores de las fiestas de carnaval y de ahí salían comparsas ingeniosas y llenas de colorido.

Los jardines y áreas verdes fueron espacios muy apreciados por los jarochos al constituir, eventualmente, oasis entre tanto calor e insalubridad.

Los nombres de los patios fueron variados y emblemáticos de su identidad y se podían distinguir por ello. Así, existían los patios Tanitos, San Ulpiano y del Barrilito, entre otros.

Además de estas viviendas, los porteños hacían su vida en otros espacios como el mercado, los parques, el malecón, los teatros y otras áreas de esparcimiento que les permitieran despejarse un poco y, sobre todo, que les brindaran un ambiente fresco para sobrellevar las temporadas de calores agobiantes. Pero estos sitios mostraban condiciones antihigiénicas que provocaron múltiples enfermedades. Por ejemplo, el Mercado Nuevo era descrito como amontonamiento de barracas sucias y uno de los principales criaderos de ratas de la ciudad.[12]

Los jardines y parques representaron diversos problemas, pues si bien por un lado eran necesarios para mantener la circulación de aire, sombra y proporcionar espacio para descansar y escapar un poco del calor, por el otro, al no realizarse la limpieza adecuada, sus sombras y aguas estancadas propiciaban la presencia de moscos.[13] Además, por no recortar sus ramas de manera regular, sus arbustos crecían desmesuradamente y en ocasiones constituían el hábitat ideal de ratas y cucarachas. Varios parques visitados por porteños también almacenaban basura en sus andenes y jardines.

Durante las temporadas epidémicas, los hospitales fueron escenario de gran movimiento; hacia la década de los veinte, a sus salas de hospitalización llegó la modernidad y con ella los últimos adelantos médicos.

En cuanto a los edificios públicos, algunos de ellos daban un aspecto de insalubridad y descuido. Las construcciones más antiguas mantenían techos y pisos de madera de donde salían cucarachas y pulgas causantes de enfermedades como la peste bubónica. Aun cuando el Departamento de Ingeniería Sanitaria había sugerido el cambio de la madera por cemento, otras necesidades como el bacheo, la pavimentación o las campañas de vacunación habían impedido hacerlo y para los inicios de los años veinte muchos edificios públicos mantenían el uso de la madera. En el caso de los techos se tomó como opción cambiarlos por láminas acanaladas de fibrocemento, lo cual sustituía el uso de la madera y la teja, tratando de evitar la acumulación de agua donde eventualmente se criaban mosquitos transmisores de fiebre amarilla y paludismo.[14]

Durante los años veinte, los hospitales intentaron crear una apariencia más científica al terminar de quitar aspectos de religiosidad en sus interiores y contar con los últimos adelantos técnico-científicos y mostrar avances médicos. Su propia construcción se transformó: se buscaba mayor ventilación mediante el uso de ventanas con redes para evitar la entrada de mosquitos. Se habilitaron las salas con camas altas para permitir una mejor limpieza de pisos y evitar alimañas y enfermedades.

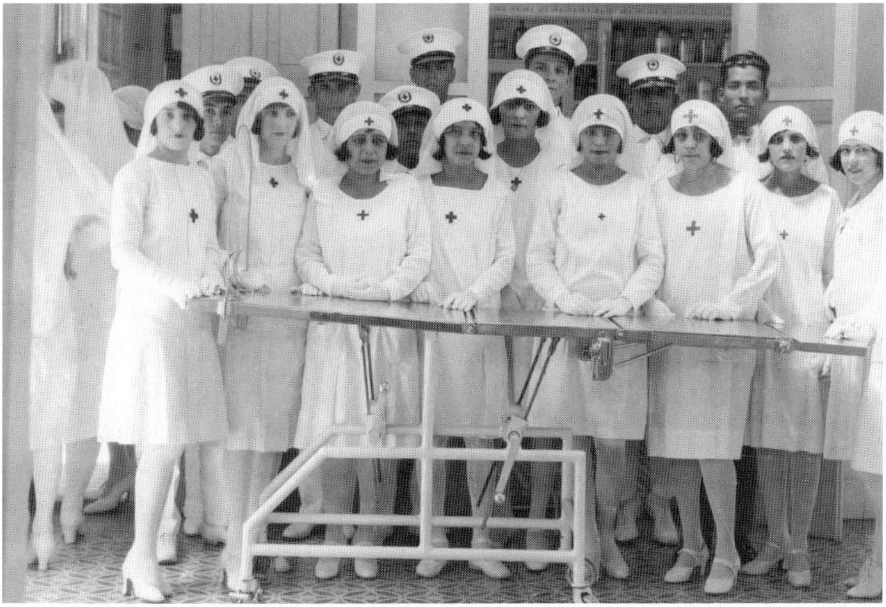

Los cuerpos de enfermeras constituyeron las soldaderas de la revolución científica de los años veinte.

Se determinó que para evitar la picadura de mosquitos en enfermos con fiebre amarilla o paludismo se usaría el pabellón, confeccionado con tela fina casi transparente para permitir la libre circulación del aire e impedir la picadura de insectos. Con ello resolvían en buena medida crear áreas de aislamiento que, al estar cerradas, provocaban sofocamiento por el calor y la humedad, toda vez que facilitaban a los familiares permanecer con sus enfermos.[15]

La cultura del pabellón se extendió rápidamente y en las tiendas de la ciudad fue un producto que pronto encontró mercado y demanda al ser una solución conciliadora entre la ciencia y los usos y costumbres de la población porteña.

La vestimenta y los uniformes del personal fueron transformados por la comodidad y la libertad de movimiento. Las enfermeras adoptaron un uniforme completamente blanco y crearon las primeras brigadas del gremio como grupo activo de la sociedad. Quizás el asunto que más requirió su participación fue el de las campañas de vacunación, pues junto con el médico se hizo imprescindible la presencia de la enfermera, una especie de soldadera en la revolución médica que vio la década de los veinte.

Los médicos modificaron su apariencia y dejaron la imagen del "viejo sabio", y empezaron a ser sustituidos por personal más joven capaz de resistir las largas jornadas que imponían los momentos de crisis, cuando los hospitales se abarrotaban con enfermos que requerían cuidados excesivos. De esta forma, se inició el reclutamiento de grupos numerosos de médicos jóvenes dispuestos a adoptar nuevas técnicas médicas consideradas en su momento como la vanguardia de la ciencia, decididos a apostar a la ciencia más que a la fe.

LOS INQUILINOS Y EL DELAHUERTISMO: SEMILLEROS DE INCONFORMIDAD

Los patios de vecindad constituyeron escenarios de diversos procesos sociales debido a la naturaleza de su entorno urbano y a la función que como único espacio de vivienda significó para muchos veracruzanos. En 1922, el movimiento inquilinario tuvo su principal centro de acción en estos lugares, semilleros de militantes. A decir de Bernardo García

> [de ahí] salieron las huestes populares que nutrieron al movimiento inquilinario. Conforme a las descripciones de la época... se sabe que campeaba el amontonamiento y las condiciones antihigiénicas.[16]

En los patios explotó la protesta social y fue en ese momento que los veracruzanos comenzaron a quejarse con gran insistencia de la mala situación de sus viviendas. Las mujeres fueron los principales actores en estas manifestaciones de inconformidad. El grupo de prostitutas fue de los más activos y se caracterizó por su beligerancia.[17]

El movimiento inquilinario de 1922 se nutrió principalmente de mujeres que protestaron por el alto costo de sus viviendas. Sin embargo, algunas de ellas, mientras organizaban contingentes y mítines, también se dieron tiempo para descansar y refrescarse en fuentes o en algún otro sitio.

En *El Dictamen* aparecían notas que decían: "¿cómo se vive?, muriendo, en inmundas barracas, donde se paga hasta el sol". Se señalaba que los patios eran pocilgas antihigiénicas, sin techos, sin pisos, sin agua ni excusados, con amontonamiento de tablas podridas donde circulan cerdos y gente enferma por hambre y suciedad.[18]

En realidad, el desarrollo del movimiento de inquilinos en Veracruz evidenció las malas condiciones de la ciudad, el desaseo y la proliferación de enfermedades. Con ello se desató una batalla campal entre autoridades y vecinos inconformes con la situación que se vivía desde la llegada del gobierno carrancista a Veracruz. Descripciones de las viviendas apuntaban que estaban en muy mal estado, que la gente vivía entre tabiques derruidos, paredes sin pintar y baños colectivos en completo abandono,[19] lo cual condujo a los inquilinos a lanzarse a la huelga de pagos de renta; con el liderazgo de Herón Proal, en febrero de 1922, se fueron a las calles bajo el lema de "Estoy en huelga y no pago renta".[20] El movimiento cobró fuerza de una manera inusitada y en pocas semanas había 61 patios en huelga y la gente prácticamente vivía en la calle en sus manifestaciones y planeando sus demandas de mejores condiciones en sus viviendas.[21] Dichas protestas tomaron el carácter de festividades y lo mismo se bailaba que se componían canciones durante los mítines y marchas.

Los centros de concentración para realizar los eventos fueron los parques, el mercado y la biblioteca del pueblo, que servía como albergue para realizar asambleas en donde se exhortaba a continuar en la lucha y resistir a los embates de los propietarios que no cesaban en sus presiones para cobrar altas rentas y no dar mantenimiento a las viviendas de alquiler.[22]

El líder del movimiento, Herón Proal, pronto se hizo famoso entre la población porteña y cobró importancia al mover a muchos de los contingentes inconformes. Además, formó el sindicato rojo con todos aquellos que no quisieran pagar rentas.[23]

Las prostitutas fueron las más activas dentro del movimiento y se caracterizaron por su organización y decisión ante las malas condiciones de la vivienda y los altos precios de alquiler. El gobierno organizó una contraofensiva e intentó controlarlas. Sin embargo, su organización y postura de lucha se sobrepuso a tales disposiciones y continuaron en su movimiento.[24] El Ayuntamiento porteño prohibió las manifestaciones y ordenó a los inquilinos en desacuerdo no invadir más calles y plazas pues el caos que se armaba era tremendo y la basura que se acumulaba por ello resultaba incontrolable. Empero, el movimiento encabezado por las trabajadoras sexuales no cesó en sus manifestaciones de desacuerdo y continuaron con sus protestas.[25] Las demandas eran por mejores viviendas y el cumplimiento de la ley de inquilinos que reglamentaba el cobro de sus rentas.

De alguna manera, el movimiento inquilinario fue una manifestación clara de la mala higiene que se vivía en la ciudad y una representación de los matices de la vida de la sociedad porteña.

Las mujeres veracruzanas colaboraban de manera importante en la economía familiar; muchas de ellas se dedicaban a la vendimia de productos regionales tanto en los muelles como en la estación del ferrocarril.

Otro proceso que también vendría a exhibir la pésima situación del puerto jarocho sería la rebelión delahuertista de 1923. Ese movimiento produjo escasez y carestía.[26] La población no podía obtener los productos básicos y los pocos disponibles aumentaron su precio al doble o triple.

Tanto el movimiento de inquilinos como la rebelión delahuertista complicaron aún más las malas condiciones de higiene de la sociedad porteña y recrudecieron las demandas hacia las autoridades, que instrumentaron diversas medidas que mostraban otro aspecto de la vida veracruzana.

EN BUSCA DE LA SANIDAD

Ante tales males de insalubridad, los porteños estuvieron vinculados con las constantes campañas de saneamiento. Para ellos fue el "pan de todos los días" escuchar que se iniciaba una cruzada de petrolización, una de bacheo, una de vacunación, una de fumigación, etc. Incluso palabras como cuarentena, aislamiento y prevención fueron incorporadas a su lenguaje común y diario.

A lo largo de los años veinte se instrumentaron muchas acciones, sobre todo en momentos epidémicos como la peste bubónica de 1920 y la de viruela de 1925. Tal fue el caso de las campañas de vacunación, de limpieza, los beneficios de la higiene, la demolición de edificios y la famosa caza de ratas que tanto impacto tuvo entre los porteños al comenzar esa década.

Con la epidemia de peste bubónica, a las autoridades y a la sociedad porteña les quedó claro que uno de los graves problemas que tenían era la presencia de roedores. Sobre todo los que nacían y se reproducían en montones de basura acumulados a lo largo de varias calles.

El problema de las ratas era tema de conversación y discusión:

> De alguna manera vino a zanjar la polémica, la llegada providencial de un experto matarratas internacional, el doctor Carl Mitchel, estadounidense que, cual flautista de Hammelin, ofreció sus servicios a las autoridades para librar a la población de los roedores. Sus antecedentes demostraban su capacidad para asumir la dirección de la cruzada. Según testimonio propio, ya había probado con éxito sus métodos para exterminar los roedores en una campaña en Puerto Rico.[27]

Se inició una lucha para la caza de estos animales y la sociedad, una vez más, se vio involucrada en tal misión. Se instalaron ratoneras para atrapar el mayor número de roedores, que fueron utilizados para realizar experimentos en torno a la forma en que se transmitía y difundía la peste bubónica. *El Dictamen* ofreció pagar 25 centavos de recompensa por cada rata capturada y entregada a los encargados de realizar las investigaciones.[28]

La Delegación contra la Peste Bubónica advertía que:

> Han sido comprobadas como enfermas de peste, ratas en diversos distritos de la ciudad y como la enfermedad en los roedores precede a la de las personas conviene advertir al vecindario que redoble sus esfuerzos ayudando a las autoridades sanitarias al exterminio de las pulgas, que es el agente transmisor; usando para el lavado de pisos las soluciones de agua lejía y petróleo brillante que le es conocido.[29]

Entre las campañas sanitarias los porteños también vieron derribarse edificios y casas, que por años formaron parte de su paisaje urbano, por considerarlos foco de infección al albergar en ellas alimañas. Se derrumbaron algunos edificios públicos y privados para evitar que se refugiaran indigentes sucios que portaban piojos y pulgas.[30]

De igual forma, las autoridades sanitarias pedían a la sociedad informar de edificios en mal estado y sospechosos de ser focos de infección. Aquéllas crearon una brigada de inspección de edificios públicos y privados. A los agentes de sanidad se les pidió vigilar muy de cerca hoteles y casas de huéspedes que en reiteradas ocasiones se habían encontrado totalmente infestados de pulgas y cucarachas. Los patios de vecindad también fueron objeto en la mira de estas autoridades y se pedía que fueran implacables en su vigilancia.[31]

Como parte de las campañas de limpieza, las autoridades sanitarias iniciaron una cruzada de baño a indigentes y vagabundos que circulaban por la ciudad, para terminar con piojos y pulgas. En el penal de Allende se bañó a 120 indigentes que circulaban por el puerto.[32]

En cuanto a los jardines, tanto caseros como públicos, se pedía a la población cuidar que no se hicieran larvas en los arbustos, pues de ellas emanarían los mosquitos y advertían "si los hay, sírvase avisarlo a nuestro Departamento [de limpia pública] en Constitución núm. 13 e inmediatamente recibirá la visita de nuestros inspectores para exterminarlos".[33]

La campaña de incineración de basura fue una de las medidas que se aplicaron contra la peste bubónica.[34] Durante esta campaña los carruajes volvieron a servir para

La epidemia de peste bubónica de 1920 impulsó la investigación científica. Las ratas fueron el agente principal para su transmisión y por ello fueron minuciosamente analizadas.

trasladar la basura recolectada hacia las afueras de la ciudad y realizar quemazones. Los carruajes remolcados por burros, mulas o caballos se dedicaron a recoger montones de desechos y cosas inservibles como cajas, barriles, láminas y demás objetos que propiciaban criadero de ratas y cucarachas. Cerca del faro Venustiano Carranza se estableció uno de los quemadores más imponentes.

Al alcoholismo le fueron atribuidas las causas de males no sólo de riñones sino de peste y cólera, pues las personas que lo consumían perdían el control y defecaban al aire libre, no se aseaban, portaban piojos, pulgas, comían desechos y alimentos en mal estado.

El Ayuntamiento porteño se esforzaba en lanzar campañas para evitar este tipo de problemas y exhortaba a los dueños de cantinas a poner en orden sus establecimientos, evitando los excesos tanto entre sus clientes como en sus dependientes y meseras. Estas últimas en reiteradas ocasiones eran señaladas como las culpables de fomentar el alcoholismo y el desaseo.[35] Incluso se llegó a montar una campaña de sanción contra centros y personas que fomentaran lo que algunas autoridades llegaron a llamar "centros de inmoralidad y de escándalo".[36]

Al mediar la década de los veinte, una epidemia de viruela puso en jaque a la sociedad porteña al registrarse varias víctimas por este mal y difundirse rápidamente entre la población. Un rasgo singular que trastocaría la vida común del puerto fue la disposición gubernamental sobre la utilización de la vacuna como método preventivo para poner diques al rápido desarrollo de la enfermedad. El barrio de la Huaca, lugar donde se desarrolló fuertemente el movimiento inquilinario, volvió a ser un escenario de insalubridad y foco de infección, pues de allí surgió gran parte del brote de viruela.[37]

El Ayuntamiento de Veracruz ordenó inmediatamente vacunar a todos los vecinos de ese barrio. También se dispuso aislar a los enfermos para prevenir el mal. El problema llegó a cobrar magnitudes insospechadas y las autoridades porteñas tuvieron que pedir ayuda al gobierno federal, el cual envió una brigada para auxiliar en el control de la epidemia.

El Consejo Superior de Salubridad de inmediato planteó que se tenía que aplicar la vacuna a la población, pues desde el puerto fácilmente podría expandirse tanto tierra adentro como hacia otros puertos con los cuales se mantenía contacto. Dos de las medidas más significativas fueron: el establecimiento de un puesto de vacunación en la iglesia parroquial y la campaña para llevar a la población a la brigada sanitaria.[38]

El puerto de Veracruz contaba con dos lazaretos: la isla de Sacrificios y la de Casamata. Sacrificios se destinó a confinar enfermos sospechosos, y el de Casamata a enfermos declarados. También existían los salones de la Bombilla y el Paraíso donde se custodiaba a los familiares de enfermos.[39]

Durante la epidemia de viruela, en Sacrificios y Casamata se adaptaron salas especiales para recluir y aislar a los posibles enfermos que se detectaran en las embarcaciones que arribaran al puerto. También se dispuso que para viajar era necesario aplicar la vacuna como método preventivo.

Dentro de la campaña que se instrumentó, se lanzaron avisos informando que se desplegarían fuerzas para supervisar y garantizar la vacunación y sancionar a quien no lo hubiera hecho. Así se decretó:

> AVISO IMPORTANTE. Se recomienda a los habitantes de esta ciudad que del día 11 en adelante, lleven cada uno consigo su certificado de vacuna, pues desde la misma fecha será exigida su presentación por comisionados del Servicio Sanitario designados al efecto; en el concepto de que las personas que no lo presentaren, serán conducidas a los puestos de vacunación para comprobar si han recibido o no esta medida profiláctica y aplicarles la multa que se hayan hecho acreedores. H. Veracruz, 6 de enero de 1925.[40]

En Veracruz, los problemas de insalubridad se extendían más allá de sus calles, edificios y viviendas, y llegaban a los navíos que arribaban a la bahía jarocha. Los barcos mantenían condiciones en las que proliferaban enfermedades infecto-contagiosas y de ellos salían ratas y cucarachas a la ciudad. Sus bodegas, además de almacenar mercancías que arribaban o salían del puerto, servían para transportar estos animales. Por ejemplo, fue ampliamente comentada la llegada de un barco inglés llamado *Tatician*, en el que fueron capturadas ratas que evidenciaron estar contaminadas de peste bubónica. El comunicado de la inspección marítima señalaba que:

> Hay la particularidad de que dicho vapor no tocó puertos americanos, sino que vino directamente de Europa, después de haber hecho un viaje a Calcuta. Las autoridades sanitarias de La Habana no se dieron cuenta de que a bordo… había ratas que pudieran estar atacadas de peste y el barco trajo patente limpia de dicho puerto.[41]

En diversas ocasiones, de los barcos descendieron pasajeros o tripulación contagiada y difundieron la enfermedad por la ciudad. Ello ocasionó que se instrumentaran y aplicaran prácticas de prevención. La fumigación a embarcaciones o el aislamiento en lazaretos eran parte de estas prácticas y varios habitantes se vieron involucrados en diversas acciones de fumigación, por lo que fue frecuente escuchar historias relacionadas con tales hechos.

En general, estas acciones higiénicas se sumaron a las relaciones sociales de los habitantes porteños y los métodos de sanidad suscitaron una serie de reacciones tanto a favor como en contra.

INCONFORMIDAD CON LOS MÉTODOS PROFILÁCTICOS

La situación que prevalecía en el puerto veracruzano era difícil y su solución presentaba diversos problemas, tanto en la instrumentación de métodos profilácticos como en la aceptación social de los mismos.

En el caso de las medidas impulsadas para barcos y pasajeros, en repetidas ocasiones provocaron desacuerdos y manifestaciones de malestar.[42] Por ejemplo la fumigación fue un constante problema para la tripulación de los barcos y autoridades encargadas de ello. La controversia era porque ocasionaba diversos inconvenientes tanto a la mercancía como a la marinería.

Algunas embarcaciones expresaban quejas señalando que sus productos se habían dañado por los químicos utilizados en dichas fumigaciones. Por su parte, los pasajeros argumentaban que los hacían perder mucho tiempo en tanto les permitían desembarcar. En ocasiones, los dejaban aislados por varios días en los lazaretos mientras comprobaban que no estaban infectados.[43] Cuando eso sucedía, se ordenaba la fumigación del barco y la quema de ropas y algunos otros utensilios empleados por los pasajeros.

Todo lo anterior ocasionaba problemas, pues aun cuando para las autoridades esto significaba evitar el contagio de epidemias, para algunos pasajeros implicaba deshacerse de sus accesorios de primera necesidad que eventualmente podían ser su único patrimonio. Tal fue el caso de los inmigrantes, gente que por diferentes razones llegaba al puerto de Veracruz en busca de nuevos horizontes pero al momento de arribar a tierras jarochas tenían que abandonar sus pertenencias, y si de por sí era difícil desplazarse hacia otras tierras, ahora sin sus cosas la situación se complicaba aún más.

Habría que señalar que estas prácticas de fumigación y aislamiento tuvieron su lado de discriminación social, pues no todos los barcos eran sometidos a las mismas normas de control y algunos conflictos se suscitaron justo por esta situación de desigualdad. Los barcos eran revisados con mayor detalle en las áreas de pasajeros de segunda y tercera clase, mientras que los de primera eventualmente podían arribar sin ningún problema de revisión y muy rara vez eran llevados a lazaretos. Estos últimos generalmente eran utilizados para pasajeros de segunda y tercera o para la tripulación.

Las quejas por dichas fumigaciones señalaban que este mecanismo era demasiado agresivo para los pasajeros, pues los encargados de ejecutarlo se tomaban demasiado en serio su labor y querían fumigar hasta a los propios pasajeros provocándoles intoxicaciones. En cuanto a los equipajes, eran fumigados sin importar su contenido, dejando inservibles varias de las cosas y productos resguardados en ellos.[44]

Otra práctica que también provocó descontento fue la incineración de objetos personales e incluso de cuerpos de víctimas de enfermedades contagiosas. Las quejas señalaban que las autoridades quemaban equipajes completos sin las mínimas consideraciones. Algunos pasajeros acusaron de abuso a las autoridades y de falta de uniformidad en los criterios para determinar qué se quemaba y por qué razones. Muchos reclamos se dirigían a las autoridades de sanidad marítima y a las municipales, pero en realidad no encontraron respuesta y las prácticas continuaron por mucho más tiempo.

La incineración de cuerpos causó manifestaciones de disgusto. Las familias que sufrían la pérdida de algún miembro se resistían al despojo del cadáver del ser querido pues de alguna manera era atentar contra su duelo, ya que dicha práctica se oponía a la tradición cristiana de realizar funerales y dar sepultura a los cuerpos en panteones.[45] En este sentido, la Iglesia católica fue de las principales opositoras a tales prácticas y la población, en su gran mayoría católica, seguía firmemente tales preceptos y reclamaba su derecho a ejercer el culto en todos sus mandamientos. Incluso, las opiniones estaban divididas tanto entre los médicos como entre las propias autoridades sanitarias. A mediados de 1920 se desarrolló toda una polémica al respecto y había quien aseguraba que la incineración era una exageración que atentaba contra las buenas costumbres cristianas.[46]

La práctica del aislamiento también se realizó en hospitales. Allí se crearon pabellones especiales para tal efecto y aun cuando los administradores intentaban ser flexibles ante las demandas de ver a los enfermos, la población en general mostraba desacuerdo con este tipo de medidas.

La tradición cristiana marcaba que un enfermo era la representación de la pasión y el sufrimiento de Cristo terreno. Por ello, un enfermo tenía que ser objeto de cuidados y atenciones de sus familiares, y al aislarlo dejaban fuera a la familia para su atención y por tanto no se podía realizar el sacrificio de cuidarlo.

Otro motivo de protesta fue la aplicación de la vacuna. En 1925, con la epidemia de viruela, el gobierno dispuso una campaña de vacunación, sin embargo, las propias autoridades advertían que ésta se realizaba con dificultad pues la gente presentaba resistencia al no querer ir a las brigadas. Por ello, se ordenó a la fuerza pública llevar a niños y adultos a recibir su dosis y revisar cuidadosamente a los porteños bajo la consigna de "sanción si no cumplían con el requisito". Sin embargo, la población encontró en el argumento de la ignorancia la mejor arma para resistirse ante tal campaña, pues cuando eran detenidos por no estar vacunados aseguraban no saber nada al respecto.[47]

En resumen, la resistencia, la inconformidad, el desacuerdo, la evasión y otras manifestaciones se sumaron al tipo de relaciones que la sociedad estableció con su entorno insalubre, pero también con las disposiciones y políticas sanitarias que se intentaban impulsar.

REPRESENTACIONES, COMICIDAD, PUBLICIDAD Y ASPIRACIONES

Las situaciones de insalubridad ocasionaron diversas reacciones sociales y algunas representaciones de éstas fueron la comicidad, la burla y la ironía plasmadas en caricaturas e ilustraciones cómicas que circulaban por la ciudad. Dichas situaciones fueron objeto del humor porteño, que eventualmente se burlaba de sí mismo, su contexto insalubre y sus tragedias.

Durante la epidemia de peste bubónica de 1920 también apareció una epidemia de fiebre amarilla junto con algunos brotes de viruela, cólera y paludismo, los cuales no llegaron a considerarse epidémicos, pero siempre constituían una preocupación y una llamada de atención para las autoridades y la sociedad, provocando diversas representaciones.

El periódico *El Dictamen* dedicaba una sección a la caricatura y la publicidad en la que se percibían tres ángulos de la cotidianidad porteña: la necesidad de encontrar medicamentos y productos que les ayudaran a sanar, la ironía, que de alguna manera era una forma de mostrar su inconformidad, y el humor, una alternativa de evasión ante su terrible realidad.

De este modo, se anunciaban al público diversos medicamentos y productos "casi milagrosos" contra todos los males, como el tónico de Preven, un antipalúdico que aseguraba combatir toda clase de fiebres tropicales. Su publicidad señalaba: "No sufra más, no desespere si ha tratado todos los remedios antipalúdicos sin resultados, ahora ya tiene el remedio".[48]

La publicidad del tónico de menta del doctor Bell decía que contra resfriados, fiebre y escalofríos provocados por el paludismo y la anemia, nada mejor que estas pastillas para recuperar la salud, la fuerza y la vitalidad. Su venta era exclusiva de boticas y droguerías.[49] Como este anuncio era frecuente encontrar otros en la prensa o volantes que circulaban por la ciudad anunciando "las maravillas" de sus productos.

La publicidad de medicamentos podía llegar a afirmaciones como: "Si quiere un hogar feliz" consuma tal o cual medicamento. La propaganda estaba principalmente dirigida hacia las mujeres y madres de familia.

El compuesto vegetal de Lidia E. Pinkham advertía:

> Para que no se aparte la felicidad de un hogar es menester que la madre de familia se conserve en buena salud; muchos y muy variados son sus quehaceres diarios y tal parece que cada persona en la casa depende de ella... la madre de familia es por lo general la consejera y administradora. El compuesto vegetal de Lidia E. Pinkham ayuda a las mujeres a que mantengan su hogar feliz pues las conserva en buena salud.[50]

Aseguraba que el éxito se había comprobado en lugares como San Antonio, Texas, y otros puntos del país vecino.

Algunos anuncios significaban competencia directa entre ellos y lanzaban publicidad descalificándose entre sí. Por ejemplo, las pastillas de fibrina del Dr. Sieg eran importadas desde Alemania y apuntaban que el paludismo y las calenturas que esta enfermedad producía no debían tratarse con la tradicional quinina, pues a decir de ellos estaba comprobado que dañaba el corazón y el estómago. Por ello, las pastillas de fibrina eran mucho más recomendables.[51]

La publicidad constituyó una representación de la cotidianidad veracruzana. Las autoridades sanitarias y los fabricantes de medicamentos diseñaron constantes campañas y las calles se llenaban de propaganda que anunciaba maravillas contra las enfermedades.

Pero no sólo se promocionaban medicamentos y productos para enfermedades como la malaria, la fiebre amarilla, la peste, etc., sino también para otras enfermedades venéreas tales como la sífilis y la gonorrea. Para esta última los porteños contaban con las inyecciones de Carrié y su anuncio indicaba que por más antigua que fuera la gonorrea pronto se curaría si se usaban las inyecciones.[52]

Las farmacias, boticas y droguerías de la ciudad se encargaban de realizar verdaderas campañas publicitarias en torno a los últimos productos que llegaban al puerto de Veracruz procedentes de Europa o Estados Unidos, donde anunciaban que se habían erradicado totalmente los males que aquejaban a las distintas sociedades.

La publicidad también fue utilizada para difundir campañas de aseo y los beneficios de la higiene como casi el único método contra enfermedades frente a las cuales no había cura y, por tanto, sólo restaba la prevención.

Dentro de las campañas de saneamiento, la publicidad se ocupó de difundir otro tipo de productos como insecticidas y plaguicidas que ayudaran a erradicar moscas, mosquitos y otros insectos. Tal fue el caso de Hofstra, insecticida contra las moscas, chinches, hormigas, cucarachas, gusanos y piojos; polvo acompañado de un objeto que llamaban "lanza polvos" y el paquete tenía un precio de 5 pesos.[53]

La protesta encontró un buen instrumento en las ilustraciones y, a lo largo de la década de los veinte, constantemente aparecieron caricaturas con sátiras demostrando lo mal aseado de la ciudad, los malos manejos de las autoridades, los abusos, la negligencia y la apatía social. Unas de las ilustraciones más atractivas fueron las "puntadas bubónicas", que mostraban representaciones de enfermos de peste en situaciones exageradas, con lo cual se esperaba despertar cierta conciencia entre los porteños para que cooperaran en las campañas preventivas.[54]

Otro tema favorito de la publicidad fue la falta de agua en la ciudad, la cual era trasladada desde el río Jamapa. Generalmente se presentaban ilustraciones de gente que buscaba agua para sus necesidades mínimas y no encontraba ni gota del vital líquido. La campaña era principalmente durante las estaciones de primavera y verano, cuando la escasez de agua en verdad era constante y podían pasar días y semanas sin contar con lo básico.

Se difundían con insistencia los beneficios de mantener limpia la ciudad y las viviendas. Una de las campañas que mayor difusión tuvo fue la implantación del "Día del aseo público" en el cual se exhortaba a la sociedad a sumarse a la limpia general que se planeaba para sacar la basura de toda la ciudad. La publicidad apuntaba:

> se obligará a los propietarios a que limpien sus bodegas y a los inquilinos a arrojar a la calle todo lo que se considere basura, entre ella los "tiliches" viejos que en muchos lugares se conservan con veneración y constituyen focos insalubres.[55]

De los tiliches se decía que eran nidos de roedores y almacenes de alimañas donde se acumulaban toda clase de microbios, y para evitar la existencia de estos focos de infección era estrictamente necesario quemarlos.

La caricatura era una forma de identidad porteña y a través del "jarochito" o la "jarochita" se reían de la situación que vivían. Esto sucedió en los momentos álgidos de las epidemias. Incluso existían caricaturas que le otorgaban identidad a determinadas enfermedades, tal fue el caso del mosquito con la fiebre amarilla o la imagen de la muerte con la peste, entre otras. Dichas representaciones podían mostrar, por un lado, la realidad, con todos sus problemas y conflictos, y por el otro, la aspiración tanto de autoridades como de la sociedad en general.

En relación con las expectativas o idearios que se formaron estuvo el de la familia ideal, la familia feliz, radicada en una casa amplia, ventilada, saneada, confortable e higiénica. Las aspiraciones de la familia perfecta en la ciudad perfecta. La publicidad, una vez más, intervino en ese aspecto y se anunciaban ventas de casas que brindaban esa expectativa. Se comunicaba que ya no era posible vivir en casas en mal estado, llenas de goteras, alimañas, desaseadas, sin ventilación y sin las mínimas condiciones de higiene.[56] Ahora lo que se requería era mejorar la vivienda en la que se pudiera desarrollar la buena salud.

Hay que mencionar que este ideal de ciudad y habitación estuvo vinculado con una campaña de buenas costumbres para despertar entre la población el desarrollo de prácticas higiénicas que ayudaran a evitar las enfermedades. La publicidad señalaba que éstas nunca llegaban sin una causa que las originara y advertían:

> las personas que tienen excesivo trabajo, que fuman mucho, que toman bebidas alcohólicas, que duermen poco y que no hacen ejercicio al aire libre, no pueden disfrutar de buena salud. Las malas costumbres y los excesos aumentan la formación de ácido úrico que entorpece y debilita los riñones.[57]

Se publicaban propagandas que aseguraban que las mujeres debían bañarse y utilizar todo tipo de cosméticos, perfumes y objetos de belleza que, a decir de la publicidad, multiplicarían los "encantos seductores". Se ofrecían artículos para el cuidado de manos y uñas, polvos y cremas para la cara, pasta dental, jabones con esencias, talco, lápiz labial, loción y polvos de color.[58]

El movimiento inquilinario de 1922 también se reflejó en la caricatura; podían apreciarse imágenes en las que se mostraba a un hombre en un parque y se señalaba que ése sí era un lugar amplio, bien aireado y sin renta.[59]

Con el movimiento inquilinario las críticas acerca de las viviendas fueron fuertes, sobre todo contra las mujeres. La publicidad señalaba que si de por sí había una mala higiene en las casas, con eso de las protestas y las huelgas las casas estaban peores, llenas de telarañas y polvo, totalmente descuidadas. De alguna manera la publicidad ponía a las mujeres como las responsables de ese mal estado y, por tanto, de la insalubridad que se vivía en el puerto de Veracruz.[60]

De igual manera, se recurrió a la publicidad para despertar conciencias. El periódico local presentaba imágenes que mostraban a inquilinos correteando a cobradores de renta. La consigna era: "Viva Proal, dando caballo al cobrador".[61] Todo esto sucedía en los patios afiliados al sindicato de inquilinos y en las calles donde el caos, el desorden y por supuesto la insalubridad campeaban libremente.

La década de los años veinte fue para el puerto veracruzano un periodo marcado por la presencia de condiciones sanitarias adversas y por el peligro siempre amenazante de las enfermedades propias del trópico, hecho que desembocó en todo un tejido espeso de relaciones sociales, comportamientos y representaciones que definían una cotidianidad particular y propia de un puerto. La población creó toda una identidad determinada por la presencia de enfermedades, la confección de sus espacios de vida y los vínculos que en ellos estableció.

NOTAS

1 Véase FALCÓN, 1977; FOWLER, 1979; FALCÓN y GARCÍA MORALES, 1986.
2 Véase GARCÍA MUNDO, 1976; GARCÍA MORALES, 1987; FALCÓN y GARCÍA MORALES, 1986.
3 RONZÓN, 2000.
4 RONZÓN, 2000, p. 236; ULLOA, 1986, p. 93.
5 GILL, 1960, p. 621.
6 GARCÍA DÍAZ, 1992, pp. 189-197.
7 *El Dictamen*, 11 de julio de 1920.
8 *El Dictamen*, 6 de junio de 1921.
9 *El Dictamen*, 13 de enero de 1925.
10 *El Dictamen*, noviembre de 1921.
11 *El Dictamen*, 12 de marzo de 1921.
12 GARCÍA DÍAZ, 1992, p. 191.
13 *El Dictamen*, 5 de agosto de 1920.
14 *El Dictamen*, 28 de agosto de 1920.
15 *El Dictamen*, 17 agosto de 1920.
16 GARCÍA DÍAZ, 1992, p. 206.
17 WOOD, 2001, pp. 67-108.
18 *El Dictamen*, 17 de mayo de 1922.
19 BEHRENS, 2000, pp. 61 y 62.
20 GARCÍA DÍAZ, 1992, pp. 200 y 201.

[21] García Díaz, 1992, p. 202.
[22] *El Dictamen*, 2 de febrero de 1922.
[23] *El Dictamen*, 4 y 6 de febrero de 1922
[24] *El Dictamen*, 11 de enero de 1922.
[25] *El Dictamen*, 15 de agosto de 1922.
[26] García Morales, 1996, p. 118.
[27] García Díaz, 1992, p. 194.
[28] García Díaz, 1992, p. 194.
[29] *El Dictamen*, 8 de abril de 1920.
[30] *El Dictamen*, 28 de agosto de 1920.
[31] *El Dictamen*, 16 de agosto de 1920.
[32] García Díaz, 1994, p. 127.
[33] *El Dictamen*, 5 de agosto de 1920.
[34] García Díaz, 1992, p. 191.
[35] *El Dictamen*, 7 de febrero de 1922.
[36] *El Dictamen*, 2 de enero de 1925.
[37] *El Dictamen*, 1 de enero de 1925.
[38] *El Dictamen*, 4 y 5 de enero de 1925.
[39] García Díaz, 1994, p. 128.
[40] *El Dictamen*, 6 de enero de 1925.
[41] *El Dictamen*, 7 de abril de 1921.
[42] *El Dictamen*, 2 de julio de 1920.
[43] *El Dictamen*, 2 de julio de 1920.
[44] *El Dictamen*, 2 de julio de 1920.
[45] *El Dictamen*, 2 de julio de 1920.
[46] *El Dictamen*, 2 de julio de 1920.
[47] *El Dictamen*, 7 de enero de 1925.
[48] *El Dictamen*, 1 de julio de 1920.
[49] *El Dictamen*, 20 de noviembre de 1921.
[50] *El Dictamen*, 8 de diciembre de 1921.
[51] *El Dictamen*, 26 de noviembre de 1921.
[52] *El Dictamen*, 27 de noviembre de 1921.
[53] *El Dictamen*, 3 de septiembre de 1922.
[54] *El Dictamen*, 9 de julio de 1920; García Díaz, 1994, p. 130.
[55] *El Dictamen*, 22 de abril de 1921.
[56] *El Dictamen*, 2 de abril de 1922.
[57] *El Dictamen*, 13 de noviembre de 1922.
[58] *El Dictamen*, 26 de julio de 1922.
[59] *El Dictamen*, 2 de abril de 1922.
[60] *El Dictamen*, 13 de abril de 1922.
[61] *El Dictamen*, 2 de julio de 1922.

SIGLAS Y REFERENCIAS

AGEV ARCHIVO GENERAL DEL ESTADO DE VERACRUZ
Acervo fotográfico

BEHRENS, Benedikt
2000 "El movimiento inquilinario de Veracruz, México, 1922-1927: Una rebelión de mujeres", *Journal of Iberian and Latin American Studies*, 6:1, julio.

El Dictamen, Veracruz, Veracruz

FALCÓN, Romana
1977 *El agrarismo en Veracruz, la etapa radical (1928-1935)*. México: El Colegio de México.

FALCÓN, Romana, y Soledad GARCÍA MORALES
1986 *La semilla en el surco. Adalberto Tejeda y radicalismo en Veracruz, 1883-1960*. México: El Colegio de México-Gobierno del Estado de Veracruz.

GARCÍA DÍAZ, Bernardo
1992 *Puerto de Veracruz. Veracruz: imágenes de su historia*. México: Gobierno del Estado de Veracruz.
1994 "La peste bubónica de 1920 en el puerto de Veracruz", *Anuario IX*. México: Instituto de Investigaciones Histórico-Sociales, Universidad Veracruzana.

GARCÍA MORALES, Soledad
1987 *La rebelión delahuertista en Veracruz, 1923*. México: Universidad Veracruzana.
1996 "Cotidianidad, cultura y diversión durante la ocupación delahuertista del puerto de Veracruz", en Manuel REYNA (coord.), *Actores sociales en un proceso de transformación: Veracruz en los años veinte*. México: Universidad Veracruzana.

GARCÍA MUNDO, Octavio
1976 *El movimiento inquilinario en Veracruz, 1922*. México: Secretaría de Educación Pública.

GILL, Mario
1960 "Veracruz, revolución y extremismo", *Historia Mexicana*, 8.

RONZÓN, José
2000 "El puerto de Veracruz, 1914-1915: salud e higiene", en Varios autores, *Diplomacia y revolución. Homenaje a Berta Ulloa*. México: El Colegio de México.

SALAMINI, Heather Fowler
1979 *Movilización campesina en Veracruz (1920-1938)*. México: Siglo XXI Editores.

ULLOA, Berta
1986 *Veracruz, capital de la nación*. México: El Colegio de México-Gobierno del Estado de Veracruz.

WOOD, Andrew Grant
2001 *Revolution in the Street. Women, Workers, and Urban Protest in Veracruz, 1870-1927*, Wilmington, Scholarly Resources.

7
DEL TALLER A LA FÁBRICA: LOS TRABAJADORES CHIHUAHUENSES EN LA PRIMERA MITAD DEL SIGLO XX[1]

MARIA APARECIDA DE S. LOPES
Pontificia Universidad Católica, São Paulo

LA CIUDAD DE CHIHUAHUA

EL OBJETIVO DE ESTE CAPÍTULO ES CONOCER ALGUNOS ASPECTOS de la cotidianidad de aquellos trabajadores que se dedicaban a la pequeña industria de transformación que se desarrolla entre la última década del siglo XIX y la primera mitad del XX en la ciudad de Chihuahua. Este periodo marca el apogeo, así como la decadencia, de una forma de producción que constituye el germen de las "modernas" fábricas de finales del siglo XX. De pequeños establecimientos que se habían constituido como unidades domésticas, en las cuales el espacio y el tiempo dedicados al trabajo no se diferenciaban del espacio y el tiempo privados, se alcanzan a partir de la década de 1950 distinciones cada vez más marcadas y precisas entre estas dos esferas de la vida cotidiana. Esta transición afecta directamente los aspectos más íntimos del trabajador urbano de escasos recursos. En este capítulo también se analizará la forma en la cual lo "privado" es paulatinamente extendido al grupo de los artesanos, y la manera como los propios sindicatos incorporan entre sus demandas derechos que antes estaban limitados a los sectores más pudientes de la sociedad chihuahuense.

En la primera mitad del siglo XX la población de Chihuahua como un todo crece de manera relativamente acelerada, pero la capital del estado continúa concentrando en promedio entre 12 y 15% de los habitantes de la entidad. Sin embargo, hacia la década de 1950 la densidad poblacional del municipio prácticamente se duplica respecto a 1900.[2] Este aumento influyó en la configuración espacial de la ciudad de Chihuahua. Del pequeño centro organizado alrededor de la catedral —donde se "fortalecen la economía estatal y los más avanzados centros de cultura"—, la traza urbana se expande para dar lugar a la presencia de un grupo de "obreros" atraídos por la expansión minera y por el incipiente desarrollo manufacturero. Asentados en las "ondulaciones que forman los cerros Grande, Santa Rosa y Coronel", estos personajes van a cambiar el panorama de Chihuahua. La ciudad, que hasta entonces era descrita por los foráneos como un centro "industrial de extraordinaria actividad y de gran porvenir: sus calles son rectas, amplias, hermosas y regulares", con un extendido servicio de alumbrado eléctrico, agua potable y tranvías, muy pronto pasaría por profundas transformaciones.[3]

A medida que avanza el siglo, la apropiación espacial de la ciudad cambia radicalmente. Ante el aumento de la población urbana y de los establecimientos "industriales", se fundan "barrios obreros", parte de ellos ubicados en las zonas cercanas a las empresas mineras y por ellas administrados. Al lado de estos poblados, nuevas colonias crecen en las afueras de la ciudad, y en ellas se establece la población más pobre atraída por las "facilidades" de adquisición de lotes y terrenos vendidos a precios populares, como las colonias Nombre de Dios y Rosario, entre otras. Finalmente, en el centro de la ciudad, en medio de pequeñas oficinas, manufacturas, fábricas y establecimientos comerciales, se asienta un grupo de personas en pequeñas habitaciones compartidas o en casas "colectivas" localizadas en calles apretadas y mal iluminadas

Vista panorámica de la ciudad de Chihuahua.

con sistemas de agua y desagüe deficientes.[4] Estos espacios, comunes en la mayoría de las ciudades en expansión dentro y fuera de México en el mismo periodo, constituyeron uno de los principales "laboratorios" de los funcionarios municipales y médicos higienistas preocupados por la proliferación de enfermedades, "malas costumbres" y comportamientos "degenerados". En su opinión, estos tres fenómenos, que se encontraban directamente vinculados, eran los principales responsables de la precariedad de las condiciones económicas de la población urbana de escasos recursos. En el mapa y en el plano siguientes es posible observar la ampliación que Chihuahua sufrió entre fines del siglo XIX y principios del XX. En este periodo se nota que en los alrededores de la traza original de la ciudad se extendían colonias populares cuyos límites topaban con los cerros que la circundan.

Las autoridades municipales chihuahuenses, a su vez, discutían una serie de proyectos para el "buen funcionamiento y policía de la ciudad". Higiene y disposición racional de los espacios fueron requisitos indispensables para definir la "nueva urbe" y sus habitantes. Ésta no era un preocupación nueva o exclusiva del siglo XX: un proyecto de Bando de Policía de 1881 recordaba la obligación de los habitantes de Chihuahua de "conservar limpias las calles, regando y barriendo las que se hallen al frente, espalda y costado de sus casas"; preveía multas a las personas que arrojasen "inmundicias en las calles y sitios públicos"; a los que bañasen sus animales o lavasen ropas "en las fuentes públicas", y a todos aquellos que entorpeciesen el libre tránsito en las calles, los conductores de animales o "los dueños de tiendas…, casas donde se reciba harina, paja, carbón, leña, cal, [deberán cuidar] de que los carros, carretas o recuas, no ocupen toda la calle, sino la acera respectiva abajo de la banqueta".[5]

En los primeros años del siglo XX, los habitantes de Chihuahua fueron testigos de la construcción de una serie de obras públicas que pretendían atender las demandas locales: parques, hospitales, escuelas, extensión de los servicios de agua potable y desagüe, ampliación de calles y avenidas, entre otros. En esta época llegan a la capital del estado el alumbrado y el transporte públicos, el cine y los primeros automóviles. Así, hacia los años treinta la ciudad de Chihuahua se asemeja a muchas otras en lo que respecta a la apropiación acelerada y algunas veces desordenada del espacio urbano. Desde temprano, transeúntes ocupados en sus "negocios" matutinos acuden a las calles centrales a comprar, vender, estudiar y producir. Habrá que destacar la diversidad de actividades comerciales, industriales y de prestación de servicios en las cuales están comprometidos hombres, mujeres y niños. Enseguida nos dedicaremos al estudio de la pequeña industria de transformación y de los centros artesanales que proliferan al final del siglo XIX y principios del XX y a la forma como los obreros fueron afectados por la expansión económica de estos sectores.

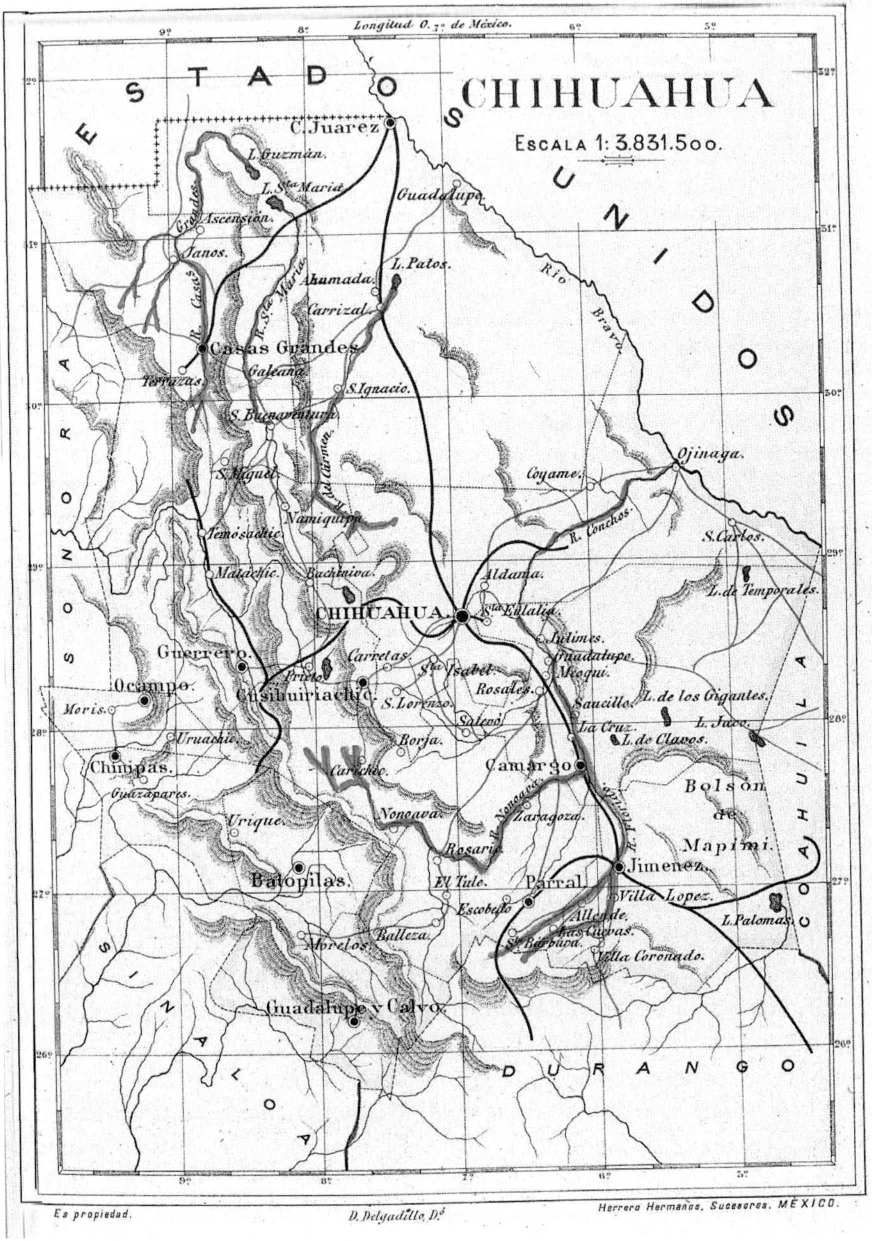

Mapa del estado de Chihuahua.

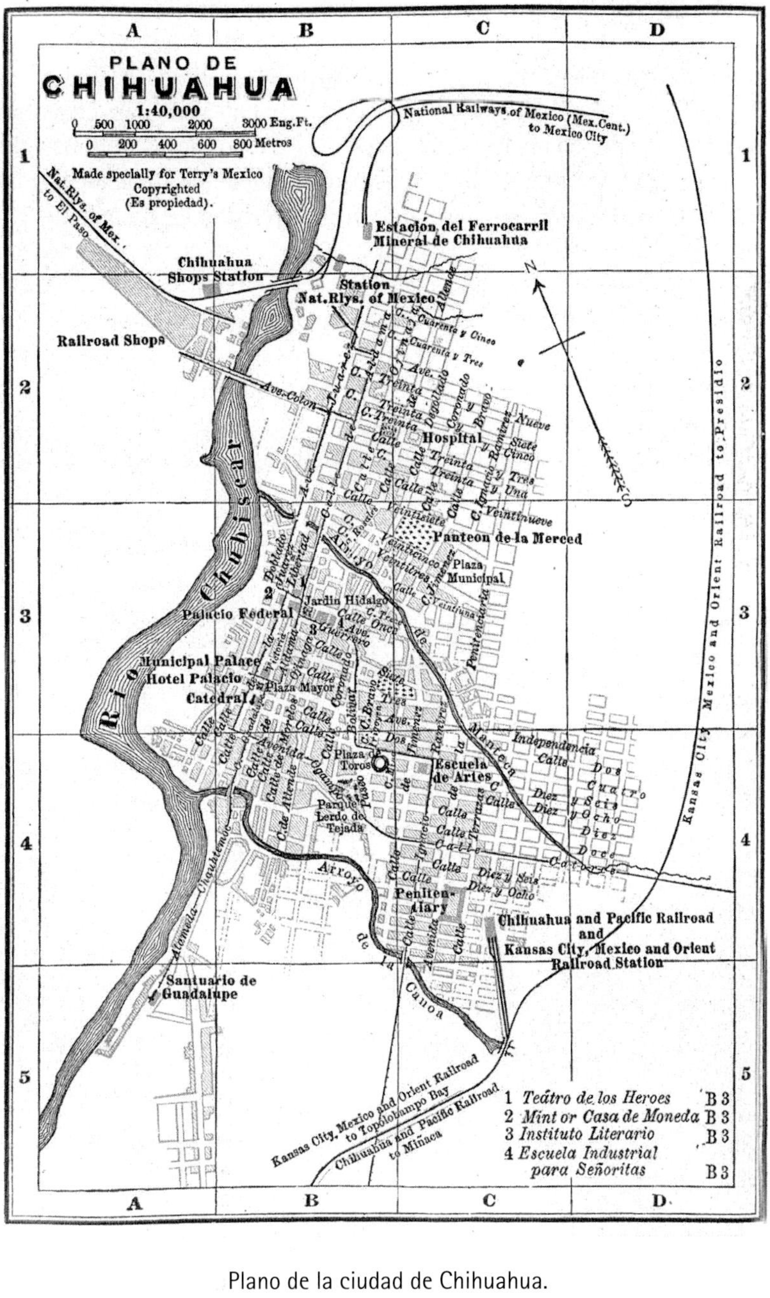

Plano de la ciudad de Chihuahua.

La pequeña manufactura y la transición hacia la gran industria

La industrialización incipiente de Chihuahua tiene características bastante definidas. Se trata fundamentalmente de talleres familiares, por lo general a cargo de un artesano, con baja producción y rendimientos limitados; tales son los casos de las sastrerías, zapaterías y herrerías, por ejemplo. La mayoría de estas pequeñas manufacturas estaban organizadas para atender las demandas del mercado local y empleaban fuerza manual. Un observador declaró que hacia 1930 había en Chihuahua una "multitud de pequeños talleres de artes y oficios, siendo de alguna importancia 19 talleres mecánicos".[6] Al lado de estos talleres se encontraban los establecimientos de manufacturas fabriles y la "gran industria" que por lo general empleaban el vapor, la gasolina o la electricidad como fuerza motriz.

Para mostrar esta diversidad de organizaciones productivas se analizará el caso de la manufactura de ropa, una de las más importantes en el estado de Chihuahua. Entre 1910 y 1927 había cuatro fábricas de esta rama en la capital de la entidad. La mayor de ellas era La Paz, fundada en 1890. Dicha empresa tenía un capital 10 veces superior a las demás del mismo sector y empleaba 300 personas, la gran mayoría mujeres. Sus obreras trabajaban en salones amplios, con horarios estrictos y en espacios específicos

Gran salón de confección de ropa La Paz.

para la ejecución de su labor. Antonio Chacón, otro "empresario" del sector fabril, era propietario de una manufactura de ropa, cuyo capital no superaba a los 5 000 pesos. Juan Ayub poseía un establecimiento manufacturero un poco menor y vendía su producto en una tienda contigua a su fábrica, en la calle Libertad. De las cuatro fábricas la de Jorge Yapor era la menor y su capital no superaba los 300 pesos.[7] Además de las diferencias internas en cada uno de los casos, no es arriesgado afirmar que al lado de estas industrias existiese un sinnúmero de costureras que atendían a sus clientes en su propia casa. Entre un extremo y otro, es decir entre la costurera particular y la fábrica de ropa La Paz, un patrón de desarrollo económico caracterizaría el traspaso entre un taller de tipo familiar, en el cual no hay separación entre el espacio público y el privado, y la estructura de trabajo.

Hacia principios del siglo pasado no eran muchas las grandes empresas que se habían establecido en la ciudad de Chihuahua. Al lado de las instalaciones mineras, la mayoría de ellas localizadas en las afueras de la ciudad, estaban la Compañía Cervecera de Chihuahua, con un capital social invertido de alrededor de 1 000 000 de pesos y una producción anual de 25 000 barriles de cerveza; esta compañía empleaba entre 300 y 350 obreros, cuyos salarios oscilaban entre 75 centavos y 4 pesos diarios. La Compañía Industrial Mexicana, dedicada a la construcción de maquinaria y a la fundición de fierro, también poseía un capital invertido de 1 000 000 de pesos y empleaba aproximadamente 550 obreros. Un poco menor, la fábrica de hilados y tejidos La Concordia, con 125 trabajadores, alcanzaba una producción anual de casi 7 000 piezas, tenía 30 telares y cuatro máquinas de hilar. Estos casos son ejemplos de grandes y medianas empresas en las cuales los patrones intentaron imponer una mejor organización de la producción, con distribución planeada de los salones y división de tareas en el interior de los mismos. De acuerdo con los dueños de La Concordia, sus departamentos eran "amplios y muy bien distribuidos, ventilados y llenos de luz".[8]

Según los datos ofrecidos por las propias compañías en las boletas que llenaron para la Exposición Universal de Saint Louis en 1903, las pequeñas y medianas manufacturas tenían entre uno y 50 obreros, cuyos salarios oscilaban entre 1.00 y 1.50 pesos. La fábrica de velas La Victoria empleaba entre cuatro y seis trabajadores. La manufactura de cerillos y velas La Oriental poseía seis máquinas y empleaba 40 obreros, la mitad mujeres. Sin embargo, esta información relativa a los empleados debe ser tomada con cautela. En diversas boletas se anotó que el número de trabajadores y obreros, así como sus salarios variaban "según el tiempo". Por ello, en algunos ejemplos el empadronador afirmó no poder "decir de manera cierta" el salario o el número de empleados, tal como se hizo en el caso de la fábrica de pan y galletas La Estrella.[9]

Entre 1930 y 1940 el número de fábricas de calzado, carpinterías, hojalaterías, herrerías y talabarterías —las ramas clásicas de la incipiente industria manufacturera—

La Equidad, compañía de seguros.

permaneció relativamente estable o disminuyó; en cambio, los establecimientos dedicados a la industria textil, harinera y las fundiciones aumentaron. A partir de estos datos se nota un distanciamiento cada vez mayor entre los pequeños y medianos establecimientos respecto a las grandes fábricas. Estas últimas, como la Compañía Eléctrica, la Cervecera de Chihuahua, la Compañía Harinera Río Florido y la fábrica de ropa El Trébol, lideraban la denominada "gran industria" chihuahuense hacia la década de 1940.[10] En este periodo —que es caracterizado como la segunda fase de industrialización de Chihuahua— fueron otorgados incentivos gubernamentales a varios inversionistas; como resultado, entre 1944 y 1950 se fundaron 87 industrias en todo el estado que incorporaron tecnología de punta, con lo que aumentaron su capacidad productiva a escalas antes nunca vistas en la ciudad de Chihuahua.

El tendero y el vendedor ambulante

El escenario urbano de la ciudad de Chihuahua en la primera mitad del siglo XX se asemeja en muchos aspectos al de otros asentamientos, en lo que se refiere a la expansión de las actividades vinculadas al intercambio de bienes y productos: "Apenas se inicia el día, empiezan a circular por las calles de la ciudad, los carros repartidores de pan, de leche y de verduras. Las tiendas de abarrotes y los puestos de comestibles abren sus puertas".[11] Hacia 1904 existían varias tiendas de abarrotes y licores, papelerías, mueblerías, joyerías y farmacias en la ciudad de Chihuahua. Un observador declaró que esta última "avanzó muy rápidamente con la llegada del ferrocarril y el incremento de los cargamentos de plata en la medida en que los diversos minerales de la sierra se desarrollaban... Esto creó la necesidad de construir todo tipo de nuevos edificios, talleres e [incluso] una cervecería".[12]

Junto al sector productivo, el comercio empleaba un grupo considerable de trabajadores urbanos; además, existía un contingente importante de vendedores ambulantes, generalmente no captados en las estadísticas, que acudían a las calles centrales de la ciudad para vender frutas y comestibles en general, entre otros productos. Desde finales de los años 1880 hasta vísperas de la Revolución, la rama comercial atravesó periodos de relativa prosperidad y, por lo que las fuentes indican, entre 1910 y 1920 la venta ambulante de mercaderías se constituyó en uno de los principales medios de captación de recursos para los chihuahuenses depauperados.

Debemos recordar que el transporte de mercancías por medio de carretas, recuas o ferrocarril fue muy arriesgado a partir de 1910 y ello influyó en el nivel y en la regularidad de las transacciones comerciales efectuadas en todo el estado. Según John Reed, cuando Francisco Villa asumió la gubernatura de Chihuahua, "agricultores y hacendados que producían carnes y vegetales no querían venir a los mercados de las ciudades porque nadie tenía dinero para comprar".[13] Otros testigos señalan la falta y la carestía de los alimentos en la ciudad: "los comestibles en Chihuahua están limitados [afirma un testigo] y es imposible conseguir vegetales, mantequilla, huevos, carne fresca y otros productos. Los fósforos son vendidos a 50 centavos la caja. El azúcar se vende a 1.50 pesos el kilo y el café a 2.00 pesos el kilo".[14]

La fuente principal utilizada en este capítulo nos habla de que en el estado de Chihuahua, como un todo, la ganadería fue el sector que sufrió el mayor impacto durante la Revolución. Por lo que a la capital de la entidad atañe, debemos mencionar que entre 1910 y 1920 algunos establecimientos industriales y comerciales tuvieron sus actividades paralizadas, y en lo que respecta precisamente a los trabajadores, una parte considerable de ellos se dedicó al comercio ambulante. Hacia 1920, empresas tan importantes como La Industrial Mexicana, La Industrial Fronteriza, La Paz y El Progreso Industrial habían cerrado sus puertas. Pese a que esta afirmación debe ser tomada con cierta cautela —debido a que con base en las listas de los almanaques y directorios no tenemos el control de aquellas que cambiaron de nombre o se trasladaron hacia otras zonas de Chihuahua—, la misma información señala una continuidad en lo referente al pequeño y mediano comercios y un aumento del número de vendedores ambulantes. Parecería que uno de los efectos de los combates armados fue un retroceso en las actividades productivas y un incremento del intercambio ambulante, tal como se explica enseguida. En 1915 el regidor Antonio Ruiz denunciaba la manera desorganizada como se realizaba el comercio ambulante en Chihuahua, y debido a que la municipalidad no tenía ningún control sobre dicho intercambio propuso:

> después de tomar en consideración las circunstancias anormales que atravesamos, la urgente necesidad del pueblo de buscarse la subsistencia por el único medio actual que es el comercio, la obstrucción de la vía pública por los comerciantes ambulantes, la conveniencia del Municipio al recaudar mayor número de puestos comerciales, la falta de mercados en forma para establecer convenientemente a los comerciantes... hemos resuelto dar permisos por escrito, solamente a los comerciantes que tengan o deseen establecer un puesto fijo..., en una sola fila fuera de la banqueta del mercado por todos sus costados, así como en cada una de las aceras... para que a los comerciantes que no presenten su permiso por escrito, la policía los obligue a despejar la vía pública.[15]

Antes de 1910 los vendedores ambulantes eran definidos como "personas que ejercen el comercio en pequeña escala sin tener lugar determinado"; en el caso de que su intercambio se desarrollara dentro del mercado deberían pagar entre 5 y 50 centa-

Edificio de La Paz, fábrica de ropa.

vos diarios a la municipalidad.[16] Durante la Revolución, como lo explica el funcionario, el comercio en las calles adquirió proporciones considerables, puesto que era una de las formas más viables de sostenimiento de un grupo numeroso de habitantes urbanos. Por lo tanto, en lo que se refiere al cotidiano de los chihuahuenses de la capital del estado, habría que destacar que a partir de 1910 las vías públicas de la ciudad se poblaron de una multitud de hombres y mujeres sin ocupación fija que buscaban, en el comercio ambulante, medios para subsistir.

Por lo que las fuentes indican, la recuperación del sector industrial fue más lenta que la del comercial. Hacia principios de la década de 1920 existían casi 200 tiendas de abarrotes en la ciudad de Chihuahua —la gran mayoría localizada en las calles Aldama, Libertad, Juárez, y en las avenidas Independencia, Zarco y Doblado—, 50 tiendas de ropa, ocho boticas y droguerías, 25 cantinas y 34 carnicerías, entre otros establecimientos comerciales.[17] Por lo visto, a pesar de los trastornos del periodo revolucionario, se puede considerar que con relación al censo de 1900 —que registró una población de 1 046 comerciantes y de 40 vendedores ambulantes—, en la década de 1920 el comercio continuaba teniendo importancia relativa en la capital del estado. En efecto, incluso el problema del comercio ambulante parecía estar bajo control. Según el regidor Venancio Gardea, hacia 1930 este sector estaba constituido por

Avenida Juárez, Chihuahua, visita del presidente Porfirio Díaz, 1909.

unos pocos "vendedores en pequeña escala, carboneros, leñeros, y tortilleros... vendedores de dulces o frutas, en mesillas o canastas", quienes por lo general no pagaban impuestos, pero en la opinión del funcionario, sus negocios no representaban ninguna pérdida para la tesorería municipal:

> tenemos 50 tortilleras, 30 vendedores ambulantes, 30 leñeros, y 20 carboneros, que en total dejaríamos de obtener unos... seis pesos y cincuenta centavos diarios, cosa que no grava al Erario Municipal, y sí obtendríamos maravillosos resultados, porque todos los individuos agraciados con esta iniciativa [no pago de impuestos], harán pronto progresar sus negocios, y pronto estarán capacitados para pagar al Municipio, un impuesto mejor, porque los hemos alentado para salir de su miseria.[18]

Otro espacio en el cual se desarrolló gran parte del comercio de Chihuahua era el mercado La Reforma, que, como se puede ver en la foto siguiente, era frecuentado por hombres, mujeres y niños que se dedicaban a la venta de los más variados productos en diferentes escalas. A lo largo de la primera mitad del siglo XX la municipalidad intentó establecer un control rígido sobre la calidad de los productos que allí se exponían y vendían, regulando la forma como los puestos deberían estar dispuestos para posibilitar el libre tránsito del público, cuidando de la limpieza y de la manera como los co-

Mercado La Reforma, durante la visita del presidente Porfirio Díaz a Chihuahua, 1909.

Plaza Hidalgo.

merciantes deberían anunciar sus mercancías sin "gritos o palabras inconvenientes que molesten u ofendan al público". En 1950 la renta mensual de un local en el mercado La Reforma variaba entre 15 y 70 pesos. El cuidado de los regidores respecto a la limpieza y organización de los mercados también debe relacionarse con el hecho de que ya en 1940 los impuestos provenientes de esta rama representaban un tercio de los derechos recaudados por la municipalidad; la matanza, el abasto y la inspección sanitaria de carnes, sobre todo esta última, representaban sin duda alguna una de las principales ramas económicas del estado.[19]

LOS SINDICATOS Y LA (IN)DISCIPLINA DEL TRABAJADOR

El proceso de transición de la pequeña y mediana manufactura hacia la gran industria coincide con la introducción de nuevos criterios de organización del trabajo que afectaron directamente la vida cotidiana del obrero. La distinción entre lo público y lo privado gana mayor visibilidad, de tal suerte que la separación entre los dos ámbitos pasa a ser una demanda de los propios sindicatos y no refleja únicamente los intereses de los patrones por una mayor productividad. Este "nuevo sindicalismo", a diferencia de las organizaciones mutualistas de las últimas décadas del siglo XIX, reivindica espacios limpios y seguros en el interior de las fábricas, así como horarios establecidos y una serie de beneficios para los obreros, quienes pasan a entenderse a sí mismos como un grupo con intereses "distintos" a los de sus patrones. Hacia la década de 1910 existían 14 organizaciones mutualistas en todo el estado de Chihuahua en las ramas de carpintería, zapatería, mecánica, tipografía, panadería, enfermería y sastrería. Dichas sociedades tenían un carácter colaboracionista, según el cual el patrón y los empleados eran concebidos como iguales que deberían unirse para "promover" el bien común de su sector económico. Los lazos paternalistas entre el obrero y el patrón eran fortalecidos en la búsqueda común por mejores condiciones de trabajo para ambos, sin afectar jamás la producción industrial; por lo tanto, estrategias como las huelgas eran entendidas como el último recurso a ser utilizado.

Al igual que una serie de sociedades mutualistas y gremiales fundadas en la segunda mitad del siglo XIX en México, la Unión de Mecánicos Mexicanos —creada en 1900 en Puebla— pregonaba como bases fundamentales el "amor fraterno y la emancipación del obrero para que éste proclame la paz, proteste respetar los derechos y bienes ajenos y tenga por lema 'Unión y Progreso' ". A lo largo de la exposición de motivos del reglamento de esta asociación se percibe una clara orientación hacia lo que ellos denominan la "moralidad y las ideas progresistas", en las cuales las necesidades vitales del obrero son expresadas bajo preceptos morales, como conservar su dignidad y no permitir los malos tratos.[20] Pero a medida que la industria va creciendo, y sobre todo a partir de la introducción de una serie de reformas laborales en el periodo posrevolucionario, estas "sociedades" adquieren un carácter diferenciado y ya es posible identificar cierta distinción entre los intereses de los trabajadores y los de sus empleadores.

El fervor sindicalista mexicano, que puede ser ubicado durante los años del gobierno cardenista en el ámbito nacional y en el estatal durante la gestión del general Rodrigo M. Quevedo, se materializa en la mejoría de las condiciones de trabajo en las fábricas, en el establecimiento de condiciones mínimas de salubridad, comodidad y alumbrado, estipuladas en una serie de leyes laborales —que reglamentaban el descanso semanal, salarios mínimos, precauciones en caso de accidentes de trabajo— y en la unificación de las organizaciones sindicales en la Central Obrera Mexicana. En 1940 el gobernador de Chihuahua, Gustavo Talamantes, relata que el Departamento del Trabajo del estado intervino en "198 conflictos y 96 convenios obrero patronales... El inspector de maquinarias y motores eléctricos practicó 36 visitas a otros tantos establecimientos... obligándose a los patronos a adoptar las medidas consiguientes, para protección contra accidentes de trabajo".[21] En 1940 la Cámara Sindical Obrera de Chihuahua congregaba 32 sindicatos y aproximadamente 20 000 trabajadores.

Obreros laborando.

Indisciplina y alcoholismo

Junto con los problemas de la organización laboral, la "indisciplina" de los obreros era considerada como uno de los principales obstáculos para el pleno desarrollo del sector industrial. Hacia finales del siglo XIX y principios del XX, debido a que las empresas todavía no ofrecían condiciones ideales de vivienda y seguridad laboral, sus trabajadores oscilaban entre el campo y la ciudad, constituyéndose en una "masa... [que] se repartía en diversas actividades, de modo tan fluido que cualquier referencia censal... no llega a dar cuenta de este mundo proteico".[22] Es evidente que en estas condiciones era bastante complicado mantener no sólo una población constante y regular en las oficinas, sino también imponer una disciplina laboral. Esta situación está muy bien representada en un caso ocurrido en 1907. En julio de ese año los dueños de panaderías de la ciudad de Chihuahua protestaron ante la municipalidad reclamando la elaboración de un código que regulase el comportamiento de sus trabajadores. De acuerdo con los patrones, sus empleados demandaban altos salarios, y cuando no eran atendidos se "refugiaban" en las cantinas; "¿qué debemos hacer?", preguntaban a los representantes municipales:

> en nuestro concepto consistirá en expedir un reglamento de panaderías, que entre otros preceptos, exija a los dueños de esos establecimientos a que expidan a cada empleado una libreta en que consten los días en que trabajan, a fin de que la autoridad política al juzgar su conducta por embriaguez o por cualquiera otra falta de policía, sepa cuáles son los que trabajan y cuáles no, puesto que de esa manera se puede comprobar quiénes son los vagos y proceder contra ellos conforme a la ley.[23]

La indisciplina de los obreros aparece de manera constante en este periodo. La inestabilidad laboral, como se ha dicho, y el vínculo todavía existente con otras actividades compone un panorama bastante complejo, en el cual los trabajadores migraban del campo a las ciudades asentándose temporalmente en estas últimas. Por otro lado, esta situación se complica aún más si consideramos que la propia organización laboral, especialmente en el caso de las pequeñas y medianas manufacturas, era precaria. La inexistencia de espacios u horarios determinados para la realización de la labor propiciaba todavía más la noción de que el "mundo del trabajo" no se diferenciaba en esencia del "mundo del hogar". Tal era el caso de los artesanos que laboraban en su casa, donde los acontecimientos de la vida familiar privada se desarrollaban en la propia oficina. Incluso en la industria minera se puede observar este patrón de comportamiento.

La inestabilidad de la mano de obra vinculada a este sector fue un problema común en las refinerías y explotaciones de Chihuahua, ya que "muchos obreros mantenían sus vínculos con la agricultura de subsistencia, de este modo evitaban depender completamente de un sueldo y del mercado. Esos trabajadores formaban parte de una población fluctuante que enfurecía a la clase media porfiriana y a los administradores estadunidenses de las minas".[24] Para arraigar a los trabajadores a las explotaciones mineras los patrones generalmente establecían relaciones paternales con ellos, proporcionándoles medicamentos, alimentación y vestido. Pero a medida que se desarrollaba la gran industria, así como el número de personas empleadas en las actividades industriales, estos mecanismos fueron paulatinamente sustituidos por nuevas reglas de comportamiento dentro de las fábricas y de las explotaciones mineras, e incluso fuera de ellas.

Desde fines del siglo XIX —especialmente a partir de la gestión en 1904 de Enrique Creel, quien es considerado por amigos y admiradores como el "apóstol infatigable de la temperancia y adversario resuelto del alcoholismo"—, las autoridades estatales adoptaron una serie de medidas para controlar diversas actividades de la población urbana. Este afán reformador se ve en la variedad de códigos y decretos proclamados en este periodo. Los había para reglamentar la prostitución, el consumo de bebidas alcohólicas, las cantinas, sus horarios y su público, y los juegos de azar, entre otros, ya que estos fenómenos eran considerados "causas generadoras de muchos delitos". De hecho, entre las atribuciones de los jefes políticos de los distritos constaban: "perseguir y castigar enérgicamente la vagancia, la embriaguez, los juegos prohibidos, y en general, cualquiera otra falta o delito contrarios a la moral, a las buenas costumbres y a la ley".[25] La vigilancia de esos aspectos de la vida cotidiana era justificada como una necesidad para "conservar el orden, la salud y el bienestar" de los ciudadanos.

El propósito de regular los momentos de esparcimiento del ciudadano estaba relacionado con las migraciones de la población de las últimas décadas del siglo XIX y con el crecimiento de las ciudades que empezaba a influir en los hábitos y comportamientos de los actores sociales. Estos factores eran señalados por las autoridades y por la prensa como responsables del aumento de la violencia, de la degeneración de la familia y de la indisciplina laboral:

> la tolerancia indebida... para que las cantinas y demás establecimientos destinados al expendio al menudeo de licores embriagantes, permanezcan abiertos toda la noche, es una de las causas para que el hombre en vez de consagrar esas horas al descanso y a la familia las pase entregado a continuas orgías que necesariamente tienen que gastar sus fuerzas físicas y morales y convertirlo en un ser inútil a la sociedad.[26]

El alcoholismo era considerado uno de los motivos principales en la comisión de delitos: "Insistimos. Hay que cerrar las tabernas para que disminuya la criminalidad", sentenciaba uno de los artículos de *El Correo de Chihuahua*. La asociación entre un fenómeno y otro provocó una reforma en la legislación penal del estado, que hasta 1904 consideraba a la embriaguez condición exculpante en la comisión de delitos. La vigilancia de la venta de las bebidas embriagantes y de los juegos prohibidos era parte de una "labor moralizadora" promovida por la administración de la entidad, por ello, "el buen ejemplo tienen que darlo precisamente los empleados del Gobierno y los municipales para que así puedan hacerse acreedores a la consideración pública". En caso de que algunos funcionarios fuesen encontrados violando dichas reglas deberían ser destituidos de sus cargos inmediatamente.[27]

En 1906 fue promulgado un nuevo decreto que demarcaba zonas específicas para el establecimiento de las cantinas de acuerdo con su categoría. Las de "primera clase", que acataban mejor los patrones de higiene impuestos por la municipalidad, se encontraban en el circuito central de la ciudad. No obstante, entre 1910 y 1940 el número de cantinas en la capital no sólo aumentó de manera considerable —en vísperas de la Revolución se registraron ocho establecimientos de esta naturaleza; en 1919, 25; en 1927-1928, 44, y en 1940, 66—, sino que también incorporaron juegos en sus interiores.[28]

Farmacia y droguería.

Disciplina en la fábrica

El personaje principal de este capítulo aparece en los registros oficiales del estado de Chihuahua en el censo de 1900: bajo la categoría "industrias, artes y oficios" fueron catalogados casi 100 oficios entre costureras, dulceros, floristas, lavanderos y planchadores, "obreros de establecimientos industriales", panaderos, relojeros, sombrereros, tipógrafos, zapateros, entre otros, totalizando casi 4 000 personas, además de 700 mineros o barreteros y pepenadores, y más de 1 000 comerciantes y vendedores ambulantes, concentrados en la ciudad de Chihuahua; sin duda alguna el mayor centro comercial e industrial del estado.[29] Sin embargo, a medida que avanzaba el siglo, Ciudad Juárez empezó a concentrar el mayor número de fábricas del estado. Un cambio en los patrones de desarrollo de este sector económico explicaría, ya en la década de 1960, la posición secundaria que la capital del estado pasó a ocupar en lo que respecta a la concentración de establecimientos industriales.

Entre 1940 y 1950 el número de personas dedicadas a la industria aumentó de manera considerable: "específicamente, el empleo en la industria de transformación creció... 134%"[30] en todo el estado. Paulatinamente, las grandes empresas comenzaron a emplear tecnologías avanzadas en el proceso productivo, introduciendo métodos de racionalización que intensifican la actividad en el menor tiempo posible; "el gerenciamiento ideal es una verdadera ciencia, basada en leyes, reglas y principios claros y definidos" dice Frederick Winslow Taylor, uno de los ideólogos de la adopción de principios "científicos" en el local de trabajo.[31] Hacia la década de 1950 los dueños de la empresa La Paz ensayaron un principio de división de la producción. La fábrica estaba organizada en varios departamentos: un salón donde se escarmenaba el algodón, otro de corte y otros de costura equipados con máquinas eléctricas. A pesar de la escasa iluminación y limitada ventilación, estos salones estaban relativamente bien aseados, y además, "en el interior de la fábrica hay un botiquín para primeros auxilios y cuentan con los servicios de un médico que tiene como auxiliar una enfermera".[32]

En general, el aspecto de la cervecería Cruz Blanca era similar: "la cervecería consta de varios departamentos: máquinas y calderas, cocimientos, lavado de barriles, lavado y llenado de envases, cuartos fríos, etc. La mayor parte del trabajo se hace por medio de maquinaria interviniendo solamente los obreros para vigilar el funcionamiento de ellas, por lo que los riesgos profesionales a que están expuestos son muy escasos".[33] Sus trabajadores, 83 en total, cumplían una jornada de ocho horas de trabajo en el turno diurno y siete en el nocturno. Como se dijo, esta nueva "organización" del proceso productivo también pasó a ser parte de las peticiones de los trabajadores sindicalizados. El descanso semanal, exigencia prácticamente inexistente entre los artesanos y dueños

Fábrica de ropa La Paz.

de pequeños talleres, aparece en esta petición del sindicato de molineras Manuel Pineda a la municipalidad de Chihuahua:

> Este sindicato de molineras, se dirige a usted, suplicándole que de serle posible, se establezca un horario fijo... para que los propietarios de molinos libres se sujeten a él, pues después de sufrir la ruinosa competencia que tenemos, los propietarios de molinos libres, muelen a toda hora del día y muy temprano, cosa que nos perjudica grandemente, como es decir los días de descanso obligatorio, debido a esa competencia nosotras ya no gozamos de los días de descanso obligatorio, porque los molinos libres trabajan los días de fiesta y los patrones nos obligan hacer también lo mismo a nosotras.[34]

Este ejemplo permite captar bastante bien la transición paulatina entre los obreros de las fábricas y el pequeño y mediano artesano libre. Este último no depende de horario o de espacio específicos para desarrollar sus actividades, de tal suerte que su trabajo se realiza "a cualquier hora del día", sin instancias predeterminadas para la comida o el descanso. En este aspecto, su labor se organiza de acuerdo con el tiempo y el espacio disponibles y no necesariamente en función de la "eficacia productiva".[35] Mientras que en la fábrica el trabajador se subordina a una serie de reglas que garantizan la ejecución del producto final, de forma que su individualidad se orienta, durante un lapso determinado de horas, a desempeñar únicamente sus funciones laborales. Por otra parte, el propio trabajador que ya se encuentra en el "mercado de trabajo" comienza a exigir mejores condiciones laborales y salarios más adecuados. El primer criterio, como se ve en la petición de las molineras, se materializa en la necesidad de una separación entre su mundo laboral y su "vida privada", referida aquí al respeto a "los días de descanso obligatorio o los días de fiesta". Esta disyuntiva representa simbólicamente las diferenciaciones que se van estableciendo entre los dos tipos de trabajadores.

ESTÁNDARES DE VIDA DEL TRABAJADOR URBANO

Hasta el final del siglo XIX, el ámbito "privado", como una esfera que se contrapone a la "vida pública", había estado restringido a un grupo selecto de la sociedad; conceptualmente hablando, "la posibilidad de tener vida privada era un privilegio de clase",[36] limitado a los grupos más ricos que podían darse ese "lujo". Esta separación supone la existencia de un Estado moderno: más precisamente, es después de las revoluciones liberales que ambas esferas de la vida son entendidas como zonas opuestas de socialización y convivencia. Una casa dividida en espacios definidos para cada una de las funciones y confort de sus habitantes no era accesible a todos los trabajadores urbanos de la primera mitad del siglo XX. Salas para recibir visitas y cuartos reservados a la "intimidad" de los miembros de la familia eran privilegio de un grupo social bastante pequeño. Es durante el siglo XX que el "derecho" a la vida privada se amplía a otros sectores de la sociedad; los motivos de estos cambios son varios. La industrialización y con ella la mayor racionalización en el local de trabajo fueron ejemplo para la división y organización de las funciones en el interior de la casa. Por otra parte, el proceso de sindicalización y la extensión del sistema educativo se convirtieron en referenciales a partir de los cuales los propios trabajadores empezaron a "exigir" el derecho a la vida privada.

En el centro de la ciudad de Chihuahua, viviendas con "diez piezas amplias, dos patios, baño moderno y otro para servidumbre",[37] estaban destinadas a una clase social específica que tenía posibilidades de sostener y mantener una casa de esas dimensiones. En los espacios "públicos" de estas viviendas se exhibía lo que podía ser del conocimiento de los miembros externos al núcleo familiar. El salón de la hacienda generalmente estaba adornado con espejos, mesas, sillas y retratos que exponían la imagen de la familia que sus miembros querían dar a conocer. En las habitaciones de los artesanos y de los pequeños comerciantes, por su parte, no existía un espacio específico destinado a la ejecución de sus funciones laborales, y éstas se realizaban dentro

Sala de la casa que ocupó el presidente Porfirio Díaz.

de la propia casa o cuando mucho en una extensión de ésta. Ello dificultaba una clara distinción entre la vida privada y el trabajo, puesto que las escenas más íntimas estaban expuestas a la vista de individuos que no pertenecían al núcleo familiar.

En la lista de "domicilios particulares" de la ciudad de Chihuahua de la década de 1910 hay varios negocios cuya localización "coincide" con la dirección de las viviendas de sus dueños, especialmente en los casos de los sastres, panaderos, relojeros, talabarteros y carniceros. Es fácil imaginar que una costurera recibiera a sus clientes en su propia casa y que las dulceras vendiesen sus productos desde su ventana. Hacia la década de 1920 constan varias peticiones individuales a la municipalidad, como la que hizo la señora Guadalupe E. de Chavira solicitando "permiso... para poner una mesa con refrescos frente a su casa habitación".[38] Esta aseveración puede ser extendida a los establecimientos comerciales: por ejemplo, es probable que el piso superior de la tienda Venceslau Flores estuviera destinado a la vivienda de su propietario. En otras tiendas podía observarse la ausencia de cualquier tipo de espacio específico para atender a los clientes, pues dicho espacio era también la vivienda de sus propietarios.

En el directorio también están los nombres de varios empleados, gerentes y socios de industrias y casas comerciales como La Concordia, La Francia Marítima, El Nuevo Mundo y Las Tres B.B.B., entre otras.[39] Aquí se nota que las casas de esas personas y sus lugares de trabajo eran distintos, en cada uno de ellos se realizaban tareas

Chihuahua Investment Co.

El Nuevo Mundo.

específicas y había un comportamiento diferente. Los empleados de la tienda New York José Fernández debían pertenecer a esta categoría de trabajadores; se observaba también la limpieza y la organización del ambiente de trabajo. Los grandes hacendados, a su vez, cuyas unidades de producción se encontraban en las afueras de la ciudad, mantenían sus viviendas "urbanas" en los linderos de aquélla. Así, cuando los propietarios anunciaban en los periódicos la venta o renta de casas "céntricas", con servicio de agua, drenaje y cuartos para el "criadaje", tenían en mente a esa población adinerada.

Las viviendas

En la primera mitad del siglo XX se pueden observar cuatro tipos diferentes de apropiación del espacio en Chihuahua: complejos habitacionales construidos y controlados por las compañías mineras, más allá de los linderos de la ciudad; barrios pobres en las afueras de ésta; "habitaciones colectivas", en medio de los establecimientos comerciales e industriales, y casas de "lujo" de la élite, localizadas en las zonas centrales, lo cual muestra una composición "jerarquizada" de la traza urbana chihuahuense.

Deben entenderse en este sentido los intentos de diversas compañías, especialmente las mineras como la American Smelting, localizada en las afueras de la ciudad de Chihuahua, por construir viviendas populares. Los dueños de los complejos industriales expresaban en algunos casos, no en todos, preocupación por la salubridad e higiene de estos asentamientos, con la idea de que así también estarían sanos sus empleados para desempeñar mejor sus funciones. Hacia fines de la década de 1940, algunos médicos de la Universidad Nacional Autónoma de México realizaron varias visitas a Chihuahua para investigar las condiciones higiénicas y de trabajo de las industrias mineras de la capital del estado. Sus conclusiones fueron disparejas y reveladoras de la preocupación de los empleadores por controlar la vida de los trabajadores dentro y fuera de las plantas laborales:

> En mi visita a la American Smelting, se me formó una muy grata impresión, pues tratando de buscar los defectos que pudieran tener en la protección del obrero se puede ver que hay desde un principio todas las precauciones para que el obrero no adquiera ninguna enfermedad. Al lado de la planta de fundición hay un pueblo formado por las casas que la compañía les proporciona a sus trabajadores donde habitan éstos con sus familias. El pueblo está formado por dos colonias, una para los obreros y otra para empleados de mayor categoría, las dos con iguales condiciones de higiene. Las viviendas están agrupadas formando manzanas numeradas y cada vivienda numerada también consta de dos piezas, cocina y baño que las personas distribuyen según quieren o tienen necesidad. Estas casas están adaptadas con tela de alambre en puertas y ventanas para impedir la entrada de insectos, tienen luz, agua corriente y servicios higiénicos completos y particulares.[40]

En este caso se percibe que la construcción y disposición de las casas de los empleados y trabajadores reproducía la jerarquía de la "fábrica", y al mismo tiempo les garantizaba un espacio armónico y ordenado para su vida particular y sus momentos de esparcimiento. De acuerdo con una de las médicas, "dentro del pueblo los trabajadores encuentran todo lo que les haría salir de él para cumplir con sus necesidades religiosas o para divertirse, pues tienen iglesia, cine con costo bastante más bajo que fuera de allí". En el mismo complejo minero también se intentó fomentar el deporte, considerado por las autoridades como "una de las mejores maneras de prepararlos para desarrollar una labor eficiente y más efectiva"; además, no había cantinas y la venta de bebidas alcohólicas estaba prohibida. En el pueblo existía incluso un hospital para atender los accidentes de trabajo, y algunas clínicas, cuyos médicos hacían visitas regulares a los empleados y sus familiares, vigilando su estado de salud y las condiciones sanitarias de sus viviendas.[41] Aparte de la iniciativa privada, el gobierno local también procuró construir "obras sociales" que permitieran el esparcimiento "ordenado y sano" del chihuahuense, tal como la Ciudad Deportiva construida en la década de 1940 en la Colonia Industrial, durante el gobierno de Fernando Foglio Miramontes.

La American Smelting poseía otro mineral en el cual las condiciones de vivienda de los trabajadores eran, en opinión de otro pasante de medicina, "penosas... pues ni siquiera cuentan con cantidad suficiente de agua potable y la poca con que subsanan sus más indispensables necesidades es suministrada por la compañía; no sólo es pavoroso el problema del agua, sino también el de las viviendas, dado que son completamente antihigiénicas a tal grado que algunos tienen por residencia cuevas excarvadas (*sic*) en paredones".[42] En otros casos, los obreros, ya fueran los empleados de las grandes compañías o bien artesanos desempleados, se asentaron en las zonas más alejadas del centro de la capital. La rápida urbanización de Chihuahua y la valorización de las zonas centrales hizo que un grupo cada vez mayor de trabajadores buscase en las "afueras" de la ciudad viviendas más económicas. Los que permanecían en el centro se apiñaban en casas colectivas sin desagüe, agua o estructura para el abrigo de un sinnúmero de familias desposeídas.[43] Este proceso fue bastante común en la mayoría de las ciudades que se transformaron en centros industriales de importancia durante las últimas décadas del siglo XIX y principios del XX. En este sentido es bastante ilustrativa la descripción que el regidor Torres hizo a los munícipes en 1906:

Escuela oficial núm. 138.

> La calle Doblado en toda su extensión, tanto por su estrechez, como por su diferencia de nivel con las otras calles; tanto por su proximidad al Río como por su orientación, es si no la peor bajo el punto de vista higiénico, sí una de las peores indudablemente.
>
> En muchos puntos carece de luz, es húmeda, mal ventilada y extraordinariamente sucia; por donde quiera tiene focos de infección y desdice muy elocuentemente del grado de cultura que hemos llegado.
>
> *Buscando las causas, fácilmente se encuentran: la generalidad de las personas que habitan las casas de uno y otro lado, pertenecen al gremio proletario, cuyas viciosas costumbres no me atrevo describir*, pues bien las conocéis; basuras, orines, excrementos y todo género de desechos tienen por receptáculo común a la... calle...
>
> Camínese por las noches, sobre todo, después de la lluvia a lo largo de las Calles Libertad y Juárez, y se percibirá un pésimo olor de aguas en putrefacción; este mal olor llega hasta la Calle Victoria y aun a la Calle Aldama.[44]

De acuerdo con esta descripción, la falta de higiene de estas calles apretadas y desniveladas del centro de la ciudad era atribuida a la ignorancia e indisciplina del "gremio proletario", considerado como el responsable directo de las condiciones de insalubridad en la que vivía; por lo tanto, era necesario "educar" al trabajador para mudar sus hábitos antihigiénicos. Al lado de programas de higienización, desde fines del siglo XIX la gubernatura local expidió una serie de leyes enfocadas a aminorar esta situación. La preocupación de las autoridades está documentada en el reglamento sobre casas de obreros y empleados públicos promulgado durante la gestión de Enrique Creel en 1906, en el cual se enunciaba la necesidad de "proporcionar habitación cómoda, higiénica y barata a los obreros y empleados que por lo exiguo de su sueldo o jornal no pueden vivir en casas que devenguen arrendamientos".[45]

Mientras que en los barrios centrales, con servicio de saneamiento básico y electricidad, estaban localizadas las viviendas de las familias de mayores recursos, en las zonas alejadas del centro comercial y administrativo se asentaba un grupo de trabajadores empobrecidos. En función de estas y otras condiciones, paulatinamente se fue dando un proceso de "segregación espacial", en lo que respecta a la apropiación de las zonas urbanas de la ciudad de Chihuahua. El propio gobierno de Creel inició durante su gubernatura un proyecto para facilitar a los obreros y empleados de escasos recursos la adquisición de casas, mediante la exención de ciertos impuestos estatales. El mercado inmobiliario captó estas transformaciones y durante los años veinte promovió periódicamente la venta de lotes en las afueras de la ciudad: "construya su casita cuanto antes, Ud. mismo puede hacerla", anunciaba el señor Elías Hernández, quien estaba vendiendo 100 lotes en la colonia Rosario, cercana a las vías del Ferrocarril del Noroeste, con costo de 5 pesos mensuales y 10 pesos de enganche.[46] La mayoría de estos barrios todavía no tenía agua potable o sistemas de drenaje; la consecuencia fue el aumento de enfermedades causadas por el consumo de aguas no tratadas y el incremento de la mortalidad infantil.

Salarios y sustento diario

La inserción de la ciudad de Chihuahua en el desarrollo del México posrevolucionario provocó algunos cambios dignos de mencionarse; el principal que se analiza en este capítulo se refiere no sólo al aumento de las industrias, sino también a una alteración en la forma de organización laboral en el interior de esos establecimientos. Pero también se percibe una lenta alteración del patrón de vida de los chihuahuenses. En 1920 había más de 40 tiendas de ropa en la ciudad de Chihuahua. A pesar de que su propaganda pregonaba que camisas, bolsas de cuero, pañuelos de lino, bordados, mascadas y perfumes franceses, entre otros, eran accesibles a toda población, "desde la princesa altiva, hasta la hija de un pescador", estos artículos estaban destinados a un grupo bastante selecto y, al contrario de lo que decían, no estaban "al alcance de todas fortunas".[47] Entre 1910 y 1950 el número de comercios dedicados a la venta de productos de lujo como cristalerías, "equipos" para novias, fotografías, mueblerías, salones de belleza, tiendas de ropas masculina, femenina y para niños, sombrererías y perfumerías, creció de manera constante en la ciudad. Es una muestra de la diversificación de las "necesidades" del habitante urbano, sin embargo, gran parte de los productos que ofrecían no podían ser adquiridos por el trabajador pobre.

Hacia 1920 el jornal del trabajador de la ciudad de Chihuahua oscilaba entre 1.00 y 1.50 pesos; sus gastos, de acuerdo con los diversos estudios que se hicieron en el periodo con el objetivo de definir los patrones de vida obrera, se limitaban a alimentación: maíz, harina de trigo, pan blanco, frijol, arroz, carne de res, manteca, café, leche, chile y azúcar; combustible: carbón y leña; vestido: con las más baratas telas como "lona azul o género que empleen los trabajadores para vestirse", zapatos o huaraches, sombreros de palma o fieltro, "sarape o prenda con que se abriguen contra el frío"; aseo; alojamiento: cuya renta no debería ser superior a los 5 pesos mensuales, y alumbrado: petróleo o velas. El salario de estos trabajadores limitaba su acceso a los artículos anunciados en los periódicos. En otro cuestionario sobre las condiciones de vida de los obreros de la década de 1930 fueron incluidos, además de los productos ya citados, otros sobre todo en el ramo de la alimentación como garbanzos, lentejas, masa para tortillas, pescado, pastas, papas, huevos, leche y legumbres. En el rubro de vestimentas se estableció una distinción entre "ropa interior" y "ropa exterior", y se agregaron otros conceptos como ropa de cama de "uso ordinario", jabón para lavado de ropa y "otros gastos indispensables", tales como "diversión honesta y económica" y "renta de casa".[48]

A pesar de la inclusión de artículos antes ni siquiera mencionados, especialmente en el ramo de la alimentación —que amplía el abanico de proteínas consumidas por el trabajador pobre—, es difícil evaluar si estos cambios resultaron en una mejoría efectiva de las condiciones de vida de los obreros urbanos. Un análisis acerca de sus gastos puede ilustrar lo anterior: en caso de que un trabajador pagara una renta mensual de 25 pesos —la más económica puesto que la más cara costaría el doble— estaría utilizando más de 50% de su salario en vivienda. Los gastos en vestido eran aún mayores: la adquisición de un abrigo de invierno, por ejemplo, implicaba casi la mitad del salario de un miembro de la familia. Los gastos en alimentación eran por lo general bastante significativos, pero parte de ellos eran subsidiados, puesto que un trabajador mejor alimentado sería capaz de realizar mejor sus funciones laborales.

Las mujeres en el mercado laboral

A pesar que de las mujeres participaban activamente en la composición del presupuesto familiar, todavía hacia principios del siglo XX no eran consideradas parte de la "fuerza laboral". Una comparación entre los censos de 1895 y 1900 puede ilustrar lo anterior. Pese a que la presencia de la mujer permaneció constante en algunos oficios: 113 profesoras en 1895, 124 en 1900; 961 costureras en 1895, 815 en 1900, el primer censo del siglo XX agregó un dato que el anterior no contemplaba: en la categoría agricultores aparecen 532 mujeres. Por otro lado aumentó el número de propietarias: 155 en 1895 y 231 en 1900; el de comerciantes: 229 y 422 respectivamente, y el de vendedoras ambulantes: 2 y 15. Sin embargo, lo más curioso es que mientras el censo de 1895 empadronó a 13 239 mujeres y 1 593 hombres sin ocupación, en 1900 el número de mujeres en este mismo renglón se redujo a 6 607, mientras que el de los hombres alcanzó 3 121 desempleados.[49]

El modelo de mujer, divulgado con insistencia por la prensa, correspondía a una persona que no necesitaba trabajar y aquella que lo hacía debería estar limitada al ámbito familiar: "una mujercita prudente, necesita… 'saber de cuentas' [se subraya en un artículo dominical de *El Correo de Chihuahua*]. Ella ha de ser, más tarde o más temprano el 'ministro de hacienda' de un hogar". Por lo tanto, de acuerdo con la definición de papeles sociales "ideales", la mujer que "abandonaba" su casa para trabajar pertenecía a la base de la pirámide social. Sin embargo, la mano de obra femenina se encontraba en los más diversos ámbitos laborales, especialmente en la industria textil: "se solicitan costureras [decía un anuncio de empleo]… En esta fábrica se da trabajo a toda señorita que desee coser en máquina, en los ramos de Sastrería, Camisería y Bonetería en general". En la lavandería La Moderna —fundada en 1898— trabajaban "numerosas operarias [que] atienden al lavado y al planchado".[50]

Por otra parte, es bastante probable que al lado de estas "obreras" existiesen otras mujeres que de forma individual se emplearan temporal o informalmente en diversas actividades, tal como consta en los autos que inculparon a María Aguilar por el delito de robo. La acusada, quien declaró ser de oficio doméstica, planchaba y se "ocupaba de distintas cosas pues estaba en mala situación".[51]

Al hacer una comparación de los salarios de los trabajadores según el género resalta que en promedio la mujer ganaba 25% menos que el hombre, incluso en el caso de la industria del vestido cuya fuerza laboral era mayoritariamente femenina, y este patrón se repite tanto en los establecimientos pequeños como en los grandes, como se aprecia en el cuadro siguiente.

Composición salarial de hombres y mujeres en la industria

Nombre del establecimiento	*Producto*	*Número de obreros*		*Jornal en pesos*	
		Hombres	*Mujeres*	*Hombres*	*Mujeres*
La Paz	Ropas	50	250	1.25	1.00
La Estrella	Galletas	10	15	1.00	0.75
La Industrial Fronteriza	Fideos y pastas	28	12	1.00	0.75
La Chihuahuense	Cerillos	9	12	1.00	0.75
El León	Aguas minerales	15	6	1.00	0.80
El Tigre Negro	Cigarros de hoja	30	40	1.00	0.75
Lavandería La Moderna	Lavandería	10	20	1.25	0.75

FUENTE: AHMCH, Fondo Porfiriato, Sección Secretaría, Dirección General de Estadística, "Estadística industrial", caja 59, exp. 38, 1 de febrero de 1904.

La gran mayoría de estas fábricas fueron fundadas en las dos últimas décadas del siglo XIX y en la primera del XX; en ellas se advierte que la mano de obra femenina constituía un componente importante que no puede ser despreciado. Las mujeres también laboraban en un sinnúmero de establecimientos comerciales como boticas, bazares, cafés y mueblerías localizados en las calles centrales de la ciudad de Chihuahua. En los censos industriales y comerciales aparecen como propietarias de panaderías, leñerías, tiendas de abarrotes y licores; dentro del mercado se encuentran en puestos de venta de legumbres y verduras, y como ambulantes.

El entorno de la ciudad de Chihuahua a fines del siglo XIX y principios del XX presenta un escenario ideal para conocer a los trabajadores que se asentaron en la mayoría de los centros urbanos occidentales, más o menos en la misma época. Durante este periodo un grupo bastante heterogéneo de obreros, pequeños comerciantes, vendedores ambu-

Tienda del señor José María Sánchez.

lantes, artesanos y jornaleros, entre otros, buscaban en las ciudades —sin abandonar sus vínculos con el mundo rural— un trabajo temporal o un empleo que les aliviara una necesidad inmediata. Dicha migración fue facilitada y hasta cierto punto fomentada por el proceso de industrialización incipiente que se vivió en el estado; sin embargo, esta transición, de causas meramente económicas, afectaría enormemente la vida cotidiana de los sectores populares.

Como se analizó aquí, los pequeños artesanos o manufactureros de medianos recursos tienden a desaparecer en la medida en que la gran industria gana mayor ímpetu, y con ellos decaen también hábitos y formas de convivencia que a fines del siglo XX prácticamente ya no se conocen. Hoy día el mundo del trabajo y el mundo "privado" aparecen como dos esferas casi opuestas de la sociedad; sin embargo, para aquellos trabajadores de los talleres de sastres, para los relojeros o para las costureras chihuahuenses de la primera mitad del siglo, su labor se confundía cotidianamente con su vida particular. La inexistencia de espacios u horarios específicos para desarrollar sus actividades reforzaba esta concatenación. Dos factores se combinaron para la transformación finisecular: por un lado, los intereses de los patrones para racionalizar el proceso productivo hizo que fuera más "rentable" la organización "científica" de la fábrica; por otro, los propios trabajadores empezaron a requerir que su vida íntima, a semejanza de la de sus jefes, fuera respetada. Las demandas sindicales por mejores salarios, horas y días de descanso fueron la mejor expresión de estas necesidades.

Catedral de Chihuahua.

NOTAS

[1] Parte de la investigación para este trabajo se realizó con el apoyo del Centro de Estudios Históricos de El Colegio de México. Expreso mi gratitud a la doctora Pilar Gonzalbo y al doctor Aurelio de los Reyes por su apoyo.

[2] Censos generales de población. Chihuahua, 1900, 1904, p. 55; 1921, 1926, p. 99; 1930, 1931, p. 11; 1940, 1943, p. 28; 1950, 1952, p. 23.

[3] JORDÁN, 1967, p. 367; *La república mexicana*... 1910, pp. 13-14.

[4] *El Diario*, 5 de marzo de 1925; *El Correo de Chihuahua*, 4 de febrero de 1927.

[5] AMCH, Fondo Porfiriato, Sección Presidencia, 14 de marzo de 1881, caja 3, exp. 34.

[6] VARGAS PIÑERA, 1930, p. 68.

[7] Gobierno del Estado de Chihuahua, *Anuario Estadístico del Estado de Chihuahua. Año 1909*, 1913, p. 126; Gobierno del Estado de Chihuahua, *Boletín Estadístico del Estado de Chihuahua, núm. 4. Año 1925*, 1927, p. 74.

[8] AMCH, Fondo Porfiriato, Sección Secretaría, 1903, caja 56, exp. 10; Gobierno del Estado de Chihuahua, *Anuario Estadístico del Estado de Chihuaha. Año 1905*, 1905, "Noticia de los principales establecimientos industriales existentes en el estado"; Gobierno del Estado de Chihuahua, *Anuario Estadístico del Estado de Chihuaha. Año 1909*, 1913, "Noticia de los giros mercantiles existentes en el año de 1909, en la ciudad de Chihuahua"; *Álbum de Chihuahua. 1904*, s.f., s. pp.

[9] AMCH, Fondo Porfiriato, Sección Secretaría, 1903, caja 56, exp. 10; Gobierno del Estado de Chihuahua, *Anuario Estadístico del Estado de Chihuaha. Año 1905*, 1905, "Noticia de los principales establecimientos industriales existentes en el estado"; Gobierno del Estado de Chihuahua, *Anuario Estadístico del Estado de Chihuaha. Año 1909*, 1913, "Noticia de los giros mercantiles existentes en el año de 1909, en la ciudad de Chihuahua".

[10] *Guía general del estado de Chihuahua. 1940*, s.f, pp. 37-103.

[11] VARGAS PIÑERA, 1930, pp. 10-11.

[12] SHEPHERD, 1938, p. 87. Traducción mía.

[13] REED, 1978, p. 118. Traducción mía. Según Friedrich Katz debe hacerse una excepción para el periodo del gobierno villista en el estado, ya que debido a una serie de medidas como la disminución de los precios de ciertos productos géneros alimenticios, las consecuencias de la guerra fueron menos intensas sobre la población chihuahuense. Véase KATZ, 1998, pp. 398 ss.

[14] RFNM, 17 de julio de 1913, caja 4, fólder 4, carta de J.O. Crockett a H.I. Miller.

[15] AMCH, Fondo Revolución, Sección Presidencia, 27 de noviembre de 1915, caja 10, exp. 4, comunicación del regidor 3o., Antonio Ruiz.

[16] AMCH, Fondo Porfiriato, Sección Presidencia, 14 de junio de 1905, "Proyecto de reglamento de mercados", caja 27, exp. 48; AMCH, Fondo Porfiriato, Sección Presidencia, 20 de enero de 1906, "Noticia de los arrendatarios de las tiendas ubicadas en el interior del mercado 'La Reforma', que renovaron sus contratos por el presente año de 1906", caja 29, exp. 22.

[17] *Directorio general de Chihuahua. Comercio, industria, minería y guía oficial de las municipalidades y secciones municipales del estado*, 1919, pp. 18-27.

[18] AMCH, Fondo Reconstrucción, Sección Presidencia, 4 de enero de 1930, caja 22, exp. 44, comunicación del regidor Venancio Gardea.

[19] AMCH, Fondo Porfiriato, Sección Presidencia, 20 de enero de 1906, "Noticia de los arrendatarios de las tiendas ubicadas en el interior del mercado 'La Reforma', que renovaron sus contratos por el presente año

de 1906", caja 29, exp. 22; AMCH, "Noticia que manifiesta los productos del mercado 'La Reforma', cuota diaria y ambulantes, recaudadas en el mes de diciembre último", 2 de enero de 1905, caja 27, exp. 48; AMCH, "Proyecto de reglamento de mercados", 14 de julio de 1905, caja 27, exp. 48; AMCH, Fondo Reconstrucción, Sección Presidencia, "Reglamento de mercados para la ciudad de Chihuahua", s.f, caja 5, exp. 22; AMCH, Fondo Contemporáneo, Sección Secretaría, "Ingresos y egresos municipales. Mes de noviembre 1948", noviembre de 1948, caja 32, exp. 14.

[20] AGN, Fondo Gobernación, 28 de agosto de 1903, sin clasificar, caja 7, exp. 5. "Reglamentos general e interior de la honorable sociedad 'Unión de mecánicos mexicanos'", pp. 15-24.

[21] Gobierno del Estado de Chihuahua, *Informe del C. Gobernador constitucional Gustavo Talamantes al H. Congreso del estado, 16 de septiembre de 1940*, s.f., p. 13.

[22] ROMERO, 1999, p. 289.

[23] AMCH, Fondo Porfiriato, Sección Secretaría, 18 de julio de 1907, caja 29, exp. 39.

[24] FRENCH, 1990, p. 238. Traducción mía.

[25] *Periódico Oficial del Estado de Chihuahua*, 2 de julio de 1904; 18 de noviembre de 1904, y 18 de octubre de 1906.

[26] AMCH, Fondo Porfiriato, Sección Presidencia, 20 de junio de 1903, caja 25, exp. 12, comunicación del secretario de estado al Jefe político del distrito de Iturbide.

[27] *Periódico Oficial del Estado de Chihuahua*, 14 de enero de 1905; *El Correo de Chihuahua*, 17 de julio de 1908.

[28] AMCH, Fondo Porfiriato, Sección Presidencia, 8 de octubre de 1906, caja 29, exp. 12, comunicación de José Asúnsolo, el regidor 4o.; *Anuario Estadístico del Estado de Chihuaha. Año 1909*, 1913, p. 123; *Directorio general de Chihuahua. Comercio, industria, minería y guía oficial de las municipalidades y secciones municipales del estado*, 1919, p. 25; *Directorio general de la ciudad y del estado de Chihuahua para el bienio de 1927-1928*, s.f., pp. 263-265; *Guía general del estado de Chihuahua. 1940*, s.f, pp. 57-59.

[29] *Censo General de Población de la República Mexicana. Estado de Chihuahua. 1900*, 1904, pp. 54-78.

[30] FALOMIR MORALES, 1998, p. 398.

[31] TAYLOR, 1917, p. 7. Traducción mía.

[32] MONCHEZ, 1947, pp. 31-32.

[33] MONCHEZ, 1947, pp. 31-34.

[34] AMCH, Fondo Contemporáneo, Sección Secretaría, 5 de abril de 1950, caja 38, exp. 7.

[35] PROST, 1991, p. 20.

[36] PROST, 1991, p. 7. Traducción mía.

[37] *El Correo de Chihuahua*, 17 de agosto de 1927.

[38] AMCH, Fondo Reconstrucción, Sección Secretaría, 8 de noviembre de 1921, caja 47, exp. 21.

[39] *Directorio general del estado de Chihuahua. 1912-1913. Contiene: gobierno, profesionales, industriales, comerciantes, agricultores, mineros, propietarios*, s.f, pp. 121-147.

[40] LEDESMA DÍAZ, 1947, p. 23.

[41] LEDESMA DÍAZ, 1947, pp. 23-24.

[42] MONCHEZ, 1947, p. 29.

[43] VARGAS PIÑERA, 1930, p. 63; *El Diario*, 5 de marzo de 1935; *El Correo de Chihuahua*, 4 de febrero de 1927.

[44] AMCH, Fondo Porfiriato, Sección Secretaría, 10 de septiembre de 1906, caja 129, exp. 1, comunicación del regidor 5°, Torres. Cursivas mías.

[45] Citado en FALOMIR MORALES, 1998, p. 354.

[46] *El Correo de Chihuahua*, 3 de abril de 1926.

[47] *El Correo de Chihuahua*, 23 de agosto de 1925; 25 de octubre de 1925.

[48] AMCH, Fondo Reconstrucción, Sección Secretaría, 9 de noviembre de 1921, caja 26, exp. 12; AMCH, Fondo Cardenismo, Sección Secretaría, 30 de noviembre de 1936, caja 11, exp. 4.

[49] *Censo General de Población de la República Mexicana. Estado de Chihuahua. 1895*, 1897, pp. 41-59; *Censo General de Población de la República Mexicana. Estado de Chihuahua. 1900*, 1901, pp. 221-242.

[50] *El Correo de Chihuahua*, 20 de noviembre de 1903; *El Correo de Chihuahua*, 5 de julio de 1925, "Lo que debe ser una mujer"; *Álbum de Chihuahua. 1904*, s.f., s.p.

[51] ASTJECH, 5 de abril de 1909, "Criminal contra María Aguilar por el delito de robo", sin clasificación.

SIGLAS Y REFERENCIAS

AGN — ARCHIVO GENERAL DE LA NACIÓN, MÉXICO
Fondo Gobernación

AMCH — ARCHIVO MUNICIPAL DE CHIHUAHUA
Fondo Cardenismo
Fondo Contemporáneo
Fondo Porfiriato
Fondo Reconstrucción
Fondo Revolución

ASTJECH — ARCHIVO DEL SUPREMO TRIBUNAL DE JUSTICIA DEL ESTADO DE CHIHUAHUA

RFNM — RECORDS OF THE FERROCARRIL NOROESTE DE MEXICO 1910-1919, BENSON LATIN AMERICAN COLLECTION. GENERAL LIBRARIES, UNIVERSITY OF TEXAS AT AUSTIN.

El Correo de Chihuahua, Chihuahua, Chihuahua.
El Diario, Chihuahua, Chihuahua.
Periódico Oficial del Estado de Chihuahua, Chihuahua.

Álbum de Chihuahua

s.f — *Álbum de Chihuahua. 1904*. Chihuahua: s.p.i.

CENSOS

1897-1952 — *Censo General de Población de la República Mexicana. Estado de Chihuahua. 1895*, 1900, 1910, 1921, 1930, 1940, 1950. México: Tipografía de la Secretaría de Fomento, Talleres Gráficos de la Nación.

DIRECTORIOS

s.f — *Directorio general del estado de Chihuahua. 1912-1913. Contiene: gobierno, profesionales, industriales, comerciantes, agricultores, mineros, propietarios*. Chihuahua: The American Photo & Stationery Co., Talleres de la Compañía Editorial Chihuahuense.

1919 — *Directorio general de Chihuahua. Comercio, industria, minería y guía oficial de las municipalidades y secciones municipales del estado*. Chihuahua: Imprenta del Gobierno del Estado.

s.f *Directorio general de la ciudad y del estado de Chihuahua para el bienio de 1927-1928*. México: Talleres Gráficos Galas.

FALOMIR MORALES, María Eugenia

1998 "La industria de transformación en Chihuahua", en Juan Luis SARIEGO RODRÍGUEZ (coord.), *Historia general de Chihuahua, v. Periodo contemporáneo*. Chihuahua: Centro de Información del Estado de Chihuahua, Gobierno del Estado de Chihuahua-Universidad Autónoma de Ciudad Juárez-Escuela Nacional de Antropología e Historia, pp. 343-406.

FRENCH, William E.

1990 *Peaceful and Working People: The inculcation of the Capitalist Work Ethic in a Mexican Mining District (Hidalgo District, Chihuahua, 1880-1920)*. (Ph.D. thesis). Austin: The University of Texas at Austin.

GOBIERNO DEL ESTADO DE CHIHUAHUA

1905 *Anuario Estadístico del Estado de Chihuahua. Año 1905*, t. 1:1. Chihuahua: Imprenta del Gobierno.

1906 *Leyes y reglamento sobre venta de bebidas embriagantes al menudeo en el estado de Chihuahua*. Chihuahua: Imprenta del Gobierno.

1908 *Anuario Estadístico del Estado de Chihuahua. Año 1906*, t. 2:2. Chihuahua: Imprenta del Gobierno.

1913 *Anuario Estadístico del Estado de Chihuahua. Año 1909*, t. 5:5. Chihuahua: Imprenta del Gobierno.

1927 *Boletín Estadístico del Estado de Chihuahua, núm. 4. Año 1925*, 2a. parte.

s.f *Informe del C. Gobernador Constitucional Gustavo Talamantes al H. Congreso del Estado, 16 de septiembre de 1940*. Chihuahua: Talleres Linotipográficos del Gobierno del Estado.

s.f *Informe que rinde el C. Ingeniero Fernando Foglio Miramontes. Gobernador Constitucional del Estado al H. Congreso de Chihuahua, sobre gestión realizada por el poder ejecutivo durante el año de 1945-1946*. Chihuahua: Talleres Gráficos Oficiales.

Guía general

s.f. *Guía general del estado de Chihuahua. 1940*. Chihuahua: publicada y editada por Raúl B. Botello.

JORDÁN, Fernando

1967 *Crónica de un país bárbaro*. México: B. Costa-Amic Editor.

KATZ, Friedrich

1998 *The Life and Times of Pancho Villa*. Stanford: Stanford University Press. (Edición en español: *Pancho Villa*, México, Ediciones Era, 1998).

LEDESMA DÍAZ, María de los Ángeles

1947 *Higiene del trabajo en la ciudad de Chihuahua*, tesis para obtener el título de médico cirujano y partero, Escuela Nacional de Medicina, Universidad Nacional Autónoma de México.

MONCHEZ C., María Consuelo

1947 *Condiciones higiénicas de los centros de trabajo en Chihuahua*, tesis para obtener el título de médico cirujano y partero, Escuela Nacional de Medicina, Universidad Nacional Autónoma de México.

PROST, Antoine

1991 "Public and Private Spheres in France", en Antoine PROST y Gérard VINCENT (eds.), *A History of Private Life*. Londres: The Belknap Press of Harvard University Press.

REED, John

1978 *México rebelde*. Río de Janeiro: Ed. Civilização Brasileira.

La república mexicana…

1910 *La república mexicana. Reseña geográfica y estadística. Estados del norte. Sonora, Chihuahua, Coahuila, Nuevo León, Tamaulipas*. México: Librería de la Vda. de Ch. Bouret.

ROMERO, Luis Alberto

1999 "Entre el conflicto y la integración: los sectores populares en Buenos Aires y Santiago de Chile a principios del siglo XX", en Marcello CARMAGNANI, Alicia HERNÁNDEZ CHÁVEZ y Ruggiero ROMANO (coords.), *Para una historia de América, III. Los nudos (2)*. México: El Colegio de México-Fondo de Cultura Económica, pp. 283-286.

SHEPHERD, Grant

1938 *The Silver Magnet. Fifty Years in a Mexican Silver Mine*. Nueva York: EP Dutton & Co., Inc. Publishers.

TAYLOR, Frederick Winslow

1917 *The Principles of Scientific Management*. Nueva York y Londres: Harper & Brothers Publishers.

VARGAS PIÑERA, Luis

1930 *Chihuahua. Geografía escolar*. México: Sociedad de Edición y Librería Franco-Americana.

8
EN EL AULA Y LA PARCELA: VIDA ESCOLAR EN EL MEDIO RURAL (1921-1940)

ENGRACIA LOYO B.
El Colegio de México

AL ASUMIR LA PRESIDENCIA EN 1920, Álvaro Obregón anunció que tras una larga enfermedad, el país entraba en convalecencia. Era tiempo de curar heridas, sanear y fortalecer a la sociedad y poner en pie lo que 10 años de lucha habían destruido. Durante las dos décadas posteriores a la Revolución mexicana, 20 y 30 del siglo XX, la reconstrucción educativa fue paralela a la reconstrucción económica y social, y parte esencial de ésta. La educación escolar había sido un reclamo del pueblo levantado en armas pero, además, para los gobernantes posrevolucionarios era el medio idóneo para borrar las diferencias culturales de los numerosos grupos étnicos que hacían del país un verdadero mosaico, y, según ellos, obstaculizaban su unidad y avance. Convencidos de que sólo la cultura nacional permitiría el progreso y la consolidación del Estado, confirieron a la escuela la responsabilidad de difundir modos de vida, valores y símbolos comunes para toda la población. Miles de pequeñas instituciones vieron la luz en el campo. Nuevas formas de enseñar rebasaron los muros del aula y abarcaron a la comunidad entera. Maestros y escuelas se hicieron sobre la marcha, con ayuda de alumnos y padres de familia, irrumpiendo en las vidas de los campesinos, chocando contra ritmos y tiempos y enfrentando resistencias. Durante la década de los treinta la escuela estrechó sus lazos con el pueblo y su misión civilizadora y educadora pasó a segundo término ante una realidad cambiante que le exigía tareas como organización de los trabajadores y apoyo a las reformas del gobierno.

Aun dentro de la diversidad del país, los retos que enfrentó la escuela, las barreras que derribó, las prácticas que introdujo, fueron muy similares en las distintas regiones. Según diversos testimonios, la educación rural fue el resultado de la interacción de varios factores y protagonistas. Las escuelas alteraron la vida diaria de familias y comunidades quienes, a su vez, fueron sujetos activos en el proceso educativo; con frecuencia, junto con los maestros, adaptaron las normas oficiales a su realidad y acomodaron la escuela a sus necesidades.

Una escuela rural.

UN SEGUNDO HOGAR EN EL CAMPO

Después de la Revolución, México continuaba siendo eminentemente rural. Más de 70% de los 15 millones que vivían en el país se dedicaban a labores agrícolas en pueblos de menos de 2 500 habitantes. A la mayoría de estos pueblos (más de 90%) no llegaban ni el ferrocarril ni el telégrafo, carecían de servicio telefónico, de correo, de médicos, boticarios, sacerdotes, mercados, tractores de acero... El promedio de las comunidades, con dificultad alcanzaba 300 almas agobiadas por la pobreza; en ellas no había agua potable ni luz eléctrica, el analfabetismo era alarmante y, según las estimaciones más conservadoras, 10% de la población desconocía el español y hablaba una lengua indígena.[1] Las familias vivían dispersas, en jacales miserables, sometidas a una agricultura de subsistencia que apenas les proporcionaba una alimentación escasa y poco variada.

El gobierno federal por medio de la Secretaría de Educación Pública (SEP), creada en 1921, se comprometió a llevar la escuela a esas pequeñas comunidades aisladas. La magnitud de su esfuerzo fue tal que a finales de los años treinta, en el transcurso de dos décadas, había desplazado a los estados en su obra educadora en el campo.

Las primeras escuelas rurales federales fueron conocidas como Casas del Pueblo y sus creadores como "misioneros", de acuerdo con el espíritu apostólico y redentor que según José Vasconcelos, el secretario de Educación, debería guiarlos. Los misioneros designaban un maestro o "monitor", generalmente un miembro voluntario de la comunidad, que quedaba al cargo de la escuela. Las Casas aspiraban a convertirse, como su nombre lo sugería, en un segundo hogar para niños y adultos, y en el centro de la vida de la comunidad. Las autoridades imaginaban a los campesinos reunidos después de sus faenas para recibir consejos y gozar de solaz y descanso. Para facilitar a la población indígena "su incorporación a la civilización", las Casas deberían complementar la enseñanza del español y la lectura y escritura con materias agrícolas, pequeñas industrias, oficios, economía doméstica, dibujo y conocimiento de la naturaleza.

Las bases que regían estas singulares escuelas exhortaban al maestro a "despertar el espíritu de cooperación de los vecinos", le daban libertad de usar el método de enseñanza más apropiado a las circunstancias y le recomendaban sensibilidad ante las necesidades de la población:

> No se privará a los padres de la ayuda de sus hijos para ganar la subsistencia y se impartirá la educación de acuerdo con las actividades propias de la región y las condiciones económicas de los habitantes, distribuyendo el tiempo de manera que el maestro con siete horas de trabajo como máximo y con horas corridas... o bien con el sistema de medio tiempo o de cualquier otro que convenga... *para que logre la asistencia del alumno.*[2]

Si bien se aconsejaba reducir al mínimo el trabajo escolar durante "ciertas prácticas agrícolas", se advertía al maestro sobre el peligro de caer "en una libertad irracional" y se le aconsejaba habituar a niños y adultos "a una acción diaria, disciplinada, regularizada, sistemática y progresiva en sus trabajos intelectuales y mecánicos".[3]

Las Casas enfrentaron varios obstáculos: el desinterés y la desconfianza de los vecinos a todo lo que sonara a "federal"; la inexperiencia de los maestros cuyos métodos obsoletos y coercitivos ahuyentaban a los alumnos; las costumbres de algunos pueblos que impedían a las mujeres asistir a lugares públicos, y la falta de terrenos y espacios para enseñanzas prácticas, entre otros.[4]

Las Casas del Pueblo pronto se llamaron simplemente escuelas rurales, pero conservaron sus anteriores funciones y, sobre todo, su espíritu comunitario y su afán de civilizar. La tarea educativa debería rebasar el aula y llegar al adulto para reforzar la labor con los niños, enseñar al campesino nada menos que a "amar la vida rural de un modo más inteligente" y tratar de llevar al campo mejores hogares y métodos de vida, técnicas de trabajo modernas, una organización social superior y una refinada atmósfera espiritual.

Las escuelas aumentaron rápidamente y conformaron, sobre la marcha, un sistema de educación rural sin programas hechos de antemano y con maestros que se preparaban en el quehacer cotidiano. No había tiempo de esperar a los futuros egresados de las normales rurales federales que comenzaron a establecerse a partir de 1923. El Departamento de Cultura Indígena de la SEP debería abocarse a la educación de los grupos étnicos, pero en la práctica, indígenas y mestizos asistían a las mismas escuelas y recibían las mismas enseñanzas. Las autoridades educativas, en particular Vasconcelos, favorecían la política de incorporación que consideraba al indígena como un mexicano más y se oponían a que fuera educado con métodos especiales o "aislado en reservaciones a la manera del vecino país del norte". Los partidarios de esta política aconsejaban, cuando mucho, un año preparatorio para castellanizar a los alumnos monolingües.

Retos y obstáculos

Por consigna oficial, las escuelas se establecían en lugares donde no se conocía la escuela o quedaba apenas un remoto recuerdo de ella. La dispersión de las familias, el escaso número de habitantes o el aislamiento del lugar habían hecho imposible crearlas o sostenerlas. Con frecuencia, por lo tanto, la escuela era algo ajeno e innecesario. Alcanzar estos parajes alejados podía convertirse en una odisea que desalentaba hasta a los más valientes. No pocas veces entre la comunidad elegida y la cabecera municipal había eternos kilómetros de brechas y veredas que se recorrían a caballo, en mula o a pie. Un maestro, por ejemplo, recordaba el viaje a su destino como "un interminable trayecto, montado a ratos en 'bestia', a ratos caminando, por senderos en los que íbamos con el machete tirando ramas, atacados por millones de mosquitos que ponían nerviosos a los animales".[5]

Para los maestros formados en las normales urbanas el campo era un mundo extraño mientras que los que venían de escuelas regionales estaban mejor equipados para enfrentarlo. Pero muchos más eran campesinos, sin más preparación que algunos años de primaria y sin experiencia ni conocimientos pedagógicos. No faltaba quien se rehusara a trabajar entre los suyos, temeroso del rechazo y convencido que nadie es profeta en su tierra. La respuesta de uno de estos campesinos invitado a enseñar en su propia comunidad es ilustrativa: "No profesor porque soy de Latuví y mis paisanos hace dos años me vieron con la yunta, con las dos mulitas de mi padre, no me van apoyar". Contra sus pronósticos, fue bien acogido por los vecinos.[6]

No pocos maestros llegaban a las comunidades a crear la escuela, en todo el sentido de la palabra. Eran los responsables de conseguir el terreno y de construir el local, o en el mejor de los casos, de adaptarlo. Los maestros recuerdan la existencia efímera, de apenas uno o dos cursos, de algunas escuelas, y el esfuerzo de comenzar una y otra vez. La vida escolar se iniciaba, con mucha frecuencia, bajo una enramada, en jacales de varas o zacate con techos de palma infestados de arañas u otras alimañas y que en más de una ocasión habían servido para encerrar animales, o en cobertizos, tejabanes, corredores de alguna casa prestada, graneros, galerones inhóspitos, cuartos oscuros y sin ventanas, viejas iglesias semiderruidas o la bodega de una hacienda.

Día de la inauguración del decorado de la escuela.

Una ardua tarea

Como no había local para trabajar, construimos asientos con corazones de palma secos. Improvisé el pizarrón con manta blanca y dos trozos de madera rústica a los lados... Cuando llovía, una comisión enrollaba el pizarrón y corríamos a refugiarnos a la casa más próxima llevándonos nuestros asientos. Así luchamos trabajando al sol y al aire bajo la sombra de los mezquites durante seis meses, hasta que localizamos una casa de adobes que estaba cerrada sin ninguna utilidad.

Francisca Ruiz Castillo, "El despertar de la escuela rural", 1987, p. 126.

Sin embargo, más que construir el local, el primer reto del maestro era ganarse la simpatía del presidente municipal, el juez, el cacique, el hacendado, el comisario o el cura. Su apoyo era decisivo para convencer a la comunidad o, si era necesario, obligarla a cumplir con el precepto de enviar a sus hijos a la escuela. Si vencía este primer escollo, el maestro convocaba a los vecinos a una junta de la que saldría una organización indispensable, el Comité de Educación, integrado por los principales del lugar y por representantes de los padres de familia. Los Comités de Educación fueron el verdadero sustento y apoyo de las escuelas rurales y, sobre todo, del maestro, y el nexo indispensable entre escuela y comunidad. Si lograba la anuencia de los padres, el maestro levantaba el censo escolar, que según sus superiores le serviría "para el conocimiento de los problemas más salientes de la comunidad". Se topaba entonces con dificultades que revelaban la diferencia entre los tiempos y patrones de la escuela y los de la comunidad. Por ejemplo, las madres ignoraban la fecha de nacimiento de sus hijos y sólo la relacionaban con algún acontecimiento de orden natural: a principio de las aguas, en las pizcas o durante la siembra. Hubo casos en que los niños carecían de apellidos y el maestro tuvo que asignarles uno.

Desequilibrio entre tiempos y ritmos

La flexibilidad de horarios y calendarios recomendada por las Casas del Pueblo fue olvidándose conforme el sistema educativo federal se volvía más formal y burocrático. El lento transcurrir de la vida rural se atribuía a la indolencia del campesino y a ésta su rezago cultural y económico. Las autoridades intentaron acelerar los ritmos con programas rígidos y disciplinarios que nada tenían que ver con la idea del tiempo o el calendario de las comunidades. Los campesinos se guiaban por la naturaleza, la luz del sol, las estaciones y el clima, o por los tiempos del trabajo, las siembras, las cosechas, el día de mercado.[7] Los maestros se regían por el reloj; una buena parte de sus esfuerzos se dirigió a entronizar este dictador inflexible e infalible en las comunidades. Asimismo, las fechas cívicas del calendario oficial, determinadas desde algún escritorio de la SEP, carecían de sentido para los habitantes del campo. El luto nacional por el fusilamiento de don Vicente Guerrero, en febrero, por citar un caso, no conmovía a los alumnos.

Sin embargo, para que la escuela sobreviviera, los maestros no tuvieron otra alternativa que seguir los sabios consejos del ideólogo de la Casa del Pueblo y tratar de adaptarse a las actividades de niños y adultos. Informes como éste eran frecuentes:

> Las escuelas no tienen un funcionamiento regular en sus horas de entrada y salida de los alumnos pues en ocasiones en que las hemos visitado en algunos casos a las diez horas del día no se principiaban las labores. Las escuelas carecen de horarios que les señalen sus actividades… en algunas sólo hay clases aisladas.[8]

Para controlar el tiempo

Se ayudaría eficazmente a la empresa de protección a la infancia mexicana obsequiando a todas las madres indigentes un reloj con las instrucciones verbales y escritas de la manera de utilizarlo en bien de su hijo... El reloj es muy buen amigo tuyo, ¡oh madrecita mexicana que deseas la salud de tu hijo más que la tuya propia! No te apartes de él sírvete de él para todos los cuidados de tu hijo: para medir el tiempo que mame, para darle agua todos los días, para bañarlo a la misma hora todos los días... Mira tu reloj, que él te sabrá ayudar a conservar la salud de ese niñito que es tu más grande amor.

El Sembrador, núm. 5, 20 de junio de 1929, p. 7.

El toque de campana, o en su defecto de un pedazo de riel metálico, anunciaba la entrada a clases. Los maestros no eran muy estrictos con la puntualidad pues corrían el riesgo de quedarse solos y a menudo esperaban pacientemente a que los niños cumplieran con sus obligaciones domésticas dentro y fuera de la casa. Las niñas cooperaban en las tareas del hogar y en el cuidado de los hermanitos menores. Los varones acarreaban agua, partían leña, repartían la leche y los mayorcitos de 10 o 12 años trabajaban en los campos ayudando a desyerbar, matando insectos dañinos, seleccionando semillas. Incluso había pueblos en los que los niños eran empleados en cargos públicos como topiles y policías. Muchos tenían que recorrer largos trechos a pie o a caballo. Un pequeño trabajador recuerda:

> Todos los días era necesario levantarse temprano para ayudar a la familia en las labores del hogar y del campo, arrear la yunta, sembrar, labrar, segundar, destapar... como a las nueve tomaba un té, un taco con sal o salsa y correr a la escuela. Por las tardes era obligación sacar a los animales, y los sábados y domingos llevarlos al cerro.[9]

La escuela con frecuencia cerraba sus puertas el día de mercado, eje de la vida de muchas comunidades. En el mercado se reunían los pueblos vecinos, se intercambiaban productos, noticias y experiencias, y se forjaban o reanudaban amistades.[10] La edad no era impedimento para participar activamente. El mismo alumno relata:

> Para comprar los útiles era necesario vender en Apizaco hojas de tamal, flores y verdura, flor de calabaza, yerbas de olor. Caminábamos 11 kilómetros para vender nuestros productos y de la venta recibía yo 10 o 15 centavos para comprar útiles.[11]

El día de mercado los adultos requerían una mayor ayuda de sus hijos quienes cargaban y descargaban, tendían los puestos, vigilaban las mercancías o bien quedaban al cuidado de la casa y de los más pequeños. Si la escuela permanecía abierta recibía a los alumnos con sus hermanitos y se convertía en taller o en centro de trabajo; no era raro ver a los niños desgranando maíz, tejiendo ixtle o realizando alguna otra de sus tareas domésticas en el aula.

Sobraban motivos adicionales para suspender las clases: las fiestas de pueblo o de barrio, las procesiones, las ceremonias religiosas en las que participaban los padres, el inicio de la siembra, la cosecha, las lluvias... Conforme avanzaba el año casi la mitad de los alumnos abandonaba la escuela. La deserción era alarmante: sólo 20% de los inscritos en primero seguía al segundo grado, 5% al tercero y sólo 1% alcanzaba el cuarto grado. Generalmente las escuelas sólo tenían un año preparatorio, primero y segundo grado, y la asistencia de las mujeres era menor que la de los varones.

DENTRO DEL AULA

Las escuelas, por lo general unitarias, congregaban a alumnos de todas edades y grados y debían trabajar tres turnos: matutino, de nueve a doce; vespertino, de tres a cinco, y nocturno para los adultos. Sin embargo, las dificultades de cada comunidad, sobre todo la dispersión de las familias y la lejanía de la escuela que en algunos casos significaba un viaje de hasta dos horas, también hizo a muchos maestros "acomodarse" a las circunstancias. Si el horario era corrido, los alumnos comían en la escuela, tortillas, gorditas de masa o tacos que llevaban en su morral y calentaban en un fogón. Una maestra recuerda cómo improvisó un comedor:

> Allí como una gran familia comíamos diariamente todos alegres y unidos compartíamos lo que traían en sus alforjas. El nuestro, sin duda el primer comedor colectivo que se organizó por una necesidad, sirvió para reafirmar el compañerismo pues convivíamos en él 65 alumnos de diferentes comunidades rurales.[12]

Dentro del aula todo se valía: donde la coeducación era mal vista por los padres, las niñas y niños asistían en turnos diferentes. Si el trabajo retenía a los alumnos mayores en las primeras horas de la mañana, los más pequeños podían asistir de nueve a once, los de segundo de once a una y los grandes de dos a cinco. En algunas escuelas las materias académicas se impartían por las mañanas, mientras que en las tardes se practicaba el deporte, los trabajos manuales o pequeñas industrias. En un grupo heterogéneo el maestro dejaba lecturas o ejercicios a los más adelantados mientras atendía a los pequeños o atrasados, o bien recurría a la ayuda de los primeros para revisar trabajos, tomar lecturas individuales, pasar lista.

Ilustraciones de un cuento para aplicar el método natural en la enseñanza de la lectura y escritura.

Muchos maestros dividían a los niños en comisiones: de aseo para barrer salones y patios, de biblioteca para cuidar los libros, y encargaban a los de mejor letra copiar cuentos y trozos selectos como material de lectura. También hubo quien abusó del trabajo de los alumnos para mantener el aula en buen estado o incluso los empleó como sirvientes.

El ingenio, el mejor método

La pobreza de la escuela se reflejaba en el mobiliario: piedras, tablones, cajas de jabón vacías hacían las veces de bancos y pupitres. Los niños escribían apoyándose sobre su brazo, en pizarras de piedra que limpiaban con saliva o con esponjas, o hacían trazos, dibujos, vocales y números en el suelo de arena con un clavo o un palo. Un pedazo de tela ahulada clavada con espinas en el muro de adobe sustituía el pizarrón. Mayores incomodidades sufrían los adultos de las clases nocturnas en los mismos muebles improvisados, apenas alumbrados con velas o quinqués de petróleo, lo que les dificultaba el aprendizaje y les causaba desánimo. Los pizarrones, gises, borradores, cuadernos, mapas, equipos de limpieza, folletos con preguntas y respuestas, periódicos murales, geografías, banderas, retratos de héroes, algunos cuadernos sencillos, velas, lámparas de gasolina, vacunas, que la SEP enviaba a algunas escuelas nunca eran suficientes.

La gestión de Vasconcelos se caracterizó por la edición y difusión de los clásicos de la literatura universal y por la creación de bibliotecas de todo tipo, como los pequeños lotes de libros que hacía llegar a alejados parajes con lecturas diversas, desde los clásicos hasta textos de autores mexicanos, entre ellos el método onomotopéyico de Gregorio Torres Quintero. Sin embargo, la queja por falta de libros era común. Varios maestros lamentaban que se veían obligados a utilizar el obsoleto silabario de San Miguel o a hacer sus propios libros. Más de un maestro tuvo una experiencia como ésta:

> La SEP nos envió algunos libros que me entregaron en una caja de madera cerrada con clavos, que yo me llevé a la hacienda sin abrirla siquiera... cuál no sería mi sorpresa al encontrarme parte de la colección que editó Vasconcelos. Ya podrán imaginar cuál pudo ser la ayuda que me prestaron en aquel medio rústico la presencia de Dante, Platón, Tagore.[13]

Sin duda quejas semejantes influyeron para que en años posteriores los campesinos tuvieran en sus manos folletos para mejorar sus cultivos, las industrias locales, la salud (la Cartilla de Higiene), o publicaciones periódicas oficiales como *La Escuela Rural* o *El Maestro Rural*, dirigidas específicamente a ellos.

Fue común, sin embargo, que los maestros fabricaran su propio material o lo obtuvieran de los alrededores. Uno de ellos relata: "Acostumbraba ir con mis alumnos al

Jura de la bandera.

monte cercano a recoger plantas y material para enseñanza de trabajos manuales, majagua para tejer mecates, bejucos para confeccionar cestos y canastos, tepejilote".[14]

También en los métodos y contenidos de la enseñanza hubo gran variedad. Los programas oficiales recomendaban las pruebas bimestrales y la enseñanza del idioma castellano, escritura (muscular Palmer), lectura, ortografía, cálculo, dibujo de expresión, labores domésticas, agricultura, horticultura, jardinería, cuidado de animales de corral, industrias locales. Sin embargo, cada maestro enseñaba lo que podía o lo que la comunidad le exigía. Informes enviados a las autoridades federales reiteradamente señalaban: "Casi todas las escuelas trabajan sin programas aunque la Dirección de Educación en varias ocasiones les ha mandado algunos programas mínimos, no habiéndoles los maestros tomado en cuenta".[15] Un inspector denunciaba el desorden de varias escuelas: en una el tiempo destinado a los deportes era excesivo, en otra se dedicaban dos horas diarias al canto y a las demás materias "se les da lugar cuando se puede".[16] Lo que se volvió una práctica cotidiana fue rendir honores a la bandera, "jurar el voto", cantar el himno nacional y festejar a los héroes señalados en el calendario oficial.

¿Leer o sembrar?

La SEP, por instancia de algunos profesores que habían hecho un viaje de estudios a Estados Unidos, adoptó la escuela activa de John Dewey en 1923, cuyo lema era "aprender haciendo". La pedagogía de la acción, que se impulsó por más de una década, como su nombre lo indica, hacía de la acción la base de la vida escolar. El niño debería abandonar su actitud pasiva y receptiva y transformarse en observador e investigador del medio; el maestro sería un mero evocador o un guía. Actividades manuales deberían convertirse en "centros de interés" que reclamaran la cooperación de los niños, como la fabricación de muebles o el cuidado de un jardín. La disciplina no debería ser un factor externo sino que el entusiasmo del niño por su propio aprendizaje sería el mejor regulador de su conducta.

La pedagogía de la acción se dio con más naturalidad en el campo que en las ciudades por la facilidad para que los niños trabajaran en anexos o hicieran ejercicios al aire libre. Parcelas, apiarios, corrales, talleres, áreas deportivas, permitían la práctica de proyectos o actividades que conformaban unidades de trabajo y satisfacían alguna necesidad de la escuela o de la comunidad. En los proyectos las materias académicas se enlazaban unas con otras. La construcción de un gallinero, palomar o huerto, el cuidado de la parcela escolar, la siembra de hortalizas, plantas medicinales o de ornato como trabajo común, permitían estudiar aritmética (costos, mediciones), ciencias naturales (estudio de las plantas, el suelo, climas), geografía, lengua nacional (composiciones sobre la importancia de las hortalizas en la alimentación). Estas actividades realizadas en conjunto favorecían la cooperación y la socialización e integraban a los padres de familia.

Los maestros, algunos formados en normales urbanas, pretendían enseñar a los alumnos el cultivo de la tierra, el cuidado de animales u otras tareas a las que los niños estaban acostumbrados desde muy pequeños. Con frecuencia los padres se quejaban de que los maestros "intervenían en enseñanzas que les correspondían a ellos que sabían hacerlo mejor" y exigían: "lo que queremos nosotros es que nuestros hijos aprendan algo de modo que no se fatiguen tanto para ganarse la vida".[17]

En muchas comunidades pedían:

> la intensificación de la enseñanza educativa, base de nuestro progreso, suprimiendo hasta donde sea posible el deporte y demás juegos por ser campesinos los niños y estar entrenados en el deporte al efectuar sus labores campestres deseando que nuestros educandos aprendan letras, números, así como nuestras leyes reglamentarias para el desarrollo de sus futuros derechos propios.[18]

Inspectores y educadores intentaron convencer a los padres de los beneficios de las actividades de la nueva escuela, entre ellas de los juegos.[19]

Los maestros, por su parte, hicieron su muy particular interpretación de la escuela de la acción. Para algunos era "la que se proyectaba a las comunidades viendo sus nece-

Gallinero de la escuela de Creel, Chihuahua.

sidades, sus problemas, la forma de aliviarlos". La mayoría, sin embargo, desconocía la nueva orientación pedagógica y confesaba que sus estudios de la normal no les habían servido de mucho y que tenían que inventar e improvisar: "Sin programa que nos guiara trabajábamos a tontas y a locas. La historia la impartíamos con maquetas o frisos, narrándola a manera de leyendas y tratando de que los niños tomaran parte activa en los juegos escénicos, las ciencias naturales a través de la observación de plantas y semillas".[20]

Otros maestros organizaban programas culturales, representaciones teatrales e incluso escribían las obras, impartían charlas en la escuela nocturna, integraban grupos musicales y formaban equipos deportivos.

No faltó quien continuara apegado a antiguos patrones y se aferrara al catecismo de Ripalda. Varias escuelas, según el testimonio de los alumnos, parecían seguir viviendo como a mediados del siglo XIX, recurriendo a prácticas censuradas por los pedagogos del porfiriato. Los niños aprendían a leer coreando una y otra vez el silabario de San Miguel, memorizando lecciones incomprensibles, vigilados por compañeros más avanzados que los amenazaban e intimidaban. Los jalones de orejas, las varas de membrillo o las piedritas para hincar a los alumnos seguían amedrentando a los pequeños.

Contra la escuela activa

No nos parece que nuestros hijos anden por ahí con sus maestros perdiendo el tiempo, los hemos mandado a estudiar, no a trabajar. Para trabajos nosotros les vamos a enseñar cómo se siembra el maíz, la papa, el frijol, de yerbas ellos conocen la mostaza, el berro, el quintonil, los vamos a llevar para que cuiden la yunta, los borregos, los burros; tampoco nos gusta verlos con la bolota en la mano, qué mal se ven; para juegos tienen guantes para la pelota mixteca, el trompo, el seco.

Florencio CRUZ CRUZ, "Surgimiento de la escuela rural en la Sierra de Juárez", 1987, p. 157.

Experiencias de una maestra

En la noche estuve pensando qué método escogería para enseñarlos a leer... me decidí por el método onomatopéyico de Torres Quintero. En la tarde empezamos a formar nuestro primer libro, porque yo también hice mi libro... con cerdas que le habíamos cortado a los caballos y a los burros de la crin de la cola hicimos pinceles y brochas; con el hollín que le quitábamos a los comales, al papel quemado y a la trementina líquida de los pinos, hicimos tinta negra y con papeles de envoltura y algunas revistas de propaganda, principalmente *Amigos de la URSS*, hacíamos nuestros cuadernos... Se nos hizo rutina estar en la mañana en contacto con la naturaleza, por las tardes íbamos a trabajar en las distintas casas donde los padres nos invitaban, mientras construían un aula.

Simón VILLANUEVA VILLANUEVA, "El maestro rural en la educación", 1987, p. 188.

El choque de dos mundos

No obstante la flexibilidad de muchos educadores, con frecuencia en el aula se enfrentaban maneras distintas de ver el mundo: los maestros desconocían o menospreciaban las manifestaciones culturales de sus alumnos, sobre todo si se trataba de grupos indígenas. Para muchos, como para las autoridades, analfabetismo era sinónimo de ignorancia, barbarie e incultura, por lo que creían su deber enseñar a sus alumnos las prácticas de sobrevivencia más elementales. Cerraban los ojos ante las habilidades y conocimientos de campesinos e indígenas en técnicas agrícolas y artesanales y creían que podían mejorar sus métodos de trabajo; pasaban por alto el profundo sentido comunitario con el que organizaban ritos, ceremonias y trabajos colectivos y pretendían enseñarles el valor de la cooperación y a realizar una labor comunitaria, por ejemplo, el arreglo de un camino vecinal; no tomaban en cuenta la destreza de las mujeres para atender simultáneamente el hogar, el cuidado de los niños y las labores del campo e intentaban orientarlas sobre las necesidades más elementales. Algunos maestros, sin embargo, vivían en perpetuo conflicto entre erradicar creencias perjudiciales y sustituir las costumbres por un modo de vida "más elevado" y al mismo tiempo respetar la cultura indígena.[21]

Por su parte, el niño, sobre todo el indígena, se sentía sobrecogido ante la figura del "hombre de razón" que vestía pantalón y saco (y a menudo hasta corbata) y que las más de las veces no hablaba su lengua. El pequeño, acostumbrado a trabajar al aire libre, gustaba de cultivar las parcelas, cuidar los anexos, practicar juegos o deportes pero no lograba adaptarse al encierro, a los horarios y a la disciplina del aula, a permanecer sentado durante horas en el suelo, troncos, cajas o, en el mejor de los casos, rígidas sillas. No entendía por qué estaban juntos niños y niñas, ni por qué se les obligaba a cortarse el pelo o a descubrirse la cabeza. Más de un "educador" recurrió a medidas violentas, como amarrar a los alumnos a la silla o al pupitre para impedir que escaparan, y no faltó quien propinara golpes, patadas, jalones de orejas y pelo, o llamara burros a los niños. Sin embargo, con más frecuencia los maestros intentaban día a día conquistarlos con obsequios, lápices, golosinas, monedas, enseñándoles cantos y juegos de la ciudad, como "Doña Blanca" o la lotería, o dedicando más tiempo a los trabajos al aire libre. El cuento era un recurso infalible. Una maestra recuerda el gusto de sus alumnos por los cuentos y las adivinanzas: "les contaba que muy cerca de ahí, en el Aguaje, salían duendes. Les anunciaba que al día siguiente les contaría otro cuento más bonito, que invitaran a sus amiguitos, así atraídos por los cuentos acudían más niños".[22]

Julio de la Fuente, en el Congreso Indigenista de Pátzcuaro, en 1940, denunció el choque que sufría el niño indígena en la escuela. Su destreza en el uso de instrumentos agrícolas, corte de la leña, molienda del maíz, no le ayudaba mucho, afirmaba, a la hora de manejar el lápiz, la pluma, el gis. Tenía que asistir a la escuela tres, cuatro y hasta cinco años antes de poder comprender algo de español, leerlo y escribirlo. El pequeño había sido enseñado a contar por sus mayores, por lo que no le era fácil aprender un nuevo sistema y resolver problemas que no tenían relación con su vida diaria. Los niños conocían el territorio en el que vivían, los caminos, los cerros, pero según el antropólogo: "lo que está más allá es confuso. La lectura de los mapas, las fotografías, grabados, se les dificulta". Los pequeños indígenas aprendían la historia en forma de mitos o leyendas, los personajes de esas historias les eran familiares, seres portentosos o animales que podían ver todos los días. De la Fuente concluía:

> Larga distancia hay entre esas historias imaginativas en las que animales y cosas se comportan como humanos y la escueta sucesión de fechas y acontecimientos históricos que damos a nuestros pequeños alumnos y que no adquieren para ellos mayor significación que la obligación de aprenderlos para repetirlos mecánicamente en ciertas ocasiones. La educación indígena queda convertida en nada más que instrucción para la memoria.[23]

Casi una década antes, el subsecretario de Educación, Moisés Sáenz, tras una intensa convivencia con pueblos indígenas de Michoacán donde permaneció más de seis meses en un experimento educativo, observó que la actitud de los niños en la escuela era "apática hasta la desesperación, encogida y arisca", mientras que en su casa eran vivarachos y alegres.[24]

El calvario del nuevo idioma

La insistencia de la SEP en castellanizar a los niños durante el primer año escolar y en prohibir en el aula el uso de cualquier idioma que no fuera el español tuvo graves consecuencias para chicos y grandes. Los maestros recurrían a métodos violentos que los ahuyentaban. En algunas escuelas los mismos alumnos vigilaban que sus compañeros no se expresaran en su lengua materna, y con frecuencia eran más implacables que el maestro. Los pequeños monolingües eran objeto de reprimendas, de burlas y de humillaciones; se les ponían orejas de burro, se les aislaba o azotaba con varas. Los agredidos las más de las veces abandonaban la escuela.

Las autoridades, por su parte, emprendieron una verdadera cruzada en favor de la castellanización. El método del maestro Rafael Ramírez, seleccionado como guía, recomendaba la enseñanza directa del español, sin traducción. Ramírez recogió muchas experiencias y aconsejaba recurrir a objetos y situaciones familiares, al relato de cuentos y leyendas, a juegos y bailes. En la práctica la variedad de métodos fue muy amplia y, una vez más, dependió, en buena medida, del criterio y la habilidad del maestro.

Niños jugando durante el recreo.

Niñas de la escuela de Santa Lucía haciendo sus prácticas de números de baile y canto, Oaxaca.

No todo era violencia en la enseñanza. Muchos niños se iniciaron en el nuevo idioma cantando y recitando poemas, describiendo actividades cotidianas como barrer, regar plantas, trabajar en el jardín; su primer vocabulario fueron objetos de la naturaleza, piedras, hojas, frutas, y los de uso cotidiano. Algunos maestros, desobedeciendo las directivas oficiales, recurrían a traductores y con su ayuda visitaban el vecindario pidiendo tazas, platos, jarros, sal, chile, cebolla, ajos. Otros adaptaron métodos de lectura, como el onomatopéyico de Torres Quintero, al idioma materno de los estudiantes, sustituyendo signos o imágenes desconocidos por otros propios de su entorno. No faltaron los maestros que mostraron gran sensibilidad frente a sus alumnos y trataron de hacerlos sentir orgullosos de su cultura.

MÁS ALLÁ DEL AULA

Integrar a los padres y principales a la vida escolar era una buena estrategia pues la escuela se volvía una responsabilidad compartida. La SEP convirtió esta ayuda en una obligación. Por disposición oficial, en cada poblado, congregación o ranchería debía haber un Comité de Educación integrado por representantes de las autoridades locales, vecinos y padres de familia (no pocas veces nombrados por el propio maestro) para allanar dificultades al maestro e incluso ayudarlo al cobro "íntegro y oportuno" de su sueldo. Los comités contribuían a conseguir terrenos, mobiliario, útiles, construir o mejorar los edificios, vigilar la asistencia a la escuela, colaborar para buscar personal docente y ayudar al cultivo de las parcelas escolares. Los fondos se obtendrían por donativos, funciones, cosechas, pues tenían prohibido cobrar cuotas o hacer colectas. A cambio de su ayuda, los comités podían visitar la escuela, hacer sugerencias, formular quejas "justificadas" respecto a la puntualidad y conducta de los maestros y sus relaciones con los vecinos. En algunas poblaciones los comités concurrían diariamente a la hora de iniciarse las labores escolares a vigilar la asistencia y la limpieza y a llenar la pileta para que hubiera agua en el recreo.[25] En muchas comunidades incluso discutían con los maestros los programas escolares. Además debían rendir informes periódicos de su labor a la Dirección Federal del estado.[26]

El Comité de Educación a menudo se aliaba con el maestro para ayudar a la comunidad más allá de las necesidades escolares, introducir agua potable, luz eléctrica o, como en el siguiente caso, conseguir maíz para una población afectada por malas cosechas:

> La gente ya no tenía qué comer. La alimentación única consistía en yerbas, la hoja del zompantle, el "huele de noche"... Los niños enfermaban por falta de alimentación adecuada, tuve que salir del pueblo en compañía del comité de educación en busca de maíz. Salimos a las cinco en medio de copiosa lluvia y fuimos de choza en choza comprando maíz.[27]

Para romper la monotonía

Las fiestas escolares eran muy divertidas, propias para familias. Se celebraban principalmente las fiestas patrias. Los estudiantes hacían sus banderas, desfilaban por la orilla del río y entre las casas; unas señoritas del ejido ayudaban a la maestra a ensayar los bailables, tales como el Jarabe Tapatío, La Danza de los Viejitos, La Cucaracha, Los Palomos, la Tortuga, etc. Los juegos eran carreras en sacos, el juego de la Zorra y la Gallina para las niñas, el Coyote y el Conejo para los niños. Cantaban coros y canciones dirigidos por la maestra, las mejores voces se organizaban en duetos, cuartetos, quintetos.

Adela Huízar Curiel, "Cincuenta años después", 1987, p. 97.

La lista de las contribuciones de los comités sería interminable: en varias ocasiones proporcionaron manta para vestir a los niños, mobiliario, instrumentos musicales, equipo deportivo, botiquines. Con frecuencia, también padres y vecinos ayudaban los domingos a desyerbar terrenos, a acondicionar campos deportivos, a construir sanitarios o teatros, y, a pesar de sus escasos recursos, contribuían con dinero para comprar madera o láminas. En muchas regiones sólo los hombres tomaban parte en los problemas de la escuela.

Otras asociaciones, como los comités de acción social, se encargaban de las conmemoraciones cívicas, las fiestas de fin de año o las que se organizaban con cualquier pretexto y que daban colorido a la vida escolar: bienvenidas o despedidas a maestros, inauguración de un edifico escolar o un nuevo anexo, introducción de agua o energía eléctrica, apertura de un camino vecinal, día de la madre o del maestro, o acontecimientos de la misma comunidad de los que se apropiaba la escuela, por ejemplo, la cosecha. La preparación de coros, juegos, eventos deportivos o bailables para estas celebraciones rompía la rutina y era motivo de alboroto para la comunidad.

El apoyo de los comités facilitaba al maestro vencer la resistencia a la escuela, aunque no era una garantía total, pues en ocasiones vecinos y autoridades estaban divididos. El maestro debía optar por tomar partido o realizar una labor conciliatoria; no faltó el caso en que se aliara con las autoridades del lugar en contra de los vecinos, para obtener privilegios personales, algún cargo público o cobrar cuotas indebidas.

¿Moralizar o entretener?

La vida cotidiana de los campesinos, monótona y triste a los ojos de las autoridades citadinas, fue animada por numerosas actividades extraescolares que involucraban a la población adulta: "campañas", concursos, funciones de teatro, eventos deportivos, organización de cooperativas, círculos de lectura.

Concursos y campañas, además de romper con la rutina y dar colorido a la vida rural, eran un buen recurso para propagar valores, moralizar, dictar conductas, difundir buenos hábitos, resolver un problema. Pretendían estimular a chicos y grandes a satisfacer una necesidad, introducir alguna mejora en la comunidad, practicar o desarrollar una habilidad, combatir un vicio o una epidemia. Los concursos tenían, además, el incentivo de una recompensa, casi siempre material. Los había académicos, de ortografía, de aritmética, o de carácter social o económico, como "el del niño más sano", "la mejor semilla", "la casa más higiénica" (la triunfadora ostentaba una banderola), o de cantos y danzas regionales. Un concurso singular fue el "del vestido barato" en Ixtlahuaca, Estado de México, en el que la ganadora confeccionó con 30 centavos un vestido valuado en ocho pesos.[28]

Las campañas fomentaban la cooperación y estaban más de acuerdo con la filosofía de la escuela rural. Gracias a la campaña "proárbol" se plantaron más de 10 000 árboles y la campaña "prolibro" exaltó las bondades de la lectura e incluyó en las bibliotecas ambulantes libros y folletos de interés para los campesinos. La campaña "prolengua nacional" intentó convencer de la necesidad del uso del castellano, y los impulsores de la campaña "prolenguaje", más popular, salieron a las calles a exhortar a los jóvenes a tener buen comportamiento y a evitar las palabras soeces y vulgares. Los manifestantes portaban carteles con letreros como "Jóvenes cultos se expresan con decencia" o "Tus palabras reflejan tu cultura".[29]

Jardín construido en la escuela de Díaz Ordaz.

Con agua y jabón

Algunas campañas fueron pasajeras, otras se convirtieron en acciones permanentes o se llevaban a cabo periódicamente, como las de vacunación, de higiene y antialcohólica. Las autoridades aceptaban que las alarmantes condiciones de salud en el campo se debían fundamentalmente a la pobreza, pero también que la ignorancia y la falta de educación las agravaba, por lo que recaía en la escuela la obligación de difundir nociones elementales de higiene. El gobierno recurrió una y otra vez a la "campaña de higiene y salubridad" que remozaba las poblaciones: durante varios días comisiones de niños y adultos recogían y quemaban basura, alejaban los corrales de los animales de las viviendas, construían fogones, promovían la vacunación. Voluntarios demostraban cómo asear y ventilar mejor las habitaciones, filtrar el agua de consumo, lavar y desinfectar hortalizas y frutas, aconsejaban el baño diario y enseñaban a hacer piletas. En muchos casos se logró la introducción de agua potable al poblado.

No faltaron campañas contra las mayordomías y fiestas religiosas que, a juicio de los maestros, eran onerosas y perjudiciales. Un misionero, por ejemplo, se refería a los habitantes de la comunidad de Reforma, San Luis Potosí, como "fanáticos y supersticiosos" e informaba que "en el mes de diciembre hacen las entradas de cera. Esta fiesta es demasiado costosa y casi siempre es acompañada de muertos y heridos debido a la borrachera".[30] Los campesinos resentían esta intromisión en su vida cotidiana; a veces la confrontación con los maestros era directa, pero con más frecuencia fingían aceptar su iniciativa e incluso la secundaban con entusiasmo, pero pasada la campaña volvían a sus viejos hábitos.

Combate contra el vicio

El alcoholismo era una realidad aterradora en el campo de la que a menudo no escapaban los niños, acostumbrados desde pequeños a beber pulque; no era raro que llegaran "volteados" a clases porque en sus casas no había más agua para beber que la de charcos infestados. El maestro de la escuela de una ex hacienda pulquera, en Hidalgo, recordaba que "escaseaba el agua potable, cada choza tenía un barril donde el tlachiquero que percibe su dotación de aguamiel forma su propio tinacatito. Los niños toman pulque, a veces como único alimento, y me enfrento frecuentemente con el trágico problema de su asistencia con cierto grado de perturbación mental que no llegaba a la embriaguez completa".[31]

En haciendas y plantaciones los propietarios solían completar el salario de los peones con bebidas alcohólicas o fomentar su venta. Sin embargo, las autoridades emprendieron una guerra contra el alcoholismo relegando las causas estructurales y haciendo más hincapié en el aspecto formativo. Las escuelas hicieron un paréntesis en su vida diaria para llevar a cabo "la solemne campaña antialcohólica" del 20 de noviembre de 1929, anunciada con bombo y platillo, que se repitió por varios años. Carteles, murales, letreros, "gritos de combate", prepararon la llegada de tan magno acontecimiento. Más de 30 000 alumnos desfilaron por las poblaciones portando cartelones con leyendas y dibujos alusivos y letreros: "Agua pura, guerra al alcoholismo". Tranquilas poblaciones se vieron agitadas durante días por representaciones teatrales, formación de ligas (en Oaxaca se creó "la sociedad de arrepentidos"), concursos de dibujo, conferencias, solemnes juramentos antialcohólicos públicos. La enseñanza antialcohólica, que mostraba los estragos del vicio en el organismo así como sus consecuencias sociales, se declaró obligatoria en toda escuela oficial o particular. El alcoholismo se convirtió en un proyecto de trabajo alrededor del cual se hacían investigaciones y composiciones (los niños debían escribir una carta a sus padres pidiéndoles abstenerse del vicio). Los niños coreaban a diario:

> La mejor bebida:
> ¿cuál es la mejor bebida?
> La mejor, sin duda alguna,
> es la que da el arroyuelo
> que corre por la llanura;
> la que brotando entre peñas
> los verdes prados inunda;
> la que toman los jilgueros;
> la que los gorriones buscan;
> la que beben los venados;
> vino de sin par frescura,
> que ni ocasiona jaquecas
> ni los sentidos ofusca.[32]

O repetían estribillos como:

"Nunca llega a la vejez quien se entrega a la embriaguez", "Por los senderos del vicio sólo se va al precipicio", "Con el tiempo el cantinero hará de ti un pordiosero", "Es la pulquería engañosa pues nos conduce a la fosa", "¿Quién al panteón manda gente? El aguardiente".[33]

Campo y ciudades se inundaron de folletos sobre temas alusivos al alcoholismo.[34] El gobierno promovió el cierre de cantinas, aumentó los impuestos al alcohol, impulsó el deporte e, incluso, llevó agua potable a muchos poblados. En 1930, según

"Sembrando" los tableros.

informes oficiales, había comités antialcóholicos en 3 223 de las 6 000 escuelas rurales federales y en 4 115 se había llevado a cabo la campaña.

El fomento a los deportes pretendía a la vez hacer más sana la vida de los campesinos y proporcionarles ratos de esparcimiento con el fin de arraigarlos al campo. Algunas autoridades parecían convencidas, o al menos lo hacían creer, que la migración a las ciudades se debía en buena medida a la monotonía y al aburrimiento. Juegos como voleibol, basquetbol y beisbol se volvieron muy populares y cada comunidad trataba de acondicionar una cancha o un pequeño espacio donde pudieran practicarse, pero también se alentaron y preservaron "deportes campesinos" como carreras de caballos, jaripeos, juegos de reata.[35]

Las voces oficiales exhortaban continuamente a los jóvenes a unirse a diferentes clubes u organizaciones, copias de los *boy scouts* estadunidenses. Uno de éstos eran los *tehuias*, nombre náhuatl que correspondía a explorador. Los tehuias formaban la vanguardia en el ejército mexica y tenían encomendado velar por los hombres de trabajo. "Los tehuias de nuestros días" deberían ser útiles a la comunidad y seguir el código de los mejores muchachos del mundo: ser leales, dignos de confianza, serviciales y cooperativos, corteses, bondadosos, obedientes, risueños, valerosos, dueños de sí mismos, limpios de cuerpo, pensamiento y obra. Entre sus habilidades y saberes el tehuia debía conocer la biografía de tres héroes mexicanos, la historia del escudo nacional, de la bandera, dos estrofas y el coro del himno nacional.[36]

Una amena lección

Las representaciones teatrales, viejo recurso pedagógico, recibieron a partir de 1929 un vigoroso impulso. En ninguna escuela rural debía faltar un teatro al aire libre donde los vecinos pudieran "oír en forma recreativa por medio de obras sintéticas la expresión de la nueva ideología de la Revolución y reforzar la nueva moral proletaria". Aunque con frecuencia no fue más que una enramada o unas gradas en semicírculo, el teatro se convirtió en uno de los medios más importantes de la obra civilizadora del gobierno y en un paréntesis ameno en la vida de escuelas y comunidades: congregaba a chicos y grandes para transmitirles mensajes apenas disfrazados, dar a conocer los acontecimientos sobresalientes de la vida nacional o los asuntos más importantes del poblado, o simplemente para entretenerlos. Por medio del teatro las autoridades censuraban o aprobaban conductas y daban su fallo inapelable sobre los hábitos que deberían erradicarse o fomentarse. El campesino se veía representado como un dechado de virtudes, laborioso y honesto, o por el contrario como un ser indolente, ignorante y perezoso. Las dramatizaciones pintaban las costumbres locales, servían para intercambiar saberes o dar lec-

Una dramatización.

ciones. En la obra *Dolor del campo* los espectadores eran testigos de la explotación de los campesinos antes de 1910. *La bestia* y *El calvario de una madre* recorrieron varias regiones mostrando los estragos del alcoholismo. Proliferaron, sobre todo, las obras en las que se incitaba a los campesinos a organizarse para defenderse de sus explotadores o a recuperar tierras. En una de ellas, agraristas montados a caballo y empuñando armas de verdad simulaban enfrentarse a un grupo de fanáticos que atacaban la escuela. Los espectadores vivían la escena con tanta pasión que a menudo se temía su reacción. La SEP recomendó evitar obras "que promovieran el odio y la venganza".[37]

Guerra contra los explotadores

Para mejorar la economía de los campesinos sin recurrir a medidas radicales, Calles y sus sucesores promovieron las cooperativas. El cooperativismo era un medio infalible y de poco riesgo para alentar el consumo y evitar también a los intermediarios que menguaban las ganancias del trabajador. Los niños se acostumbraron a organizar cooperativas dentro de las escuelas para comprar útiles, instrumentos de trabajo para los anexos o vender los productos de sus pequeñas hortalizas o huertos. Los maestros animaron a los adultos de la nocturna y a los padres de familia a practicar el cooperativismo para obtener mejores rendimientos de su trabajo y acabar con sus tres enemigos principales: el prestamista, el acaparador y el comerciante. La proliferación de las cooperativas en las comunidades ganó para la escuela y sus maestros la animosidad de quienes veían afectados sus intereses.

EL MAESTRO: UN PERSONAJE POLIFACÉTICO

El maestro de esta singular escuela desempeñaba múltiples tareas, algunas alejadas de su quehacer académico. A menudo sus primeras actividades fueron limpiar de animales el local, asear el patio, construir servicios higiénicos. Buena parte de su tiempo lo empleaba en llenar abultados informes y cuestionarios para la SEP sobre las condiciones de vida de las comunidades, las costumbres y creencias de sus habitantes. El maestro formaba parte de los comités y presidía y organizaba actos cívicos, festivales, eventos deportivos, concursos y campañas; lo mismo enseñaba a leer que a sembrar, cantar o bailar, preparaba un remedio contra la mordedura de víbora, organizaba una cooperativa o una orquesta, dirigía la construcción de una fosa séptica o un camino vecinal, o era el emisario de algún enamorado para pedir la mano de la novia. Poco a poco fue desplazando al cura de muchas de sus funciones. Las maestras eran lo mismo consejeras matrimoniales, que enfermeras aficionadas, atendían partos, inyectaban, curaban heridas, y en ocasiones incluso "ayudaban a bien morir". Varias recibieron cargos del Ayuntamiento: una de ellas recuerda: "fui nombrada presidente de la Junta de Mejoras Materiales. Presté mi colaboración a la presidencia municipal en la planificación de proyectos, organización y realización de las obras urgentes en beneficio de la población. Sobre todo el abastecimiento de agua".[38] No obstante sus agobiantes tareas, los salarios del magisterio eran precarios e irregulares:

> Los maestros de grupo ganábamos 1.50 [diario] y los directores 4.50. El kilo de carne costaba 25 ctvs. y lo mismo una gallina. El huevo estaba a dos por cinco, la leche de cabra a seis ctvs. el litro y la de vaca a ocho. Cuando ganábamos tres pesos diarios, allá por 1934 ya era mucho decir... El salario de los maestros federales era mensual, el de los estatales quincenal.[39]

La comunidad solía completar el ingreso del maestro con algún obsequio, leña, carbón, huevos, un pollo, hortalizas o bien con alojamiento o la comida diaria.

Pero también misioneros, inspectores y padres de familia se quejaron con frecuencia de la indolencia, apatía e irresponsabilidad de muchos maestros que "veían con desprecio la resolución de los problemas de la comunidad en que trabajaban" o que no eran más que cuidadores de niños cuya única preocupación era la disciplina. La SEP

En el festival de clausura fue entregado el teatro al aire libre, por el ingeniero agrónomo, y la decoración del mismo por el maestro de artes plásticas.

recibió numerosas denuncias por maltrato a los niños, por abuso de cargos o por abandono de sus deberes.

El subsecretario de Educación mismo lamentaba la falta de preparación, de iniciativa y de entusiasmo de los maestros: "Los maestros son jóvenes y nuevos, lo que muestra gran movilidad", y se quejaba: "son ignorantes, no saben hacer nada con las manos... lo único que hacen medio bien es cantar y jugar basket ball. En cuanto a la pedagogía... ni asomo".[40]

AL SERVICIO DEL PUEBLO

El final de la década trajo desencanto y nuevas expectativas. La crisis mundial de 1929 presagiaba la caída del capitalismo y el advenimiento de un nuevo orden social. La esperanza de un cambio se reflejó en la vida escolar. En los años treinta autoridades educativas y maestros, sensibles a los problemas del campo, estrecharon los lazos con las comunidades, alentaron la organización de campesinos y, en muchos casos, se aliaron a su causa. Dramatizaciones y nuevas lecturas denunciaban la injusticia de los trabajadores e incitaban a la lucha agraria. Libros de texto, como *Fermín*, que ensalzaban la

También se realizaban prácticas de cocina y repostería con maestras y señoras de la comunidad.

participación de los campesinos en la Revolución mexicana, y publicaciones periódicas como *El Sembrador* y *El Maestro Rural,* en las que se les exhortaba a unirse para pedir tierras, llegaban a las comunidades más aisladas y eran leídos y comentados por los maestros en las escuelas nocturnas.

Sin embargo, a principios de la década de los treinta hubo motivos de desilusión: algunos educadores lamentaban los pobres resultados de la escuela rural. Sáenz confesaba el fracaso y pintaba un negro panorama de las escuelas de la Cañada de los Once Pueblos, en Michoacán:

> Las escuelas no merecen ni siquiera el mote despectivo de escuelas de leer, escribir y contar... Los planteles carecen de anexos, el programa de la enseñanza es creación caprichosa de los profesores y las circunstancias... No hay horario, la asistencia es irregular. No hay comités de educación ni colaboración entre escuelas y vecindario... Las prácticas agrícolas no están más que en la imaginación de los maestros.[41]

Aunque había informes más optimistas, la denuncia incitó a las autoridades a buscar nuevos caminos y, sobre todo, a desconfiar del poder de la educación como única respuesta a la situación de los campesinos y, en particular, de los indígenas. El mismo

Sáenz concluyó que "el problema" indígena era fundamentalmente económico y había que buscar nuevas vías para resolverlo. Otras voces clamaron por poner al alcance de los indígenas los elementos materiales que permitieran su liberación. Fue el comienzo de la revalorización de sus culturas, la puesta en marcha de la educación bilingüe y la creación de un Departamento de Asuntos Indígenas que, durante el gobierno de Cárdenas, se abocó al estudio de sus problemas.

Una reforma incomprendida

En 1934 el artículo 3° constitucional fue modificado para establecer la educación socialista. La indefinición del concepto "socialista" dio pie a las más diversas reacciones y la práctica del nuevo artículo dependió, una vez más, de las condiciones de cada localidad y de la interpretación, actitud e intereses de autoridades gubernamentales y educativas, padres de familia y maestros.[42] El nuevo artículo estipulaba:

> La educación que imparta el Estado será socialista y además de excluir toda doctrina religiosa combatirá el fanatismo y los prejuicios, para lo cual la escuela organizará sus enseñanzas y actividades en forma que permita crear en la juventud un concepto racional y exacto del universo y la vida social.[43]

Los programas de las primarias intentaron transformar el quehacer diario. Si bien continuaba el hincapié en la acción y en los trabajos manuales como base de la enseñanza, los objetivos de la educación se modificaron. Se estableció como prioridad despertar en el estudiante la conciencia de su responsabilidad en la construcción de una sociedad equitativa y justa. Los problemas de las clases populares deberían ser el principal motivo de las actividades escolares: la lucha contra la carestía de la vida; la repartición de tierras a los campesinos; las pugnas sindicales, y la expropiación de los ferrocarriles nacionales en beneficio de la nación, entre otras.

De acuerdo con el modelo pedagógico de la Unión Soviética, los nuevos programas se dividían en tres áreas: naturaleza, trabajo y sociedad, y en tres ciclos, para dar al niño, gradualmente, una explicación "racional" de los fenómenos físicos, destruir prejuicios sobre prodigios naturales (como eclipses y cometas) y un fundamento histórico de la desigualdad social y la lucha de clases. En el primer ciclo se recomendaba la observación de animales y fenómenos cotidianos, prácticas higiénicas elementales, cooperación de los niños en trabajos y cultivos sencillos y participación en juegos organizados. Como parte del área "sociedad", el niño debería aprender cantos "apropiados" que le despertaran simpatía por los trabajadores y el esfuerzo por su emancipación, así como visitar museos, fábricas y talleres. Estos temas y actividades crecían en complejidad en los dos ciclos posteriores en los que los alumnos participarían en trabajos agrícolas dentro de la escuela y en campañas de mejoramiento del hogar. La historia les daría a conocer las grandes luchas sociales, y el curso de civismo los pondría en contacto con sindicatos obreros, ligas campesinas y ejidos en producción.[44]

El intento por traducir estos programas en actividades concretas mostró la confusión sobre lo que debería ser la nueva educación. La mayoría de los maestros rurales no conocieron la reforma más que por algunas pláticas del inspector, apenas más enterado que ellos de la doctrina socialista, por un breve curso de las Misiones Culturales (cuerpo ambulante de maestros que iba de comunidad en comunidad impartiendo cursos varios a maestros y vecinos) o por los folletos que editaba la SEP. En la mayoría causó sorpresa y desorientación. En palabras de uno de ellos:

> Nos vimos abrumados por una literatura en la que los principios filosóficos de la reforma educativa asumían el carácter de una ideología política. ¿Cómo íbamos nosotros humildes mentores con un nivel promedio de sexto año organizar sus enseñanzas y actividades en forma que permitiera crear en la juventud un concepto racional y exacto del universo y de la vida social?[45]

En muchas comunidades la vida escolar apenas se modificó. Los maestros siguieron enseñando lo que podían, los rudimentos de la lectura, la escritura, la aritmética; impartían geografía e historia y los alumnos trabajaban en un proyecto común, una hortaliza o un corral. Para ellos nada había cambiado: interpretaban el concepto socialista, como socialización, como trabajo en beneficio de la comunidad.

Algunas escuelas se ufanaban de ser socialistas porque los niños cantaban *La Internacional*, *El himno agrarista*, *Sol redondo y colorado*, con los puños en alto. Algunas fechas se festejaron con más bombo, como el 1° de mayo, en el que hubo desfiles, composiciones, dramatizaciones sobre la vida de los mártires de Chicago, o los maestros emprendieron una guerra a muerte contra la Iglesia y sus enseñanzas; se apropiaron de capillas y sacristías y las convirtieron en aulas, teatros, almacenes o centros de trabajo. Los alumnos, asombrados, oían a sus maestros desmentir las creencias religiosas que habían recibido de sus padres o del cura, asistían a quemas de imágenes de santos, eran obligados a hostigar las procesiones religiosas o a participar en eventos deportivos o festejos cívicos los días "de guardar". Un inspector se jactaba de que el Jueves y el Viernes Santo los adultos de la comunidad "se entregaron con entusiasmo a los deportes y a las reuniones" que organizó.[46] Las comunidades se dividieron y muchas mostraron su rechazo a la escuela retirando a los niños. En varias entidades los maestros tuvieron que hacer profesión de fe socialista para conservar sus puestos, y asistir a reuniones de adoctrinamiento como los "sábados rojos".

Sol redondo y colorado

Sol redondo y colorado
como una rueda de cobre,
de diario me estás mirando
y de diario me miras pobre.

Me miras con el arado
luego con la rozadera,
una vez en la llanura
y otra vez en la ladera.

Sol tú que eres tan parejo
para repartir tu luz,
habías de enseñar al amo
a ser lo mismo que tú.

No que el amo nos hambrea
y nos pega y nos maltrata,
mientras que en nosotros tiene
una minita de plata.

En *El Sembrador*, núm. 4, 5 de junio de 1929, p. 10.

Por el contrario, para algunos la educación socialista estuvo basada en el respeto a las cuestiones religiosas e incluso hubo quien asegurara que fue "una etapa bonita, sin problemas".[47] La acusación frecuente de que la educación socialista atentaba contra los valores tradicionales y la familia era desmentida en varios testimonios:

> El maestro recién llegado jamás nos habló a favor o en contra de religión alguna, ni nos aconsejó faltar a nuestros padres, al contrario, en las clases de civismo supimos que la familia es la primera unidad social y que dependen de los padres los principios de una buena educación ya que ellos son los primeros maestros del niño y el hogar la primer escuela. Nos aconsejaba el respeto y veneración de nuestros progenitores. Los libros del *Plan Sexenal* también trataban del respeto a los hombres, de igualdad, y nada contra las creencias de los pueblos.[48]

Niños y adultos tuvieron en sus manos nuevos textos publicados por el gobierno, como las series SEP o *Simiente* hechas específicamente para trabajadores, que les hablaban de moral proletaria, de lucha de clases y les mostraban una sociedad maniquea, dividida en buenos (los trabajadores) y malos (los burgueses). Estos textos, paradójicamente, exaltaban valores tradicionales, la familia nuclear como base de la sociedad, el respeto a los padres y a los ancianos, la cooperación, la fidelidad, la honestidad, la diligencia, la dignidad de la mujer, y valores "proletarios" como la cooperación, el trabajo, la justicia, la organización.

La "nueva moral proletaria" era también difundida y reforzada con obras de teatro que ensalzaban la organización y la lucha de los trabajadores, planteaban problemas nacionales o hacían un llamado a la colaboración y al trabajo socializado.

Las funciones de títeres, motivo de gran regocijo para los escolares, eran un medio idóneo para transmitir mensajes y valores. En *La invernada de los animales*, en la que los animales trabajaban para el bien de todos, se intentaba, según su autor:

Un grupo de maestros terminando el teatro de títeres.

El teatro al aire libre de Lachiriog, Oaxaca, construido por la Misión, 1932.

> plantar la simiente de la idea de la cooperación social, de la obligación del hombre de trabajar con el hombre en una tarea común sin privilegios, y donde la sola justificación de la vida de cada uno es el trabajo para beneficio de todos.

La obra transmitía el mensaje de que quien no trabaja como los demás no tiene derecho a disfrutar de los bienes que el mismo hombre crea.[49]

El guiñol era también un recurso muy difundido para legitimar al gobierno y buscar apoyo para sus acciones revolucionarias. Los niños disfrutaban la obra *Petróleo para las lámparas de México* (dedicada al niño Cuauhtémoc Cárdenas por su hermoso acto de entregar sus ahorros para la redención de la deuda petrolera), en la que Caperucita y su amigo Comino exhortaban a los niños de México a derrotar al hombre malo (el petrolero) y a colaborar en el pago de la deuda del petróleo para que "ardan para siempre las lámparas de México".[50]

Libros y cananas

Por consigna oficial y por convicción propia, muchos maestros se involucraron cada vez más con los problemas de las comunidades y de los trabajadores. La escuela con frecuencia apoyó las reformas cardenistas, el reparto agrario y la expropiación petrolera, en detrimento de la enseñanza académica y de sus tareas civilizadoras. Los ejemplos del cambio de funciones de los maestros son incontables: para un buen número la educación socialista significaba organizar al trabajador para la defensa de sus derechos y el mejoramiento de su vida. En las clases nocturnas se formaban cooperativas, uniones o ligas campesinas, se asesoraba a los alumnos para obtener dotaciones y restituciones de tierras, se redactaban escritos a las autoridades del Departamento de Asuntos Agrarios, o bien se decidía la ayuda directa del maestro para gestionar créditos para maquinaria o tierras. Más de un maestro recuerda:

> Como eran tiempos de la educación socialista los líderes de los obreros y en general todos los trabajadores nos estimaban mucho y cada sábado nos invitaban a sus juntas para que los orientáramos y participáramos con algún tema.[51]

Para otros, la escuela socialista consistía en la observación y cumplimiento de los artículos 2, 3, 27 y 130 constitucionales, o en combatir las tiendas de raya, la "esclavitud real" de los peones acasillados y los diezmos que imponía la Iglesia en muchas de las comunidades.

El costo de estas acciones fue muy alto. Los maestros fueron víctimas de fanáticos para quienes la escuela representaba un atentado contra sus creencias y valores, de empresarios agrícolas que veían amenazadas sus tierras o la fuerza de trabajo fácilmente explotable, por acaparadores que perdían privilegios y jugosas ganancias. Los niños eran testigos de ataques, como en el caso de una gavilla de fanáticos que al grito de ¡Viva Cristo Rey! quemó el material de la escuela de Tenango, en Santa María Ocotlán, Jalisco.[52] El hostigamiento a los maestros, que a menudo llegaba a golpizas, mutilaciones y hasta asesinatos, se convirtió en un espectáculo cotidiano en varias regiones. Muchos niños no podrían borrar nunca de su memoria la imagen de su maestro sacrificado por una turba enardecida. Más de una vez "los alumnos y el maestro de la nocturna asistie-

Una nueva función de la escuela

Cuando la escuela ya había controlado a la mayor parte de los campesinos, padres de familia, alumnos, los invité a liberarse del yugo patronal y solicitar sus tierras de la misma finca. Ese mismo día hice un oficio para el Departamento Agrario solicitando tierras de una propiedad muy grande. No faltó quien nos delatara y optamos por hacer las juntas en el campo. Unos meses más tarde el Departamento Agrario nos recomendó a los ingenieros para deslindar las tierras. Esta finca se convirtió en una bonita colonia agraria.

Alfonso Juvenal Fonseca Nandayapa, "Experiencias de un maestro de escuela rural, 1932-1952", inédito.

ron a clase llevando además del libro, cuaderno y lápiz, un rifle y unas cananas repletas de balas".[53] Un maestro relataba: "El jefe de la guarnición repartió carabinas entre los ejidatarios para defensa de la escuela. A mí me regaló una pistola con la credencial correspondiente que autorizaba su manejo".[54] El propio Cárdenas entregó rifles a maestros y campesinos para la defensa de la escuela y de sus vidas.

Por la inseguridad y por la posición extremista de muchos educadores que ahuyentaron a los alumnos, fue necesario organizar una nueva campaña: "proasistencia a la escuela". Algunos inspectores se esforzaban, en vano, en convencer a los padres de familia que

> la escuela actual no tiene nada de malo, explicándoles nuestros propósitos de enseñar prácticamente, de impartir conocimientos por medio del trabajo, de despertar el sentimiento de amor a sus padres, formar la actitud de servicio social.[55]

Entre 1934 y 1938 la asistencia a clases disminuyó sensiblemente. Los últimos dos años del cardenismo la política fue más moderada y en los años cuarenta el viraje fue total. La educación socialista se sacrificó en aras de la unidad requerida para hacer frente a las consecuencias de la reforma agraria y de las expropiaciones, y a la amenaza externa de una guerra mundial.

Autoridades y técnicos de Santa María Albarradas, el día del trazo de la escuela y sus anexos, Oaxaca.

La escuela rural tardó en darse cuenta del cambio. En muchas regiones los maestros continuaron por unos años sus actividades extremistas, en otras llevaron a cabo su labor tradicional acomodándose a las circunstancias, "negociando" (término de uso común entre varios historiadores) con las comunidades la sobrevivencia y las tareas cotidianas de la escuela.

NOTAS

1 WILKIE, 1987, pp. 247-252.

2 FUENTES, 1986, pp. 53-54. Cursivas mías.

3 FUENTES, 1986, pp. 53-54.

4 Por ejemplo, en Salina Cruz, Oaxaca, a las Casas del Pueblo sólo concurrían hombres, y la mayoría carecía de terrenos para cumplir con las funciones de la Casa. En Juchitán seguían usando el silabario de San Miguel, no había clases nocturnas y los maestros castigaban y maltrataban a los alumnos. AHSEP, exp. 717-12-2-51.

5 PÉREZ PALACIOS, 1987, p. 76.

6 CRUZ CRUZ, 1987, p. 162.

7 Un novedoso e interesante trabajo sobre tiempo y disciplina en las escuelas rurales es el de ACEVEDO, 2000. En él hace ver la importancia que los maestros concedían al reloj.

8 AHSEP, DEANR, exp. 1568/2.

9 HERNÁNDEZ HERNÁNDEZ, 1987, p. 53.

10 FUENTE, 1977, p. 53.

11 HERNÁNDEZ HERNÁNDEZ, 1987, p. 53.

12 RUIZ CASTILLO, 1987, p. 126.

13 PIMENTEL, 1987, vol. 2, p. 136.

14 RAMÍREZ RAMÍREZ, 1987, p. 191.

15 AHSEP, DEANR, informe de José Sanchez a Manuel Mesa, exp. 1568/2. Otro inspector corroboraba: "Desde luego no tiene programas… en ninguna escuela se llevan horario y no es que esté muy mejorado el procedimiento de trabajo que ya haga inútil dicho elemento". (Inspector L. Carranco Cardoso a Manuel Mesa, AHSEP, DEANR, exp. 155/4).

16 AHSEP, DEANR, exp. 155/14.

17 *La Escuela Rural*, noviembre de 1927, t. II, núm. 8, p. 3.

18 AHSEP, DER, representantes de campesinos, Cuautla, Morelos, al jefe del Departamento, exp. 274/11.

19 AHSEP, DEANR, exp. 157/3.

20 PONCE DE LEÓN, 1987, vol. 1, p. 21.

21 FUENTE, 1977, p. 47.

22 GARCÍA GONZÁLEZ, 1987, vol. 4, p. 129.

23 FUENTE, 1977, pp. 135-138.

24 SÁENZ, 1966, p. 57.

25 Por ejemplo, Rockwell en su estudio sobre Tlaxcala hace hincapié repetidamente en la contribución de las comunidades a la escuela e insiste en la importancia del apoyo y el subsidio popular. ROCKWELL, 1994, p. 191.

26 *Boletín*..., 8 de enero de 1926, t. V, núm. 1, p. 119. En 1926 el presidente autorizó 1 000 escuelas rurales para 1 878 010 niños sin escuela. La SEP hacía saber que era "imposible que la Secretaría de Educación pueda atender el aprovisionamiento de 3 000 escuelas federales" y, por lo tanto, "se dejaba a la buena voluntad de los vecinos y al entusiasmo de los inspectores y a la eficacia de los Comités de Educación el que se reúnan las suscripciones necesarias para proveer del citado mobiliario o de la madera necesaria a los establecimientos en el concepto de que los muebles pueden ser construidos en la misma escuela y bajo la dirección de los maestros".

27 RAMÍREZ RAMÍREZ, 1987, p. 193.

28 *El Sembrador*, 20 de junio de 1929, núm. 5, p. 10.

29 GARCÍA GONZÁLEZ, 1987, vol. 4, p. 126.

30 AHSEP, DEANR, informe del organizador rural L.R. Zuverza a Manuel Mesa, exp. 157/22.

31 GALVÁN ESCOBEDO, 1987, p. 43.

32 José María Bonilla, en *El Sembrador*, 5 de mayo de 1929, núm. 2.

33 *Memoria*..., 1930, pp. 35-37.

34 20 000 ejemplares de *La campaña antialcohólica en los ejidos y centros agrarios* y 50 000 de *La supresión del alcoholismo es la regeneración de la raza.*

35 AHSEP, DEANR, informe del inspector L. Carranco Cardoso al jefe del Departamento, Manuel Mesa A; exp. 155/4.

36 *El Sembrador*, 20 de julio de 1929, núm. 7, p. 15.

37 *El Sembrador*, 15 de noviembre de 1929, núm. 11, p. 15.

38 GARCÍA GONZÁLEZ, 1987, vol. 4, p. 122.

39 CANO SANDOVAL, 1987, vol. 4, p. 146.

40 SÁENZ, 1966, p. 59.

41 SÁENZ, 1966, p. 37.

42 Las obras más recientes sobre las diferentes modalidades de la educación socialista en varias entidades son ROCKWELL, 1994; QUINTANILLA y VAUGHN, 1997, y VAUGHN, 1997.

43 Citado por GUEVARA NIEBLA, 1985, p. 63.

44 *La educación pública*..., t. II, 1941, pp. 88-89.

45 GALVÁN ESCOBEDO, 1987, p. 47.

46 AHSEP, DEANR, exp. 188/2.

47 ORTIZ SILVA, 1987, p. 182.

48 ROMERO SÁNCHEZ, 1987, vol. 3, p. 95.

49 "La moral en el teatro infantil", *El Maestro Rural*, noviembre y diciembre de 1938, p. 37.

50 *Petróleo para las lámparas de México*, *El Maestro Rural*, mayo de 1938, pp. 41-44.

51 ARELLANO ROCHA, 1987, p. 60.

52 AHSEP, DER, del inspector Gilberto Ceja Torres al director de Educación Federal, ref. 212, exp. 4/3.

53 SÁNCHEZ JIMÉNEZ, 1987, p. 143.

54 ONTIVEROS GARCÍA, 1987, p. 88.

55 AHSEP, DER, exp. 307/9.

SIGLAS Y REFERENCIAS

AHSEP	Archivo Histórico de la Secretaría de Educación Pública
AHSEP, DEANR	Departamento de Enseñanza Agrícola y Normal Rural
AHSEP, DER	Departamento de Enseñanza Rural

Acevedo-Rodrigo, Ariadna

2000 "Time and discipline in Mexican rural schools, 1921-1934", thesis for the degree of Master of Arts by Research in History, Department of History, University of Warwick.

Arellano Rocha, Gloria

1987 "Relatos, testimonios, experiencias", en *Los maestros y la cultura nacional*. México: Museo de Culturas Populares, Secretaría de Educación Pública, vol. 1, pp. 55-77.

Boletín...

1922-1931 *Boletín de la Secretaría de Educación Pública*. México: Secretaría de Educación Pública.

Cano Sandoval, María del Carmen

1987 "Memorias de una maestra", en *Los maestros y la cultura nacional*. México: Museo de Culturas Populares, Secretaría de Educación Pública, vol. 4, pp. 143-153.

Cruz Cruz, Florencio

1987 "Surgimiento de la escuela rural en la Sierra de Juárez", en *Los maestros y la cultura nacional*. México: Museo de Culturas Populares, Secretaría de Educación Pública, vol. 5, pp. 155-187.

La educación pública

1941 *La educación pública en México. 1 de diciembre de 1934 a 30 de noviembre de 1940* (3 vols.). México: Secretaría de Educación Pública.

La Escuela Rural

1926-1927 México: Secretaría de Educación Pública.

Fell, Claude

1989 *José Vasconcelos. Los años del águila*. México: Universidad Nacional Autónoma de México.

Fonseca Nandayapa, Alfonso Juvenal

"Experiencias de un maestro de escuela rural, 1932-1952", inédito.

Fuente, Julio de la

1977 *Educación, antropología y desarrollo de la comunidad*. México: Instituto Nacional Indigenista.

Fuentes, Benjamín

1986 *Enrique Corona Morfín y la educación rural*. México: Secretaría de Educación Pública-Ediciones El Caballito.

Galván Escobedo, Efrén

1987 "El compromiso del maestro rural", en *Los maestros y la cultura nacional*. México: Museo de Culturas Populares, Secretaría de Educación Pública, vol. 3, pp. 41-51.

GARCÍA GONZÁLEZ, Paula

1987 "La escuela rural: visión emancipadora del pueblo", en *Los maestros y la cultura nacional*. México: Museo de Culturas Populares, Secretaría de Educación Pública, vol. 4, pp. 111-143.

GUEVARA NIEBLA, Gilberto

1985 *La educación socialista en México (1934-1945)*. México: Secretaría de Educación Pública-Ediciones El Caballito.

HERNÁNDEZ HERNÁNDEZ, Claudio

1987 "El trabajo escolar de un maestro rural", en *Los maestros y la cultura nacional*. México: Museo de Culturas Populares, Secretaría de Educación Pública, vol. 3, pp. 51-91.

HUÍZAR CURIEL, Adela

1987 "Cincuenta años después", en *Los maestros y la cultura nacional*. México: Museo de Culturas Populares, Secretaría de Educación Pública, vol. 2, pp. 77-107.

LOYO, Engracia

1999 *Gobiernos revolucionarios y educación popular en México*. México: El Colegio de México.

Memoria...

1926 *Memoria que indica el estado que guarda el ramo de Educación Pública el 31 de agosto de 1926*. México: Talleres Gráficos de la Nación.

1929 *Memoria que indica el estado que guarda el ramo de Educación Pública el 31 de agosto de 1929*. México: Talleres Gráficos de la Nación.

1930 *Memoria que indica el estado que guarda el ramo de Educación Pública el 31 de agosto de 1930*. México: Talleres Gráficos de la Nación.

1932-1933 *Memoria que indica el estado que guarda el ramo de Educación Pública el 31 de agosto de 1932*. México: Talleres Gráficos de la Nación.

1987 *Los maestros y la cultura nacional* (5 vols.). México: Museo de Culturas Populares, Secretaría de Educación Pública.

Noticia estadística

1925 *Noticia estadística*. México: Secretaría de Educación Pública.

1928 *Noticia estadística*. México: Secretaría de Educación Pública.

ONTIVEROS GARCÍA, Ana María

1987 "Remembranzas de mi vida como maestra rural", en *Los maestros y la cultura nacional*. México: Museo de Culturas Populares, Secretaría de Educación Pública, vol. 4, pp. 73-93.

ORTIZ SILVA, Catalina

1987 "Relatos de una maestra rural", en *Los maestros y la cultura nacional*. México: Museo de Culturas Populares, Secretaría de Educación Pública, vol. 2, pp. 181-189.

PALACIOS, Guillermo

1999 *La pluma y el arado. Los intelectuales pedagogos y la construcción sociocultural del "problema campesino" en México, 1932-1934*. México: El Colegio de México-Centro de Investigación y Docencia Económicas.

PÉREZ PALACIOS, Septimio
1987 "Mi labor en el sector educativo", en *Los maestros y la cultura nacional*. México: Museo de Culturas Populares, Secretaría de Educación Pública, vol. 5, pp. 73-93.

PIMENTEL, Guadalupe
1987 "Recuerdos del 36", en *Los maestros y la cultura nacional*. México: Museo de Culturas Populares, Secretaría de Educación Pública, vol. 2, pp. 131-141.

PONCE DE LEÓN, Soledad
1987 "Recordar es vivir", en *Los maestros y la cultura nacional*. México: Museo de Culturas Populares, Secretaría de Educación Pública, vol. 1, pp. 17-39.

QUINTANILLA, Susana, y Mary Kay VAUGHAN
1997 *Escuela y sociedad en el periodo cardenista*. México: Fondo de Cultura Económica.

RAMÍREZ, Rafael
1978 *Plan Sexenal. Libro de lectura para el ciclo intermedio de las escuelas rurales*, vol. 10 de *Obras completas*. México: Dirección General de Educación Popular, Gobierno del Estado de Veracruz. [Ed. facsimilar de la de 1937].

RAMÍREZ RAMÍREZ, Guillermo
1987 "Mis experiencias en el estado de Oaxaca", en *Los maestros y la cultura nacional*. México: Museo de Culturas Populares, Secretaría de Educación Pública, vol. 5, pp. 187-215.

ROCKWELL, Elsie
1994 "Schools of the Revolution: enacting and contesting state forms in Tlaxcala 1910-1930", en James C. Scott, *Everyday forms of State Formation*. Londres y Durham: Duke University Press.
1999 *La escuela cotidiana*. México: Fondo de Cultura Económica.

ROMERO SÁNCHEZ, Ernesto
1987 "El pueblo mexicano y su cultura", en *Los maestros y la cultura nacional*. México: Museo de Culturas Populares, Secretaría de Educación Pública, vol. 3, pp. 91-107.

RUIZ CASTILLO, Francisca
1987 "El despertar de la escuela rural", en *Los maestros y la cultura nacional*. México: Museo de Culturas Populares, Secretaría de Educación Pública, vol. 1, pp. 125-143.

SÁENZ, Moisés
1966 *Carapan*. Morelia: Gobierno del Estado de Michoacán.

SÁNCHEZ JIMÉNEZ, José
1987 "Mi participación en la gesta educativa", en *Los maestros y la cultura nacional*. México: Museo de Culturas Populares, Secretaría de Educación Pública, vol. 2, pp. 141-181.

El Sembrador
1929 Órgano de la Secretaría de Educación Pública, México.

VAUGHAN, Mary Kay
1997 *Cultural Politics in Revolution*. Tucson: The University of Arizona Press.

VÁZQUEZ ANDRADE, Manuel

1933 *Fermín. Libro de lectura mexicano*, ilustraciones de Diego Rivera. México: Departamento de Enseñanza Rural, Secretaría de Educación Pública.

VILLANUEVA VILLANUEVA, Simón

1987 "El maestro rural en la educación", en *Los maestros y la cultura nacional*. México: Museo de Culturas Populares, Secretaría de Educación Pública, vol. 1, pp. 183-193.

WILKIE, James W.

1987 *La Revolución mexicana. Gasto federal y cambio social*. México: Fondo de Cultura Económica.

9
EL MUNDO INDÍGENA EN LOS LIBROS DE TEXTO GRATUITOS

CECILIA GREAVES L.[1]
El Colegio de México

CONSIDERACIONES

POR MUCHOS AÑOS, la educación fue considerada como el medio más adecuado para lograr la incorporación de la población indígena a la sociedad nacional. Pero la política incorporadora puesta en práctica por el Estado mexicano desde las primeras décadas del siglo XX equivalía a la pérdida de la identidad étnica: no reconocía ni su lengua ni su cultura, sino que pretendía imponer los patrones de un modelo único, homogéneo, basado en la cultura occidental.

Diversos proyectos se pusieron en marcha reflejando el interés que en el campo indigenista mostraban dirigentes y educadores por asimilar las culturas étnicas. Sin embargo, pese a los esfuerzos de estas autoridades, los grupos indígenas lograron, en mayor o menor grado, sobrevivir culturalmente adaptándose a las nuevas circunstancias.

El largo y tortuoso camino seguido para lograr la integración de la población indígena a la sociedad nacional mostró, en las últimas décadas, cambios importantes. Esta situación puede considerarse, en parte, como resultado de una lucha constante de los grupos étnicos por preservar su identidad y recuperar un espacio en el contexto nacional. El Tercer Congreso Nacional de Pueblos Indígenas (1979) sirvió de marco para una demanda fundamental: eran ellos mismos quienes exigían ser los responsables de "organizar la nueva educación":

> entre todos debemos buscar la filosofía y objetivos de nuestra educación, decidir los contenidos de los planes y programas educativos, de los libros de texto y demás materiales de apoyo. Revisar nuestra experiencia histórica de la forma en que hemos sobrevivido, porque ahí encontraremos los métodos de enseñanza.[2]

La Dirección General de Educación Indígena de la Secretaría de Educación Pública puso en marcha a partir de 1980, la edición de libros de texto en lenguas vernáculas con el propósito de promover la enseñanza en lengua materna. De esta manera se complementaba el proyecto educativo, que el gobierno de Adolfo López Mateos había iniciado en 1959, de entregar en forma gratuita a toda la población en edad escolar las herramientas necesarias para su educación: los libros de texto.

Como toda obra pionera los primeros libros debieron sufrir ciertas modificaciones. No obstante, la labor prosiguió con la edición de nuevos textos. En la actualidad, la Secretaría de Educación Pública ha logrado la publicación de libros en 56 lenguas diferentes, correspondientes a los seis grados de educación primaria, obra que incuestionablemente representa un gran esfuerzo por parte de autoridades y maestros indígenas.

Con la reforma del artículo 4° constitucional en 1994, el Estado mexicano reconocía oficialmente la pluralidad étnica del país y, en consecuencia, los derechos de los pueblos indígenas a la educación en su propia lengua al señalar:

> la nación mexicana tiene una composición pluricultural sustentada originalmente en sus pueblos indígenas. La ley protegerá y promoverá el desarrollo de sus lenguas, culturas, usos, costumbres, recursos y formas específicas de organización social y garantizará a sus integrantes el efectivo acceso a la jurisdicción del Estado.[3]

Los textos utilizados corresponden al primer ciclo de educación primaria, es decir, al primero y segundo años. Punto importante de partida es que, en su totalidad, están escritos en lengua indígena, clave para la preservación de la identidad étnica. En sus primeras páginas queda asentado que fueron elaborados por maestros indígenas con experiencia frente a grupos y con conocimientos profundos de su lengua y cultura. Esto significa que parten de un contexto particular y, por lo tanto, su contenido se relaciona con las condiciones específicas de cada grupo étnico.

Entre una gran variedad de textos, he elegido los correspondientes a tres grupos étnicos representativos de la diversidad cultural del país, grupos con ciertas semejanzas pero a la vez con grandes diferencias entre sí: el tzeltal de los Altos de Chiapas, el tarahumara habitante de la sierra de Chihuahua, con tradiciones y costumbres muy arraigadas y una sólida conciencia de grupo debido, en gran parte, al aislamiento en que vive, y el nahua de Guerrero, grupo que carece de una identificación colectiva y muestra un mayor grado de aculturación.[4] Cada uno de ellos aparece en los textos como una corporación cerrada de personas que participan de una filiación común: hablan un mismo idioma, usan una indumentaria propia y practican, en mayor o menor grado, costumbres y tradiciones ancestrales.

Portada del libro de texto gratuito en lengua náhuatl.

Los tres textos, con su libro complementario de lecturas, están divididos en unidades que comprenden temas semejantes pero con contenidos diferentes sobre "mi familia", los juegos, la escuela, "mi pueblo", "nuestro trabajo", el agua, los bosques y animales. Todos ellos están profusamente ilustrados con dibujos alusivos a las lecturas, con excepción del tarahumara que se combina con fotografías, hecho que favorece un mejor conocimiento de la vida comunal.

AQUÍ VIVIMOS...

En medio del contexto de la vida rural, se presenta la vida ideal de la familia indígena conservando patrones culturales y manteniendo una economía de subsistencia familiar. La población, esencialmente campesina, posee terrenos de temporal en los que el cultivo principal es el maíz. Zonas montañosas, valles y mesetas cruzados por pequeños ríos y arroyos, angostos caminos que serpentean entre rocas y pastizales, tierras fértiles en la mayoría de los casos, a excepción de la zona tarahumara donde el entorno es más árido, sirven de marco para el desarrollo de esta historia de vida cotidiana.

En los textos se maneja la familia —formada por el padre, la madre y los hijos— como núcleo de la comunidad. Aquí se reflejan los mismos valores que se difunden en todo el ámbito nacional. Se presenta una familia en armonía, en la que priva un ambiente de respeto a los padres y a los mayores y donde cada uno de sus miembros desempeña las labores cotidianas de acuerdo con su edad y sexo. El afecto de los niños a sus padres es manifiesto: "quiero a mis padres porque ellos me dieron la luz de la vida y me cuidaron cuando nací".[5]

La casa, de planta rectangular y constituida por una sola habitación, cuenta con los elementos más indispensables. No sólo es un espacio de convivencia sino también de trabajo. En todo momento hay limpieza y orden. En la región tzeltal, por ejemplo, aparecen casas pequeñas diseminadas por el monte; la mayoría de adobe con una puerta al frente; piso de tierra y sin ventanas; el techo en algunos casos es de teja, en otras, de zacate. En el interior se presenta un mobiliario sencillo fabricado con materiales de la región: una pequeña mesa de madera rodeada de pequeños bancos, utensilios de cocina, algunas herramientas, un poco de leña. El agua para usos domésticos es almacenada en grandes vasijas de barro. Colgados de la pared, el tecomate, el morral, la canasta. El fogón se encuentra en el suelo sostenido por tres grandes piedras. En la misma habitación, en un rincón, una tabla asentada sobre troncos sirve de cama; en otros casos sólo existen petates en el suelo utilizados para dormir. Las casas tienen siempre amplios solares donde pueden verse animales domésticos formando parte del entorno: gallinas, cerdos, borregos, cabras, perros, vacas y burros.

Jóvenes tarahumaras.

En la zona nahua aparecen viviendas mejor acondicionadas. La mayoría de ellas son de ladrillo y teja, con ventanas, aunque hay otras más modestas y rústicas de adobe y techo de palma o zacate. El mobiliario es semejante al anterior, con la diferencia que el fogón está en alto. Un solar, en el que se cultivan algunas plantas alimenticias y se construyen corrales para los animales domésticos, circunda la casa. Algunas casas cuentan con un granero de planta cuadrada, hecho de paredes de bajareque y techo de paja. Muestra también de un mayor grado de aculturación es la ilustración de estrechas carreteras por las que circulan automóviles y camiones junto a modernas construcciones en la cabecera municipal: la comisaría, una tienda Conasupo, la escuela.

La situación en la región tarahumara difiere de las otras dos. La población, sumamente dispersa, está dividida en dos regiones ecológicas muy diferentes. La profunda barranca con su clima cálido y su flora y fauna particulares forma un contraste agudo con la región montañosa de la Alta Tarahumara cubierta con bosques de pino y encino, clima lluvioso y heladas en invierno. Las casas, alejadas de los caminos, están diseminadas por toda la región como muestran las ilustraciones: "en donde yo vivo hay dos viviendas; viven muy pocos rarámuris. Cuentan mis mayores, que hace años se murieron peleando por nuestro territorio".[6] La vivienda tarahumara es una construcción sumamente rústica de madera, adobe o piedra según la región, aunque también los pobladores de la sierra Alta utilizan las cuevas para protegerse del frío durante el invierno. Las casas constan por lo regular de un solo cuarto donde se encuentra lo más indispensable para comer y dormir: un fogón en el suelo, una cama o simplemente tablas o petates en el piso. Afuera de la casa, un corral para ovejas y cabras, animales imprescindibles para la economía del hogar.

DE MANTA Y DE LANA

La variedad de los trajes, su riqueza de color, la laboriosidad y el cuidado que requiere su elaboración son características de la indumentaria indígena, sobre todo del traje femenino. Con él puede reconocerse fácilmente el grupo al que pertenece cualquier nativo.

En la zona del sureste cada pueblo tzeltal tiene su propia indumentaria. Las mujeres se representan siempre vistiendo a la usanza tradicional: huipil recto hasta las rodillas adornado con listas rojas y puntadas del mismo color, debajo del cual usan una

Textiles chiapanecos.

enagua de lana azul. En otras regiones es común una blusa blanca con olanes bordados de flores y enagua con listones de colores sostenida a la cintura con una faja roja. En el caso de los hombres, la mayoría de las ilustraciones muestra el abandono de la indumentaria tradicional: visten pantalón largo, camisa de algodón como el común de la gente. Sólo los ancianos son quienes siempre portan el traje tradicional: calzón corto y túnica recta de manta hasta las rodillas encima de la cual se anuda una faja roja. Un sombrero de palma con listones colgantes de colores complementan su atuendo. Otro punto importante es que mujeres y niños van descalzos; sólo los hombres usan huaraches por ser ellos quienes recorren mayores distancias llevando al hombro su tecomate con agua para mitigar la sed.

En la Tarahumara, al igual que en el caso anterior, es la mujer quien conserva, en mayor medida, el traje tradicional. Su arreglo es sumamente sencillo: una camisa de algodón de manga larga, blanca o estampada, y una amplia falda de colores fuertes a la cual le dan volumen varias faldas que utilizan como fondo. La cintura va ceñida con una faja de lana. Con una pañoleta cubren su cabeza anudándola por debajo de la barbilla y calzan sandalias semejantes a las de los hombres. En las zonas montañosas se les ve envueltas con una manta para protegerse del frío. En el caso de los hombres, aparece indistintamente el uso de la indumentaria tradicional y la no tradicional. Con frecuencia se presenta al tarahumara vistiendo el típico traje mestizo: pantalón, camisa vaquera, sombrero y zapatos. Sólo cuando se trata de ceremonias religiosas y de la práctica de los rituales portan su ropa tradicional. En la sierra visten con un taparrabo sostenido alrededor de la cintura con una faja de lana y un amplio blusón de manta blanca u otra tela estampada. Al igual que las mujeres usan mantas de lana debido a las bajas temperaturas de la zona. En tanto que en los barrancos visten una camisa y calzón largo de manta sobre el cual anudan de costado una pieza triangular de tela. El pelo, generalmente largo, lo llevan suelto sosteniéndolo con la "collera", trozo de tela de algodón enrollado en forma de banda anudado en la cabeza.

La situación difiere en la zona nahua de Guerrero donde parece haberse olvidado completamente el uso del traje tradicional. Las ilustraciones muestran a los hombres vestidos con pantalón y camisa de algodón, sombrero de palma, calzando zapatos o huaraches. Ya no aparecen el gabán, jorongo de color natural con rayas longitudinales que los resguardaba de las bajas temperaturas, ni el calzón ni la camisa de manta. Igualmente, las mujeres ya no portan la enagua azul marino y el típico huipil de manta blanca, ambos bordados a mano con hilos satinados de colores brillantes, sino que ahora se representan con vestidos comunes de colores llamativos. Este hecho da lugar a un interesante comentario. Se lamenta el que "ahora ya no quieren ponerse nuestra ropa". Y añade: "si tú conoces a alguien que sepa coser, dile que la haga siempre. Con nuestra ropa floreada se ven bien".[7]

ORGANIZACIÓN POLÍTICA Y SOCIAL

Una de las principales características que perduran en algunos grupos étnicos es la organización política y social por medio de la elección de sus propias autoridades. En este aspecto, el caso más representativo es el tarahumara.

En asentamientos dispersos los tarahumaras se mantienen organizados en rancherías y pueblos cada uno de los cuales elige sus propias autoridades: "todas las personas del pueblo nombraron al gobernador para que resuelva los problemas que hay en el pueblo".[8] Es este personaje el más importante de la comunidad. Sus funciones van más allá del ámbito político: "hace justicia a las personas que se portan mal". Si bien pide consejo a sus subordinados, él tiene la última palabra, decide la culpabilidad o la inocencia del prisionero y establece el castigo: "el gobernador le pregunta a los rarámuris qué hacer con él para resolver el problema. Hoy en día todavía se practica esto".[9] También es el gobernador quien preside las ceremonias religiosas, organiza las fiestas, representa a su pueblo cuando se hacen contactos foráneos, cuando se concertan carreras entre los pueblos y en otras gestiones semejantes. Asimismo se presenta otro tipo de funcionarios que prestan sus servicios a la más alta autoridad: son los soldados, quienes "cuidan muy bien todo lo que hay en el pueblo. Ayudan cuando llueve mucho, cuando hay incendios en nuestros terrenos. También andan muy retirado reuniendo a los rarámuris cuando el gobernador lo desea".[10] Punto importante es que en ningún momento aparecen contactos directos con autoridades regionales o nacionales. Ello sugiere que su relación con las autoridades gubernamentales es superficial y raras veces acuden a ellas para el arreglo de sus asuntos.

En la región del sureste se resalta la autoridad de los ancianos, símbolo de respeto y sabiduría. La experiencia a través de los años los hace ser los conservadores y propagadores de su propia cultura.

Los ancianos

En nuestros pueblos, todos los señores mayores [que han servido a la comunidad o a la iglesia] son respetados.

Ellos organizan a la gente de cada paraje.

Nosotros los llamamos principales.

Cuando hay asuntos que tratar con las autoridades en turno, ellos también son invitados y colaboran en la solución de cualquier asunto.

Bats'i k'op, 1994b, p. 25.

En cambio, en la zona nahua no se hace mención a autoridades elegidas por el propio grupo étnico como tampoco al tradicional concejo de ancianos.[11] Ciertamente su mayor grado de aculturación así como su integración a la economía y sociedad nacionales han provocado la disolución de algunas de sus costumbres y tradiciones.

Jefe tarahumara.

NUESTRO TRABAJO

El trabajo se muestra como una labor organizada y compartida en la que cada uno de los miembros de la familia tiene una responsabilidad que cumplir de acuerdo con su edad y sexo. El trabajo está dirigido a satisfacer las necesidades más apremiantes de una familia: alimento, vivienda, vestido. En la mayoría de las ilustraciones todos los individuos, incluidos niños y niñas, son presentados realizando alguna actividad que forma parte de la vida cotidiana. Todos trabajan en armonía; en ningún momento se aprecian diferencias sociales.

El trabajo en la milpa es la actividad principal. En la mayoría de los casos se ilustran regiones fértiles atravesadas por ríos y arroyos, a excepción de la región tarahumara donde la fotografía deja ver con frecuencia la pobreza de los suelos. Un buen número de lecturas hace referencia al cultivo del maíz, base de su alimentación: desde la preparación del terreno, la siembra, el cuidado de los cultivos y la cosecha hasta la elaboración de los alimentos, faenas en las que participa toda la familia: hombres, mujeres y niños.

> *Nuestra forma de vivir*
> Los hombres y las mujeres se levantan muy temprano para preparar los alimentos. Cuando terminan, la consumen y al terminar se van a sus trabajos de rozadura y siembra, limpia de la milpa y el corte de café. Así pasan los días para la gente. Es la actividad cotidiana del hombre y la mujer.[12]

La responsabilidad de las tareas agrícolas corresponde en mayor grado al hombre; es él quien lleva la iniciativa además de realizar el trabajo más pesado. Las faenas del campo se efectúan manteniendo sin alteración la organización del trabajo y las formas tradicionales: emplean la coa y el azadón cuando hacen la roza y la limpia. En pocas ocasiones se presentan ayudados por una yunta de bueyes pero en ningún momento aparecen medios modernos que faciliten las labores agrícolas. Su economía es de sim-

Juntos trabajamos

Todos los que vivimos aquí, trabajamos juntos.
Nos ayudamos unos a otros cuando sembramos maíz;
ellos me ayudan y yo les ayudo.
Todos los tarahumaras que vivimos aquí, así trabajamos.
Así terminamos nuestros trabajos juntos.

Ralamuli ra'ichala, 1994, p. 31.

ple subsistencia: "Todos los rarámuris sembramos para que los niños no sufran de hambre. Vendemos poco para comprar manteca y sal".[13]

Si bien una de las características de los grupos étnicos es el trabajo comunitario, en el caso de los tarahumaras resalta aún más.

Las labores que ejecuta la mujer son sumamente diversas además de imprescindibles para la economía del hogar. Atiende sus responsabilidades como madre y cocina los alimentos para toda la familia empleando técnicas sencillas. Desgrana el maíz y lo muele en el metate colocado en el piso. Hincada ante un gran comal sobre leños, hace tortillas, asa elotes, cocina el atole, el pozol o el pinole.[14] También hace tamales. Otras ilustraciones muestran a las mujeres lavando ropa a la orilla del río, ayudando en la milpa, cargando leños con el mecapal al igual que los hombres, elaborando objetos de barro, vendiendo sus productos en el mercado o tejiendo en el telar[15] las prendas de vestir para toda la familia: huipiles, enaguas, camisas de manta, mantas de lana, fajas... En la región tarahumara, el pastoreo constituye otra de las actividades fundamentales de la mujer, responsabilidad que comparte con sus hijos. El escarpado terreno de la sierra ofrece tierras muy pobres para el pastoreo de ovejas y cabras por lo que deben recorrer largas distancias en busca de buenos pastos para sus animales.

La participación de los hijos en las labores cotidianas es también importante. Desde temprana edad, las niñas aprenden a ayudar a su madre, moliendo y torteando, en

Elaboración de vasijas de barro en una comunidad nahua de Guerrero.

tanto que los niños colaboran con su padre en las labores agrícolas: ayudan a aflojar la tierra, a limpiarla y también a levantar la cosecha. Niños y niñas cortan o recogen leños que llevan a sus hogares, acarrean agua y dan de comer a los animales domésticos. Este esfuerzo no pasa inadvertido; siempre se reconoce el valor del trabajo infantil:

> Estos niños trabajan;
> también tú puedes ayudarle a tu papá.
> Fíjate, un niño saca agua, la llevará a su casa.
> También un niño lleva a cuidar sus borregos,
> y otra niña les da de comer a los marranitos.[16]

Además del trabajo agrícola que representa el sustento de la vida familiar, las otras labores que realizan las familias indígenas son complementarias. En ningún momento aparece industria alguna de importancia comercial sino sólo pequeños oficios que ocupan de manera ocasional el tiempo de los pobladores. Aparentemente nadie pretende ganar su sustento mediante el ejercicio de una habilidad exclusiva.

La actividad más importante después de la milpa es la producción de objetos de barro que por lo general fabrican para su uso personal, guardando sólo una cantidad insignificante para vender en el mercado. El hombre acarrea el barro para la elaboración de ollas, comales, cántaros, jarros, cazuelas y vasijas, pero es la mujer quien las elabora de diversos tipos y tamaños. Así, también, hay otro tipo de trabajos que son ejecutados por los hombres: cortan madera y, en forma por demás rústica, fabrican sus propios muebles: mesas, sillas y bancos.

La manufactura de objetos de fibra se efectúa en los periodos libres en que la milpa no requiere atención. Hombres y mujeres, incluso los ancianos, tejen sombreros y canastos, redes, reatas y morrales. En la Tarahumara utilizan la palmilla que crece en los barrancos para elaborar cestos. Pero de nuevo, la venta de estos artículos no es con afán de lucro sino simplemente para disponer de un pequeño ingreso que les permita adquirir otros productos de consumo necesario que no pueden producirse dentro del grupo familiar.

EL MERCADO

El mercado es el punto de reunión al que periódicamente acuden las familias de los pueblos cercanos para vender su mercancía y con ello abastecerse de productos que les son necesarios y están fuera de la producción familiar, contribuyendo al mismo tiempo a ampliar las relaciones sociales entre los pobladores de los parajes cercanos.

"Un hombre trabaja para el sustento de sus hijos y por ello vende cosas. Así es feliz con su familia". Libro de texto gratuito en lengua tzeltal.

Oxchuc, en la zona chiapaneca, y Chilapa en el estado de Guerrero, son tomados como ejemplo para mostrar la actividad cotidiana en el mercado. Hombres y mujeres transportan sus mercancías utilizando, con frecuencia, el ancestral mecapal. Asimismo, indistintamente, compran y venden sus productos. En el suelo, sobre un petate, exponen su mercancía: frutas y verduras que varían de acuerdo con la región: duraznos, manzanas, mangos, zapotes, plátanos, cañas, naranjas, guayabas, chiles, tomates, calabazas, chayotes, papas, aguacates, etc. También venden canastos, ollas, comales y artículos de fibra como reatas, redes y morrales.

> *Venta y compra*
> Cada ocho días aquí nos juntamos.
> Traemos muchas frutas, también traemos petates.
> Vendemos muchas cosas.
> Por la tarde nos regresamos a nuestro pueblo.
> Llevamos cosas que comer.[17]

La situación en el caso tarahumara es diferente. Si bien el trueque o comercio entre los pobladores de la región montañosa y los de las barrancas es importante, no se hace alusión alguna al mercado. Las transacciones comerciales son habitualmente individuales. Esto se comprende si consideramos las grandes distancias que existen entre las rancherías y su difícil acceso.[18]

RITOS, FIESTAS Y DANZAS

La identidad étnica se manifiesta también en las fiestas, con sus ritos, música y danza. Estas celebraciones ponen en contacto y comunicación a la población dispersa que vive en diversos parajes contribuyendo a mantener la cohesión del grupo y la continuidad de sus pautas de conducta.

En la vida cotidiana de las comunidades destacan dos tipos de festividades: las nativas, que abarcan todos los acontecimientos de la vida doméstica cotidiana, y las de la Iglesia, que se realizan en sus espacios y sólo en ocasión de las festividades católicas.

Siendo los grupos étnicos esencialmente pueblos agrícolas, la mayoría de sus fiestas se vinculan a las faenas relacionadas con el campo, en particular con el cultivo del maíz. Ante la constante inseguridad de las cosechas debido sobre todo a que son tierras de temporal, las celebraciones son imprescindibles. La "misa de la milpa" es característica de la región tzeltal. De acuerdo con la tradición, al término de la siembra, los indígenas hacen una ofrenda a sus santos patronos para lograr una buena cosecha. El texto ilustra esta celebración. Arrodillados ante una cruz de madera adornada con ramas de pino y flores silvestres y dos candeleros sosteniendo pequeñas velas, practican los rituales: oran invocando a los santos pidiendo su intercesión para que llueva y pueda crecer la milpa, para que no la acabe el viento ni el granizo. Tocan arpa y guitarra, instrumentos utilizados en las fiestas por sus antepasados; lanzan cohetes y queman incienso.

Las festividades religiosas son igualmente importantes. En la zona tzeltal resalta la fiesta de Santo Tomás, patrono de Oxchuc. La plaza principal sirve de marco para esta celebración que dura tres días y a la que acuden pobladores de comunidades vecinas. Hombres y mujeres bailan al compás de una banda típica que ameniza la fiesta, y se

Oración

Pues, ya venimos, Tatic.
Aquí está tu bocado; aquí están tus velas;
tu incienso, tus bombas y tus cohetes.
No nos robaron; no se quebraron las velas;
no se rompieron los cohetes; no se perdió nada.
No nos pasó nada. Todo salió bien.

Aquí está tu regalo para que cuides bien las milpas.
Que no venga el viento; que no venga el granizo;
que no venga el chapulín; que no vengan animales dañinos.
Que no vengan ladrones.
Que venga bien el agua; que no sea mucha, ni sea poca.
Que haya nubes pero también, un poco de sol.
Que se haga bien la deshierba y se sequen las malas hierbas.
Que venga bien el año.
No nos vayas a abandonar. No nos vayas a dejar en la pobreza.
Que sea así. Ya entró el bocado. Ya entró la Palabra.

En Alfonso Villa Rojas, *Etnografía tzeltal de Chiapas*, 1990, pp. 577-578.

Fiesta de Todos Santos

Llegó el Día de Muertos y los que ya no están con nosotros en este tiempo, salen a pasear; vienen a visitar sus casas. Y por donde se paseaban en vida. Toda la gente prepara comida para la fiesta. A los muertos, sus familiares les llevan velas, les llevan comida y colocan zempazúchil sobre sus tumbas.

Bats'i k'op, 1994b, p. 39.

queman cohetes. Hay puestos de comida y bebida; también se vende ropa. Un conjunto de juegos mecánicos da un tono diferente a esta festividad tradicional.[19]

La fiesta de Todos Santos o Día de Muertos, el 1 y 2 de noviembre, es otra de las principales celebraciones. En este día toda la familia acude al panteón a recordar a sus difuntos. Tamales, panes, atole, frutas y otros alimentos predilectos de los fallecidos, son colocados sobre las tumbas adornadas con velas y flores multicolores.

Este tipo de celebraciones pero con rituales diferentes, constituyen una parte importante de la cultura tarahumara. Y así lo manifiestan: "son muy bonitas las fiestas y danzas que dejaron nuestros antepasados. Es por esto que danzamos para no estar tristes".[20] Trajes llenos de colorido y danzas dan relieve a las ceremonias a las que asisten varias familias. Los rituales practicados son costumbres ancestrales. El tesgüino, bebida embriagante de maíz fermentado, es un elemento que nunca falta en fiestas y reuniones: "se ofrenda para que se coseche mucho maíz y no falte el agua".[21] Al finalizar la siembra no puede omitirse la ceremonia de la "curación de las milpas".[22] Otras celebraciones tienen como objeto atraer la lluvia, eliminar las plagas o bien prevenir y sanar enfermedades. También es importante la ceremonia al término de la cosecha: "cuando ya cosechamos el maíz, frijol, papa, chícharo, hacemos muchos ri-

Día de Muertos en una comunidad nahua de Guerrero.

tuales para agradecer a nuestra naturaleza. Esto se realiza para no pasar hambres en nuestros pueblos".[23] Varias ilustraciones aluden a estas manifestaciones tradicionales: "Dicen que dios mandó que se realizaran las fiestas; así dice el gobierno tarahumara".[24] Y se añade: "desde tiempos pasados, los rarámuris hacemos fiestas para llamar al agua y para no enfermarnos; es por esto que hasta nuestros días las realizamos".

La danza de los Matachines es una de las más populares. Vistiendo trajes de alegres colores y gran despliegue de fantasía, bailan los danzantes al compás de violines y guitarras. Portan sobre su cabeza una corona, y en sus manos llevan matracas; llevan pantalón corto o calzón suelto sujetado por una faja de la cual caen por el frente y por detrás dos pañuelos de bandana, cubriéndose con una larga capa que cuelga desde los hombros hasta las rodillas.

En la zona nahua, las celebraciones son más similares a las de las poblaciones campesinas no indígenas. En este caso parece tratarse de ceremonias religiosas que atraen al centro cívico ceremonial a numerosas familias provenientes de lugares cercanos. Bandas típicas tocando los platillos, el trombón, el tambor, el arpa y la flauta amenizan la fiesta frente a la iglesia celebrando, tal vez, al santo patrono del pueblo. La única

Danzantes tzeltales.

Músicos tarahumaras.

peculiaridad es la referencia a la danza de los Tigres y a la de los Tlacololeros, una de las más populares de la región: "los pueblos que están alrededor de Chilapa bailan la danza de los Tlacololeros. Esta danza existía desde antes que llegaran gentes de otro continente. Los hombres blancos querían desaparecer toda nuestra cultura".[25]

Fiesta tradicional tarahumara.

TRADICIONES Y HÁBITOS

Entre las comunidades indígenas podemos distinguir una clara división entre dos tipos de conocimientos: el propio de la comunidad, transmitido de generación en generación y representado por el anciano, y el relativo a la educación institucionalizada, formal, impartido en la escuela por el maestro.

Es la figura del abuelo la que desempeña un importante papel en la educación de los pequeños, incluso más que el de la madre. Varias ilustraciones muestran la figura del anciano rodeado de niños y niñas, dándoles consejos. Es él quien vela por su buen comportamiento, por el cumplimiento de sus responsabilidades, por conservar sus costumbres y tradiciones: "Un anciano se sienta en su casa. Les da buenos consejos a sus nietos. De cómo comportarse en este mundo. Así vivirán por más tiempo".[26] En cambio, la presencia de la abuela es menor; en los textos no encontramos mención de actividades de importancia o funciones definidas en la familia ni en la comunidad, sino sólo referencias aisladas: "Una viejita con gusto les contaba bonitos cuentos a sus nietos y les enseñaba cómo vivir bien: respeten a los ancianos y trabajen con gusto porque si respetan vivirán más tiempo".[27]

Por otra parte, poca referencia se hace al incumplimiento del trabajo; todo aparenta realizarse sin contratiempos, en perfecto orden y organización. La holgazanería y la desobediencia son reprendidas, como lo muestra la lectura de "Antonio el haragán":

> El niño Antonio no quería trabajar y no obedecía a sus padres. Tampoco le gustaba ir a la escuela. Por ello, poco a poco sus padres se enojaron. Cuando Antonio quería creerse más, su mamá lo corrió.
>
> Antonio se fue a esconder detrás de las piedras pensando que no había nada, cuando de pronto sintió la mordedura de una culebra en su pie. ¡Ay!, ¡ay! Se sintió preocupado pensando y gritando que se iba a morir. Antonio comenzó a llorar por el dolor de la mordedura. Así nunca más volvió a desobedecer las órdenes el niño Antonio.[28]

Los hábitos relacionados con la salud e higiene tienen importancia. Las ilustraciones muestran hombres, mujeres y niños aseados, vistiendo ropa limpia. Varias imágenes presentan a los niños bañándose en el arroyo: "Con agua y jabón voy a bañarme y con estropajo me limpiaré. El arroyo me dará su agua y limpio quedaré".[29] La madre y el padre participan también en el aseo de sus hijos: la madre peina a la niña mientras que el padre corta el pelo al niño. Otras imágenes muestran la limpieza dentro y fuera del hogar, labor que generalmente corresponde a las niñas, aunque también hay escenas en las que los niños contribuyen a estas faenas. Asimismo, se resalta la necesidad de ciertas prácticas de higiene para evitar enfermedades, como el cambiarse de ropa, lavarse las manos antes de comer, lavar las frutas antes de consumirlas, hervir el agua para beber, etcétera.[30]

La medicina tradicional es uno de los puntos relevantes de las culturas indígenas. De acuerdo con la tradición, es el curandero quien puede librar al enfermo de los malos espíritus y así sanarlos. No se trata de conocimientos adquiridos o heredados sino de un "poder" innato. Uno de los libros presenta la imagen de un niño acostado en el suelo, con los ojos cerrados. A su lado, hincado, un curandero coloca algunas hierbas sobre su pecho. A esta ilustración se añade: "el curandero cura todo tipo de enfermos. Utiliza todo tipo de ramas, hierbas y raíces de plantas y árboles para curar. Cuando curó al niño utilizó la corteza del árbol así como sus hojas. Así se curan las enfermedades".[31]

El otro caso muestra un dibujo similar, cuyo texto dice: "cuando nos enfermamos, los curanderos nos curan con hierbas y nos soban".[32] Pero junto a la imagen aparece una innovación importante: en la ilustración de arriba, dos enfermeras uniformadas aplican una vacuna oral a los niños. Abajo, un consultorio provisto de un

Medicina tradicional y medicina moderna. Libro de texto gratuito en lengua náhuatl.

botiquín y una cama para enfermos es atendido por un médico, y se acompaña de estas palabras: "los médicos de la ciudad nos curan con medicina nueva que no conocemos".[33]

Es necesario resaltar la importancia que se concede a la conservación del medio ambiente. En un apartado referente al agua se hace hincapié en la necesidad de cuidarla, de no contaminarla y de mantener los ríos siempre limpios. "El agua es nuestra sobrevivencia", "el agua se necesita siempre; donde no hay agua no hay buena vida", advierten. Estas lecturas se ilustran comparando paisajes fértiles, por donde corre un riachuelo, con paisajes áridos. Asimismo, hacen referencia a la necesidad de conservar los bosques: un dibujo que muestra un bosque talado va acompañado de una recomendación: los árboles "nos sirven a todos, nos dan oxígeno, traen la lluvia", "los cuidamos, no los cortamos. Sabemos que ya no quedan muchos".[34]

VAMOS A LA ESCUELA

Asistir a la escuela implica salir del núcleo familiar; es el primer contacto con la sociedad nacional. A la escuela acuden niños y niñas por igual. Las ilustraciones muestran a maestros jóvenes, hombres y mujeres, que no necesariamente pertenecen al grupo étnico. Este hecho pudiera entenderse como una forma de presentar el enlace entre la comunidad y la sociedad nacional. El edificio escolar, en todos los casos, se presenta bien acondicionado, con pupitres, pizarrón, útiles escolares, seguramente muy diferente a las condiciones reales de las aulas de cada comunidad. No falta la bandera nacional en el patio de la escuela donde se le rinden honores. Tampoco la exhortación para asistir a la escuela: "todos los niños debemos aprender para el bien del pueblo y para nosotros mismos. Qué alegría para nosotros al aprender a leer y escribir".[35] Y al mismo tiempo se añade una razón sumamente importante: "quiero aprender a leer y escribir para que no nos engañen al ir a vender a otros pueblos".[36]

El buen muchacho

Soy un buen niño. Así les gusta a mis papás que sea.
Les digo que he aprendido a leer mis libros.
Mañana voy nuevamente a la escuela.
Me gusta hacerlo para aprender.
Sólo así aprenderé más cosas y seré alguien en la vida.

Bats'i k'op, 1994b, p. 30.

En el caso tarahumara se presenta una diferencia interesante. Además de ser el libro que mejor refleja la vida cotidiana del grupo étnico con sus peculiares formas de vida, es el único que inserta lecciones cívicas referentes a héroes nacionales y acontecimientos históricos, con las mismas imágenes que se encuentran en el texto nacional de español de primer año. En primer término, hace referencia al nacimiento de Benito Juárez, ilustrándolo con una fotografía enmarcada del héroe mexicano, cruzada en diagonal con una cinta con los colores nacionales y, a su alrededor, pequeños borregos y objetos de barro, como símbolo de su origen zapoteco. El texto es muy escueto: "El 21 de marzo se celebra el nacimiento de Benito Juárez quien fue presidente de México y gobernó muy bien".[37] Páginas adelante, la figura de Miguel Hidalgo es motivo de la siguiente alocución: "Hace muchísimos años México estaba gobernado por personas de otro país como los españoles. Don Miguel Hidalgo y otros lucharon; dijeron: nosotros los nativos de aquí de México debemos gobernar. El 16 de septiembre, Don Miguel Hidalgo juntó al pueblo de Dolores para el grito de la Independencia".[38]

Dos breves lecciones cívicas más, que corresponden a los Niños Héroes y la defensa del castillo de Chapultepec[39] y a la batalla del 5 de Mayo contra los franceses,[40] se integran al conocimiento de la historia nacional.

Niñas tarahumaras en la escuela.

JUEGOS Y DIVERSIONES

Los momentos de esparcimiento muestran diversas formas de diversión, muchas de las cuales son comunes en cualquier lugar. Niños y niñas disfrutan meciéndose en el columpio, empujándose en el sube y baja, lanzando el papalote al viento, brincando la reata. Los niños se divierten también con el trompo, la pelota, las matatenas, las canicas, mientras que las niñas juegan con las muñecas. La organización de juegos como "El coyote y la gallina" y "Las cebollitas" complementan este cuadro de diversiones. Las ilustraciones de la escuela muestran a los niños practicando su deporte favorito: el basquetbol.

Es en la zona tarahumara donde destaca otro tipo de diversiones destinadas principalmente a jóvenes y adultos. Y es que aquí los juegos son un importante medio de unión para la dispersa población tarahumara. Se ilustran carreras de hombres y mujeres que varían entre tres y 20 kilómetros; generalmente se trata de un recorrido de ida y vuelta por el valle, por un terreno lo más parejo posible, aunque en algunas localidades la ruta atraviesa pequeñas colinas, declives, sectores pedregosos, ríos y milpas. Dos equipos participan en la competencia. Cada bando tiene una pelota de madera que los jugadores, descalzos, deben patear a medida que corren, siempre hacia adelante. Por su parte, las mujeres participan en la carrera de la "arihueta": "desde tiempos pasados las mujeres así juegan, con una vara y un aro lanzando con la vara, la arihueta, hacia adelante".[41] Por último, se hace mención a otro juego tradicional, el del "palillo", semejante al hockey, el cual se practica con palos parecidos a mazos y con forma de cuchara en un extremo. Es un juego rudo y agotador practicado únicamente por hombres.

Por último, considerando que son libros para niños pequeños, los textos se enriquecen con adivinanzas, trabalenguas y pequeñas leyendas. También con cuentos como "El canto del encino", "El cerdito ladrón", "Los tres caracoles", "El niño y el león", "El gato mañoso", "El coyote y el perro", "El conejo y el ratón", o simples lecturas sobre animales: el pajarito, la mariposa, el tlacuache, la tortuga, el ratón, la ardilla, el colibrí, la gallina, las hormiguitas, etcétera.

Otras lecciones presentan iniciativas para estimular la imaginación y creatividad del niño: por ejemplo, la redacción de un texto de acuerdo con el dibujo mostrado o bien la descripción de actividades y formas de vida propias de su comunidad. El texto tarahumara es el que promueve una mayor participación del alumno: "dibuja cómo es tu pueblo y cómo vives"; o bien, "escribe qué trabajo hacen en conjunto en tu pueblo y dibújalo", o "qué hacen las autoridades rarámuris", entre otros temas más.

Es evidente que cada grupo étnico posee su particular forma de vida, organización política y social, creencias, costumbres y tradiciones. De ahí que el propósito de los libros

Canto del encino

Yo soy tu libro
que me quieres con amor.
Aquí en tu libro hay muchas cosas
que tienes que aprender.

Hay muchas cosas que no dicen nada
porque están dormidas como el pájaro.
El pájaro despertará
y tú escucharás lo que dice el libro.

¿Por qué?, porque soy el encino cantor,
porque canto contigo,
porque yo te enseño
y te muestro lindas flores.

Soy el encino cantor.

Ralamuli ra'ichala, 1994, p. 91

de texto gratuitos en lenguas indígenas sea precisamente recuperar esos valores de la cultura nativa del niño para después, con los textos de los siguientes ciclos, incorporar contenidos de la cultura universal.

Los temas que abarcan los textos analizados se apegan al programa oficial de la Secretaría de Educación sin que ello signifique que sean una traducción o copia del libro de texto gratuito en español. Si bien comprenden lecturas que pueden ser comunes a cualquier texto de educación primaria en el nivel nacional —adivinanzas, trabalenguas, cuentos, lecciones sobre higiene, cuidado del agua, de los bosques—, están a la vez llenos de valores culturales propios de las comunidades étnicas y muestran el entorno donde viven los niños: habitación, alimentación, vestido, trabajo, diversiones, ritos y creencias.

Algunos aspectos importantes de estas culturas parecen mantenerse prácticamente inalterados. Los textos resaltan con consistencia ciertas tradiciones y prácticas cotidianas desde épocas prehispánicas por considerarlas fundamentales: la lengua, la división del trabajo entre los miembros de la familia, la indumentaria tradicional, el trabajo en la milpa y la representación del anciano como legítimo transmisor de su cultura, entre otros, aunque también incluyen otro tipo de valores de carácter universal, es decir, comunes para cualquier texto de educación primaria: el respeto a los mayores, la responsabilidad, el cumplimiento en el trabajo, etc. De esta forma se logra no sólo reflejar las necesidades educativas de las comunidades étnicas sino también insertarse en el ámbito nacional mediante el culto a los héroes nacionales y la celebración de fiestas cívicas.

Pero junto con estos rasgos característicos se advierten también ciertos cambios en la vida cotidiana de las comunidades: éstos obedecen a mejoras que directamente no trastocan la esencia de su identidad étnica pero que contribuyen a mejorar su nivel de vida. Éste es el caso, por ejemplo, de los servicios de salud, de la creación de escuelas, de la construcción de vías de comunicación y del empleo, aunque esporádico, de mejores medios de transporte.

Finalmente, es importante resaltar que estos textos no distinguen clases sociales; en ningún momento se muestra explotación de unos sobre otros; por el contrario, se enaltece la colaboración entre los pobladores de una misma comunidad y el trabajo colectivo. No hay denuncias por su situación de pobreza; tampoco se advierte presión alguna por adoptar valores de la sociedad urbana o se propone un cambio sustancial en su forma de vida.[42] En todo momento, es el indígena y su familia quienes con su propio esfuerzo logran sobrevivir manteniendo su cultura y su tradición.

NOTAS

[1] Agradezco la valiosa colaboración en la traducción de los textos de los maestros Jorge Sánchez Palma, de la región tarahumara; Mario Hernández Jiménez, de la zona tzeltal de Chiapas, y Vicente Catalán Barrera, de la zona nahua de Guerrero.

[2] LÓPEZ y VELASCO, 1986, p. 128.

[3] "Programa Nacional de Desarrollo de los Pueblos Indígenas, 1991-1994", 1994, p. 68.

[4] De acuerdo con el Censo General de Población de 1990, existían 50 393 tarahumaras, 116 131 nahuas en Guerrero y 258 153 tzeltales.

[5] *Nahuatlajtoli*, 1994b, p. 12.

[6] *Ralamuli ra'ichala*, 1994, p. 62.

[7] *Nahuatlajtoli*, 1994a, p. 13.

[8] *Ralamuli ra'ichala*, 1994, p. 89.

[9] *Ralamuli ra'ichala*, 1994, p. 86.

[10] *Ralamuli ra'ichala*, 1994, p. 90.

[11] En la actualidad eligen a sus autoridades de acuerdo con las normas constitucionales del estado de Guerrero. Véase MUÑOZ, 1963, p. 130.

[12] *Bats'i k'op*, 1994b, p. 10.

[13] *Ralamuli ra'ichala*, 1994, p. 127.

[14] Éste es el alimento común entre los tarahumaras. El maíz desgranado y tostado se muele en el metate hasta convertirlo en una harina fina que se disuelve en agua dando por resultado una solución pastosa; es una bebida alimenticia estimulante y refrescante.

[15] Los textos ilustran un telar semejante al prehispánico atado por un extremo a un árbol o a una viga, y por otro, alrededor de la cintura de la mujer, con varias vueltas de soga.

[16] *Nahuatlajtoli*, 1994b, p. 43.

[17] *Nahuatlajtoli*, 1994b, p. 35.

[18] Véase BENNET y ZINGG, 1978, pp. 260-265.

[19] *Bats'i k'op*, 1994a, p. 105. Sobre esta celebración, véase VILLA ROJAS, 1990, pp. 498-513.

[20] *Ralamuli ra'ichala*, 1994, p. 170.

[21] *Ralamuli ra'ichala*, 1994, p. 156.

[22] De acuerdo con la tradición, campos y animales deben ser curados todos los años para evitar las enfermedades y sobre todo para desviar al terrible rayo. BENNET y ZINGG, 1978, p. 431.

[23] *Ralamuli ra'ichala*, 1994, p. 187.

[24] *Ralamuli ra'ichala*, 1994, p. 158.

[25] *Nahuatlajtoli*, 1994b, p. 28.

[26] *Nahuatlajtoli*, 1994a, p. 102.

[27] *Nahuatlajtoli*, 1994b, p. 61.

[28] *Bats'i k'op*, 1994b, p. 31.

[29] *Bats'i k'op*, 1994a, p. 130.

[30] *Bats'i k'op*, 1994b, p. 5.

[31] *Bats'i k'op*, 1994b, p. 20.

[32] *Nahuatlajtoli*, 1994a, p. 16.

[33] *Nahuatlajtoli*, 1994a, p. 17.

[34] *Bats'i k'op*, 1994a, p. 128.

[35] *Bats'i k'op*, 1994b, p. 59.

[36] *Bats'i k'op*, 1994b, p. 55.

[37] *Ralamuli ra'ichala*, 1994, p. 102.

[38] *Ralamuli ra'ichala*, 1994, p. 152.

[39] *Ralamuli ra'ichala*, 1994, p. 198.

[40] *Ralamuli ra'ichala*, 1994, p. 199.

[41] *Ralamuli ra'ichala*, 1994, p. 71. Este juego consiste en enganchar una argolla con el palo y lanzarla hacia adelante. Así, el pequeño aro va pasando de una a otra corredora en la misma forma que la pelota en la carrera de hombres, sin que puedan cogerla con la mano.

[42] Solamente hay una referencia al progreso: "Nuestro pueblo de Oxchuc está un poco mejor a comparación de años anteriores cuando se sufría mucho. Hoy en día ya contamos con casas de salud. Y con el mercado donde podemos vender nuestros productos... También se han mejorado las viviendas y se han construido más escuelas". *Bats'i k'op*, 1994a, p. 100.

REFERENCIAS

Bats'i k'op

1994a Lengua tzeltal, Chiapas. Primer ciclo, María de Lourdes Castro (coord.). México: Dirección General de Educación Indígena, Secretaría de Educación Pública.

Bats'i k'op

1994b Lengua tzeltal, Chiapas. Primer ciclo. Libro de Lecturas, María de Lourdes Castro (coord.). México: Dirección General de Educación Indígena, Secretaría de Educación Pública.

BENNETT, Wendell C., y Robert M. ZINGG

1978 *Los tarahumaras. Una tribu india del norte de México*. México: Instituto Nacional Indigenista.

CHAPMAN, Anne
1943 "Expedición a la zona tzeltal de Chiapas", documento mimeografiado. México: Archivo del Instituto Nacional Indigenista.

FABILA, Alfonso
1955 "Los problemas de los indios nahuas mixteco-tlapanecos", documento mimeografiado. México: Archivo del Instituto Nacional Indigenista.

GREAVES, Cecilia
1996 "Entre la teoría educativa y la práctica indigenista. La experiencia en Chiapas y la Tarahumara", en Pilar GONZALBO AIZPURU (coord.), *Educación rural e indígena en Iberoamérica*. México: El Colegio de México, pp. 161-178.

LOMBARDO, Rosa María
1944 *La mujer tzeltal*. México: s.e.

LÓPEZ, Gerardo, y Sergio VELASCO
1986 *Aportaciones indias a la educación*. México: Secretaría de Educación Pública-Edicones El Caballito.

MUÑOZ, Maurilio
1963 *Mixteca Nahua-Tlapaneca. Memorias del* INI, vol. IX. México: Instituto Nacional Indigenista.

Nahuatlajtoli
1994a Lengua náhuatl, Guerrero. Primer ciclo, María de Lourdes Castro (coord.). México: Dirección General de Educación Indígena, Secretaría de Educación Pública.

Nahuatlajtoli
1994b Lengua náhuatl, Guerrero. Primer ciclo, Libro de Lecturas, María de Lourdes Castro (coord.). México: Dirección General de Educación Indígena, Secretaría de Educación Pública.

OSPINA, Gabriel
1943 "Diario etnográfico. Expedición a la zona tzeltal de Chiapas", documento mimeografiado. México: Archivo del Instituto Nacional Indigenista.

PLANCARTE, Francisco
1954 *El problema indígena tarahumara. Memorias del* INI, vol. V. México: Instituto Nacional Indigenista.

"Programa..."
1994 "Programa Nacional de Desarrollo de los Pueblos Indígenas, 1991-1994". México: Instituto Nacional Indigenista.

Ralamuli ra'ichala
1994 Lengua tarahumara, Chihuahua. Primer ciclo, Parte I, Eleuterio Olarte (coord.). México: Dirección General de Educación Indígena, Secretaría de Educación Pública.

VILLA ROJAS, Alfonso
1990 *Etnografía tzeltal de Chiapas. Modalidades de una cosmovisión prehispánica*. México: Gobierno del Estado de Chiapas.

10
LAS MUJERES Y LA VIOLENCIA DOMÉSTICA EN UN PUEBLO DEL VALLE DE TOLUCA (1970-1990)

SOLEDAD GONZÁLEZ MONTES
Programa Interdisciplinario de Estudios de la Mujer, El Colegio de México

LA VIOLENCIA DOMÉSTICA, UN HECHO COTIDIANO

CUANDO EL ANTROPÓLOGO OSCAR LEWIS ESTUDIÓ EL PUEBLO DE TEPOZTLÁN, MORELOS, en la década de 1940, encontró que las relaciones sociales distaban mucho de la imagen de armonía que había descrito 20 años antes otro antropólogo, Robert Redfield.[1] Para este último la comunidad era el espacio de las relaciones cercanas, cara a cara, donde se tejían las solidaridades humanas más fuertes. Lewis, en cambio, descubrió que la gama de conflictos dentro del hogar y entre vecinos y facciones del pueblo era muy amplia. Durante los años que realizó su trabajo de campo documentó constantes envidias, rencores antiguos por litigios de tierras, discordias entre herederos, pleitos entre vecinos que no se respetaban los linderos, acusaciones de robo y despojo, pugnas políticas y religiosas, peleas por la defensa de la honra familiar depositada en el buen nombre de las mujeres de la familia y una gran propensión de los maridos a golpear a sus esposas.

Los estudios de Lewis sobre familias rurales y urbanas mexicanas[2] revelaron que la violencia era un componente tan frecuente en las relaciones familiares como para que se considerase "natural" o "normal". Lewis se adelantó a su tiempo, pues tendrían que pasar casi dos décadas para que en los años setenta el feminismo académico comenzara a cuestionar esta "naturalidad" y convirtiera la violencia intrafamiliar o doméstica en un objeto de investigación legítimo y especializado. Más de un siglo había transcurrido desde que las organizaciones feministas europeas y norteamericanas señalaran la gravedad del problema en sus respectivas regiones y reclamaran el derecho de las esposas a no ser golpeadas, al mismo tiempo que lanzaban campañas para la prevención de la crueldad hacia los niños.[3]

Inicialmente, la violencia doméstica o intrafamiliar se definió como todas las formas de uso intencional de la fuerza física o la amenaza de su uso, una de cuyas manifestaciones es la coerción sexual. La definición se amplió después para incluir el maltrato emocional o psicológico y, más recientemente, algunos autores han propuesto que también se tome en cuenta la violencia económica, pues el abandono de las personas dependientes puede generarles situaciones de extrema penuria. En principio, cualquier persona puede ser víctima de maltrato dentro del hogar; sin embargo, los estudios estadísticos de diversos países muestran que la forma más común de la violencia física es la que ejerce el marido sobre la esposa en la forma de golpes.[4] Uno de los estudios pioneros en México, realizado en 1992, lo llama "un hecho cotidiano", pues encontró que en una muestra al azar de 427 mujeres de la ciudad de Guadalajara, casi 60% había sufrido alguna forma de violencia de parte del marido, así como 44% de las 1 163 mujeres entrevistadas en una zona rural del estado de Jalisco.[5] Investigaciones posteriores han comprobado que las prevalencias también son altas en otras regiones del país.[6]

¿Por qué golpean los maridos y qué piensan las esposas de que lo hagan? Este capítulo intenta responder esta pregunta analizando las relaciones y dinámicas familiares que dan sustento al empleo de la fuerza. Para ello presentaré el caso de Xalatlaco, un municipio localizado en el sureste del valle de Toluca. Allí la mayor parte de la población fue campesina hasta hace poco tiempo. Según el Censo Nacional de Población, en 1960 todavía 90% de la población económicamente activa de Xalatlaco estaba dedicada a actividades agropecuarias. Desde entonces tuvo lugar un veloz proceso de diversificación ocupacional, de modo que para 1990 poco menos de la mitad de los xalatlaquenses trabajaba en la agricultura.

Tal como ha sucedido en la mayor parte de los pueblos de la región y del país, para sobrevivir las familias de Xalatlaco debieron buscar trabajo en el comercio, la industria y los servicios. Este proceso implicó un cambio muy importante en el papel de las mujeres en la economía familiar. Ellas tuvieron que salir de sus hogares para obtener ingresos, en tanto los aportes de los varones resultaban insuficientes para mantener a la familia. Inevitablemente estas transformaciones repercutieron en la relación conyugal. En efecto, en el periodo estudiado encontramos indicios de que las aspiraciones de las mujeres respecto a la convivencia doméstica también se fueron modificando. Muchas dejaron de pensar que los golpes son un legítimo medio para disciplinar a esposas e hijos y comenzaron a alentar expectativas sobre la posibilidad de tener relaciones familiares libres de maltrato. En este proceso se fueron redefiniendo las nociones culturales sobre el lugar de la mujer en la familia y en la comunidad, y fueron cambiando las ideas sobre los derechos que ellas tienen, lo que quieren de sus parejas y lo que están dispuestas a tolerar.

En Xalatlaco, como en otros pueblos, existen múltiples caminos para la conciliación cuando se desatan los conflictos entre individuos o familias. Una vía posible es recurrir a parientes y compadres prestigiosos para que funjan como intermediarios y poder llegar a un arreglo entre las partes en disputa. A veces los jóvenes buscan a sus padrinos o a algún tío en quienes pueden confiar como consejeros y mediadores cuando tienen problemas, para que éstos no trasciendan más allá del ámbito familiar. Pero si esto no es posible y las diferencias persisten o cuando la gravedad del conflicto lo amerita, inevitablemente la gente recurre a una institución local para dirimir sus disputas: el Juzgado de Paz o de Menor Cuantía. Allí quedan registrados los asuntos que se presentan ante el juez, de modo que los expedientes conservados nos permiten acercarnos a las tendencias y los procesos a lo largo del tiempo.

Con el fin de conocer cuáles fueron los motivos de las disputas familiares, quiénes demandaban y quiénes eran los demandados, y para comprender la dinámica de las relaciones intrafamiliares revisé todos los expedientes de los años 1970, 1984 y 1990. Complementé esta rica información con la que recogí entrevistando a personas de ambos sexos y diferentes generaciones durante las numerosas visitas que realicé al pueblo entre 1980 y 1992. También fueron de gran utilidad los datos de los censos de población y las encuestas nacionales, pues me permitieron poner en perspectiva el estudio de caso que aquí presento. Estas fuentes de información estadística muestran que el problema de la violencia doméstica no es una peculiaridad de Xalatlaco, sino que, desgraciadamente, está muy extendido en el territorio nacional.

EL JUZGADO DE PAZ, UNA VENTANA PARA ASOMARNOS A LA VIDA COTIDIANA EN EL CAMPO

El 5 de mayo de 1992, más de 200 ciudadanos tomaron la Presidencia Municipal de Xalatlaco, con amplio apoyo por parte de la población. Las autoridades se refugiaron en el edificio de la Dirección de Apoyo a la Infancia y la Familia (DIF), donde establecieron su centro de operaciones. Diez días más tarde el palacio de gobierno continuaba tomado, a pesar de que la policía municipal y la judicial intentaban amedrentar a los inconformes con amenazas. Como no lo lograron, las autoridades perdieron la paciencia y…

> cerca de la una de la mañana, el cuerpo edilicio que encabeza R.G. [el presidente municipal] intentó infructuosamente rescatar las instalaciones del palacio municipal apoyado por grupos de policías. Los ciudadanos hicieron repicar las campanas de la iglesia local y alertaron a la comunidad, rechazando la intentona… Los pobladores convinieron realizar una marcha a la Ciudad de México para plantear su problemática ante el presidente [de la República]… insisten en que su movimiento no tiene ninguna filiación partidista como se ha querido interpretar, sino que se trata de una inquietud del pueblo, que protesta por la inadecuada e irresponsable administración del alcalde, quien se ha ganado el repudio de la población. (*Excélsior*, 7 de mayo de 1992, p. 9).

¿Qué razones impulsaron a los habitantes de Xalatlaco a enfrentar a autoridades y policías, y luego a marchar fuera de su municipio en busca de soluciones? De acuerdo con la información aparecida en los periódicos, la gente acusaba a las autoridades de haber incumplido sus promesas de brindar una serie de servicios. Sin embargo, se puede decir que éste es el reclamo habitual contra casi todas las sucesivas administraciones públicas y, por lo tanto, tiene poca utilidad para explicar los sucesos ocurridos. La versión de personas de diferentes edades y barrios era más precisa: lo que en el fondo puso a la gente en pie de lucha fue el rumor de que las autoridades iban a permitir que se trasladara el Juzgado de Paz a otra cabecera municipal del distrito. Esto se consideró alta traición a los intereses del pueblo y fue un elemento central en el descontento que encendió los ánimos hasta el punto en que la gente estuvo dispuesta a salir a la calle "a defender lo que es nuestro".

El traslado de una institución que desde el punto de vista del gobierno estatal se debía a una reorganización administrativa sin mayor trascendencia, que podía hacerse sin consultas previas y sin problemas fue el detonante que dio lugar a una revuelta popular de grandes proporciones, que tuvo movilizada y sobresaltada a la población durante meses, al borde del estallido violento. Afortunadamente éste no se produjo. El conflicto se resolvió después de varias marchas multitudinarias, cuando los inconformes lograron la remoción de las autoridades municipales y una vez que tuvieron la seguridad de que las instituciones de su gobierno local no se alterarían.

Solamente quienes no conozcan el papel simbólico y práctico que tienen los Juzgados de Paz podrían pensar que, porque en ellos se tratan las cuestiones clasificadas como "de menor cuantía", tienen poca importancia para la gente. La "menor cuantía" se refiere a que los jueces conciliadores o de paz sólo conocen causas cuyo equivalente en dinero no rebasa un cierto número de días de salario mínimo, imponen multas también relativamente pequeñas y sólo pueden sancionar a los infractores con pocos días u horas en el calabozo local. Sin embargo, las cuestiones que se ventilan ante los jueces municipales son los conflictos más cotidianos en la vida de las comunidades rurales, es decir, los más cercanos y vitales, porque atañen a la posibilidad de seguir conviviendo. Allí es donde se resuelven o al menos se aplacan los conflictos y se firman las actas de conciliación y compromiso. La gente recurre al juzgado de manera constante, con la seguridad de que será atendida el mismo día que acude o al día siguiente. No hay mayores gastos de traslado, ni idas y venidas frente a burócratas desconocidos. Todos los días, día tras día, pueden verse grupos de personas afuera del juzgado, esperando ser atendidas.

Cada ranchería tiene su juez auxiliar que remite los conflictos al juez de paz, cuyo despacho se encuentra en la cabecera municipal, en el mismo edificio de la presidencia. El juez debe ser nativo y miembro de la comunidad, de reconocida fama como hombre de bien, honesto. Hasta fines de los setenta se buscaba a individuos pertenecientes a familias con demostrada capacidad para resolver sus desavenencias, y estos jueces cumplían con el cargo como parte de sus obligaciones ciudadanas, sin recibir pago. Fue apenas a principios de los años ochenta cuando se eligió como juez a alguien con estudios universitarios en derecho. Hasta entonces se daba preferencia a quienes supieran leer y escribir, pero no siempre los jueces llenaron este requisito.

El juez atiende asuntos civiles que incluyen la elaboración de escrituras de compraventa, la realización de deslindes y, desde 1982, que se cumpla el pago de las deudas mercantiles. También atiende asuntos penales, practica las primeras diligencias en la averiguación de cualquier delito, conoce las lesiones que tardan menos de 15 días en sanar, impone multas y aplica castigos correccionales menores (que en el pasado consistían en diversas formas de servicio a la comunidad, como barrer las calles). Pero su función principal siempre ha sido la de mediador y árbitro entre los litigantes, para lograr que las partes en disputa lleguen a un arreglo que quedará plasmado en las actas de conformidad y mutuo acuerdo.

La gente recurre al juez para que exhorte y amoneste a las partes en conflicto, previniendo así que ocurran males mayores. En algunos casos, quienes demandan buscan que a su contraparte le den un breve castigo en la cárcel local "para que recapacite", pero por lo general el objetivo es la reparación de los daños sufridos y que los problemas no se repitan en el futuro. Los acuerdos se formalizan ante la autoridad, que funge como testigo de la palabra dada. Con frecuencia también firman las actas parientes que se comprometen a hacer todo lo posible para que el acuerdo se cumpla.

La mayor parte de los casos que se presentan ante el Juzgado de Paz local permanecen en esa instancia. Una de las razones más fuertes para que así suceda es que los jueces locales tienen instrucciones de desahogar y resolver todos los casos que puedan para evitar que la instancia superior se sature de demandas. Cuando no logran sus propósitos o cuando la gravedad del delito lo hace necesario, los jueces conciliadores remiten el asunto al Juzgado de Primera Instancia, en la cabecera del distrito judicial correspondiente (Tenango del Valle, en el caso de Xalatlaco). Allí las demandas pasan a jueces que, de manera obligatoria, cuentan con preparación universitaria. Su objetivo es determinar grados de culpabilidad y establecer castigos proporcionales a los delitos cometidos.

Por lo general es suficiente que el juez local amenace a las partes en disputa con enviarlas a Tenango para lograr que lleguen a un acuerdo. Los costos y el tiempo que puede implicar un pleito en otro nivel suelen tener gran poder de disuasión. La gente teme los gastos de desplazamiento y la incertidumbre por la dirección que pudieran tomar los acontecimientos cuando trascienden el ámbito local. La mayoría de las mujeres no dispone de los recursos, el tiempo o los conocimientos necesarios para proseguir sus demandas fuera del pueblo, de modo que cuando tienen problemas y necesitan recurrir a la justicia, muchas más van al Juzgado de Paz local que al Juzgado de Primera Instancia del distrito. Allí llegan los casos más graves, como los de violación, remitidos por el juez de paz.

Las comunidades campesinas del centro de México han tenido gran continuidad respecto a un acceso fácil a la justicia, pues la legislación colonial creó instituciones judiciales en los niveles local y regional que fueron mantenidas por los gobiernos independientes. Durante la época colonial eran los alcaldes de las repúblicas de indios los encargados de la administración de justicia dentro de las comunidades. Después de la Independencia, los jueces conciliadores ocuparon estas funciones en las cabeceras municipales, mientras que los jueces de primera instancia lo hacían en las cabeceras de los distritos judiciales. Esta población rural tiene, por lo tanto, una larga tradición de ventilar sus pleitos ante las autoridades locales y regionales. Pero si bien el acceso a la justicia local aparentemente es sencillo, hasta hace poco no era tan fácil para las mujeres como para los varones. Una de las razones más poderosas era que ellas no se podían presentar solas ante las autoridades, pues tenían el estatus perpetuo de menores de edad, necesitadas de la tutela primero del padre y luego del marido.

"LAS MUJERES NO SE MANDAN SOLAS": AUTORIDAD Y REPRESENTACIÓN FAMILIAR EN LA ARTICULACIÓN ENTRE LA VIDA PRIVADA Y LA VIDA PÚBLICA

En el mundo campesino, el control de las mujeres se ha mantenido más fuerte y por más tiempo que en el contexto urbano (aunque siempre hay excepciones en ambos mundos). Hasta mediados de los años setenta, algunos xalatlaquenses consideraban necesario presentarse al juzgado para dejar constancia escrita de que autorizaban a su esposa a trabajar fuera del hogar. En años posteriores eso pasó a la historia. Sin embargo, siguió vigente la idea de que "las mujeres no se mandan solas". El juez municipal en funciones en 1983 fue quien me dijo: "Las mujeres no deben venir ante las autoridades solas. *No se mandan solas, no se representan.* Si son solteras, deben venir acompañadas por sus padres; si son casadas, por sus maridos".

¿Quién manda en la familia y por qué? En pueblos campesinos como lo ha sido Xalatlaco, la pertenencia a un grupo familiar y de parentesco define la identidad social de los individuos y casi todos los aspectos de su vida. La moral familiar establece los derechos y las obligaciones de cada quien y la manera de "llevarse" en la convivencia cotidiana. Estas relaciones eran hasta hace poco netamente patriarcales. "Patriarcales" en este contexto significa que la mayoría de los hogares estaban encabezados por un jefe varón,[7] principal propietario de la tierra y del ganado cuando lo había, que representaba a sus dependientes ante las autoridades y el gobierno local. A la hora de transmitir la tierra en herencia, el jefe daba preferencia a los hijos varones. Las hijas heredaban menos que sus hermanos y a veces nada o la peor parte, por lo que todavía en 1985 menos de la tercera parte de las parcelas registradas en el Registro Público de la Propiedad correspondían a mujeres. Hasta que se abrieron nuevas oportunidades de trabajar y obtener ingresos en la década de los sesenta, pocas mujeres tenían propiedades sustantivas o en pie de igualdad respecto a sus hermanos.

Sobre el control paterno del recurso más valioso —la tierra, en un contexto agrícola— se erige la jefatura y la jerarquía de autoridad dentro de la familia. Al mismo tiempo, las costumbres de herencia de la tierra influyen sobre el ciclo doméstico, una de cuyas características principales es que el varón lleva a la mujer a residir con sus padres cuando inician la convivencia, ya sea por "robo de la novia" o después de haber pedido su mano en matrimonio. Se dice entonces que la mujer "se va a servir a casa de sus suegros" o que "quedó bajo el poder de su suegro". A los pocos hombres que se van a vivir con sus suegros cuando se casan se les llama despectivamente "atoleros" o "idos de nueros", para dar a entender su posición subordinada.

La costumbre de que la pareja comparta la vivienda y la economía doméstica durante varios años con los padres y hermanos (solteros y casados) del varón está muy arraigada y extendida en el campo mexicano. Vivir en familias extensas tiene sus ventajas y sus problemas. Una de las ventajas es que permite a los padres disponer de la fuerza de trabajo de los hijos y reunir en un fondo común los ingresos. Los ancianos dicen que así los hijos muestran respeto por sus padres y el hogar paterno se hace más fuerte. Para las mujeres, una posible ventaja es que les permite repartirse el trabajo doméstico y en particular el cuidado de los niños pequeños —algo que era muy importante para las que daban a luz en un contexto en el que no había guarderías o jardines de niños. En tiempos más recientes, la residencia en familias extensas facilita a las mujeres de diferentes generaciones dividirse entre ellas el quehacer doméstico y el trabajo fuera del hogar para ganar dinero.

Pese a las ventajas, la etapa de convivencia con la familia del marido resulta muy difícil para las mujeres jóvenes. La "nuera nueva" debe adaptarse a los hábitos de la familia del marido. La costumbre era que su capacidad de trabajo y obediencia se sometiera a prueba. La suegra era (y en la mayoría de los casos sigue siendo) la responsable de organizar el trabajo de sus nueras. Esto crea muchas posibilidades de conflicto. Hasta ahora, las nueras no administran el dinero que sus esposos o ellas mismas ganan; todo el dinero que ambos obtienen es entregado a "la jefa". Cuando ellos necesitan dinero para sus compras personales se lo deben pedir a "la jefa". Incluso los hombres casados que viven con sus padres deben pedir "para su pasaje", para ir a trabajar.

"Doy las gracias al Santo Niño Cieguito que se venera en la ciudad de Puebla por el prodigioso milagro de retirar de mi vida a la señora con la que me junté, que me hizo creer que era muy buena y resultó ser más mula que una mula, pues me atizaba en todas partes y gritaba y tomaba y no iba a la casa. Cansado te lo fui a pedir y me lo concediste". Eleuterio Piñón, Juchitán, 1950.

"Dándote las más grandes gracias San Pascual Bailón por ayudarme en mi primer guiso como te lo pedí, con el que he podido hacer que mi gordo me quiera más y no salga a ningún otro lugar sin mi permiso pues si falta a la casa no le doy de comer, como todos los domingos y lunes, que nunca llega y yo descanso". Petra Morales, Puebla, 1935. Artesanía humorística producida en la ciudad de Puebla en la actualidad, imitando el estilo de los exvotos antiguos.

El acta informativa núm. 145, del 2 de mayo de 1984, por ejemplo, asienta que una mujer de 16 años abandona a su marido porque "le da vergüenza pedirle a la suegra para lo que necesita, por lo que se va a casa de su madre".

El jefe de familia es el responsable de la buena marcha del hogar, de la protección y seguridad de los miembros de su grupo doméstico, tanto dentro del hogar como fuera. Tiene el compromiso de vigilar el comportamiento de su familia. Por eso todos, en particular las mujeres y los niños, deben informarle cuando salen a hacer las compras, a vender o a alguna otra actividad. El jefe controla los desplazamientos de los miembros de la casa, particularmente el de las mujeres; delega el control en su esposa cuando él no está y ella asume entonces la responsabilidad. Las hijas, la esposa y las nueras deben pedirle autorización (el clásico "permiso") para salidas especiales, como ir a visitar a sus padres u otros parientes, en el caso de las nueras.[8]

Todo esto se pone en evidencia cuando se levantan actas en las que se denuncia y asienta el abandono del hogar por algún miembro. "Entrar" en una casa es quedar bajo la responsabilidad de su jefe; implica someterse a su autoridad. "Salirse", por el contrario, significa dejar de estar bajo la tutela y la protección del jefe de ese hogar. Por eso es importante que las autoridades sean informadas cuando la responsabilidad del jefe sobre una persona ha cesado porque ella ha hecho abandono del hogar por su propia voluntad. Si algún miembro del grupo doméstico sale sin su permiso, él debe dar parte inmediatamente a las autoridades municipales. Aunque no se trate de menores de edad, el jefe informa al juzgado del cambio de domicilio. En algunos casos las demandantes denuncian que han sido obligadas a dejar su residencia —en el lenguaje vernáculo, que fueron "corridas".

> Una mujer de 17 años, casada legalmente por dos años, declara que el marido la ha golpeada varias veces, la última por pedirle dinero para la comida. La corrió en varias ocasiones, por lo que tuvo que irse con sus padres. El día anterior nuevamente la corrió. Se encontraba el suegro, pero él dijo que él no podía intervenir por lo que ella abandonó el hogar con el bebé, llegando con sus padres y quedando bajo la responsabilidad de los mismos. (Acta informativa núm. 093, febrero de 1984).

Los jefes de familia representan a todos y cada uno de los miembros de su grupo doméstico ante las autoridades. Por ejemplo, cuando hay pleitos entre mujeres son los respectivos jefes quienes se comprometen a que ellas no volverán a ofenderse de palabra u obra. Pero algunos expedientes nos muestran que los jóvenes resienten la autoridad paterna o materna y ya no es tan fácil controlarlos. También revelan que más mujeres se están presentando ante el juzgado en calidad de representantes de la autoridad familiar. Valga el siguiente ejemplo:

Una mujer de 36 años informa que su hijo de 17 años se fue a vivir con sus abuelos paternos porque ella le llamó la atención diciéndole que tenía que llegar a su casa a determinada hora. La señora informa que mientras su hijo se encuentre en la casa del abuelo éste será responsable de los actos que su menor hijo llegara a cometer. (Acta informativa núm. 139, 15 de junio de 1990).

"RESPETO", "SERVICIO", "COMPROMISO", "DESOBLIGACIÓN"

El noviazgo, con la posibilidad de que la pareja llegue a conocerse y con la opción de cambiar de novios varias veces antes de iniciar la convivencia, es un fenómeno que comenzó a principios de la década de los setenta. Antes, los padres golpeaban a las muchachas descubiertas en el cortejo. La honra familiar, depositada en el buen nombre de las mujeres de la familia, debía defenderse. Los hermanos consideraban su obligación velar por las hermanas para que su honra no saliese mancillada. Por eso, aún a finales de esa década golpeaban a sus hermanas si las veían con muchachos y "correteaban" a estos potenciales novios para disuadirlos. Todavía se oye decir que "a fulana la golpearon sus hermanos porque fracasó", es decir, porque quedó embarazada siendo soltera y sin que el novio la llevara a vivir a casa de sus padres, que es la manera como se contrae un compromiso de unión duradera, aun cuando ésta se haya iniciado por "robo de la novia".

Hacia finales de los años setenta, el noviazgo se fue convirtiendo en una institución aceptada, en la medida que más adolescentes de ambos sexos continuaron estudiando la secundaria; esto significó la apertura de un espacio de interacción más importante entre los jóvenes. Pero si bien con quién unirse es una decisión individual en Xalatlaco, el matrimonio eclesiástico continúa siendo un arreglo entre familias e implica la transferencia de una mujer de su hogar paterno al hogar de los suegros, durante un periodo que puede variar entre dos, siete o más años. De esta manera se forman familias extensas en una etapa del ciclo doméstico. Hasta la actualidad, durante este tiempo la suegra administra los ingresos de la joven pareja. Para la mayor parte de las mujeres el matrimonio significa no sólo la formación de una pareja sino, y sobre todo, la adaptación a la familia del hombre, con la cual contraen obligaciones de respeto, obediencia y servicio. Se esperaba que las mujeres sobrellevaran su destino con resignación, aceptando el refrán: "Marido y mortaja, del cielo bajan".

En este contexto familiar, las ancianas dicen que "cuando una mujer se casa, debe saber que los maridos pegan". Es decir, ellas consideran que los golpes son una parte de las prerrogativas de los maridos, al igual que el "servicio" que la esposa le debe. Este "servicio" incluye el cuidado del hogar, la correcta crianza de los hijos y el débito conyugal. Más específicamente significa tener el hogar aseado y la comida lista a tiempo, lavar la ropa, atender a los hijos, realizar trabajo en las milpas y en los huertos cuando la familia los tiene, llevar la comida al campo cuando así se requiere. El débito conyugal consiste en que el marido tiene derecho a tener relaciones sexuales cuando él las desee, y la esposa debe estar inmediatamente dispuesta a tenerlas. En caso de mostrar reticencias, ellos montan en cólera, víctimas de los celos y las sospechas. Su reacción es proferir en tono acusatorio el clásico: "¿A quién le estás guardando? No quieres porque tienes a otro".

Los golpes ("violencia física" en el lenguaje especializado) se consideran legítimos cuando la esposa no cumple adecuadamente con sus deberes de ama de casa, madre o esposa fiel. Desde el punto de vista del esposo y el de la comunidad como entidad abstracta, él está en su derecho de disciplinar a su esposa. Más aún, dicen los ancianos que es obligación de los padres y esposos "darse a respetar" mediante los castigos físicos. Sin castigos no hay "un temor de Dios", necesario para las buenas conductas. En este sentido, los padres y esposos son representantes de la justicia divina en la tierra para el buen gobierno de las familias, sin el cual se cae en el desorden. El hombre que "consiente" a sus subordinados (esposa, hijos) y no los corrige condena su alma pues no cumple con su deber.

El cuento moralizador del recuadro de la página siguiente, "de ésos que contaban los antiguas de antes", encuentra ecos no tan lejanos en un pueblo de la Mixteca poblana donde la emigración es muy fuerte. Una de las razones que dan los hombres para no querer llevar a su familia a Estados Unidos es que allá la ley prohíbe los castigos corporales. Ante esta restricción, los hombres sienten que no van a poder cumplir adecuadamente su papel de jefes de familia; temen la posibilidad de que sus esposas los denuncien y que sus hijos dejen de respetar las leyes (del padre y de la sociedad), que caigan en malas compañías y se vuelvan delincuentes o drogadictos.[9] En Xalatlaco son muchos los padres que piensan que un buen maestro es el que sabe imponer respeto mediante castigos físicos a sus alumnos.

A los oídos de los jueces llegan pocos casos de violencia sexual y es difícil saber hasta qué punto esto se debe a que la situación ha mejorado o a que se oculta por vergüenza y temor. Sobre todo si se trata de incesto o de violaciones y hostigamiento a niños y niñas cometidos por parientes, el secreto es guardado por temor. Cuando las víctimas son más grandes y los ofensores no son parientes hay más posibilidades de que reúnan el valor para atreverse a hablar de lo que les ha ocurrido y pidan apoyo a sus parientes más cercanos para poner una demanda. Las más vulnerables son las mujeres que no tienen una figura masculina "de respeto" que las respalde y defienda, como es el caso de las huérfanas. Otra razón para no denunciar es que, como ocurre en las ciudades, el buen nombre de la víctima queda de inmediato en entredicho. Su conducta

Cuento del hombre que condenaba su alma porque no castigaba a su esposa

Éste es el cuento de la señora que le hacía maldades al esposo, pero que el esposo nunca le pegaba. La esposa llegó a morir y se fue derecho al infierno. Allí nunca la descansaban. En sueños se le apareció al esposo y le dijo: "Mira lo que sufro por tu culpa, porque nunca me pegates". El señor se enredó en un petate y se escondió en la iglesia el Día de los Muertos. Se presentó la esposa con una partida de dijuntos y el esposo vio lo que le estaban haciendo en la otra vida. Que Diosito me perdone, pero es que el demonio tragaba a su esposa y la volvía a echar. Entonces la esposa le dijo: "Ya vites cómo me hacen de castigo por tu culpa, porque te ofendía yo y tú nunca me pegabas. Pero ora verás: todavía es tiempo de que me salves. Ve al tianguis el próximo martes [día de mercado en Santiago Tianguistenco] y ahí has de encontrar que venden una bestia [mula] que no se deja sujetar de nadien. La vas a comprar y la vas a golpear hasta dejarla privada o hasta que muera, porque me voy a presentar de esa forma". Así lo hizo su esposo, compró ese animal y la volvió a matar de la zurra que le dio y con eso se salvó la mujer. Ya Dios la perdonó, no le siguieron haciendo eso que le hacían los del infierno. Pero mientras, fue a sufrir por causa de su esposo. Dicen que fue verdad.

Cuento relatado por un señor de 87 años, Xalatlaco, 1993.

se convierte en objeto de escrutinio por las autoridades y rápidamente pasa a ser sospechosa de haber dado motivos para que se realizara el ataque. Debe defenderse con testigos de que es mujer decente y de que no provocó la agresión.[10]

Existe una doble moral según la cual los hombres pueden tener sus aventuras: "dicen que son casados de la puerta de la casa para adentro, pero para afuera son solteros". Las personas ancianas consideran que esto es parte de la naturaleza masculina porque "el demonio de la carne los tienta a los hombres cada 24 horas, cada 24 horas". No es raro que, además de aventuras esporádicas, un porcentaje de los hombres tenga más de un hogar estable, con sus respectivos hijos.[11] Pero lo que generalmente denuncian las esposas no es el adulterio en sí sino el descuido de los deberes de manutención de la familia por parte de los maridos —su "desobligación"— o los malos tratos como consecuencia de que ellos tienen una o varias mujeres más. Según la moral familiar, los maridos tienen derecho a exigir servicios a sus esposas a cambio del apoyo económico para ellas y sus hijos. Si ellos no cumplen con esta obligación, la obligación recíproca cesa.

Cuando llegan ante las autoridades, muchas veces las mujeres ya han agotado el camino previo de solicitar a sus padrinos u otros parientes "de respeto" que intercedan ante el esposo para hacerlo reflexionar. ¿Qué buscan las mujeres que acuden con las autoridades para acusar a sus esposos de maltrato? Por lo general no pretenden una ruptura o separación permanente sino que las autoridades pongan un alto a la situación, que la corrijan y obtengan de los acusados la promesa de que no van a reincidir. En otros casos, como en el de las violaciones o el abandono después de un embarazo, el objetivo es que les reparen los daños que han sufrido —el pago de los costos de la atención del parto, por ejemplo. "Levantar un acta" también suele ser útil para contar con un documento que las respalde y justifique en caso de que el marido reincida y entonces ellas decidan separarse.

DEL MATRIMONIO ETERNO A LAS MUJERES QUE "NO AGUANTAN"

En Xalatlaco, al igual que en otros pueblos campesinos de México, los ancianos piensan que el vínculo matrimonial no se acaba ni con la muerte, pues creen que la esposa "lo va a alcanzar" a su marido cuando muera, para seguir atendiéndolo en la otra vida. Por eso las ancianas dicen que es preferible que la mujer no se vuelva a casar después de viuda, porque si no cuando muera tendrá que servir a dos maridos. Los viudos, en cambio, necesitan volver a casarse cuanto antes para tener quien les resuelva el quehacer del hogar y se ocupe de los hijos.

La idea de que sólo la viudez podía aliviar el yugo matrimonial de las mujeres cuando sufrían maltrato fue cediendo paso a la alternativa de la separación a lo largo de la década de los setenta. Según los señores mayores, todo comenzó cuando "la carretera les vino a abrir los ojos a las mujeres". En efecto, a fines de los años cincuenta se construyó una carretera que conectó la cabecera municipal de Xalatlaco con la Ciudad de México. Al mismo tiempo se establecieron transportes que hacían viajes regulares a Toluca, a la cercana ciudad de Santiago Tianguistenco y a la capital. Fue entonces cuando las mujeres comenzaron a salir para vender diversos productos y ganar más dinero. Ellas siempre habían contribuido al sostenimiento de sus familias, con su trabajo dentro y fuera de sus hogares, pero los salarios que ganaban, generalmente como empleadas domésticas, eran bajos, y si bien resultaban importantes para la economía familiar, se consideraban parte de sus obligaciones mientras eran solteras. Trabajando como comerciantes, obreras o empleadas públicas, lo que ganan ahora se ha vuelto mucho más visible. Además, ha ido en aumento el número de mujeres casadas o en unión libre que trabaja por ingresos. "En muchos casos, lo que la esposa gana en un día el marido lo gana en una semana y por eso ahora las mujeres no se dejan [mandar] tanto", me decía un señor de 70 años en 1981.

De acuerdo con la percepción general, la experiencia de salir del pueblo y ganar dinero fue decisiva para que muchas mujeres cambiaran su actitud ante el maltrato conyugal. La disminución de la tolerancia quedó plasmada en los expedientes del juzgado municipal, pues en el periodo estudiado hubo un aumento notable en el número de mujeres que se presentaron solas o acompañadas para denunciar ante el juez el maltrato que recibían. La mayoría de los expedientes judiciales del año 1970, vinculados a conflictos conyugales, corresponde a esposas que denunciaron golpes y malos tratos de sus maridos. Denunciaban sobre todo los excesos, los abusos, pero el derecho de los maridos a castigar se seguía considerando no sólo como legítimo sino también como una obligación, pues el papel del marido era equivalente al del padre y en este sentido la esposa tenía estatus de menor de edad, como lo expresaba el juez en 1983. La violencia ejercida contra las esposas tenía el sentido de controlar y sancionar los comportamientos considerados como transgresores de las normas culturales.

En 1970, el objetivo de las esposas que acudían al juzgado era lograr que el juez amonestara a los acusados para que no reincidieran. Muy pocas querían separarse de sus esposos. Hacia 1984 esto había cambiado de manera importante, pues las mujeres ya no sólo acudían al juez para que las ayudara a mejorar las condiciones de la convivencia, sino que comenzaron a adoptar la medida mucho más drástica de abandonar a los maridos, casi siempre llevándose a los hijos. El número de separaciones registradas en los expedientes judiciales se cuadruplicó entre 1970 y 1984. En 1970 eran los maridos o los suegros quienes se presentaban a denunciar el abandono del hogar por las jóvenes esposas; para 1990 eran ellas mismas las que se presentaban ante el juez para avisarle que abandonaban al marido porque no estaban dispuestas a aguantar su maltrato. Es decir, antes de que el marido llegara a hacer la denuncia, ellas habían acudido al juzgado para dar su versión de los hechos y explicar la razón de su proceder.

Muchas de las mujeres que se separaron llevaban conviviendo con sus maridos muy poco tiempo. Son frecuentes las actas levantadas por los suegros en las que se asienta que una "nuera nueva", muy joven, hizo abandono del hogar. Es importante señalar que varias de estas muchachas habían sido "robadas" y, aunque la expectativa de sus futuros suegros era casarlas, el matrimonio todavía no se realizaba. De modo que aun cuando tuviesen hijos o estuviesen embarazadas, las mujeres sentían el vínculo de la unión libre efectivamente mucho más débil y por lo tanto más fácil de romper que las cadenas del matrimonio consagrado. No resistieron la prueba de la convivencia con los parientes del marido, no llegaron a adaptarse a las nuevas condiciones de vida y regresaron al hogar paterno.

El retorno de las mujeres al hogar paterno después de una unión era algo poco frecuente en el pasado, cuando se decía que "las mujeres sólo salían muertas de la casa del marido". Sin duda podía haber distancia entre "el dicho y el hecho", entre el discurso y las situaciones efectivas, pero lo cierto es que hasta fines de los años cincuenta las autoridades daban todo su apoyo a los maridos para que recuperaran a sus esposas cuando ellas los abandonaban. Así consta en un expediente del juzgado municipal de Xalatlaco de 1959: el juez citó para que compareciera ante él a un padre que dio amparo a su hija, quien se había refugiado en su casa huyendo de los golpes del marido, y le recordó que proteger a su hija le podía costar tres meses de cárcel pues "la patria potestad sólo dura hasta que se casan los hijos y las hijas". Es decir, el señor fue presionado por el juez para que "devolviese" a su hija a su legítimo tutor, el esposo.

¿Cuáles fueron los principales motivos que se declararon al levantar las denuncias de abandono de hogar o las actas de separación? El hecho de que se asiente en el acta un motivo no significa necesariamente que no estén involucrados otros que no quedaron registrados; muchas mujeres sienten vergüenza o temor de decir que las golpean y prefieren dar otras razones para separarse de sus esposos. En los años 1970, 1984 y 1990 más de la mitad de las mujeres que abandonaron al marido y se presentaron ante el juez explicaron que la razón para hacerlo era que ya no soportaban la convivencia con los suegros porque implicaba muchos conflictos y maltrato hacia ellas de parte del marido, de la suegra o de otros parientes, como las cuñadas. Por esa razón no estaban dispuestas a regresar con el marido a menos que él estableciera una residencia independiente para ellas y sus hijos.

En varios casos, el acta registra que el marido se compromete a proporcionar a la esposa una vivienda separada de la de sus padres y a no maltratarla:

> Julián, de 24 años, del barrio X, comparece ante el juez y declara que desde hace cinco meses vive en unión libre en casa de su padre con Felicia, de 22 años, con la que ha tenido problemas de malos entendidos por intervenciones de sus familiares de Julián. Se separaron de manera definitiva, pero después de haber dialogado ambos y sus respectivas familias deciden reconciliarse bajo las siguientes condiciones: 1] Felicia vivirá quince días con sus padres para que Julián recapacite y tenga oportunidad de buscar una vivienda independiente, 2] Julián se compromete a darle mejor trato a Felicia. Para mayor seguridad del cumplimiento de este acuerdo, firma Teótimo, tío de Julián, quien será responsable si Julián no cumple. (Acta de conformidad y mutuo respeto núm. 181, 15 de agosto de 1990).

En muchos casos ambos "comparecientes" están de acuerdo en que la intervención de las suegras es fuente de desavenencias y en el acta se asienta que "las respectivas madres evitarán inmiscuirse en los asuntos del matrimonio". Pero también es frecuente que marido y mujer tengan versiones diferentes de las causas del conflicto. Así, en un acta de conformidad levantada en abril de 1990 la esposa pone como condición para regresar con su marido que él ya no vuelva a golpearla y que su familia no intervenga en la relación de ellos, mientras que la condición del marido es que ella "obedecerá en los quehaceres habituales del hogar", dando a entender que los problemas los provocó ella por descuidar sus obligaciones. De manera semejante, en el acta de separación por tiempo indefinido núm. 319 de 1984 cada quién da su versión: la esposa acusa al esposo de golpearla, mientras que él la acusa a ella de cometer adulterio.

La mitad de las denuncias asientan que el marido no cumple con sus obligaciones de contribuir a la manutención del hogar o que es alcóholico. En el pasado, como ahora, que el marido no cumpliese con sus obligaciones de proveedor —que fuese "desobligado" con sus responsabilidades— disminuía su autoridad y hasta podía llegar a quitarle el derecho de ser obedecido. A esto se agregó otro factor: fue perdiendo legitimidad la imagen del marido como padre sustituto, con derecho a castigar. Los jueces entrevistados sostuvieron que cada vez son menos las jóvenes que se dejan golpear y que van siendo más las que abandonan al marido cuando no están conformes con el trato que reciben. Un detalle revelador es la aparición en los expedientes de 1990 de la incompatibilidad de caracteres como causa de separación. Esto sugiere que va habiendo más mujeres que no sólo se conforman con que no las golpeen, sino que además esperan una relación armoniosa con sus compañeros.

Una parte de los expedientes de 1990 testimonia que la pareja se ha reconciliado después de una separación temporal; en estos casos, el marido suele prometer que no va a reincidir en los malos tratos a su mujer o que dejará de ser "desobligado". Las esposas, por su parte, prometen no volver a abandonar la casa. Pero otros expedientes muestran que van en aumento las separaciones definitivas de mutuo acuerdo. En estos casos se supone que el juez debe ejercer presión sobre los maridos para que se atengan a la ley del Estado de México y cumplan con dar pensiones alimentarias para los hijos. Todavía son mínimos los divorcios, fundamentalmente porque implican elevados costos en cuanto a tiempo, dinero y desgaste, y porque las mujeres temen que no se les va a hacer justicia y terminarán perjudicadas o sin recibir algún beneficio.

LAS MUJERES Y LA VIOLENCIA EN LOS PUEBLOS RURALES AL FINAL DEL MILENIO

Un estudio de los expedientes judiciales del distrito de Tenango, al que pertenece Xalatlaco, para el periodo 1880-1910[12] demuestra que ha habido una gran continuidad en cuanto a las formas de violencia doméstica más frecuentes. También han persistido las razones por las que ocurre esta violencia: el deseo de los maridos de controlar a sus esposas, de castigarlas por sus supuestas o reales desobediencias, las sospechas de infidelidad, los celos, el alcoholismo y la intervención de parientes (especialmente de las suegras y cuñadas) que conviven con la pareja. El maltrato, sobre todo en la forma de golpes a la esposa, es un problema social que ha estado presente a lo largo del siglo XX en las familias rurales y urbanas mexicanas y que a comienzos del tercer milenio aún no se resuelve.

Sin embargo, el análisis de las demandas que se presentaron ante el Juzgado de Paz de Xalatlaco en 1970, 1984 y 1990, así como las entrevistas realizadas, muestran que en estas décadas ocurrieron importantes transformaciones en las aspiraciones de las jóvenes generaciones y, en particular, de las mujeres. Sus nuevas expectativas sobre la vida conyugal y lo que quieren para sus hijos son el principal motor de los cambios que están ocurriendo en el espacio de la convivencia familiar en este pueblo rural del centro de México. Uno de los aspectos más notables de este proceso es que ha ido perdiendo legitimidad el uso habitual de la violencia física como medio de disciplinar a los hijos y de controlar a la esposa. No es que se haya abandonado, sino que cada vez más personas piensan que no es el mejor camino para resolver los conflictos familiares. La comunicación entre padres e hijos y entre cónyuges, el amor romántico y el compañerismo en la pareja son valores que ahora más jóvenes asocian con las relaciones familiares "modernas", deseables.

Otro aspecto muy importante es el deseo de cada vez más mujeres de lograr una pronta independencia respecto a la familia de origen del varón, pues la conflictividad inherente a la convivencia en familias extensas ya no les es aceptable. Las jóvenes comenzaron a dejar de imaginar la etapa de convivencia con los suegros como algo inevitable en sus vidas y redujeron sus niveles de tolerancia —la clásica "abnegación" femenina— a los malos tratos. El contacto con otras formas de organización familiar y relaciones de pareja, transmitidas por los medios de comunicación está ejerciendo una influencia importante. Los nuevos valores comenzaron a hacerse presentes en la prédica de los jueces desde principios de la década de 1980, cuando por primera vez ocupó el cargo un hombre joven con estudios universitarios en derecho. Él insistía en que las parejas se debían independizar de los padres del varón lo más pronto que les fuera posible y abogaba porque en caso de separación los hombres pagaran una pensión para contribuir al sostenimiento de sus hijos menores.

Comenzar la vida de pareja pasando por una etapa de convivencia con suegros, cuñadas, yernos y sobrinos era y es una dura prueba para gran parte de las "nueras nuevas". Los mecanismos de control ideológico tenían que ser muy fuertes para que las mujeres que vivían esa situación se resignaran a que "así Dios lo dispuso". Pero en el periodo estudiado muchas mujeres empezaron a pensar que otras opciones eran posibles. Una de ellas era iniciar la vida conyugal de manera independiente; de hecho, entre 1974 y 1990 la proporción de familias extensas bajó de la tercera a la cuarta parte del total en Xalatlaco, según el análisis de dos muestras: una de 512 hogares, cuyos datos figuran en un censo municipal, y la otra de 500 hogares del Censo Nacional de Población de 1990.

Otra opción es la separación, temporal o definitiva, cuando el maltrato y la incomprensión son persistentes. Casi 90% de las xalatlaquenses que se separaron en 1990 tenían menos de 30 años de edad y 73% tenían menos de 25 años. Los expedientes judiciales y las entrevistas revelan que en muchos casos las parejas se separan por unos meses y luego intentan volver a convivir. A veces una misma pareja se separa en varias ocasiones. En algunos casos la situación mejora con el tiempo, en otros llega a ocurrir una separación definitiva.

Paradójicamente, las separaciones aumentaron justo cuando se crearon expectativas en cuanto a la posibilidad de un verdadero desarrollo de la pareja como tal, en torno a valores como la comunicación y el compañerismo. Las entrevistas sugieren que es esta distancia entre las expectativas y la situación real la que ya no es tolerable para las mujeres, y son ellas las que están tomando la iniciativa de efectuar cambios en su situación. Para los hombres las condiciones anteriores de la vida conyugal no parecen haberles resultado insatisfactorias, mientras que las actuales sí les resultan inquietantes pues significan una pérdida del control sobre la esposa.

La mayoría de las xalatlaquenses que se separaron de sus esposos regresó a vivir con sus padres, ya que a principios de los años noventa aún era poco común que se fuesen a vivir por su cuenta. En el pasado era prácticamente imposible volver al hogar paterno, pues allí continuaban viviendo los hermanos varones casados y las hermanas y los hermanos solteros, y la situación de "arrimadas" se prestaba al maltrato. Una mejor situación económica en el hogar paterno y el hecho de que las mujeres separadas pueden salir a trabajar para ganarse su sostén y el de sus hijos hacen que ya no se vea con malos ojos su retorno. También las favorece el hecho de que la mayoría pasó un periodo contribuyendo al hogar paterno mientras fueron solteras; es decir, el aporte de sus ingresos como obreras, empleadas o comerciantes les generó derechos según la moral familiar local.

Si ponemos el caso de Xalatlaco en perspectiva y lo comparamos con los procesos descritos para otras comunidades rurales, vemos que las transformaciones que afectan la posición de las mujeres en la familia y su vulnerabilidad al maltrato conyugal han procedido a ritmos diferentes, dependiendo del peso que en cada comunidad tienen las fuentes de nuevas representaciones y valores culturales (la escuela, los medios de comunicación), así como la apertura de nuevos espacios laborales y organizativos para las mujeres. En muchas comunidades han surgido organizaciones de mujeres cuyo propósito es llevar adelante proyectos productivos para mejorar los ingresos familiares. Estos nuevos espacios suelen resultar propicios para la discusión colectiva de los problemas que ellas enfrentan "como mujeres" y en particular de las costumbres que les resultan opresivas: el derecho de los maridos a golpearlas; los matrimonios arreglados por los padres sin su consentimiento; la discriminación en

Comisión Takachiualis de Derechos Humanos, San Miguel Tzinacapan, Cuetzalan, Puebla. El reconocimiento de los derechos de las mujeres como derechos humanos ha dado gran impulso a los reclamos femeninos en los pueblos indígenas y rurales.

Día de las Madres en Cuetzalan, Sierra Norte de Puebla. Las mujeres toman la palabra para exigir que se ponga fin a la violencia hacia ellas y que se respete su derecho a participar en la vida pública.

cuanto al acceso a la tierra, a la escolaridad y a la participación política en igualdad de condiciones que los varones; la falta de posibilidades para decidir sobre sus propios cuerpos.[13]

Los caminos que están transitando las mujeres de las comunidades rurales mexicanas a comienzos del nuevo milenio son muy diversos, pero parecería que los procesos que he mencionado en este capítulo, de los cuales ellas son protagonistas fundamentales, están contribuyendo a debilitar la autoridad patriarcal y a lo que los historiadores de la familia y de las mentalidades han llamado "la transformación de la intimidad", es decir, la transformación de las relaciones conyugales y entre padres e hijos en el espacio de la convivencia cotidiana.[14]

NOTAS

1 Redfield, 1930; Lewis, 1961.

2 Lewis (1961) fue pionero en el estudio de la violencia intrafamiliar al adentrarse en la subjetividad y la historia de vida de hombres y mujeres de una vecindad pobre de la Ciudad de México en la segunda mitad de la década de 1950.

3 Para una excelente historia de la lucha contra la violencia intrafamiliar en Estados Unidos, véase Pleck, 1987.

4 Estudios realizados en diversos países muestran que alrededor de tres cuartas partes de la violencia conyugal es ejercida por el marido, 23% de los casos corresponden a violencia mutua en la pareja y 2% es ejercida por la mujer hacia su compañero. Corsi, 1994.

5 Ramírez y Uribe, 1993.

6 La Encuesta Nacional sobre Violencia contra las Mujeres 2003 encontró que en México una de cada cinco mujeres sufre alguna forma de violencia por parte de su pareja actual; una de cada tres ha sufrido violencia por parte de su pareja alguna vez en su vida (INSP, 2004, 67). La encuesta se aplicó a todas las mujeres usuarias de los servicios de salud públicos (primer y segundo niveles de atención), que demandaron atención médica en el momento del levantamiento de la encuesta.

7 Sólo 7% de los hogares de Xalatlaco tenía jefatura femenina en 1974, según una muestra de 512 hogares del censo municipal realizado ese año. Para 1990, la cifra ascendió a 10%, y en 2000 a 18%, según los respectivos censos nacionales de población. Durante todo este periodo, la gran mayoría de las jefas de familia llegó a serlo por haber enviudado.

8 Sobre el tema de la autoridad masculina y el control de las mujeres en otro pueblo del altiplano central, en los años cuarenta, véase el capítulo 12 de Lewis, 1961.

9 D'Aubeterre, 2000, pp. 345-348.

10 Martínez y Mejía (1997) encuentran que lo mismo sucede en la Sierra Norte de Puebla.

11 Al comparar el número de hombres y mujeres que se declaran casados y en unión libre en los censos resulta que siempre hay un excedente de mujeres que se declaran unidas: 2.2% en 1940, 3.7% en 1950, 5.4% en 1960 y 5.7% en 1970 y 1990. Estas cifras nos estarían indicando la proporción de hombres que tienen más de un hogar conyugal. González Montes, 1996, p. 34.

12 González e Iracheta, 1987.

13 Para las mujeres indígenas ha tenido especial importancia la rebelión del Ejército Zapatista de Liberación Nacional en enero de 1994, pues desempeñó un extraordinario papel en la apertura de foros en los que ellas por primera vez pudieron tomar la palabra para cuestionar su situación de subordinación. Sus aspiraciones quedaron plasmadas en la Ley Revolucionaria de Mujeres del EZLN y se han repetido en todos los foros en los que las mujeres indígenas han tomado la palabra, incluyendo el Congreso de la Unión, el histórico 28 de marzo de 2001. Los Acuerdos de San Andrés Larráinzar, firmados en 1995 por el gobierno y el EZLN después de varios meses de negociación, contienen cláusulas que dan reconocimiento específico a los derechos humanos y de las mujeres. Véase Bonfil y Marcó del Pont, 1999.

14 Flandrin (1979), Giddens (1995) y Segalen (1997) describen y analizan la evolución de las relaciones familiares en Francia e Inglaterra.

REFERENCIAS

BONFIL, Paloma, y Raúl MARCÓ DEL PONT

1999 *Las mujeres indígenas al final del milenio*. México: Comisión Nacional de la Mujer-Fondo de las Naciones Unidas para la Población.

CORSI, Jorge (comp.)

1994 *Violencia familiar. Una mirada interdisciplinaria sobre un grave problema social*. Buenos Aires: Paidós.

D'AUBETERRE, María Eugenia

2000 *El pago de la novia. Matrimonio, vida conyugal y prácticas transnacionales en San Miguel Acuexcomac, Puebla*. Zamora: El Colegio de Michoacán.

FLANDRIN, Jean-Louis

1979 *Orígenes de la familia moderna. La familia, el parentesco y la sexualidad en la sociedad tradicional*. Barcelona: Grijalbo.

GIDDENS, Anthony

1995 *La transformación de la intimidad. Sexualidad, amor y erotismo en las sociedades modernas*. Madrid: Cátedra.

GONZÁLEZ MONTES, Soledad

1994 "Del matrimonio eterno a las mujeres que no aguantan. Cambios recientes en familias rurales", en María Teresa DORING (comp.), *La pareja o hasta que la muerte nos separe. ¿Un sueño imposible?* México: Fontamara, pp. 105-120.

1996 "Novias pedidas, novias robadas, polígamos y madres solteras. Un estudio de caso en el México rural, 1930-1990", en María de la Paz LÓPEZ (comp.), *Hogares, familias: desigualdad, conflicto, redes solidarias*. México: Sociedad Mexicana de Demografía, pp. 29-37.

GONZÁLEZ MONTES, Soledad, y Pilar IRACHETA

1987 "La violencia en la vida de las mujeres campesinas. El distrito de Tenango, 1890-1910", en Carmen RAMOS (comp.), *Presencia y transparencia: la mujer en la historia de México*. México: El Colegio de México, pp. 111-141.

INSTITUTO NACIONAL DE SALUD PÚBLICA (INSP)

2004 *Encuesta nacional sobre violencia contra las mujeres, 2003*. Cuernavaca, Morelos: INSP.

LEWIS, Oscar

1951 *Life in a Mexican Village: Tepoztlán Restudied*. Urbana: University of Illinois Press.

1961 *The Children of Sánchez. Autobiography of a Mexican Family*. Nueva York: Vintage Books. [*Los hijos de Sánchez*. México: Fondo de Cultura Económica, 1964].

MARTÍNEZ, Beatriz, y Susana MEJÍA

1997 *Ideología y práctica en delitos cometidos contra mujeres: el sistema judicial y la violencia en una región indígena de Puebla, México*. Puebla: Colegio de Posgraduados.

PLECK, Elizabeth

1987 *Domestic Tyranny. The Making of American Social Policy against Family Violence from Colonial Times to the Present*. Oxford: Oxford University Press.

QUILODRÁN, Julieta
2001 *Un siglo de matrimonio en México*. México: El Colegio de México.

RAMÍREZ, Juan Carlos, y Graciela URIBE-VÁZQUEZ
1993 "Mujer y violencia: un hecho cotidiano", *Salud Pública de México*, 35 (2), pp. 148-160.

REDFIELD, Robert
1930 *Tepoztlán, a Mexican Village*. Chicago: University of Chicago Press.

SEGALEN, Martine
1997 *Antropología histórica de la familia*. Madrid: Taurus Universitaria.

TORRES, Marta
2001 *La violencia en casa*. México: Paidós.

FISTAS EN HONOR A

SAN FRANCISCO DE ASIS

del 1° al 5 de Octubre

XALATLACO EDO. DE MEX. 2004

bajo el siguiente programa

VIERNES 1° DE OCTUBRE

9:00 A. M. Banda de Música por los Mayordomos Sección N° 10
10:00 A. M. Banda de Música por el Sr. Dolores Serrano M. y Familia
10:00 A. M. Ropa de los Peregrinos donada por Sra. Adriana Rojas González y Familia
12:00 P. M. Donación de 1 Puerta de metal por el Sr. Antonio Vargas Gomez
12:30 P. M. Visita de Sr. del La Columna de Jiutepec Mor.
200 P. M. Ropita del Santo Patrón San Francisco de Asis donada por la Sra. Ema Garcia Sánchez y Familia
Donación de 1 charola por el niño Diego Díaz Manzanares

SÁBADO 2 DE OCTUBRE

7:00 A. M. Banda de Música por los Mayordomos Sección N° 10
8:00 A. M. Banda de Música por los Sres. Domingo Cuevas, Rubén Aragón, Francisco Cuevas, y Socios
9:00 A. M. Banda de Música por el Sr. Silvestre Lugo Soto y Familia
10:00 A. M. Banda de Música a por los Sres. Joel Miranda, Francisco Diaz, José Alfredo Blas, Enrrique Miranda, Filiberto Miranda y Socios Sección N° 3
10:00 A. M. Enflorado por las Señoritas Mari Blas, Lupe Miranda, Olga Serrano, Rosa Isela Diaz, Patricia Salazar, Angelica Miranda y Socias
10:00 A. M. Mantel Donado por la Sra. Reyna Blas
11:00 A. M. Misa por la Sra. Lupita Medina
11:00 A. M. Alumbrado de la capilla donado por Sr. Alfonso Pliego Reynoso, Eloy Pliego, Vicente Cuevas, y Socios
12:00 P. M. Adorno del atrio por la Familia Molina Blas
1:00 P. M. Decorado por el Sr. Alfredo Serrano y Familia
1: 00 P. M. Donación de Mantel y Frontal por la Señorita Ma. Guadalupe y Araceli Serrano Guadarrama
2:00 P. M. Pintura exterior de la Capilla por Sr. Silvestre Cuevas, Miguel Cuevas, Gregorio Miranda., Eladio Miranda, Lorenzo Miranda, Ernesto Miranda y Socios
4:00 P. M. Portada Floral por la Sección N° 5
6:00 P. M. Toritos Artificiales por Alejandro Rocha, y sus colaboradores
7:00 P. M. Visperas de los Yunteros por la Sección N° 2
Cohetes y Bombas por Sr. José Salas y Socios

DOMINGO 3 DE OCTUBRE

3:00 a 7:00 A. M. Mañanitas por las Señoritas Rosalia Peña Aragón, Berenice Peña Aragón, Candelaria y Socias
8:00 A. M. Banda de Música por los Mayordomos Sección N° 10
9:00 A. M. Donación de mantel y frontal Sra Angela Rojas y Porfiria Rojas
10:00 A. M. Banda de Música por los Sres. Joel Miranda, Francisco Díaz, José Alfredo Blas, Enrique Miranda, Filiberto Miranda, y Socios Sección N° 3
10:00 A. M. Banda de Música por los Sres. Domingo Cuevas, Rubén Aragón Francisco Cuevas y Socios
10:00 A. M. Cera de Ticuman Morelos y Candeleros por el Sr. Pablo Medina y Familia
10:00 A. M. Arreglos Florales por las Señoritas Elvira Gonzalez y Juanita Gonzalez
11:00 A. M. Cohetes y Bombas por la Sección N° 1
11:00 A. M. Donacion de Ostias por la Sra. Tiburcia Rodriguez Gomez y Hermanos de San Pedro Martir
12:00 P. M. MISA POR LOS SRES. JACINTO SALAZAR Y ANASTACIO LOPEZ
12: 00 P. M. Danza de los Yunteros por la Sección N° 2
1:00 P. M. Danza de los Arrieros los Palomos Cerrada 2 de Octubre 2004
1:00 P. M. Danza de los Santiaguitos de San Pedro Martir por la Familia Nava Familia Alkisiras
7:00 P. M. Castillo por Héctor Salas, Roberto Salas, Antonio Cervantes, Eleazar Cervantes, Wuensesiao Cervantes y Socios
5:00 P. M. Tardeada por Rosalio Hinojoza, Eduardo Blas, Francisco Patiño, Gonzalo Díaz y Socios Sección N° 4

LUNES 4 DE OCTUBRE

5:00 A. M. Mañanitas por el Niño Francisco David Serrano
8:00 A. M. Banda de Música por los Mayordomos Sección N° 10
8:00 a 10 :00 Mañanitas por la Sra Adela Campos y Socios
9:00 A. M. Banda de Música por los Cabrones del Window
9:00 A. M. Banda de Música por el Sr. Andrés Ceballos y Familia
11:00 A. M. Cohetes y Bombas por el Sr. José Luis Campos, Mario Hernández, Octavio Espinoza, Sección N° 11
12:00 P. M. MISA POR EL SR. JOSÉ LUIS FLORES
12:00 P. M. Danza de los Yunteros Sección N° 2
2: 00 P. M. Arrieros por las Familias Gómez, Flores, Díaz
6:00 P. M. Jaripeo por el Sr. Apolonio Pliego y un Grupo de Amigos

MARTES 5 DE OCTUBRE

9.00 A. M. Banda de Música por los Mayordomos Sección N° 10
9:00 A. M. Banda de Música por los Cabrones del Window
4:00 P. M. Danza de los Yunteros Sección N° 2
6:00 P. M. Jaripeo por Sr. J. Guadalupe González y Socios
8:30 P. M. Toritos Artifiales por el Sr. Gabriel Ceballos y Familia.

Atentamente

Mayordomos Sección N° 10 Año 2004

IMPRESOS EL 23 TEL. 01(713) 131 2699

11

LA FIESTA INTERMINABLE: CELEBRACIONES PÚBLICAS Y PRIVADAS EN UN PUEBLO CAMPESINO DEL ESTADO DE MÉXICO[1]

SOLEDAD GONZÁLEZ MONTES

Programa Interdisciplinario de Estudios de la Mujer, El Colegio de México

LA FIESTA

LA FIESTA ES UN VALOR CENTRAL EN LA VIDA DE LOS PUEBLOS CAMPESINOS de origen indígena de México. Es el tiempo privilegiado en el que se rompe con la rutina y se le da sentido al esfuerzo cotidiano, pues si se trabaja no es sólo para sobrevivir y mejorar las condiciones de vida de la familia, sino también para poder disfrutar del "gusto" que es la fiesta. En ella, el trabajo "luce" porque se transforma en actividad de recreación compartida: música, baile, espectáculo, banquete. La fiesta es simultáneamente la imagen de "la buena vida" y la utopía realizada. Es, además, un mecanismo fundamental de reproducción de las mentalidades, de las relaciones sociales y los estilos de vida de las comunidades campesinas mexicanas y de las urbanas de origen rural.

La mayor parte de las fiestas pueblerinas están imbuidas de una fuerte ritualidad y de una concepción religiosa del mundo.[2] La identidad social de los individuos se construye por medio de su participación en los rituales que se realizan en las fiestas, mediante de los cuales las personas afirman su pertenencia a la colectividad y logran ocupar un lugar reconocido en ella. En el fluir del tiempo (sea del calendario de una comunidad o de la vida de las personas), la sociedad ha elegido momentos que marcan un cambio, el comienzo y el fin de actividades o etapas que se suceden en el tiempo. Estos momentos de celebración se cargan de un significado trascendente porque en ellos se llevan a cabo "las costumbres", formas ritualizadas de proceder que la gente concibe como el legado cultural de "los antiguas", los antepasados, "los abuelitos".[3] Pero si bien la realización de las fiestas sigue pautas preestablecidas y bien definidas, no se trata de una repetición mecánica, sino de una "incesante actividad colectiva de interpretación y recreación del pasado, inscrita en el proceso de producción de orden y sentido del presente vivido".[4]

El atrio de la iglesia engalanado para la fiesta del santo patrón. En primer plano, los cohetones listos para ser disparados; detrás, una milpa sembrada artificialmente para la danza de los Yunteros; al fondo, el altoparlante y la portada de flores en la entrada de la iglesia.

Llamamos "privadas" a las fiestas que se organizan en el seno de las familias, por contraposición a las "públicas" que congregan a todo el pueblo o a sus subdivisiones, los barrios. La distinción no es tajante porque siempre hay un componente público en las celebraciones privadas, en la medida en que los individuos forman parte de amplias redes de parientes consanguíneos, afines y espirituales (los compadres), que se ponen en juego en estas ocasiones. Justamente el propósito de estas fiestas es "hacer públicas" (es decir, dar a conocer más allá de la familia inmediata) las transiciones en la vida de los individuos: bautizos, cumpleaños, graduaciones, matrimonios, funerales.

La gama de fiestas que se realizan en los pueblos es muy grande y su organización es compleja. Para asomarnos a este aspecto de la vida en el campo, hemos escogido tres de las fiestas más importantes de un pueblo del valle de Toluca: las fiestas de los santos patronos, la celebración de los muertos y las bodas. Las primeras vertebran un calendario ritual estrechamente ligado al ciclo de cultivo del maíz, alimento que ha sido y sigue siendo el sustento fundamental en términos materiales y simbólicos. La celebración de los muertos también está relacionada con el ciclo agrícola y revela aspectos centrales de la cultura campesina de raíz indígena, para la cual los difuntos siguen formando parte de la comunidad. Finalmente incluimos las bodas porque son las celebraciones

Los mayordomos del santo son los encargados de mantener "enflorada" la iglesia. El día de la fiesta debe lucir aún más adornada que el resto del año.

familiares de mayor envergadura y porque nos ilustran los procesos de elaboración de los rituales privados en la segunda mitad del siglo XX, en el contexto de la transformación de la economía regional.

UN PUEBLO "GUSTOSO"

Desde las frías cumbres de la serranía de Las Cruces, el municipio de Xalatlaco baja por las laderas boscosas y se extiende hacia el fértil valle de Toluca. Limita con el pueblo de Ajusco y el Distrito Federal por el oriente, y está rodeado por el municipio de Santiago Tianguistenco por el poniente, el norte y el sur. Pueblo de remota fundación prehispánica, el censo registró que tenía más de 19 000 habitantes en el año 2000, la mayoría asentados en la cabecera, donde proliferan las tienditas, las antenas de televisión, los videojuegos y los videoclubes. Allí también tienen sus sedes la Casa de la Cultura, la biblioteca, el Centro de Salud y numerosas escuelas. Vale decir que Xalatlaco es un pueblo modernizado, prácticamente una ciudad. Pero como veremos, esto no le impide conservar su gusto por las fiestas y el significado profundo que éstas tienen para la cultura y la organización de la sociabilidad local.

Hasta la década de los sesenta casi todos los xalatlaquenses eran campesinos y vivían de la agricultura o de la cría de ovejas. Ahora son pocas las familias que no tienen algún miembro trabajando en actividades no agropecuarias: hay obreros y obreras que trabajan en las fábricas de la zona y del Distrito Federal, comerciantes, empleados y empleadas, mariachis en Garibaldi. Pero lejos de que estas ocupaciones llevaran a olvidar las fiestas, los nuevos ingresos han permitido multiplicarlas y engrandecerlas, pues una parte del dinero que se obtiene fuera de la agricultura se está canalizando a la intensificación de la vida ritual. El sistema de fiestas públicas religiosas no se ha debilitado y a él se ha sumado la expansión de los festejos familiares. Antes sólo los más ricos podían celebrar cumpleaños, 15 años, la conclusión de la escuela primaria de sus hijos o bodas espléndidas, pero desde la década de los setenta cada vez son más las familias que logran hacerlo. Por eso los xalatlaquenses se definen a sí mismos como "muy gustosos".

El Censo Nacional de Población registró en 1940 que el náhuatl o "mexicano" era la lengua materna de tres cuartas partes de los xalatlaquenses; 10 años más tarde, cerca de la mitad de la gente declaraba ser bilingüe. Según la misma fuente, en 1990 apenas 2.3% de la población de cinco y más años de edad hablaba el "mexicano". Es decir, el abandono de este idioma fue un proceso extremadamente rápido, paralelo a la diversificación de las ocupaciones en la segunda mitad del siglo XX. Los padres no querían que sus hijos lo hablaran porque temían que obstaculizara su aprendizaje del castellano y su desempeño en la escuela. Además, hablarlo equivalía a ser calificado inmediatamente como "indio" (por oposición a "gente de razón"), una identidad estigmatizada por estar asociada con la pobreza y el atraso. Como en tantos otros pueblos, "modernizarse" equivalió a "desindianizarse", es decir, a abandonar la lengua indígena por ser el principal (por más evidente) marcador étnico, junto con la vestimenta "típica".

El poco náhuatl que aún se habla en Xalatlaco se escucha casi exclusivamente en el contexto de las danzas que se llevan a cabo en las fiestas públicas religiosas. Es decir, la lengua indígena ha encontrado su "región de refugio" en el espacio sagrado, donde lo indio aparece como parte del pasado. El vínculo con este pasado (por cierto reciente) es reactualizado periódicamente cuando los danzantes (generalmente señores "de respeto", mayores de 50 años) dicen sus parlamentos en náhuatl. En el espacio de la fiesta se revierte el menosprecio que el origen indio sufre en otros contextos de la sociedad más amplia, pues el haber sido una república de indios en la época colonial es lo que fundamenta y legitima los derechos que la comunidad detenta hasta hoy sobre su territorio y recursos naturales (terrenos de cultivo, bosques, pastizales).[5] En este territorio, los rituales configuran una geografía sagrada, marcada por lugares de culto —puntos donde los seres humanos establecen una comunicación con el mundo sobrenatural: las iglesias, el panteón, los cerros, las fuentes y cursos de agua, las barrancas, las cuevas. Muchos de estos elementos del paisaje (un paisaje "cargado" en términos simbólicos y emocionales) son recreados en las escenografías de las danzas que se bailan en honor de los santos.

FIESTAS PÚBLICAS RELIGIOSAS: EL CICLO AGRÍCOLA Y LOS SANTOS PATRONES

El ciclo de fiestas públicas religiosas tiene sus raíces en el calendario ritual prehispánico,[6] que con la conquista debió adaptarse a la también densa ritualidad católica. Este proceso dio origen a las fiestas en honor de los santos patrones, que sin duda constituyen la manifestación más rica de la cultura local, por los múltiples elementos simbólicos que intervienen en ella. Cada fiesta es una ofrenda a los santos, para que ellos

El santito

Nuestro santito es muy chillón, porque llora y llora... Y también es muy meoncito... Pero es el que da de comer, es el que riega todas las parcelas del campo y por él tenemos qué comer, si no, no tuviéramos. Es el que riega y por eso no nos falta vida y sustento.

Don Emigdio Quiroz, nacido en 1905, refiriéndose a San Juan, patrón de su barrio.

concedan las lluvias indispensables para lograr buenas cosechas, que den mucha salud y que "socorran" buenos trabajos. Al mismo tiempo que se les agradecen los favores recibidos, se busca propiciar su buena voluntad. Por eso la fiesta debe ser espléndida: siendo imagen de la abundancia, estimula un mundo sin escasez, pues la generosidad humana en las ofrendas a los santos los obliga a la reciprocidad.

> No se escatima ni se ahorra nada. Sobran, o al menos se debe dar la impresión de que sobran, el alcohol, la pólvora, la cera y el incienso. Se regala al cura con esplendidez; se mandan traer los mejores músicos y cantores de la cabecera y se trata a todos con magnificencia.[7]

Estas palabras, a propósito de las fiestas patronales en los pueblos de la mixteca oaxaqueña en el siglo XVIII, tienen absoluta actualidad en Xalatlaco, excepto que deberíamos sustituir "el cura" por "el público", al que se le da de comer, de beber, se le agasaja con la música, el espectáculo de las danzas y otros regalos (dulces, galletas, trastecitos de barro y plástico, llaveros) como recuerdo. Se dice que "se debe compartir sin distinciones": a todos se les debe tratar por igual, sean viejos o jóvenes, ricos o pobres, gente del pueblo o fuereños. Durante el tiempo en el que transcurre la fiesta se suspenden los conflictos y, aunque sea por ese corto lapso, se da la apariencia de que reinan la armonía y la unidad.

El pueblo de Xalatlaco está subdividido en cuatro barrios, que son los mismos registrados en los libros parroquiales a fines del siglo XVI: San Bartolomé, San Francisco, San Juan y San Agustín.[8] Cada uno tiene su iglesia y organizaciones propias encargadas de realizar las fiestas: las mayordomías, también llamadas "corporaciones" o "cofradías", una institución cuyo origen es colonial.[9] Además hay mayordomías en las que participan personas de distintos barrios. La más importante es la de la parroquia, llamada "regiduría" para denotar su mayor jerarquía; ella plasma la unidad de los cuatro barrios de Xalatlaco en la fiesta de Nuestra Señora de la Asunción, llamada cariñosamente "la Asuncionita de Agosto", patrona de todo el pueblo.

Para que un hombre —en tanto cabeza de una familia y su representante en el ámbito público— sea considerado miembro pleno de la comunidad, debe haber cumplido con dar servicio gratuito a los santos, el *tequio*,[10] ocupando el cargo de mayordomo al menos una vez en su vida. Esta obligación cesa cuando cumple 60 años; entonces se dice que "ya puede descansar". El servicio generoso, la entrega sin retaceos, es lo que se espera de quienes participan en las mayordomías. En la esplendidez de la fiesta las personas que la auspician se reflejan a sí mismas. Una familia es capaz de los mayores sacrificios con tal de cumplir adecuadamente durante el año que dura su compromiso. Para poder costear los gastos de ser mayordomos del santo o de una danza, la gente se endeuda o busca más trabajos. A cambio, quienes participan reciben el reconocimiento de su barrio y del pueblo, son considerados miembros dignos, respetables.

Quienes rechazan una invitación a participar son criticados, se les "malmira"; no encontrarán quién les dé ayuda cuando la necesiten. Incluso se dice que los santos pueden enviar un castigo o escarmiento a quien no acepta colaborar de buena gana en el trabajo colectivo necesario para realizar sus fiestas. Se cuentan casos de accidentes o de apariciones de animales —el lobo de San Francisco, serpientes en el caso de los barrios de San Juan y San Agustín— y de rayos enviados por la Patrona de Agosto. A los remisos también se les pueden aparecer el Charro Negro, la Catrina o la Xinola, y los sobresaltos que provocan los encuentros con estos temidos seres sobrenaturales pueden ocasionar enfermedades.

UN TIEMPO Y UN ESPACIO SAGRADOS

El ciclo de fiestas públicas religiosas de Xalatlaco, como en tantos otros pueblos, se extiende a lo largo de todo el año. Se inicia con la bendición de las semillas el día de la Candelaria, el 2 de febrero. Sigue con la grandiosa representación de la Pasión de Nuestro Señor en la Semana Santa. La fiesta de la Santa Cruz, el 3 de mayo, no ha perdido su carácter de culto de propiciación a los cerros para que concedan buenas lluvias, lo que prueba la extraordinaria persistencia de algunos aspectos fundamentales de la cosmovisión indígena, entrelazados con la religiosidad católica. El 15 de mayo se festeja a San Isidro llevando los tractores y las yuntas de bueyes y mulas a la parroquia para que reciban la bendición del santo. Una vez comenzado el temporal, el crecimiento de las milpas es acompañado por las fiestas de los santos patrones de los cuatro barrios y la patrona de todo el pueblo. Inmediatamente antes de la cosecha se celebran los Santos Difuntos, a fines de octubre y comienzos de noviembre. En diciembre cada iglesia tiene sus "posadas" y en la Navidad los compadres arrullan al Niño Jesús para que duerma hasta la fiesta de la Candelaria, cuando lo despiertan nuevamente con música y le renuevan su ropaje para que acompañe las semillas a la iglesia, a ser bendecidas.[11]

El atrio de la iglesia es el espacio sagrado en el cual se llevan a cabo estas fiestas, donde se reúnen y realizan las danzas, las promesas de cera escamada, los manteles, los arreglos florales, los "castillos" (juegos pirotécnicos). Entonces, el atrio se transforma por obra de un meticuloso trabajo escenográfico: una sección puede verdear con las plantas de maíz traídas para representar una milpa, mientras otra se torna dorada con una plantación de cañas de azúcar que recrea el tiempo mítico de las haciendas.[12] En la fiesta del barrio de San Juan, una superficie de no más de 100 metros cuadrados llega a ser ocupada por hasta cinco danzas: allí llegan los Tejamanileros o Tlaxinquis, lo mismo que una o dos cuadrillas de Arrieros y, hasta mediados de los años noventa, la danza de los Lobitos (Tigres). A veces llegan los Concheros, llevados desde la Ciudad de México por uno o varios migrantes de Xalatlaco que se "promesaron" para costear los gastos de una danza en la fiesta de su barrio de origen.

LAS MAYORDOMÍAS Y LA ORGANIZACIÓN DE LAS FIESTAS RELIGIOSAS

Organizar la fiesta es una empresa complicada y costosa. Todavía en la década de los sesenta cada barrio tenía milpas y terrenos "de los santos", administrados por las mayordomías.[13] Los vecinos cultivaban y cosechaban las milpas y el maíz que se obtenía se vendía a un precio más barato que el comercial a los habitantes pobres del barrio. Estas ventas y el alquiler de algunos terrenos eran una fuente de ingresos que ayudaba a sostener los gastos del culto al santo. Pero después los bienes de los santos se fueron donando para edificar instituciones públicas: la biblioteca, el auditorio, las escuelas primarias y secundarias, los kinder. Por eso se requirieron mayores aportes monetarios de quienes ocupaban los cargos de las mayordomías y hubo un tiempo en que los señores huían ante la posibilidad de ser invitados a ser mayordomos, porque no podían o no querían afrontar los gastos.[14] En la década de los ochenta el barrio de San Juan resolvió el problema adoptando un sistema diferente: se organizó en secciones compuestas por 25 o más familias que se van rotando para dar una "cooperación" que resulta menos onerosa. Otros barrios también adoptaron este sistema.[15]

Los mayordomos se comprometen a mantener adornada con flores la iglesia de su barrio durante el año que duran en el cargo, a recibir "las promesas" que individuos o grupos le hacen al santo y a contratar "las variedades" —los conjuntos de música moderna que amenizan las fiestas al final del día. También deben buscar a los encargados de "sacar" las danzas rituales que nunca faltan en las fiestas de los santos y que son uno de sus principales atractivos. A los hombres les corresponde ocuparse del "gasto de fuera" (las bebidas, la música, los cohetones, el equipo de sonido), mientras las mujeres se responsabilizan del "gasto de dentro" (la comida). En algunos casos se fija una cuota por pareja, en otros la cuota del varón es distinta de la de su esposa. En ambos casos la administración del dinero se hace por separado.

Las danzas se organizan mediante un sistema de invitaciones que realizan los regidores y los mayordomos de cada iglesia. Ellos hacen una primera invitación a un jefe de familia que debe tener posibilidades de sufragar los gastos y que además debe tener "roce social", es decir, una amplia red de amistades. Él será "el primero" o "encabezado", responsable de buscar a otros dos o tres, para que a su vez le ayuden a completar el equipo de entre 12 y 15 personas que "sacarán" la danza, corriendo con todos sus gastos. Casi todas las invitaciones son aceptadas pues las familias consideran un honor, una distinción, ser tomadas en cuenta para participar en las festividades. Estos "mayores de la danza" o *tequixti* forman comisiones para contratar a los músicos y para recorrer las casas de los posibles danzantes con el fin de invitarlos. Las invitaciones se hacen de manera ceremoniosa; a las muchachas que aceptan bailar se les regala una canasta de fruta o tamales, y a los varones, una botella de licor.

Un mes antes de la fiesta comienzan los ensayos en casa de uno de los *tequixti*. Allí ellos agasajan con una comida a los músicos, a los danzantes, a los parientes y amigos que los acompañan y a la gente del barrio que ha ido a mirar; de modo que cada uno de los cuatro o cinco ensayos se convierte en un anticipo de la fiesta.

Los danzantes deben recibir la bendición del santo dentro de la iglesia antes de iniciar sus trabajos. Aquí vemos al Mayordomo y al Toro en la danza de Vaqueros. Fiesta de la Asunción, agosto de 1984.

Uno de los personajes de la danza de los Negritos con su caña de azúcar. Fiesta del barrio de San Agustín, agosto de 1985.

La danza de los Negritos recrea una hacienda azucarera: en primer plano, a la derecha, la representación del trapiche; atrás, las cañas de azúcar. Atrio de la iglesia de San Agustín, agosto de 1984.

Una cuadrilla de Arrieros, danza favorita de los jóvenes. Atrio de la parroquia, fiesta de la Asunción, agosto de 1986.

Las Mayoras esperan que finalicen las danzas para repartir sus regalos al público. Fiesta de la Asunción, agosto de 1986.

Preparación del "chilpaztle", delicioso caldo hecho con popochas, charales, hongos, chiles, cebollas y diversas hierbas aromáticas. Era el alimento de los tejamanileros cuando trabajaban en el monte. Se reparte al público al final de la danza. Fiesta de la Asunción, agosto de 1986.

El Cuajtlachane, cubierto de lama, es el dueño del monte. Él les indica a los tejamanileros cuáles árboles pueden cortar. Fiesta de la Asunción, agosto de 1986.

LAS DANZAS-TEATRO, CORAZÓN DE LAS FIESTAS PATRONALES

Las danzas tradicionales sólo se bailan en honor de los santos. Por eso los maestros que las enseñan y dirigen dicen que "las relaciones" (parlamentos) de las danzas "no son como cualquier canto de feria: son sagradas". Todo debe hacerse con devoción o habrá un castigo del santo. Las señoras casadas no pueden participar como danzantes; sólo las niñas y jovencitas. De hecho hay danzas que antes eran exclusivamente de varones, pero que desde fines de los setenta fueron aceptando a niñas y señoritas —por ejemplo las de Arrieros y Vaqueros. Hay danzas que los ancianos recuerdan se bailaron en su infancia o juventud, pero hace tiempo desaparecieron. Es el caso de la danza de San Garabito, que se llevaba a la feria de Tonatico para festejar a la Virgen, y la de los Plumeros o Estrelleros, en la que aparecían Cortés, la Malinche y los reyes prehispánicos, llevada como ofrenda al santuario de Chalma a principios de mayo.

Las danzas combinan diversos géneros: el teatro, la farsa, incluso la acrobacia. Todas tienen sus momentos de humor, pues si bien son sagradas, también deben divertir "porque si no la fiesta no es fiesta". Aun cuando los argumentos son serios, los diálogos tienen muchos juegos de palabras, albures, episodios chuscos que hacen reír al público, y burlas que ridiculizan a los poderosos (que aquí son los patrones, los dueños de las haciendas).[16] El toro de la danza de Vaqueros juega a perseguir y asustar a los niños y a las muchachas, por ejemplo. En la danza de Lobitos (Tigres), el Chonhuasclero (lazador) le exige con descaro al Mayeso (mozo del hacendado) que en su paga se incluyan la esposa, las hijas y las amantes del patrón, mientras los tigres también contribuyen al regocijo general pues dejan su papel de perseguidos y hacen maromas, imitan a los borrachos, se caen, hacen gestos lascivos, pelean entre ellos...

Xalatlaco tuvo fuertes lazos con el estado de Morelos, en particular con el distrito de Cuernavaca, al que muchos hombres iban a trabajar de jornaleros antes y después de la Revolución de 1910. Algunos llevaban a vender productos de la tierra fría (especialmente maíz, cebada, madera), y de allá traían alcohol, piloncillo y fruta, hasta la década de los sesenta. Los xalatlaquenses compartían con muchos de los pueblos morelenses la lengua indígena, el náhuatl, de modo que los intercambios comerciales

Las promesas

El Sr. M.M., rico ganadero y comerciante, encontrándose en trance de muerte, le prometió a San Juan, patrón de su barrio, que si se salvaba le llevaría una danza hasta San Juan de los Lagos, Jalisco. Ya recuperado, puso sus tres camiones de carga y contrató a tres más para trasladar a una cuadrilla de 120 "Arrieros" el 24 de junio de 1985. A todos los alimentó y a varios les compró trajes nuevos.

se acompañaron de intercambios culturales. Todos trataban de ir al menos alguna vez en su vida a las ferias de Cuaresma de Morelos y de allá trajeron muchas de las danzas que aún se bailan.

La danza de los Arrieros revive en cada fiesta de los santos el recuerdo de un tipo de arriería que existió en esta región antes de la Revolución. Los grandes atajos de mulas llevaban productos de la tierra fría a vender en la tierra caliente de Morelos y Guerrero. Algunos arrieros transportaban alfarería o fruta, pero los representados en la danza de Xalatlaco trasladan aguardiente y panela producidos en los ingenios de Morelos. Cuando regresan del "viaje" cargando pesos de plata, los bandidos los esperan en el monte para asaltarlos y se escenifica una lucha en la que triunfan "los buenos". Ésta es la danza favorita de los jóvenes, por su ritmo vigoroso y porque sus parlamentos están en castellano, de modo que son fáciles de aprender.

Las danzas de Negritos y Lobitos son originarias de pueblos del estado de Morelos. La primera recrea una hacienda azucarera en la que trabajan negros e indígenas del pueblo de Cuentepec, los "cuentepecos". La danza de los Lobitos relata la persecución y captura del tigre que hace perjuicio a la hacienda del Señor San Juanito. La danza de los Tlaxinquis o Tejamanileros es la única que podemos considerar creación original de Xalatlaco. Muestra las labores que los hombres realizaban en el bosque, donde el "dueño del monte", el Cuajtlachane, les indica cuáles árboles pueden cortar. Mientras bailan, los señores van elaborando los tejamaniles (delgadas láminas de madera que se usaban para techar los jacales) y las regalan al público. La danza culmina con una boda al estilo tradicional, entre el Xocoyote —el hijo menor, el consentido de la familia— y la doncella Soualxóchitl.

La más grandiosa es la danza de los Yunteros o Montoneros (*Ielemijque* o *Elomíccatl* en náhuatl),[17] que sólo se representa en la fiesta del barrio de San Francisco (4 de octubre). En ella participan seis o más yuntas de bueyes adornados y entre 50 y 70 danzantes. Durante tres días se recrea una hacienda maicera, en la que cada día ocurren acontecimientos diferentes. El primer día el Capitán les asigna a los "operarios" las "tablas" o surcos que han de cultivar mientras bailan. Cada "tabla" simboliza la tierra que pertenece a un santo y todos los santos del pueblo tienen sus milpas en esta hacienda imaginaria. Al tercer día los operarios, inconformes con la paga que reciben, se rebelan y queman el mirador de la hacienda (construido exprofeso) de doce metros de altura.

Las danzas representan los trabajos necesarios para producir la riqueza humana, que es al mismo tiempo la riqueza del santo patrón y la que permite realizar las fiestas. Al trasladar las labores cotidianas de la producción al espacio y tiempo sagrados (el atrio de la iglesia, el día del santo), se pide la bendición para esas tareas, bendición que actúa como fuerza benéfica, protectora y propiciadora de la abundancia. Se renueva así el contrato de reciprocidad entre los hombres —con su trabajo hecho ofrenda en la fiesta— y la voluntad divina. Simultáneamente, al escenificar las formas de vida en "el tiempo de los abuelitos", estas representaciones preservan una suerte de memoria colectiva, mediante la cual la historia (mítica) compartida constituye un elemento más en el constante esfuerzo que la gente realiza para renovar los vínculos comunitarios por medio del ciclo ritual.

EL DÍA DEL SANTO

Desde temprano, los danzantes son convocados por el altavoz ubicado en la casa del *tequixti*, lugar donde se realizaron los ensayos. Mientras se van reuniendo, una comisión de "mayores" va preparando la escenografía de la danza en el atrio de la iglesia. Cuando llegan los músicos, comienzan a tocar las melodías de la danza, para hacer más potente el llamado a todos los participantes. Alrededor de mediodía arriba a la casa del *tequixti* una comisión de mayordomos de la capilla del santo, precedida por una banda de viento que toca *Las Mañanitas* como saludo a todos los presentes. Después, mayordomos, *tequixti*, músicos y danzantes comen juntos. Terminada la comida, todos se dirigen a la iglesia en procesión. Al frente del contingente van algunos mayordomos echando cohetes tronadores, como aviso a la comunidad de que va pasando una promesa. Siguen los danzantes, formados según la jerarquía de los papeles que tienen en la danza. Atrás de los danzantes caminan los *tequixti* con los demás mayordomos. Cierran el desfile la banda y los acompañantes.

Al llegar a la iglesia y antes de comenzar a bailar, todos entran al templo a saludar al santo, "a pedirle licencia y encomendarse a él para comenzar a trabajar". En el atrio bailarán alrededor de cinco horas. La costumbre es que en un momento determinado de la danza se reparta comida y bebida al público. Una parte de esta comida la han llevado las esposas de los *tequixti* y los mismos danzantes, y otra parte es preparada en el transcurso de la danza por señores que tienen asignada esa tarea. Así, mientras bailan los Tlaxinqui, los muchachos y las jovencitas regalan gorditas de haba y frijol que sacan de sus morrales y cestas. Al concluir esta danza estará listo un exquisito caldo llamado "chilpaztle", preparado por "el chilpaztlero" con pescado seco (popochas, charales), hongos,

Canto de *La Despedida*

Adiós Patrona Asuncionita,
ya los Arrieros se van.

Echando cargas arriba,
sabe Dios si volverán.

chiles, cebollas y diversas hierbas aromáticas. Los Arrieros reparten galletas y obsequian llaveros u otros recuerdos al público, mientras las esposas de los "mayores de la danza" sirven copitas de brandy. Al final de esta danza el Atajador tiene listos la enorme cazuela de comida y el gran cazo de atole de chocolate, que se distribuyen al público y a los danzantes.

Hacia el final de las danzas de Yunteros, Negritos y Arrieros, los músicos tocan el son de *La Coronación*. Se trata de un momento muy emotivo pues es cuando se transfiere el compromiso de la mayordomía al nuevo equipo de encargados. La representación consiste en que el Señor Amo (el patrón) se juega su patrimonio (hacienda en el caso de las dos primeras, recua en el caso de la de Arrieros) en un volado, lo pierde y debe entregarlo a sus sucesores. La música es melancólica porque se despiden los viejos patrones/mayordomos al completar un año de trabajo.[18]

Terminadas las danzas en el atrio de la iglesia, los danzantes regresan a la casa del *tequixti*, donde se les ofrece un banquete. Suelen bailar otro rato a modo de despedida. Una vez que los danzantes se han retirado a sus hogares, los "mayores de la danza" asisten al banquete que les ofrecen los mayordomos de la iglesia, en agradecimiento por haber cumplido con éxito su compromiso de "sacar la danza", contribuyendo así a darle esplendor a la fiesta.

Una "promesa" de flores se encamina a la iglesia.

Otra forma de "promesa": un castillo de cohetones.

El maestro de la danza de los Yunteros bendice a uno de los personajes antes de que comience a bailar en el atrio de la iglesia del barrio de San Francisco, octubre de 2004.

a

b

c

d

a. En la fiesta de 2004 participaron doce yuntas de bueyes. **b.** El arado tradicional tirado por las yuntas, trabajando en la milpa de la hacienda del patrón San Francisquito, octubre de 2004. **c.** Las "patronas" de la danza de Yunteros dan de comer a los "patrones", octubre de 2004. **d.** Las "tlacualeras" llevan el alimento a los "operarios" que trabajan en las milpas de la hacienda.

La mula consentida carga la loza en la que el cocinero servirá el chocolate y los alimentos a los Arrieros. En segundo plano, el cazo en el que preparará el chocolate. Fiesta de San Francisco, 2004.

La danza de los Arrieros sigue teniendo atractivo para los jóvenes y los niños. Un pequeño patrón, vestido con traje negro y tejano, en primer plano. Fiesta de San Francisco, 2004.

Las danzas también son "promesas". Éstos son personajes de la danza de Santiaguitos, traída a Xalatlaco desde el pueblo de San Pedro Mártir para festejar a San Francisco, octubre de 2004.

Superposición de épocas en la escenificación de un mismo tema: la lucha entre dos bandos, que pueden ser moros contra cristianos, conquistadores contra conquistados, o, como pareciera sugerir la bandera mexicana en este caso, gachupines contra insurgentes en la gesta de la Independencia. Fiesta de San Francisco, 2004.

LA FIESTA DE LOS MUERTOS

Los muertos están presentes en la vida ritual de los pueblos campesinos mexicanos, pues a ellos se les recuerda y honra cada año. La celebración más importante es la que se realiza a fines de octubre y principios de noviembre, pero hay regiones donde no es la única. En las comunidades nahuas de la Huasteca hidalguense, por ejemplo, hasta la actualidad los difuntos son venerados en dos momentos importantes del ciclo ritual: primero Carnaval y Semana Santa, y luego Xantolo (que comienza el 29 de septiembre, día de San Miguel, y dura todo el mes de octubre). Además, también se les evoca con ofrendas en otros momentos, como en los matrimonios y antes de la siembra.[19]

En Xalatlaco, los muertos regresan a visitar a sus parientes vivos en un momento preciso del ciclo agrícola: el maíz completó su crecimiento y para fines de octubre está seco, listo para ser cosechado y almacenado. Los ancianos dicen que antes se respetaba la costumbre de que la *pixca* (cosecha) se iniciara una semana después de la fiesta de muertos. Muchas familias siguen con estas prácticas, pero otras deben adaptarse a las exigencias de los trabajos no agrícolas que tienen sus miembros.

Las campanas de las iglesias repican desde el 28 de octubre, convocando a los difuntos a regresar a la comunidad. A los antepasados muertos hay que agradecerles la tierra que transmitieron a sus herederos y descendientes. De ella obtienen el sustento y, por lo tanto, hay que compartir con ellos sus nuevos frutos. La fiesta expresa, por lo tanto, un principio de reciprocidad que trasciende la muerte para unir las generaciones pasadas, presentes y futuras; dramatiza la perpetua renovación de la vida humana gracias a su principal sustento, el maíz.

Según la tradición, la ofrenda debe colocarse sobre un petate nuevo. Nuevos han de ser también la vajilla utilizada y el *ayate* (morral de fibra de ixtle) en el que se dice que los muertos cargarán la esencia de las viandas al otro mundo, al terminar de visitar sus anteriores moradas. A los muertos hay que darles lo mejor, la pureza de lo nuevo, de objetos incontaminados por el uso y el tiempo. Todos los alimentos de maíz que se les ofrecen (tortillas, atole, tamales) son elaborados con granos de la producción del año, pues ellos deben ser los primeros en comer los nuevos frutos de sus antiguas milpas.

"Para mostrarles el camino y darles la bienvenida" a los muertos, el día 31 de octubre por la mañana, las mujeres o los niños trazan un sendero con pétalos de flores, desde la entrada del hogar hasta donde se encuentra la mesa con la ofrenda, bajo el altar familiar. Desde temprano están listas las flores en los jarrones, los cirios encendidos y el copal humeando en los sahumerios. Si el dinero alcanza, cada difunto tendrá una vela dedicada a él o ella. Los ofrendantes con menos recursos económicos colocan marcas en un mismo cirio y dicen "De acá hasta acá es para fulano; de acá a acá es para zutano".

Las mujeres preparan los alimentos que se van colocando en la ofrenda. Por la mañana sirven tazas o jarritos de atole, café o chocolate, con tamales y pan, dedicando cada taza a un pariente muerto y luego una para el conjunto de almas entre las que se encuentran "las ánimas solas" y los muertos "malos", esas almas vengativas que murieron de "mala hora" (por accidente u homicidio), que no tienen descendientes que los honren, que no pertenecen a una red familiar y que, por lo tanto, tienen un comportamiento antisocial pues vagan por los caminos asustando a la gente o llegando a perturbarle el sueño.

Por la tarde se agregan a la ofrenda los platos de comida: papas, huauzontles, pepitas de calabaza y chilacayotes en mole, huevos o carne en salsa. A quien se debe mayor agradecimiento se le dedican más cosas de su gusto: los cigarros, su bebida favorita; a los niños, dulces y pequeños animalitos de juguete. En una casa se mantiene encendido el televisor porque a una de las difuntas tías le gustaba ver las telenovelas.

La reciprocidad que se expresa en el culto a los muertos no se limita a agradecer a quienes dejaron su tierra a los ofrendantes. Hay quienes también recuerdan a difuntos que les transmitieron otro tipo de bienes que les resultaron de vital importancia para su subsistencia. Así, por ejemplo, la esposa de un jefe de familia enciende una cera pequeña para una tía que siempre le regalaba ropa a sus hijos, en una época en que ella y su marido sufrían penurias económicas. Otras personas agradecen conocimientos u oficios que les resultaron de gran valor, como la jefa de hogar que le dedica una veladora a una señora que le enseñó a vender en la Ciudad de México. Es posible que al ganar importancia las nuevas actividades no agrícolas, haya aumentado la frecuencia de este tipo de ofrendas.

Aplacamiento de los difuntos solitarios, recuerdo y agradecimiento hacia quienes los vivos deben su sustento, la ofrenda pone de manifiesto que los muertos son una presencia en el pensamiento de la comunidad y como tal siguen formando parte de ella. Pues para los xalatlaquenses los muertos no desaparecen definitivamente: cambian de forma y desde el más allá velan por los parientes y amigos vivos. A ellos —al igual que a los santos— se les ruega por ayuda en caso de necesidad, pues se piensa que pueden escuchar y responder a las súplicas. Un músico de 40 años le ruega a otro, muerto recientemente, que le ayude "a salir con bien" al tocar las piezas de una danza de la que el difunto era maestro. Una señora de 70 años le reza al alma de su madre cada vez que tiene dificultades económicas, "y siempre me socorre; nunca falla."

La imagen de los panteones engalanados es bien conocida: el día 2 de noviembre las familias limpian las tumbas de maleza y las "componen" con flores; contratan bandas de música "para alegrar a los difuntos", y pasan varias horas despidiendo las almas de sus parientes hasta el año siguiente.[20] En la cancha ubicada frente a la entrada al panteón los hombres juegan un partido de futbol hasta bien entrada la tarde. Los muertos se han retirado llevándose en sus ayates el aroma, la esencia de los alimentos que sus deudos les dedicaron. Los vivos ya pueden comer lo que queda, "pero no sabe igual".

La ofrenda no sólo renueva cada año la relación entre vivos y muertos. También renueva y refuerza los lazos entre los parientes espirituales, pues una vez que los muertos han partido, la esposa del jefe de familia coloca en una canasta frutas y panes tomados de la ofrenda y acompañada de sus hijos visitará a sus compadres "para darles su Pascua". A cambio de estos regalos, a los que también se llama "conejos", son convidados con caldo de res, atole o refrescos y también reciben panes y fruta. De esta manera, los dones recibidos y los dones devueltos van tejiendo el entramado de las relaciones sociales de la comunidad.

LAS FIESTAS DEL CICLO DE LA VIDA

La vida de los individuos está marcada por pasajes de una situación o posición a otra. Cada sociedad escoge algunos de estos momentos de cambio entre una etapa y otra para rodearlos de significados y acciones especiales que expresan su importancia. El bautismo significa el ingreso de la criatura a la comunidad de cristianos, su nacimiento espiritual y su paso del dominio del demonio al dominio de los hijos de Dios; por eso los xalatlaquenses dicen que es indispensable bautizar a los niños "para tumbarles sus cuernos". Si desean alcanzar la madurez social y superar la categoría de "hijos de familia", los individuos deben casarse. Los bautizos y los matrimonios, al igual que los funerales, siempre requieren la intervención de la Iglesia católica con sus sacramentos. Solían acompañarse de pequeñas celebraciones en el pasado. Ahora la magnitud que alcanza el festejo de un bautizo depende de la situación económica de la familia, pero por lo general no suele ser muy ostentoso. Las bodas, en cambio, se han ido transformando en acontecimientos que exigen gastos mucho más fuertes que en el pasado.

A esto se agrega que en la década de los setenta los xalatlaquenses comenzaron a celebrar otras transiciones en la vida de los individuos, como la terminación de la escuela primaria y los 15 años de las jovencitas. La conclusión de la escuela primaria se celebra con una comida a la que se suele invitar sólo a los parientes más cercanos y a los padrinos de bautizo del niño que se gradúa. Si por alguna razón ellos no pueden asistir, o si se desea crear un nuevo compadrazgo, se buscan padrinos de graduación, que deben acompañar al niño durante la ceremonia y hacerle un bonito (y, sobre todo, voluminoso) regalo. Las fiestas de las quinceañeras, en cambio, son asuntos de gran envergadura, costosos y elaborados, que siguen el modelo de presentación en sociedad de las jóvenes urbanas de clase media. Ponen en juego las amplias redes de parentesco y dan pie al establecimiento de nuevos compadrazgos. Implican un enorme cambio en el estatus de las muchachas respecto a sus abuelas, quienes jamás conocieron ni imaginaron algún tipo de festejos en su honor.

Las fiestas de boda son la culminación del complejo proceso del matrimonio, complejo porque implica no sólo la legitimación de la unión de una pareja sino también el establecimiento de una alianza entre sus respectivas familias. La importancia individual y social de este hecho se pone de relieve en los rituales que marcan las varias fases del proceso.[21]

LAS BODAS

En Xalatlaco, como en tantos otros pueblos, se dice que una pareja sólo está "bien casada" cuando ha recibido la bendición sacerdotal y ésta ha sido acompañada por un "gasto grande", es decir, por una gran fiesta. Ambas cosas son necesarias para legitimar la unión de un hombre y una mujer ante Dios y la comunidad; de otra manera, ellos son considerados "amancebados", aun cuando estén casados por la ley civil. Ésta es una cuestión de moral y de valores religiosos, así como de prestigio, pues no proceder según la costumbre indica incapacidad económica o conflictos familiares serios. Más aún, significa un estado pecaminoso que los ancianos creen produce "salación", pues piensan que sin la bendición divina la pareja tendrá mala suerte con los trabajos, lo que gane "no le lucirá" (no le alcanzará) y la familia estará siempre expuesta a sufrir enfermedades, accidentes o peleas.

El Congreso de la Unión legisló en 1929 que ningún sacerdote puede proceder al matrimonio religioso si los novios no presentan primero el acta de matrimonio civil. A partir de esta disposición disminuyeron drásticamente los matrimonios sólo religiosos. No obstante, el matrimonio con valor moral y reconocimiento por parte de la comunidad ha seguido siendo el religioso, razón por la cual todos los padres aspiran eventualmente a "poner en estado" a sus hijos, aun cuando ya lleven muchos años conviviendo.

Según relatan los ancianos, antes las bodas en Xalatlaco eran muy sencillas: participaban pocos parientes y la fiesta consistía en una comida ofrecida por el novio y sus padres, alegrada por la música de un violín, una flauta y un tamboril. Desde principios de la década de los setenta, a medida que aumentaban los ingresos no agropecuarios del municipio, se adoptaron nuevas pautas sobre lo que debe incluir el ritual, de modo que éste se ha ido haciendo cada vez más costoso y complejo. Ha aumentado de manera verdaderamente impresionante el volumen de gasto que implican las bodas, así como el número de invitados que asisten. Esto ha sido posible merced a la mayor disponibilidad de dinero y a un fenómeno notable, que es la proliferación de compadrazgos en torno a las bodas. Mientras en el pasado sólo tenían importancia los padrinos de

Xochipitzauac

Xochipitzauac pan i noyollo	Flor menudita de mi corazón
Xochipitzauac pan ixtelolo	Florecita delgada de mi embeleso
Canin itz uicatz tlacotonalli	A dónde vas a mediodía
Timitotizque panon youalli.	Mejor bailemos a medianoche.

Canto tradicional de bodas.[22]

bautizo, porque ellos proveían la ropa y los zapatos que lucían los novios, ahora los novios solicitan a amigos y parientes que se conviertan en "padrinos" de música, de pastel, de arras y de lazo, de copas para el brindis, de ramo de la novia, de fotos, de video, de "sonido" (altavoces), de los "recuerdos" que se regalan a los invitados... para lo cual deben pagar los gastos respectivos. Mediante este mecanismo de extensión o activación de las redes de parentesco, el ritual se ha enriquecido con diversos signos de prosperidad adoptados de las clases medias urbanas.

Para realizar la boda la etiqueta tradicional establece que los padres y parientes del novio (cuantos más, mejor) pidan la mano de la novia a los padres de ella. El ritual de "la pedida" se ha simplificado pues ya no exige tantas "vueltas" como en el pasado, pero sigue requiriendo que los parientes del novio lleven bebidas y comida para ser bien acogidos. Cuando lo logran, se fija la fecha de la boda religiosa y se negocian todos los detalles de la gran fiesta que la acompañará.

El procedimiento tradicional básico se mantiene: la novia debe salir de casa de sus padres, de modo que si ya estaba viviendo con el novio (lo que ahora es muy frecuente), debe regresar antes de la boda para que se pueda seguir el ritual acostumbrado, por el cual sus padres y parientes la "entregan" al novio y sus parientes. En su hogar de origen su madrina de bautizo la ayudará a vestirse para la ceremonia, y allí recibirá la bendición y consejos de sus padres, abuelos y hermanos, quienes la acompañarán cuando los parientes del novio lleguen a buscarla para llevarla a la iglesia.

Una vez en la iglesia, la pareja se arrodilla frente al altar en los cojines comprados especialmente para la ocasión por los "padrinos de cojín". Los "padrinos de lazo" les colocan sobre los hombros el lazo que los une, una especie de enorme rosario. Junto a los novios siguen la misa los "padrinos de arras" y los "padrinos de anillos". Al salir de la iglesia, los novios e invitados se dirigen a la casa del padrino de bautizo del novio, a desayunar. Más de 100 personas comen tamales, pan dulce, gelatinas, atole de chocolate ("champurrado"), mientras un conjunto musical (contratado por un "padrino de conjunto") toca diversas melodías. Hacia la una de la tarde los novios bailan un vals con sus respectivos padrinos.

Posteriormente la pareja y todos los invitados se trasladan a la casa de la novia, donde comen el tradicional pollo en mole con arroz, mientras toca un conjunto musical diferente del anterior. Los pasteles de bodas (aportados por los "padrinos de pastel") son un portento arquitectónico, puede decirse, por su enorme altura. Antes los traían de Santiago Tianguistenco, pero desde hace unos años ya hay pastelerías en el pueblo. La "mordida del pastel" provoca gran jolgorio pues no se trata de una mordida sino más bien de hundirles la cara a los novios y que queden cubiertos de crema. Un momento emocionante es cuando los "padrinos de brindis" hacen votos por la felicidad de la pareja, que brindan en las copas especiales que estos padrinos les han regalado. Las emociones vuelven a conmover a los presentes, y en particular a los padres de la novia, cuando proceden a la ceremonia de "entrega" de su hija, por la cual ella pasa a formar parte de la familia del marido. El ritual destaca el traspaso de la autoridad que sus padres tenían sobre ella, a su esposo y a sus suegros, con quienes la pareja convivirá un tiempo. Todos se dirigen entonces a la casa de los padres del novio.

En el nuevo hogar de la novia se repite todo lo que sucedió en su hogar de origen: se come, se bebe y se reparte otro inmenso pastel después de que los invitados bailan un buen rato. Ha caído en desuso bailar el tradicional Xochipitzauac cargando guajolotes para simbolizar (y propiciar) la fertilidad de la pareja. Algunos nostálgicos lo recuerdan cada tanto y también "bailan" las pesadas cazuelas de mole y los *chiquihuites* (cestas) de tortillas. Desde fines de los años setenta la moda es bailar *La víbora de la mar*, siguiendo las costumbres urbanas: los invitados forman una larga fila (la víbora) y bailando van pasando debajo de un "puente" formado por las manos entrelazadas de los novios, subidos en sendas sillas. Poco después se circula un zapato de la novia con el fin de recoger dinero entre los presentes para que los recién casados puedan ir de luna de miel a Acapulco o "para que se ayuden en sus gastos". Finalmente, la novia les echa a sus amigas solteras el ramo que le dio su "madrina de ramo".

Al día siguiente tiene lugar "el recalentado", un nuevo banquete en el que los padres de los novios agradecen a todos los padrinos el haber contribuido a la realización de la boda. Cuando se retiran se les regala una canasta con varios pollos en mole.

Al igual que en el pasado, la moral xalatlaquense sostiene que el matrimonio debiera preceder el inicio de la convivencia. Sin embargo, es frecuente que exista una brecha entre los ideales y la práctica, pues han aumentado las uniones que comienzan por "robo de la novia", consistente en que la pareja se pone de acuerdo para que ella se traslade a vivir a la casa de los padres de él. Las razones son diversas. A veces los novios saben que sus padres pondrán obstáculos a su elección. Pero también suele suceder que el novio y su familia no estén en condiciones de solventar los gastos de la boda, debido al extraordinario aumento en los costos que la fiesta ha experimentado desde principios de los años setenta. Las nuevas exigencias respecto a lo que se con-

Representación de una boda antigua en la danza de Tlaxinquis: la novia usaba rebozo y el novio calzón de manta; el "lazo" que los une es un mecate de ixtle (cuerda de fibra de maguey). El rebozo debe cubrir a ambos. Fiesta de la Asunción, agosto de 1986.

Una boda en 1990: los novios con su comitiva se dirigen rumbo a la iglesia.

sidera un consumo festivo adecuado son un factor importante en la decisión de posponer el matrimonio religioso hasta que la familia del novio cuente con recursos suficientes. En efecto, son muy pocos los padres que se resignan a no entrar en la competencia de hacer bodas costosas, conformándose con casar a sus hijos "ofreciendo un taco nada más".

EN EL NUEVO MILENIO: "AQUÍ SEGUIMOS SIENDO GUSTOSOS"

Al finalizar el siglo XX, el gusto por la fiesta pública no parece haber disminuido en comunidades como Xalatlaco. Hay pueblos en los que la migración ha enriquecido las fiestas; en otros ha significado un drenaje tan grande de recursos humanos, que las fiestas están en decadencia; en algunos más, la violencia por el narcotráfico o los conflictos políticos y religiosos han mellado la vida ritual, y las fiestas han debido reducirse o suspenderse. También la pobreza extrema atenta contra la fiesta.[23] Pero allí donde hay condiciones favorables, las fiestas siguen teniendo un papel preponderante en la afirmación de la identidad como grupo. Aún podemos apreciar su importancia en los pueblos que fueron campesinos e indígenas que quedaron englobados por la mancha urbana del Distrito Federal, y que ahora muestran todos los signos de la modernidad urbana: Contreras, la Magdalena de los Reyes, Ixtapalapa, Xochimilco...[24]

La afluencia de dinero a Xalatlaco como resultado de la diversificación ocupacional se ha puesto de manifiesto en el mejoramiento y ampliación de las viviendas, en el aumento en las inversiones en vehículos y ganado, en la proliferación de tienditas y en el aumento del número de estudiantes que siguen carreras universitarias. Hasta aquí el proceso coincide con las expectativas de las teorías de la modernización. Pero lo que era menos previsible de acuerdo con estas teorías es que una parte importante de los excedentes esté siendo canalizada a reforzar el sistema ritual colectivo al proporcionar los recursos necesarios para su florecimiento. Este fenómeno, muy visible en el caso de Xalatlaco y los pueblos del sureste del valle de Toluca, también se observa en otras regiones del México rural y de Guatemala.[25]

A fines de la década de los setenta un investigador calculaba que alrededor de la mitad de las familias del municipio de Xalatlaco participaba cada año en la organización de las fiestas religiosas, en las cuales invertía cerca de la mitad de sus ingresos. Vale la pena subrayar que ahora son las nuevas generaciones jóvenes, que en su mayoría completaron la escuela primaria y en muchos casos la secundaria, que no son campesinos, que ven televisión y conocen bien las costumbres urbanas, quienes están sosteniendo el grueso de los costos del ciclo anual de fiestas. Sobre los jóvenes se ejerce una fuerte presión social para que sigan participando; la consecuencia de no participar es un aislamiento y desprestigio que todos procuran evitar. Una pequeña fracción de la población se ha volcado al protestantismo y ha rechazado o reducido al mínimo la carga económica que significa sostener las festividades comunitarias. Aunque es posible que esta tendencia se acentúe en el futuro (como ha ocurrido en muchos pueblos mexicanos), por ahora la mayoría de las familias xalatlaquenses encuentra motivos para continuar participando activamente.

La multiplicación de los rituales del ciclo de vida (fiestas de 15 años, cumpleaños, graduaciones de la escuela primaria), que se celebran desde los años setenta, no ha significado una competencia para las fiestas religiosas. Esta expansión más bien parece haber abierto una nueva área —la privada— al ímpetu por convertir parte de los ingresos en festejos a los que se invita a gran cantidad de parientes, vecinos y amigos. Y aquí cabe destacar que las fiestas privadas (en particular las bodas) han resultado un espacio apropiado para extender los lazos de parentesco mediante la creación de nuevos compadrazgos.

¿Cómo explicar la extraordinaria vitalidad que hasta ahora tienen las celebraciones? Sin duda la cuestión es compleja. Más allá de que la participación en el sistema de fiestas religiosas colectivas responda a una cultura y a valores específicos, sospechamos que también constituye una forma de resistencia de la gente a verse reducida al papel de fuerza de trabajo anónima, pues no es lo mismo ser parte de una comunidad en la que "el trabajo luce", que ser un número más de una masa impersonal. La participación en este sistema pone en práctica una forma de interacción entre los individuos que es diferente de las relaciones comerciales, de competencia o explotación; en efecto, la fiesta renueva los vínculos de parentesco, amistad y buena vecindad. Desde esta perspectiva, la perdurabilidad y la intensificación de la vida ritual serían continuos esfuerzos por reparar el tejido comunitario, siempre expuesto a conflictos y a las presiones disgregadoras creadas por la salida de gente a trabajar fuera del pueblo. Sin duda es por eso que tantos migrantes continúan participando en las mayordomías y procuran regresar a su lugar de origen para casarse, para recordar a sus muertos y para participar en alguna de las fiestas de su barrio o de su pueblo.[26]

No menos importante es una cualidad propia de toda fiesta: se trata de una experiencia estética total, cargada de significados, que con su música, olores, sabores, imágenes y texturas conmueve todos los sentidos y las emociones. Quien la ha vivido, aprende a gustarla y desearla; difícilmente la olvida.

NOTAS

[1] Este texto se basa en la información reunida a lo largo de muchos años de trabajo de campo gozando de las fiestas de Xalatlaco y realizando numerosas entrevistas. Estoy especialmente agradecida a don Adrián Patiño Reyes, a Alejandro Patiño Díaz y a Sergio Hinojosa Reynoso por haber compartido conmigo sus conocimientos, adquiridos en su experiencia como mayordomos de sus barrios (San Bartolo y San Juan), como músicos y maestros de danzas.

[2] Claro que en los pueblos hay fiestas cívicas y bailes que son enteramente seculares, pero tratándose de población católica, aun en el caso de la celebración de los cumpleaños o la conclusión de la escuela primaria, se observa una tendencia a que estén precedidas por una misa.

[3] El diminutivo (utilizado, por ejemplo, al referirse a los abuelos) es la forma en que los hablantes de náhuatl tradujeron al castellano la terminación reverencial *tzin*, para denotar "cariño y respeto".

[4] D'Aubeterre, 2000, p. 38.

[5] Aguirre Beltrán, 1981.

[6] Broda y Báez-Jorge, 2001.

[7] Pastor, 1987.

[8] Juan de Segura, cura de Xalatlaco, informaba en 1549 al arzobispo de México, que la cabecera tenía 1 000 tributarios divididos en ocho barrios. La reducción a cuatro barrios debió ocurrir entre 1550 y 1580, como consecuencia de la abrupta caída demográfica debida a las epidemias.

[9] Chance y Taylor (1985) sintetizan los principales debates en torno a la institución de las cofradías y demuestran que ha experimentado importantes variaciones en el tiempo y entre regiones y comunidades, de modo que no es posible postular la existencia de un modelo único generalizable. Su estudio sobre cofradías de Oaxaca y Jalisco sugiere que los cargos cívicos y religiosos locales estuvieron separados durante la época colonial y su entrelazamiento ocurrió después de la Independencia.

[10] *Tequio* del náhuatl *téquitl*, trabajo, funciones, cargo. En tiempos de la Colonia era el tributo.

[11] En esta apretada síntesis he mencionado sólo las principales fiestas del ciclo, pero hay muchas otras: Carnaval, Corpus Christi, Santa Teresita, San Rafael, Santa Cecilia (patrona de los músicos, muy celebrada porque en Xalatlaco hay muchos músicos)... La lista es larga.

[12] Los cronistas fray Jerónimo de Mendieta y fray Diego Durán describieron con detalle las extraordinarias escenografías de las fiestas de los antiguos mexicanos. Véase Sten, 1982, pp. 22-30.

[13] La Ley de Desamortización de Bienes Eclesiásticos de 1856 obligaba a que los terrenos de las corporaciones religiosas pasaran a ser propiedad de los ayuntamientos. Sin embargo, muchos pueblos lograron evadir esta legislación; es el caso de Xalatlaco, donde el control de los terrenos de los santos continuó en manos de las mayordomías que representaban al conjunto de cada barrio. Esta historia de resistencia está relatada en González y Patiño, 1994.

[14] En algunos pueblos las autoridades civiles apresaban a quienes no querían aceptar el *tequio* de los santos. Véase Smith, 1977, p. 168.

[15] Smith (1977, pp. 160, 165 y 176) detectó en varias comunidades del departamento de San Marcos, Guatemala, un proceso semejante, mediante el cual la distribución de los costos entre muchas familias desplazó al sistema de financiamiento de las fiestas por pocos individuos.

[16] Para una excelente descripción y análisis del humor ritual en las fiestas religiosas, véase el libro de Reifler Bricker (1986). Llama la atención que muchas de las pautas humorísticas estudiadas por esta autora en los Altos de Chiapas son las mismas que encontramos en Xalatlaco, Estado de México, y en la Huasteca hidalguense (Jurado, 2001, pp. 270-274).

17 *Elomiccatl* puede traducirse como "elotes (mazorcas tiernas) para los muertos".

18 Sólo en el caso de la danza de los Yunteros el cambio de los mayordomos se hace cada dos años. Una selección de los sones más representativos de las danzas puede escucharse en el disco *Fiesta en Xalatlaco. Música de los nahuas del Estado de México*, núm. 27 de la serie Fonoteca del Instituto Nacional de Antropología e Historia.

19 JURADO, 2001, pp. 138 y 278. En los pueblos nahuas que habitan la región del río Balsas, en el estado de Guerrero, también se ofrenda a las almas de los ancestros de la mujer cuando la novia sale de su hogar paterno para vivir con su marido (GOOD, 2001, pp. 276-279).

20 En la Huasteca hidalguense sobre las tumbas se colocan tamales, fruta y animalitos de barro o plástico. Además, al panteón entran a bailar las comparsas de Huehues (JURADO, 2001).

21 Para una descripción detallada de las diversas fases del ritual matrimonial y sus simbolismos en una comunidad de origen nahua de Puebla, recomendamos el capítulo IV del libro de D'AUBETERRE (2000). Para una revisión de la bibliografía sobre las costumbres de matrimonio en pueblos indígenas contemporáneos, véase GONZÁLEZ MONTES (1999).

22 Recopilación y traducción de Alejandro PATIÑO DÍAZ y Sergio HINOJOSA REYNOSO. Véanse las notas del disco *Fiesta en Xalatlaco*, ya mencionado.

23 Comparando lo que sucedió en varias comunidades de las tierras altas del departamento de San Marcos, Guatemala Occidental, SMITH (1977) concluye que, junto con otros factores de carácter político, el empobrecimiento económico contribuye a hacer "cada vez más difícil reunir los excedentes necesarios para costear las ceremonias en honor del santo, creándose una situación que pone en peligro el sistema de las fiestas" (p. 159); en cambio, en pueblos donde ha mejorado la situación económica, las fiestas religiosas se han conservado.

24 Véase, por ejemplo, el libro de SALLES y VALENZUELA (1997) sobre Xochimilco.

25 En Zinacantan, Chiapas, la mejoría económica fue acompañada por la multiplicación de los cargos de la jerarquía religiosa que organiza las fiestas de los santos. El pronóstico de CANCIAN (1976) de que el crecimiento demográfico y una mayor prosperidad llevarían al derrumbe del sistema de cargos, no se cumplió. Cabe agregar que el cambio de un sistema de cofradías en el que los gastos son patrocinados por un número reducido de individuos, a otro en el que los costos se distribuyen entre un mayor número de familias, fortalece las fiestas, como lo demuestra el caso de Xalatlaco.

26 Sobre el retorno de los migrantes para las fiestas en dos regiones del país, véanse D'AUBETERRE (2000, p. 221) y JURADO (2001, pp. 196-198).

REFERENCIAS

AGUIRRE BELTRÁN, Gonzalo

1981 *Formas de gobierno indígena*. México: Instituto Nacional Indigenista. [1953].

BONFIL, Guillermo

1990 *México profundo. Una civilización negada*. México: Consejo Nacional para la Cultura y las Artes/Grijalbo.

BRODA, Johanna, y Félix BÁEZ-JORGE (coords.)

2001 *Cosmovisión, ritual e identidad de los pueblos indígenas de México*. México: Consejo Nacional para la Cultura y las Artes-Fondo de Cultura Económica.

CANCIAN, Frank
1976 *Economía y prestigio en una comunidad maya. El sistema religioso de cargos en Zinacantan*. México: Instituto Nacional Indigenista.

CHANCE, John, y William TAYLOR
1985 "Cofradías and Cargos: A Historical Perspective on the Mesoamerican Civil-Religious Hierarchy", *American Ethnologist* 12 (1), pp. 1-26.

D'AUBETERRE, Ma. Eugenia
2000 *El pago de la novia. Matrimonio, vida conyugal y prácticas transnacionales en San Miguel Acuexcomac, Puebla*. Zamora: El Colegio de Michoacán-Universidad de Puebla.

DEHOUVE, Daniele
1976 *El* tequio *de los santos y la competencia entre los mercaderes*. Instituto Nacional Indigenista.

GONZÁLEZ MONTES, Soledad
1999 "Las 'costumbres' del matrimonio en el México indígena contemporáneo", en Beatriz FIGUEROA (coord.), *México diverso y desigual: Enfoques sociodemográficos*. México: El Colegio de México-Sociedad Mexicana de Demografía, pp. 87-105.

GONZÁLEZ MONTES, Soledad, y Alejandro PATIÑO
1994 *Memoria campesina. La historia de Xalatlaco contada por su gente*. Toluca: Instituto Mexiquense de Cultura.

GOOD, Catherine
2001 "El ritual y la reproducción de la cultura: ceremonias agrícolas, los muertos y la expresión estética entre los nahuas de Guerrero", en J. BRODA y F. BÁEZ-JORGE, *Cosmovisión, ritual e identidad de los pueblos indígenas de México*. México: Consejo Nacional para la Cultura y las Artes-Fondo de Cultura Económica, pp. 239-297.

JURADO, Ma. Eugenia
2001 *Xantolo. El retorno de los muertos*. México: Consejo Nacional para la Cultura y las Artes-Fondo Nacional para la Cultura y las Artes/Jaiser Editores.

NUTINI, Hugo
1988 *Todos Santos in Rural Tlaxcala. A Syncretic, Expressive and Symbolic Analysis of the Cult of the Dead*. Princeton: Princeton University Press.

PASTOR, Rodolfo
1987 *Campesinos y reformas: la mixteca, 1700-1856*. México: El Colegio de México.

REIFLER BRICKER, Victoria
1986 *Humor ritual en la altiplanicie de Chiapas*. México: Fondo de Cultura Económica.

SALLES, Vania, y José Manuel VALENZUELA
1997 *En muchos lugares y todos los días. Vírgenes, santos y niños Dios. Mística y religiosidad popular en Xochimilco*. México: El Colegio de México.

SMITH, Waldemar
1977 *El sistema de fiestas y el cambio económico*. México: Fondo de Cultura Económica.

STEN, María
1982 *Vida y muerte del teatro náhuatl*. Xalapa: Universidad Veracruzana.

12

LAS COMUNIDADES CAMPESINAS DURANTE LA LUCHA POR LA TIERRA: TESTIMONIO ORAL. LA REGIÓN CENTRO-SUR DE NUEVO LEÓN

MARÍA ZEBADÚA SERRA
Facultad de Filosofía y Letras,
Universidad Autónoma de Nuevo León

LA VIDA COTIDIANA COMO ESPACIO SOCIAL Y SIMBÓLICO

POR ESPACIO DE SIETE DÉCADAS (AÑOS VEINTE A OCHENTA DEL SIGLO XX), la vida cotidiana de los poblados campesinos de la región centro-sur de Nuevo León trascendió de la rutina inmediata a la lucha política por la tierra ejidal. Miles de hombres y mujeres, impulsados por la necesidad de solucionar el problema de la subsistencia familiar sin desarraigarse del campo (su único mundo material y simbólico conocido), y apoyados en el derecho jurídico que los capacitaba, se transformaron en agraristas.

Sin soslayar la influencia de la política sexenal de los diferentes gobiernos centrales en las modalidades que adquirió la reforma agraria (por ejemplo, el agrarismo tuvo rasgos de mayor combatividad durante el gobierno del general Lázaro Cárdenas,[1] cuando el reparto de tierras alcanzó en todo el país su más alto nivel comparado con las dotaciones ejidales expedidas a partir de los años cuarenta, cuando las centrales campesinas adscritas al partido oficial cooptaron los movimientos campesinos), las formas particulares que adquirió el agrarismo se deben a las historias, a las condiciones socioeconómicas y a los modelos culturales de los diferentes grupos campesinos involucrados. En los tiempos de la lucha por la tierra, la rutina cotidiana familiar y comunitaria adquirió nuevas dimensiones.

A los tiempos destinados al trabajo —en el campo y en el hogar—, al cuidado de la familia y del solar, a las reuniones familiares para tomar los alimentos y a los de convivencia comunitaria, se sumaron los tiempos emergentes. Los varones en las juntas secretas, los acuerdos y desacuerdos con los patrones, los tratos con los representantes de la ley agraria y el cumplimiento de las comisiones fuera del poblado intentando agilizar la tramitación de los derechos ejidales. Las mujeres adicionaron a sus tiempos cotidianos, los dedicados a trabajos artesanales (que redundarían en ingresos adicionales) y agropecuarios (sustituyendo muchas veces a los varones) y, a la vez, tuvieron que enfrentar los momentos de crisis en su propio entorno familiar ante el hostigamiento de los propietarios.

Los niños nacían y crecían en ese ambiente. Muchos vivieron y compartieron desde sus primeros años de vida las experiencias del agrarismo sin desligarse de su entorno familiar: el dormitorio, la cocina, el solar y el campo. Cuando los trámites tomaron más de 10 años, los jóvenes se sumaron a la lucha como parte de su vida cotidiana. En los hogares de las familias que se mantuvieron firmes en las tierras que solicitaban, se conservaba la estabilidad del cuidado de la salud brindado por la madre y otras mujeres, la comida recién elaborada, las plantas y los animales de corral en el solar que circundaba la vivienda rural.

En la interpretación de los testimonios de los "primordiales", o iniciadores de la lucha por la tierra, se evidencia que las adecuaciones de sus tiempos cotidianos y la incorporación de nuevas actividades no rompieron el equilibrio en las relaciones de género que sustentaban la vida campesina familiar y comunitaria. Por el contrario, la solidaridad familiar y de grupo se fortalecieron ante la amenaza del desalojo y los largos periodos de trámites burocráticos. La participación diferenciada de hombres y mujeres los colocó en el foro de la política, ellos en el espacio público de la política formal, ellas en el espacio privado que, como ámbito físico y simbólico, fue transformado en un "espacio público heterogéneo"[2] en el que las acciones femeninas adquirieron valor para el movimiento agrarista y la constitución de los ejidos.

Durante las tres primeras décadas del agrarismo (años veinte a cuarenta), la dinámica de cambio en la vida cotidiana fue gradual. Contribuyó a ello el relativo aislamiento en el que vivían, el mantenimiento de muchos de los patrones culturales heredados y la exclusión de las mujeres de la política formal. Fue a partir de los años cincuenta cuando se observan modificaciones y cambios acelerados en la vida cotidiana de los poblados campesinos, muchos de ellos ya ejidales. La acción de elementos culturales urbanos que, como un torrente, llegaron hasta el seno de la cotidianidad familiar y comunitaria, sumados a la crisis del campo —con la consecuente reacción migratoria—, la agresiva expansión del capitalismo en el campo y la incipiente incorporación (en el discurso oficial) de las mujeres a los procesos políticos y productivos (a partir de los años cincuenta), habrían de modificar y, en algunos casos, transformar el mundo físico y simbólico de las comunidades campesinas.

Se perciben así dos etapas en la vida cotidiana de los poblados campesinos sin que ello signifique una ruptura drástica sino más bien una paulatina incorporación de formas culturales urbanas a las de vida tradicionales y una lenta transición de formas participativas informales hacia formas políticas más complejas.

EL ENTORNO FÍSICO Y SOCIOCULTURAL DE LA REGIÓN CENTRO-SUR DE NUEVO LEÓN

El centro-sur de Nuevo León ha sido tradicionalmente la zona agrícola más importante del estado. Situada al pie de la Sierra Madre Oriental, durante las primeras décadas del siglo XX se caracterizaba por un clima algo templado y un poco frío, algunas veces seco con lluvias escasas e irregulares y, en ocasiones, precipitaciones torrenciales y granizadas poco frecuentes.[3] Cuando dio inicio el movimiento de la lucha por la tierra, el paisaje geofísico estaba formado por lomeríos y valles, el río Pilón y sus afluentes, áreas que gozando de los beneficios del riego eran propicias para la producción agrícola, tierras temporaleras adecuadas para la siembra y para la ganadería, y pequeñas extensiones de montes bajos. Con pocas posibilidades de utilización agropecuaria quedaban las áreas de agostadero cubiertas por la maleza.

Esta superficie regional, que abarca 9 532.8 km^2, se hallaba distribuida entre pequeños propietarios, tierras del Estado y grandes fincas.[4] Los pequeños propietarios se asentaban regularmente en tierras temporaleras con parte de agostadero. Contaron sólo

Río Ramos, ejido El Fraile.

excepcionalmente con riego para las áreas de cultivo y para la cría de ganado menor que practicaban en forma limitada. Entre este estrato social se reclutaba el grupo de jornaleros temporales que trabajaban en las grandes fincas. Aun cuando sus casas no siempre formaban núcleos compactos sino que se levantaban en los terrenos próximos a los cultivos, su ubicación en una determinada área les daba un cierto sentido de unidad; ocasionalmente se encontraba una pequeña propiedad entre las grandes haciendas.

Las tierras en manos del Estado se integraban por los baldíos, las llamadas tierras de la nación no declaradas de utilidad pública, y las que circundaran ríos, lagos y esteros navegables o aguajes de uso común[5] que no habían sido concesionadas a ningún particular. Los baldíos correspondían a montes cerrados o agostaderos que no parecían interesar a los productores agrícolas; en cambio, las tierras colindantes a los ríos poseían humedad y condiciones favorables para el cultivo, por lo que en muchos casos habían sido concesionadas o simplemente ocupadas por agricultores grandes o pequeños.

Las grandes haciendas ocupaban las fértiles tierras regadas por alguno de los ríos de la región. Sus propietarios contaban con documentos que, en muchos casos, databan de la época colonial cuando se había construido el sistema de riego, mismo que mantuvo su vigencia durante el siglo XIX y las primeras décadas del XX, y que se había fortalecido por nuevos canales o por ampliaciones de los ya existentes. El aprovechamiento de las condiciones naturales y la infraestructura técnica propiciaron que, duran-

Región citrícola (cultivos privados).

te el siglo XIX, la región destacara por el cultivo, el procesamiento y la comercialización de la caña de azúcar, y, en el siglo pasado, desde los años veinte hasta las heladas de 1983, por la gran producción de cítricos, las plantas gajeras y jugueras, y su comercialización en el ámbito internacional.[6]

En los años veinte, al dar inicio el agrarismo,[7] una extensión no despreciable de estas fincas incluía tierras temporaleras y otras de monte y agostadero no cultivables. Parte de estas últimas fue dado en aparcería a los peones acasillados, quienes cultivaban ahí maíz y frijol y, eventualmente, calabaza y/o caña de azúcar que se procesaba en el molino del patrón a cambio de un pago. El producto de las cosechas era compartido con el patrón según el acuerdo establecido: a medias, al tercio y, en la etapa previa a las solicitudes ejidales, a la quinta parte.

Las haciendas constaban de la casa de los patrones, sólida construcción de ladrillo por lo regular, con varios dormitorios, recibidor, cocina, sala, comedor y pasillos abiertos; los trapiches, en los que se extraía el jugo de la caña de azúcar y se elaboraba el piloncillo; en algunos casos, la tienda que proveía, a modo de préstamo, de vasijas y alimentos a los campesinos, y los graneros, en los que se guardaban el maíz, el frijol y los demás productos agrícolas que, en parte, se comercializaban y, en ocasiones, fueron utilizados como pago a los trabajadores agrícolas que, en calidad de aparceros, habitaban en pequeños poblados ubicados dentro del perímetro de la hacienda.

Antigua hacienda Galeras.

Las casas de los aparceros constaban de dos habitaciones separadas pero cercanas una de otra (dormitorio y cocina). Fueron construidas con barreta, tierra y palma: materia prima proveniente de los agostaderos y del propio entorno del área de cultivo o del asignado a los poblados. Esta obra era realizada por los varones participando sólo en forma ocasional las mujeres.

En los pequeños poblados asentados en tierras del patrón se había establecido una división genérica y generacional de tareas y responsabilidades. Hombres y mujeres, de acuerdo con sus edades, aprendían e internalizaban los roles de género que les correspondían. Las actividades que cada uno realizaba tenían como base los conocimientos empíricos transmitidos en forma cotidiana por sus padres y las personas mayores de la comunidad y las habilidades que cada persona desarrollaba.

La educación formal no formó parte de la rutina infantil. De acuerdo con los testimonios de los "primordiales", la falta general de escuelas cercanas a los poblados, la inasistencia de los profesores y la propia condición socioeconómica, contribuían a que la actividad infantil —prioritaria para los padres— consistiera en el trabajo agropecuario. La mayor parte de los padres de los aparceros, peticionarios de la tierra ejidal, no sabían leer ni escribir. Si habían asistido a la escuela, su permanencia no rebasaba más de uno o dos años. Los propios "primordiales" tampoco habían terminado la instrucción primaria. Algunos eran incluso analfabetos ya que sus padres los habían presionado para que colaboraran en la labor. El trabajo era primero. Una de nuestras colaboradoras lo señaló así: "estudié muy poquito, cállese, mi papá nos sacó de la escuela pa'que fuéranos a trabajar con él".[8] Por ello, la asistencia a la escuela no fue referida como uno de los deberes de los pequeños.

Durante la infancia la preparación de los niños y de las niñas no se diferenciaba en forma notoria. De hecho, excepto en la elaboración de alimentos en la que las niñas ayudaban más que los niños, todos los infantes colaboraban en las tareas del hogar: atendían a sus hermanitos menores, hacían mandados y acarreaban agua. A la vez compartían con sus padres[9] el trabajo agrícola (en ocasiones el de las tierras del patrón), el cuidado de los animales de corral y del ganado (en el caso de tenerlos) y otras tareas que no requerían tanta precisión (limpieza de terrenos y ayuda a sus padres en las tareas que éstos realizaban) pero que los ejercitaba en el trabajo agropecuario.

Al llegar a la adolescencia, los varones se sumaban al trabajo de los adultos al que accedían en forma gradual de acuerdo con el conocimiento adquirido sobre los oficios agropecuarios y la técnica del procesamiento del piloncillo, la utilización de los molinos y el manejo de las compuertas de los canales de los ríos.

Los trabajadores adultos se encargaban de las relaciones de aparcería, del trabajo asalariado y de las tareas que les correspondían en las tierras del propietario. En muchas haciendas, los deberes a favor del patrón incluían los trabajos de cultivo, el cuidado del ganado y la producción del piloncillo (desde la siembra y la cosecha de la caña de azúcar hasta su procesamiento), labores por las que recibían un pequeño salario que no cubría las necesidades básicas de la familia: "apenas para vivir... no'hombre, cómo sufríamos"; los más jóvenes ayudaban en calidad de aprendices. Continuando el largo periodo de aprendizaje iniciado en la infancia, pasaban de ayudantes o aprendices a sembradores. En la práctica de las habilidades desarrolladas, manejaron la yunta y cuidaron del sistema de riego, regaron, levantaron la cosecha y prepararon el maíz para su comercialización o la caña para su procesamiento como piloncillo. Así se verificaba el cotidiano proceso de aprendizaje de las tareas agropecuarias iniciado en la niñez, de acuerdo con su género.

Durante la adolescencia las mujeres jóvenes se abocaban a lo que debían saber y hacer. Bajo la mirada de sus madres, las jóvenes solteras se ocupaban del trabajo doméstico, cuidaban de los bebés, de la alimentación, del vestido, de la salud (rubro en el que la mujer de este tiempo asumió por completo la responsabilidad de los partos y la de los males físicos y psíquicos de la comunidad)[10] y de muchas otras tareas necesarias para la preservación de los valores culturales y el esparcimiento de sus comunidades. Estas asignaciones propias del género femenino no estaban reñidas con el trabajo del campo que realizaban de acuerdo con la demanda de brazos requerida en cada ciclo agrícola (preparar la tierra, sembrar, levantar la cosecha y otras tareas necesarias) o por el simple gusto de trabajar en la labor.

Al casarse, sus responsabilidades se acrecentaban y con ello su rutina. Las nuevas tareas cotidianas en las que las campesinas gastaban casi todo su tiempo, dificultaban su participación en las actividades agropecuarias fuera de su hogar, por lo que, en algunos casos, se limitaban al cuidado de los pequeños huertos colindantes a sus casas y a la atención de los animales (que en el caso de tenerlos representaba un ingreso complementario).

En ocasiones, los conocimientos adquiridos durante la infancia y adolescencia no bastaban para solucionar las tareas y los problemas cotidianos. Sin embargo, no parece que esto representara un problema para las jóvenes esposas y madres. Durante los primeros años de casadas, sus madres y hermanas, sus suegras o alguna vecina mayor las asesoraba en el manejo del fuego de la chimenea (estufa de leña) y en la preparación de los alimentos. La señora Maty relató lo que su hermana mayor le aconsejaba:

> no te quedes sola, cuando él se vaya para la labor, tú también te vas a ir a dejarle de almorzar y allá te quedas, prepara todo y tapa todo, no dejes lumbre, sácala con una cazuela o con algo, cierra bien tu cocinita y vete allá con él.

Las mujeres mayores compartían con las jóvenes sus experiencias en el manejo de los tiempos que debían destinar para llevar el lonche (almuerzo) de su esposo a la labor, asear sus habitaciones, atender sus plantas y los animales, lavar y elaborar las prendas de ropa para la familia, que en todos los casos las señoras realizaban con manta que compraban y con ropa usada que les facilitaban. Incluso una señora nos comentó que hacía los huaraches para sus hijos y para ella misma con hule de llanta "porque zapatos, ¿de dónde?; no hombre; sí sufrió uno pero de lo mejor". Pero sobre todo, les enseñaban cómo cuidar de sus propios hijos y de la salud de la familia mediante yerbas medicinales y ritos de apoyo.

Los hogares y el campo constituían los escenarios productivos y reproductivos de las comunidades campesinas que se encontraban semiaisladas. Las relaciones de producción capitalista y los modelos urbanos de vida aún no llegaban a ellos de manera directa.

El trabajo asalariado fuera del entorno regional (realizado temporalmente), el consumismo y la utilización de medios "modernos" para la producción y las tareas domésticas no alteraban la rutina cotidiana. Hombres y mujeres distribuían su tiempo en función de sus necesidades materiales y espirituales en el orden genérico que habían visto en sus padres y abuelos; las relaciones de género no parecen haber presentado graves contradicciones.

En forma cotidiana se verificaba un proceso de aprendizaje y desarrollo de habilidades físicas y del pensamiento en hombres y mujeres, diferenciado e internalizado por medio del ejemplo y el discurso de los mayores. Los roles de género se adecuaron así a las condiciones sociales del grupo campesino. En el trasfondo se encontraba el modelo patriarcal que no era cuestionado por nadie, tal vez porque no colocaba a la mujer en una posición social, cultural o económica inferior al hombre.

Por otra parte, la falta de vías de comunicación entre los poblados y las cabeceras municipales propiciaba el aislamiento. En sus testimonios, los "primordiales" reiteraron lo poco que salían de sus poblados. Las veredas y algunos caminos de terracería eran las únicas vías de comunicación que a pie, a caballo o en carreta recorrían eventualmente en ocasiones especiales.

Hombres y mujeres lucharon por subsistir y mantener su vida familiar en el contexto rural que conocían y amaban. En su cotidianidad transmitieron a sus hijos los elementos necesarios para lograrlo, para formar su mundo (su ambiente inmediato) y, al hacerlo, se formaron a sí mismos. De esta manera se efectuaba el proceso en el que "al educar",[11] el hombre transmite su mundo, sus experiencias y con ello se objetiva a sí mismo en cuanto se ha apropiado ya de este mundo. En este sentido, Agnes Heller señala que "en la vida cotidiana se expresa no solamente el modo por el cual yo he aprendido de mi padre ciertas reglas de vida fundamentales, sino también el modo en que yo las transmito a mi hijo. Yo soy el representante de aquel 'mundo' en el que otros nacen".[12]

Hacendados en un convivio.

A partir de los años cincuenta, se advierten modificaciones en la vida cotidiana de los aparceros y de quienes habían adquirido, entre los años veinte y cuarenta, el estatus de ejidatarios, a un ritmo más acelerado que el que hasta entonces había permitido que los cambios se dieran en forma gradual sin romper con las tradiciones culturales. Se iniciaba un proceso —no concluido aún— caracterizado por la persistente introducción de elementos externos. Por el peso que estos elementos tuvieron en la evolución de las microsociedades campesinas, como se mencionó al principio, distinguimos el periodo de los años cincuenta a ochenta como segunda etapa.

Lentamente los poblados campesinos se vincularon con el mundo exterior, propiciando que hombres y mujeres conocieran otras formas de vida cotidiana e incrementaran, física y simbólicamente, su relación con el mundo urbano de la "modernidad". Esta relación tuvo impulsores institucionales y privados que llegaron a los poblados con discursos y programas que hablaban de modernidad y transmitían modelos culturales que, implícitamente, descalificaban lo tradicional. La vida cotidiana adquirió nuevos matices perceptibles en prácticamente todas las formas sociales de la vida campesina, incluyendo el movimiento de la lucha por la tierra: el agrarismo.

Los programas de "modernización" llegaron mientras en el campo las relaciones de aparcería perdían vigencia y se acrecentaba el número de campesinos en condiciones difíciles. Muchos de ellos salieron de su entorno cotidiano y buscaron un trabajo asalariado en las agroempresas de la misma región, en las cabeceras municipales aledañas, en la capital del estado y, en algunos casos, en Estados Unidos. Otros emigraron para siempre. Quienes se mantuvieron en la región se sostuvieron como peones o jornaleros, se apegaron a los propietarios como parte de sus "fieles" o se decidieron por la posibilidad ejidal, por un agrarismo que, bajo nuevas formas, databa de tres décadas atrás.

Como parte del proyecto de modernización para el campo, hasta la década de los años ochenta, muchos de los caminos de tierra fueron cubiertos de terracería mejorando sólo en forma parcial la infraestructura vial. De acuerdo con los testimonios, la falta de puentes siguió ocasionando que en la época de lluvias los pobladores quedaran incomunicados. También se inició un servicio de transporte interno (básicamente escolar) que resultó insuficiente y escaso sin lograr satisfacer las necesidades de los campesinos, quienes sólo en algunos casos contaban con camionetas o bicicletas, por lo que muchos continuaron utilizando la carreta, el caballo o, sencillamente, trasladándose a pie. En el mismo tenor, en algunos ejidos se introdujeron la tubería para el agua (lo que evitó su pesado acarreo) y la luz eléctrica.

Campesino levantando rastrojo.

A la tradicional figura de los maestros o maestras que impartían las clases en la escuela del ejido, se sumaron otras personas ajenas que empezaron sus visitas a los poblados. En algunos casos, su presencia fue eventual (promotores, líderes oficiales, misioneros y sacerdotes), en otros, temporal (maestros, médicos y enfermeras); en todos, el mensaje implícito fue: "enseñar a quien no sabe".

En los albores del siglo XXI, lo que ha cambiado y lo que ha perdurado se lee en la híbrida fisonomía de los poblados, se observa en las irregulares calles de tierra y los solares que albergan las plantas sembradas al ras del suelo, en macetas y botes, y en los animales de corral moviéndose libremente dentro y fuera de las pequeñas cercas que delimitan los solares vecinos.

La sombra de los techados (espacio contiguo al dormitorio) formados por gruesos troncos cubiertos de enredaderas, evocan la sombra que brindaron a las familias de los primeros tiempos. Podemos imaginar a los niños jugando, riendo o ayudando a los mayores; a los "primordiales" reunidos, discutiendo y comentando sobre los problemas que se presentaban en su lucha por la tierra, las estrategias que seguirían y el avance de los trámites; a las mujeres, afanosas en sus tareas, enseñando a las menores, enfrentando los problemas, solucionando los imprevistos, alivianando la vida cotidiana de todos o, simplemente, platicando con otras mujeres sobre sus asuntos de todos los días.

Sin embargo, el paisaje no es idéntico al descrito en los relatos como "antes". En las tradicionales habitaciones familiares destinadas al descanso y a la preparación de alimentos, se observa la influencia de "lo urbano".

Con algunas excepciones como el ejido El Fraile en el que muchas casas tienen la estructura de las construcciones urbanas, en los poblados ejidales se mantienen el dormitorio y la cocina como las dos habitaciones básicas. En casi todos los ejidos, al lado de las viviendas construidas con "palitos", tierra y palma para los techos, se encuentran otras de materiales industriales. Los bloques, el cemento, la varilla y los techos de lámina o de losa de concreto, que se extienden sobre el dormitorio y la cocina y se prolongan en los techados, forman parte del paisaje que se complementa con el tractor (en muchas ocasiones sin uso) al lado de la yunta, y la camioneta, el carro con placas de Texas (que descubre al migrante) y la bicicleta junto a la carreta.

En el interior de estas habitaciones que vieron nacer y crecer a varias generaciones de campesinos, se perciben los cambios. A diferencia de los primeros tiempos, cuando las familias no siempre disponían de una cama ni de otros muebles, las casas de hoy cuentan con el mobiliario indispensable para el descanso, la comida y el esparcimiento.

Ese mismo ambiente que mezcla lo anterior con "lo nuevo" se percibe y se respira en las cocinas. En el aroma de las comidas descritas por las ejidatarias de los primeros tiempos, en el comal de barro sobre la chimenea de leña, en la olla de los frijoles y las tortillas recién hechas, en los utensilios de barro, de peltre y de loza, en la rústica mesa de madera y en las sillas, en el trastero, en las bolsas y, en algunos casos, en la pequeña cunita del bebé colgando del techo o de las paredes, se revive el pasado y, de nuevo, se hace presente lo urbano: se advierte la contribución de los familiares emigrados. Sin ser la generalidad, en el inventario de los enseres se cuentan mesas y sillas metálicas, refrigeradores, estufas de gas y algunos aparatos electrodomésticos (poco utilizados excepto en ocasión de la visita del proveedor de estos artículos).

En prácticamente todos los poblados se escucha el radio (eléctrico o de pilas) y en muchos de ellos se ve la televisión en familia. Éste es un poderoso medio por el que los habitantes de los poblados reciben información a través de la palabra y de las imágenes; la procesan, la resignifican y se apropian de ciertos elementos culturales urbanos que no corresponden a su realidad social, pero que al ser resignificados o apropiados como suyos, transforman las tradiciones culturales (entre ellas las genéricas) y modifican la toma de decisiones, la forma de realización de las acciones e, incluso, las expresiones lingüísticas y corporales de las nuevas generaciones.

En ese contexto de cambio propiciado por influencias externas y por la propia evolución de la vida de los poblados ejidales, las experiencias de la población juvenil de los años cincuenta a los ochenta (cuando finaliza el reparto agrario) no fueron similares a las de los y las jóvenes de los años veinte, treinta o cuarenta. La mayoría concluyó la instrucción primaria y, en algunos casos, obtuvieron grados más altos. No es extraño encontrar entre los hijos varones de los ejidatarios, maestros normalistas, ingenieros agrónomos y de otras profesiones, y en el caso de las hijas mujeres, quienes a partir de los años cincuenta obtuvieron derechos cívicos y contaron con opciones para regular su fertilidad, preferentemente maestras y secretarias.

En una cotidianidad que poco a poco se alejaba de la vivida por sus padres y abuelos, los varones habían internalizado sus roles de género por medio de las imágenes, discursos, prácticas y modelos de vida que mezclaban, a la vez, lo tradicional y lo nuevo, lo rural y lo urbano. Algunos de ellos salieron a continuar sus estudios, muchos más, presionados por las carencias económicas, emigraron hacia ciudades mexicanas o a Estados Unidos buscando obtener ingresos para apoyar a sus familias. Sólo pocos se mantuvieron en sus comunidades ejidales esperando obtener una parcela, heredada o traspasada al haber sido abandonada por su titular. Si bien las experiencias personales de los migrantes parecen haber socavado las bases tradicionales de su identidad rural mezclando o adicionando lo urbano, el amor a su familia y a la tierra que ésta conservaba no se perdió, una muestra de ello es su presencia en conmemoraciones familiares y comunitarias, y las aportaciones económicas que regularmente hacen a sus familias.

Una señora alimenta sus aves de corral en el solar próximo a las habitaciones.

Las mujeres también internalizaron sus roles de género en ese ambiente de heterogeneidad cultural. Siendo solteras, muchas de ellas salieron del entorno familiar para trabajar como asalariadas; algunas formaron sus familias en las ciudades, otras volvieron para unirse a algún campesino y continuar en el campo. Bajo esquemas culturales diferentes a los de sus antecesoras, quienes regresaron o nunca salieron, se alejaron del trabajo de las parcelas, a la vez que el trabajo doméstico se simplificaba. Así, los hábitos femeninos combinaron lo de "antes" aprendido en la rutina cotidiana y lo nuevo recibido mediante las imágenes, los discursos y, en algunos casos, la experiencia.

Muchos conocimientos relacionados con las actividades agropecuarias y con el arte culinario se perdieron; otros, vinculados con la participación social y política, se adquirieron. Un ejemplo de ello es lo aprendido en las —efímeras— organizaciones políticas femeniles, en su trabajo como voluntarias de la salud y como parte de asociaciones de padres de familia o de algún credo religioso. Algunas tradiciones como la medicina tradicional perdieron validez ante los mensajes llegados de fuera, otras como los ritos para recibir la lluvia en los campos de cultivo, llevando la imagen de San Isidro a la labor en una procesión sin representantes eclesiásticos y dejándolo ahí hasta que su rostro se desdibujara por la lluvia, se olvidaron.

En resumen, las representaciones materiales de los cambios que se verificaron a partir de la década de los años cincuenta, expresan la complejidad de las lentas transformaciones en las formas de percibir y de apropiarse de ese mundo rural, en el que las actividades cotidianas se configuraban con mayor rapidez que en el pasado, dando respuesta a influjos diversos sin socavar el fundamento de la identidad campesina: el apego a la tierra.

EL AGRARISMO

En la región estudiada, muchos de los grupos que solicitarían tierra ejidal ya estaban formados antes de comenzar el reparto agrario. Se trataba de familias de aparceros que por generaciones habían trabajado para el patrón en condiciones de mera subsistencia. "Primordiales" de los años treinta y ochenta, respectivamente, lo describieron así:

> Éramos tercieros, mi papá y mi mamá, cuando vivían ahí. Empezó el primer año a medias y luego cambiaron las cosas tantito y al tercio. Como el 27, 28 cambiaron las cosas, nos quejamos allá y entonces cambiaron más las cosas para nosotros, porque ya no eran al tercio, eran ya a la quinta parte, una para el patrón y cuatro para nosotros.

> Aquí los padres de nosotros, aquí también la familia, papá era Alberto Delgado Castillo, y el padre de él se llama Emilio Delgado Casas, entonces ya le estoy hablando de otra generación y nosotros somos la tercera generación. Orita somos la mayor parte de los ejidatarios de aquí, somos cuatro hermanos y una hermana, y ahora tengo nietos.

La inseguridad de su asentamiento, la penuria económica, el amor a la tierra y la opción ejidal impulsaron a hombres y mujeres a involucrarse de diferente manera en el agrarismo. Esas familias, arraigadas en su ambiente inmediato (ámbito donde se desarrollaba su vida cotidiana),[13] fueron el motor del movimiento que se acrecentó con otras más que pertenecían a la tierra pero no la poseían:

> Mis padres se criaron aquí y nosotros también, y todos los niñitos ya, o sea la continuación.

> Yo no vivía aquí. Pos uno no podía, solo no podía uno hacerla, necesita uno pos buscar onde sembrar, y así fue como nos vinimos pa'cá, pidiendo respaldo aquí.

Luchando por la tierra las familias concretaron y reafirmaron sus necesidades materiales y sus identidades campesinas centradas en el simbolismo del mundo rural y en la posesión del entorno natural que comprendían y dominaban. La resistencia fue la acción típica de las familias de aparceros y de las que se sumaron a la lucha por no abandonar la tierra. Esta actitud se comprende en el amplio contexto de las luchas campesinas: la "resistencia a la pérdida de la tierra que es su base es evidentemente fundamental para cada una de estas luchas".[14] Así se transformaron en agraristas los campesinos de la región centro-sur de Nuevo León.

Para los varones, la problemática del agrarismo se centró en el liderazgo, las asesorías y las juntas secretas, las acciones violentas, los trámites, el trabajo, los enfrentamientos, los acuerdos temporales y la obtención de la dotación definitiva de la tierra ejidal, es decir, en asuntos relacionados con la política formal.

> Allá como en 1932 o 33... yo tenía unos 14 años. A escondiditas, a Tepehuaje, iba la gente de aquí a tomar instrucciones, nos íbamos como a las seis y nos veíamos en la noche, allá hacíamos las juntas en la noche, aquí también, y ahí nos amenazaban mucho.

> Pos nos fuimos organizando y organizando oiga, hasta que dijimos "vamos a darle por este lado".

En los testimonios de los líderes naturales de cada ejido se reviven los hechos cuando mencionan con gozo los logros obtenidos y esbozan las decepciones. Eloy Escamilla, uno de los principales líderes del ejido El Fraile, dejó a las nuevas generaciones el testimonio de su experiencia en la lucha por la tierra. En su discurso, el "primordial" de El Fraile describe, entre otras cosas, el sangriento suceso que ha perdurado en la memoria colectiva como "el zafarrancho", acaecido el día 9 de junio de 1932:

> Hubo muchas dificultades, algo que no se nos olvidará mientras vivamos. Hubo un zafarrancho con motivo de la levantada del censo agropecuario. Pues ya se oía decir que querían las gentes acabar con nosotros, principalmente con los que encabezábamos el movimiento. A la hora de levantar el censo agropecuario pues nos atacaron siempre con el propósito de quitar de en medio a los prencipales.

La presencia masculina en los espacios públicos se acrecentó a medida que el proceso se complicaba al transcurrir el tiempo sin recibir el certificado definitivo de la dotación ejidal. Una vez obtenido, los líderes naturales ejercieron el poder en el interior de sus poblados formando parte de las autoridades ejidales: Comisariado Ejidal y Consejo de Vigilancia (cargos que por lo regular heredaron a sus descendientes sanguíneos)[15] y, en algunos casos, accediendo a niveles medios en la estructura de la autoridad agraria oficial.

Don Antonio de Alejandro, líder natural que trascendió de la lucha particular de su poblado a la del campesinado regional utilizando la instancia oficial, única que en ese momento poseía el poder de decisión sobre el futuro de las comunidades, es un ejemplo de los campesinos para quienes el compromiso con la causa agraria no terminó al recibir las parcelas ejidales. Como agrarista, don Antonio se refirió a lo que significó obtener la tierra ejidal: "Todo lo que vendíanos era nuestro, todo lo que cosechábanos era nuestro".

Como líder, narró con pasión algunos pasajes de su experiencia y, con cierta desilusión, habló de la pasividad de las siguientes generaciones:

> Una vez sí, tomamos la presidencia municipal de Montemorelos. Lo arrestamos [risas] porque no alcanzamos a pescar más regidores y el señor decía "déjenme ir a almorzar", le dije "no señor, no hay permiso".
>
> Hasta aquí, de allí para allá saben qué hacen ustedes, yo ya cumplí con eso. Pero no ha habido nada [se ríe con tristeza] y eso es lo que me da sentimiento, lástima que no se intereseen, porque no hay voluntad de abrir camino más amplio.

La lucha del agrarismo en el terreno de la política formal propició que los roles masculinos se ampliaran sin afectar drásticamente las relaciones de género, ni trastocar las actividades que correspondían a hombres y mujeres. Porque, aun cuando la situación emergente alteró la vida familiar y comunitaria, dentro de los hogares esa vida cotidiana conservó la estabilidad necesaria para mantener las relaciones interpersonales sin conflictos; así trascendió en la memoria colectiva.

¿Cómo fue posible lograr este equilibrio en el interior de los hogares? La respuesta la encontramos en el señalamiento de Anne Phillips cuando se refiere a la participa-

Agraristas de la primera etapa.

ción política de hombres y mujeres. La autora asevera que los hombres se dedican a la política participando en asambleas, discusiones y debates, siempre "alejados de su hogar y lejos del bullicio de los niños/as", y que a las mujeres "se les ha inculcado tanto la responsabilidad por el cuidado de sus hijos/as, sus padres, sus maridos y su hogar" que quedan excluidas socialmente de la política formal.[16] En otras palabras, el cumplimiento de estas tareas las retiene en el hogar y las reafirma como responsables del ámbito privado, liberando a los varones de los problemas domésticos.

Éste fue el caso de las mujeres que se involucraron en la lucha política. El agrarismo para ellas significó transformar sus tiempos cotidianos en tiempos políticos sin alterar sus roles de género. En el espacio privado sortearon las dificultades y trascendieron de una cotidianidad de reproducción social a una cotidianidad política comunitaria. Ahí parieron, criaron a sus hijos, cuidaron de sus maridos y atendieron a sus suegros, cumplieron con las tareas domésticas, diversificaron su trabajo y, conscientes de sus decisiones, participaron en la lucha enfrentando con valor el hostigamiento y las agresiones de que eran objeto. Doña Juanita Molina nos habló de las actividades que realizaba para pagar los gastos de las comisiones que cumplía su esposo: "Yo soltaba el dinero, yo hacía flores, yo hacía vestidos, yo hacía cualesquier cosita, yo gallinas, yo marranos".

En la rutina diaria no importaban las dificultades que los varones hubieran tenido en sus "comisiones", en sus trabajos y al realizar los tratos o enfrentamientos con los patrones; al regresar a su hogar encontraban las habitaciones aseadas, su ropa limpia, su comida a tiempo; la tierra seguía siendo "suya", su parcela estaba trabajada.

La causa agrarista formaba parte de la cotidianidad de los poblados. Cuando, a espaldas de los patrones, los varones debían ausentarse del hogar por varios días o por semanas para cumplir las comisiones "secretas" para agilizar la tramitación de los certificados de dotación ejidal, las mujeres sorteaban las dificultades derivadas de la situación agraria como parte de su cotidianidad.

Refiriéndose a una de esas situaciones, doña Juanita Molina recordó que en una ocasión llegó la gente del patrón preguntando por su esposo, quien había salido en una comisión. Ella no podía decir dónde se encontraba, de modo que con toda naturalidad respondió con el argumento usado por cualquier mujer:

> Él salió, él está acostumbrado que yo nunca le pregunto cuándo va a salir, él me pide ropa y se baña y se cambia y sale, pero a adónde vaya, a mí no me queda nada, yo me quedo en mi casa.

A lo largo de las siete décadas que duró la reforma agraria, muchas cosas cambiaron en concordancia con las necesidades socioeconómicas, las condiciones políticas de cada tiempo y la penetración de formas culturales que modificaron la vida cotidiana. El entorno de los poblados y la fisonomía de los mismos perdieron mucho de su carácter natural y tradicional. La relación de las familias campesinas con el mundo exterior se alteró, y las costumbres y maneras de solucionar problemas cotidianos se modificaron.

El agrarismo también sufrió cambios en sus formas. No obstante, hasta las últimas resoluciones presidenciales definitivas, persistió la unidad campesina frente al peligro de un desalojo. Hombres y mujeres organizaron de diferente forma sus tiempos y sus acciones cotidianas en función de objetivos comunes: obtener la tierra ejidal y en ella preservar la vida campesina.

En la dinámica de cambios y modificaciones, las relaciones de género adquirieron nuevos matices sin socavar la médula del patriarcado: la exclusión de la mujeres de la política formal y de la producción organizada, de acuerdo con los principios de la "modernidad", se mantuvo intacta.

Hasta los años cincuenta, la exclusión de las mujeres de la política formal se justificaba por la omisión de sus derechos ciudadanos ante la ley. En adelante, la escasa o nula presencia femenina en los foros de la política formal se comprende, casi en forma exclusiva, por la permanencia del modelo androcéntrico en las esferas del poder oficial y en la misma sociedad rural.

En 1953 se obtuvo el derecho al sufragio femenino y, en la misma década, el partido oficial constituyó la Liga Femenil Agraria. Dos décadas después, en el contexto de la crisis del campo mexicano, se legisló la formación de una Unidad Agroindustrial de la Mujer (UAIM) en cada ejido.

La apertura política y productiva, legitimada en las leyes correspondientes y operada por representantes de las centrales campesinas oficiales, enfrentó la convicción masculina —e incluso de algunas mujeres— de que los asuntos relacionados con la política y la producción organizada eran para los hombres.

Por esta razón, las "mesas" de la Liga Femenil Agraria y de las unidades agroindustriales para la mujer, salvo pocas excepciones en las que funcionaron de forma temporal, no fueron en realidad opciones de inclusión femenina en la vida política y productiva de sus comunidades y su región. Las dirigentes de la Confederación Nacional Campesina (CNC) y de la Central Campesina Independiente (CCI) que fueron entrevistadas, se refirieron con claridad al problema afirmando que las mujeres campesinas se cohíben ante la posibilidad de participar en los espacios públicos de la vida social. Una de las razones, tal vez la más importante, fue carecer del estatus jurídico de ejidatarias. Al no poseer una parcela, las mujeres quedaron descalificadas para formar parte de las autoridades ejidales y, con ello, participar en la asamblea general y en la toma de decisiones sobre la tierra por la que habían luchado. "No tienen certificado agrario y por lo mismo... los compañeros no le quieren decir cuál es el pedazo de tierra [para formar la UAIM]".

A la vez, las mujeres que incursionaron por el sendero de la política formal enfrentaron la oposición permanente de sus esposos o padres mediante un discurso descalificador:

> la intervención de los hombres, de los campesinos, el desaliento que le ocasionan a sus esposas o a sus hijas de participar, ése ha sido uno de los principales factores de la desorganización y de la falta de avance en nuestro estado.

> Oye no te metas en eso tú, porque tú, ¿cómo vas a salir de ahí? Ustedes no saben, ¡las mujeres no saben!

Las mujeres de los poblados que luchaban por la formación ejidal y las de los ya constituidos como ejidos compartieron, en la práctica cotidiana, la exclusión sociocultural que las mantenía en el límite de la política informal. Las formas de manifestarse, excepto en el ejercicio del sufragio en el que en términos generales todas las mujeres votaron siguiendo las preferencias masculinas, variaron de acuerdo con cada tiempo y con la particularidad de la comunidad a la que pertenecieran.

Política y vida cotidiana. Primera etapa, años veinte a cuarenta

Las mujeres de la primera etapa habían internalizado sus roles de género en un ambiente en el que su exclusión de la política formal no equivalía a una marginación social. En realidad, antes de comenzar el proceso de formación ejidal, los mismos hombres apenas si habían incursionado en los espacios públicos. Fue la propia dinámica del movimiento la que los introdujo en ese campo que, como hombres, les correspondía social y genéricamente. Por su parte, las mujeres, igualmente involucradas en la lucha por la tierra, convirtieron el tradicional espacio de la vida privada en un espacio público heterogéneo en el que sus acciones combinaron la intención de mantener el equilibrio cotidiano y, a la vez, luchar por la causa agraria.

En la memoria de las "primordiales" de los años veinte, treinta y cuarenta, los varones, y no ellas mismas, fueron los hacedores de la lucha política. Sin embargo, las cuestiones implícitas en los discursos femeninos proyectaron las acciones políticas de las mujeres, referidas no como actos públicos (solicitudes, demandas, arrestos, procesos), sino descritas en función de sus expectativas, de sus tiempos, del cumplimiento de sus roles.

Al pedirles que relataran la situación vivida durante el periodo de trámites ejidales, en todos los casos abordaron el tema en función de las acciones realizadas por "ellos". El padre, el esposo, los hijos, fueron quienes acudieron a las juntas secretas, enfrentaron los problemas con los patrones, realizaron los trámites legales, quedaron registrados en las listas del censo —acto que, como ya se mencionó, en ocasiones terminó en zafarrancho— y recibieron la tierra (y en pocos casos el agua de riego). Ellas no mencionaron su participación, tampoco lo hicieron los varones cuando relataron lo acontecido. Sólo cuando solicitamos que nos describieran la rutina cotidiana de ese periodo, quedaron al descubierto las acciones femeninas: ellas no habían permanecido impasibles, la lucha era de todos.

Su relación con lo urbano era lejana. Pocos conocían más allá de la cabecera municipal más cercana, a la que acudían sólo en ocasión de alguna fiesta religiosa, una visita a los familiares o, como algo excepcional, para comprar víveres como café y sopas de pasta, alguna prenda de vestir o algún fierro para el arado, y para consultar al médico en los casos en que la medicina herbolaria y mágica no hubiera solucionado el problema de que se tratara. Además, los caminos de tierra y la falta de puentes los aislaba cuando llovía copiosamente pero, sobre todo, los programas oficiales y privados aún no se enfocaban al campo y los medios de comunicación masiva no llegaban a ellos.

Coherente con estas condiciones, las diferencias entre lo público y lo privado apenas si se manifestaban en la vida cotidiana. Fue en la época de los trámites ejidales cuando tímidamente se inició la delimitación genérica de los espacios sociales. Los líderes naturales de cada poblado y sus compañeros campesinos ocuparon el espacio público en forma permanente; las mujeres se mantuvieron en el privado, realizando acciones que, por su carácter, se adscribían en la política informal.

Ésta es la razón por la que los "primordiales", hombres y mujeres, se refirieron al mismo periodo de trámites diferenciando lo que competía al espacio público de la política formal, de lo que correspondía a la vida cotidiana familiar y comunitaria. En la lucha estaban contenidos dos tiempos: los femeninos y los masculinos; el agrarismo absorbía ambos. Las señoras relataron, como parte de su cotidianidad, las angustias que pasaron cuando los señores acudían a las juntas secretas, las carencias económicas ante la falta de trabajo, el asalto de la gente de los propietarios, los insultos y desaires recibidos. Todo eso vivido en sus tiempos de mujeres.

La alteración de su vida cotidiana ante la situación emergente y cada momento agrario afloraron en la memoria al relacionarlos con el nacimiento de tal o cual de sus hijos, con las enfermedades que padecieron ellos u otros miembros de la familia, con la llegada de otras familias, con los daños sufridos en sus viviendas, con los intimidaciones de que fueron objeto.

Así, se refirieron a los esfuerzos redoblados al cubrir sus quehaceres cotidianos y el trabajo de la parcela, los trabajos artesanales y la elaboración de comestibles para obtener un ingreso adicional que apoyaría las comisiones y las agencias que hacían los varones en Monterrey y en México. La emoción, el coraje y, al final, las risas, llenaron los momentos de las entrevistas cuando relataron cómo enfrentaron en el espacio de su vida privada a la gente del patrón.

En el ejido Pilón Viejo, doña Juanita Molina vivió la siguiente experiencia. Una noche la gente del patrón desmontó frente a su casa, uno de los señores llevaba una caja de cerillos en la mano, ella no se amedrentó y salió a enfrentarlos gritando:

> "No se meta jijo de quién sabe quién"... con miedo y todo, yo lo que quería era salvar a mis hijos, a salvar a mis hijos, ¿cómo le hacía si le prendían, pa recordarlos [despertarlos] a todos?

La reacción de los hombres fue de sorpresa:

> "Regrésate", le gritaron los demás, "la vieja jija de la tiznada... trae una carabina", yo respondí, "no se mueva jijo de la chingada", y que me voy detrás de él, ¡mire!

Por su parte, los "primordiales" varones recordaron que se corría la voz de la experiencia de otros compañeros agraristas que habían logrado la posesión de la tierra, que todos tenían derecho a ella y que los trámites se debían hacer ante las autoridades para obtener la tierra ejidal. Comentaron que sin asesoría legal, muchos campesinos de diferentes poblados presentaron sus solicitudes que, por lo regular, no procedieron; debían esperar la visita de las autoridades agrarias y acudir al lugar fijado para levantar el censo previo al registro de las solicitudes que se recibirían oficialmente. Sabían también que la oposición de los propietarios al reparto agrario estaba respaldada por el poder que detentaban y la influencia que tenían para obstaculizar los trámites agrarios o, al menos, invalidar la inclusión de tierras fértiles y agua de riego en el reparto agrario.

En los testimonios de los agraristas de los años veinte y treinta están presentes los riesgos que corrieron y los conflictos que condujeron a enfrentamientos violentos y a la muerte. Los momentos mencionados como los más tensos, por hombres y mujeres, fueron los de las reuniones clandestinas con vigías para avisar con rapidez la llegada de extraños, y los días en los que se levantaba el censo que capacitaría, o descalificaría, a los campesinos para recibir una parcela ejidal.

> Ponían unos allá arriba y otros acá abajo, mire, acá abajo donde esa hacienda, ahí se ponían otros en los callejones pa cuidar la junta, pos sí.

Por las noches, los líderes varones de cada poblado y sus compañeros acudían a las juntas secretas. Ahí escuchaban, discutían y tomaban decisiones. Es probable que, como algo excepcional, las mujeres hayan acudido a esas reuniones. El señor Víctor Compeán,

Señora "primordial" con su hijo, ejido Pilón Viejo.

"primordial" del ejido Chihuahua, fue el único que mencionó que las mujeres sí iban a las juntas "extendiendo la causa"; el resto de los iniciadores de la lucha aseveró que las mujeres permanecían en las casas. Los hombres comparaban su vida de trabajo en tierras del patrón y lo que sería en sus propias parcelas. La decisión de unirse a la lucha por la tierra significaba no dar partido al patrón y asegurar el asentamiento de las familias. Así se lanzaron al agrarismo. Fue una decisión masculina que representó a las comunidades en su conjunto.

Una vez levantado el censo y registrada la solicitud, el siguiente paso fue cubrir con ingenieros y técnicos del gobierno, el deslinde de las tierras que se podrían afectar. Apoyados por las autoridades agrarias, que en la década de los treinta compartían el espíritu agrarista y les alentaban a iniciar o continuar con la tramitación ejidal, los "primordiales" se acogieron a sus derechos validados en el artículo 27 constitucional.[17] Estaban convencidos de que la ley estaba por encima del poder regional (aunque en la práctica, en muchas ocasiones, los mismos propietarios representaban esa ley o se vinculaban con quienes la ejercían).

Es probable que la confianza que los "primordiales" tuvieron en la ley y en sus representantes haya influido en ellos cuando, a partir de los años cuarenta, la lucha por la tierra iniciada en diferentes momentos de los años veinte y treinta (siguiendo el modelo del agrarismo de Tamaulipas y de Veracruz con el estímulo de las propias autoridades) cambió de rumbo para mantenerse, por medio de las centrales campesinas del partido oficial, dentro de la línea gubernamental sujeta a los vaivenes de una política económica nacional cada vez más vinculada a los parámetros internacionales.

En la dialéctica que presentaba la legalidad de las solicitudes de tierra frente a la renuencia de los propietarios a aceptarlas, el problema del agrarismo se acrecentó. Enfrentando el burocratismo oficial y el estigma de ser agraristas (según los tiempos, fueron vistos como personas sospechosas, bandidos o comunistas), los campesinos sólo contaban con su tenacidad en la resistencia. Uno de los resultados de esta lucha desigual fue la contracción del número de ejidos formados a partir de los años cuarenta y la aún menor (respecto a los primeros años) distribución de agua de riego.[18]

En esta complejidad de intereses y relaciones de poder, una vez constituidos los ejidos, los campesinos fueron absorbidos por las instancias gubernamentales. Como miembros de alguna de las centrales campesinas oficiales, la mayor parte de los ejidatarios participó como comparsa en los actos de apoyo a las campañas de los candidatos del partido oficial sin conocer de cerca al personaje, ni saber con anterioridad cuál era su programa de trabajo. Las mujeres también fueron requeridas, en algunas ocasiones, para formar parte del contingente campesino de apoyo masivo a pesar de que no tenían presencia en la política formal (no eran titulares de una parcela,[19] ni contaban aún con el derecho al sufragio).

Reunión de líderes campesinos adscritos a la Confederación Nacional Campesina del PRI.

Para ellas, salir de su entorno significaba adelantar sus quehaceres cotidianos y esperar (a veces en balde) varias horas con sus hijos en el lugar donde les habían indicado que las recogerían en camiones para trasladarlas a la cabecera municipal o a otro lugar en el que se realizaría el mitin. En realidad, alejadas como estaban de la política formal, las mujeres sabían menos que los varones acerca de quién era el candidato y por qué lo tendrían que apoyar. Ellas tenían que ir porque así lo habían dicho los representantes de las autoridades agrarias y sus "señores".

En resumen, durante la primera etapa, sin adquirir los tonos de combatividad y violencia de otras regiones del país, incluso del mismo estado,[20] el agrarismo en el centro-sur de Nuevo León sostuvo una lucha no exenta de enfrentamientos y muertes, basada en la resistencia cotidiana que opusieron las familias a abandonar la tierra en la que vivían y en la que muchas de ellas y sus hijos habían nacido. Para ellas, los propietarios eran sus opositores y las autoridades agrarias sus aliadas.

no querían que agarraran el terreno, ¡pero no era terreno trabajado!, era puro monte, pero no lo querían pasar a los ejidos.

> En aquel tiempo como se ponían muy vivos fraccionaban todo el terreno y endonaban pero ya traían una orden, era inafectable la propiedad porque era pequeña propiedad. Se ponían listos... a cada hijo iban endonando un lotecito de terreno de riego, pa cuando nosotros quisimos ya habían endonado y no se pudo hacer nada.

El punto coincidente de las interpretaciones que hombres y mujeres hicieron de los tiempos de lucha fue el sentido de pertenencia e identidad de grupo. Para todos, los objetivos se centraron en obtener la tierra en la que vivirían en familia, de la que esperaban mayores frutos y, sobre todo, donde tendrían la seguridad de no ser desalojados del espacio vital en el que se cumplían las expectativas masculinas y femeninas de realización personal y comunitaria.

Ante la escasez o inexistencia de recursos económicos y la amenaza de ser expulsados de la tierra que ya ocupaban, los tiempos cotidianos se transformaron en tiempos de lucha. Hombres y mujeres participaron de diferente forma con todas sus energías. Al recibir la tierra, los esfuerzos se redoblaron. Había que desbrozar el terreno recibido y prepararlo para la siguiente temporada. Ya en la transición habían perdido el producto de un ciclo agrícola, los tiempos emergentes continuaban, sólo que ahora con el entusiasmo de trabajar en "lo suyo".

En los testimonios se percibe el orgullo de haber obtenido la tierra (y en pocos casos el agua de riego). A pesar de que la mayoría de los ejidos se formó con tierras de temporal y agostadero, comentaron que habían mejorado. Una de nuestras colaboradoras lo describió así:

> No nos andaban corriendo cada rato... lo que levantábanos pos era de nosotros, no teníanos que darle partido a naiden, el maicito, el frijolito, las calabazas, todo era de nosotros, y si hubiera sido con patrón, la mitad, la mitad.

Cambios, política y cotidianidad. Segunda etapa, años cincuenta a ochenta

A los campesinos de la región asentados en tierras de propietarios en calidad de aparceros, la problemática que se vivía en el agro nacional al terminar el "milagro mexicano" (visible en los años sesenta) y la incapacidad del sector industrial (en plena expansión) para absorber a los campesinos migrantes como asalariados, les afectó de manera diferente que a los campesinos de otras entidades del país.

Como los campesinos de otras regiones que tomaban las armas e invadían tierras, la mayoría de los agraristas de esta región vivían en una situación —heredada— de mera subsistencia sin haber gozado del auge productivo. En su caso particular, la expansión y modernización de los cultivos de cítricos y su industrialización (jugueras y gajeras) con tecnología moderna tampoco los había beneficiado y, sin embargo, cuando se lanzaron a la lucha por la tierra, no optaron por la vía armada.

Si bien, en términos generales, los movimientos de la segunda etapa coincidían con los de las primeras décadas en aspectos tales como residir en la tierra que solicitaban, la falta de recursos económicos y el liderazgo natural, su contexto histórico era diferente; eran otros tiempos y fueron otras las estrategias utilizadas. El agrarismo, caracterizado por las juntas secretas, la asesoría de líderes externos y el apoyo que las autoridades oficiales les habían ofrecido por convicción, era cosa del pasado.

Los trabajadores agrícolas regidos por el añejo esquema de la aparcería continuaron encabezando los movimientos agraristas. La aparcería era una forma de relación laboral improductiva, tanto para ellos que no rebasaban la situación de la sobrevivencia y de la inseguridad de ser desalojados en cualquier momento, como para los hacendados, quienes deseaban dedicar su tierra a la agricultura o a la ganadería en el modelo del trabajo asalariado y de la tecnificación, o, cuando se trataba de herencias, venderla. La salida para los campesinos fue el agrarismo; para los propietarios, la tramitación de certificados de inafectabilidad (logrando la mayor parte de ellos) y las acusaciones, el hostigamiento sistemático y el desalojo.

Si bien esta situación no era nueva, las condiciones políticas eran otras. El reparto agrario en el país se contraía mientras las centrales campesinas oficiales cooptaban las movilizaciones envolviéndolas en interminables trámites burocráticos. Al insertarse en la compleja red de la política formal, los campesinos conocieron formas legales que utilizaron como parte de las estrategias de lucha. De esta manera, mezclaron los enfrentamientos con los acuerdos con los patrones, y la tramitación por la vía legal con la presión ante las autoridades.

Acerca de esta última forma de defensa, el señor Juan Ramírez, "primordial" del ejido El Toro, refirió que en una ocasión en que las autoridades citaron a sus compañeros de lucha en la cabecera municipal de Montemorelos, como una argucia para encarcelarlos, ellos se opusieron a esa detención arbitraria y hablaron con el agente del ministerio público en estos términos: "si no nos los echan para fuera ¡los sacamos!" "Y así fue, pronto los sacaron a investigarlos y... ¡los soltaron!".

Con recursos como el amparo y la fianza y aprovechando foros regionales y nacionales —congresos campesinos— los varones y algunas mujeres denunciaron los abusos, reiteraron sus peticiones y solicitaron la agilización de la certificación ejidal.[21]

En los testimonios masculinos están presentes las estrategias utilizadas cuando se presentaban problemas. El señor Gabino Olivares lo relató así: "Cuando nos echaron fuera, pos hubo que solicitar un amparo".

En ocasiones, el hostigamiento hacia los solicitantes de tierra sobrepasó el límite de los derechos humanos. En esos casos, la actitud de las mujeres fue decisiva. Con un criterio similar al de sus antecesoras, las mujeres de las últimas cuatro décadas se refirieron a una cotidianidad que mezclaba rutinas domésticas con acciones de defensa de la causa agrarista. Uno de los sucesos que ejemplifica esta posición combativa, es el ocurrido en el poblado El Yerbaniz durante el periodo de trámites.

La mañana del día 13 de septiembre de 1970 el poblado entero fue derrumbado por orden de la heredera de la tierra. El desalojo se efectuó sin previo aviso, cuando los hombres estaban trabajando en el campo y en los poblados se hallaban únicamente mujeres y niños. La consigna era trasladar a las familias y sus pertenencias a la carretera (a cuatro kilómetros del poblado).

El momento del desalojo y el tiempo que vivieron guarecidos en carpas improvisadas fue relatado por las mujeres que sufrieron la acción legalizada por un abogado de confianza de la propietaria. La madre de los líderes que encabezaban el movimiento culpó explícitamente a quien dio la orden de desalojo; se trataba de la heredera de quienes fueron patrones de los viejos aparceros: la madrina de uno de sus hijos:

> Ese día nos sacaron de aquí, figúrese, nos sacó la ama de aquí, nos tiró allá en el callejón... ¡tirados! [ese día una de sus nueras dio a luz atendida por ella]. La ama Beatriz no quería que estuvieran [los varones del poblado] ahí, sus padres [de los varones] habían trabajado ahí por años ¡y aventarnos pa juera!
>
> Todo nos desbarataron, todo nos tiraron, yo había comprado una cama nuevecita con colcha y colchón y se vino un aguacero tan fuerte y los pusieron pa que subiera el camión, pa tirarlos pa allá "¡al cabo que ya no los quiero!" [les dijo a los hombres que estaban desalojándolas].

En el diálogo que sostuvo con el señor del camión, la señora mostró la firmeza de las mujeres:

> Señor: —Ándele, móntense todas pa ir a tirarlas onde usté diga.
> Señora: —No gracias, muchas gracias, no montamos nadie.

Ninguna de las mujeres se movió. La hija, las nueras de la señora y otras mujeres recordaron la afrenta en estos términos:

> Vinieron de repente, con un abogado, quería que nos saliéramos. Nosotros nos quedamos ahí en el camino, ahí en ese sendero de ahí, con carpitas de hule, con los chiquillos míos mayores con bastante sarampión.

Marcha de campesinos en protesta por el desalojo de El Yerbaniz.

> Nosotros enfrente, ellos se metieron, tumbaron las casas, las tractorearon, todas las cosas estaban en la carretera tiradas, muchas personas fueron testigas.
>
> La mayoría con niños y todo, viviendo ahí en el camino, ahí debajo de una carpita.
>
> No teníamos noria, porque se murió un animal grande semental y lo echaron a la noria; ella ya no daba permiso, quería que nos fuéramos.

El apoyo recibido forma parte de la memoria colectiva. Al respecto, algunas de las personas afectadas comentaron cómo vivieron y la ayuda que recibieron:

> Ayudaron estudiantes de la Universidad de Monterrey [UANL] y consiguieron esa lona de camión que no era tan grande.
>
> Ahí nos traían una garrita, unos y otros, ansina pero quedamos con la pura ropa que traíamos.
>
> Y venía mucha gente, oye aquí le traigo esto, aquí le traigo lo otro, de los demás ejidos y ranchos, ándele pos pa que coman.

> Se turnaban, ahí viene la tortillita y esto y lo otro.

> Y ya en la noche pos ya no hacía sol verdá, ya nos acostábamos, cada quien para su rumbo y ahí en el camino.

Algunos de los líderes principales fueron apresados el mismo día del desalojo cuando regresaban del trabajo del campo. Los trámites para liberarlos fueron tarea de hombres y mujeres, ellos ante las autoridades, ellas recurriendo a la propietaria que siempre se negó a escucharlas.

En resumen, los campesinos que luchaban por la formación y conservación de sus ejidos, no rehuyeron los enfrentamientos ni se desunieron. Al margen de la unidad forzada por las centrales campesinas, la unión espontánea de los campesinos fue un factor determinante para el movimiento agrarista disminuido numéricamente.

> Nos fuimos organizando y organizando. Nos juntamos varios ejidos y fuimos a Montemorelos, éramos ya como cuatro, tres, cuatro ejidos juntos, El Toro y otros compañeros de Linares, nos organizábamos todos juntos pa lo que juera, verdá, cualquier problema nos avisaban y ahí vamos todos.

No contamos con información precisa acerca del número de solicitudes presentadas durante y después de los años cincuenta, por lo que no podemos subsanar las dudas sobre cuántas solicitudes no fueron atendidas, ni si todos los campesinos que quedaron en calidad de DAS[22] esperaron a que se dictaminara la ampliación de tal o cual ejido. Lo cierto es que, como sucedió en todo el país, el reparto agrario se contrajo. En la región estudiada, los ejidos legalizados durante la segunda etapa representan sólo 16.4% del total. Considerando que muchas de las solicitudes de los ejidos que se constituyeron en estas décadas databan de años atrás, se puede aseverar que en términos generales las peticiones de tierra fueron desatendidas o bien que el movimiento agrarista tendió a declinar.

Muchos campesinos desistieron ante los obstáculos que se les presentaban, otros emigraron convencidos de que no había más tierra que repartir. Cuando los "primordiales" se refirieron a las dificultades que enfrentaron durante el tiempo de lucha, comentaron en forma reiterada la lentitud con la que las instancias oficiales tramitaban la resolución de sus peticiones y la radical oposición de los propietarios, quienes habían fragmentado sus haciendas entre sus hijos y familiares, o contaban con certificados de inafectabilidad, por lo que no había tierra —particularmente de buena calidad— que repartir. Éste fue un argumento utilizado por las autoridades agrarias para detener o prorrogar la tramitación de las expropiaciones de tierra, aceptado por los campesinos.

A la convicción de que tenían escasas posibilidades (reales o argumentadas como pretexto) de obtener tierra, se sumaba que gran parte de la población joven que antaño había constituido la fuerza agrarista, se había reducido debido a la migración. Ante el incremento demográfico (no controlado sino hasta los años setenta) y el deterioro económico de las familias campesinas, la migración en esta etapa fue un recurso cada vez más aceptado por los jóvenes campesinos.

A lo largo del tiempo, la ciudad y sus elementos culturales dejaron de ser una idea en abstracto. Hombres y mujeres de prácticamente todos los poblados (o ejidos)

Campesino con arado tradicional, ejido Pilón Viejo.

salieron, temporal o permanentemente, en algún momento de su vida en busca de recursos para apoyar a las familias que luchaban por la tierra o se aferraban a ella en los ejidos. Su destino fue por lo regular alguna ciudad cercana (sobre todo Monterrey) o el país del norte.

El señor Juan Ramírez relata la movilidad temporal o definitiva de diferentes generaciones:

> Pos yo he andado en varias partes, yo he andado en Laredo, anduve trabajando en una línea de esas torres de la luz, de esas torres grandes, anduve acá rumbo a Piedras Negras, en Monterrey, andaba en Río Bravo... allá estuve ocho meses, hace unos diez años. Todavía están yendo, ya un compañero, ya otro, todavía están yendo, pero pos no, si les va bien, pero si les va bien porque duran ahí tres, cuatro meses y luego vienen. Pues tendrán suerte o tendrán tarjeta, algo así porque ellos si van de jilo.

Una vez constituidos los ejidos, la carencia de agua de riego y la eventualidad de la lluvia originaron que el ímpetu de los campesinos recién convertidos en ejidatarios se estrellara contra el muro de la falta de recursos económicos necesarios para suplir con tecnología moderna las carencias naturales.

Si bien dentro de la política de "modernidad" se abrieron programas gubernamentales de apoyo a la tecnificación del campo mediante créditos gestionados por las centrales campesinas oficiales, las opciones de financiamiento se limitaron a los grupos en "colectivo"[23] excluyendo del posible beneficio tecnológico a quienes no participaban de esa forma de organización para la producción agrícola y pecuaria. De esta manera, aquellos campesinos que, por diferentes razones, no se incorporaron al "colectivo" perdieron aún más las exiguas posibilidades de mejorar su presupuesto familiar e, incluso, el derecho de uso del agostadero: "hubo un desmonte gratuito [del agostadero], vinieron las máquinas y desmontaron... tenemos que meter los animales ahí, porque pos el ejido es de todos".

Por otra parte, el "colectivo" no garantizó el éxito productivo. El mayor problema que mencionaron nuestros colaboradores fue la falta de riego y la escasa solvencia para el cumplimiento de los pagos al banco. De acuerdo con los testimonios, los intentos de utilizar el crédito en la perforación de pozos y la instalación de la infraestructura de riego, fueron la mayoría de las veces estériles, ya que el monto recibido no cubrió el costo de las obras por lo que en muchos casos, como sucedió con los canales, los pozos se llenaron de tierra sin obtener el beneficio del riego para las parcelas. A ello se sumó que los periodos de sequía afectaron los ejidos de temporal y que, aun contando con riego (obras hidráulicas o lluvia), el beneficio era muy reducido debido a que los grupos eran muy numerosos.

> Trabajamos varios años y luego nos comenzó a ir mal, y luego le quedamos debiendo al Banco Rural, y luego ya no nos dio crédito; luego vendimos maquinaria pa'pagar y quedamos sin maquinaria, y volvimos al individual otra vez.

> No, para ahorrar casi nunca nos sobró, porque como éramos muchos [22] y se trabaja, y por mucho que se le dé, pues los intereses se los lleva el banco.

En medio de esta serie de limitaciones para el acceso masivo de los campesinos a los proyectos de "modernidad" para el campo, a partir de los años cincuenta llegaron a los poblados las propuestas culturales urbanas que poco tenían que ver con la realidad del agro, pero que como un espejismo impresionaban principalmente a los jóvenes de ambos sexos.

El mensaje recibido en el seno de la vida cotidiana de los campesinos —ejidatarios o en vías de serlo— privilegiaba la relación salarial, el consumo, la medicina institucional y la educación escolarizada como indicadores de progreso. Casi al mismo tiempo llegaron la moda y las formas de vida urbanas, ya no tímidamente relatadas por los campesinos migrantes (como había sido hasta entonces), sino por conducto de los medios masivos de comunicación y los programas gubernamentales dirigidos, por separado, a hombres y mujeres.

A medida que en el entorno cotidiano de los poblados la vida se tornaba más precaria, lo urbano empezaba a formar parte del paisaje y a influir en la modificación de los modelos culturales y, como ya se dijo, en el mismo agrarismo; la migración fue uno de los elementos que contribuyeron en forma indirecta a una recomposición sociocultural de la vida familiar y comunitaria que aún no concluye.

Con estos matices socioculturales y, tal vez muchos más no contemplados, se vivió el agrarismo en esta región. Hombres y mujeres compartieron la lucha y recibieron la tierra. El poder masculino controló la toma de decisiones relacionadas con la política formal y con el sistema productivo; las mujeres sostuvieron la férrea convicción de la resistencia como parte de su cotidianidad. Si las leyes agrarias no las excluyeron del ejercicio político sino, por el contrario, a partir de los años cincuenta la legislación fue inclusiva en este sentido, las barreras culturales no cedieron ante la débil fuerza representada por las mujeres que, aunque en forma limitada, incursionaron en el terreno de la política formal.

Si el agrarismo convulsionó la rutina de los poblados campesinos, y la causa política llegó a formar parte de la vida cotidiana de hombres y mujeres, el impacto de la "modernidad" en el seno de los hogares originó nuevos sentidos para la vida social de las comunidades campesinas.

ENTORNO NATURAL Y FISONOMÍA DE LOS POBLADOS

A lo largo de las siete décadas que duró el reparto agrario, las formas cotidianas de apropiación y uso de la tierra, del agua de los ríos y arroyos, de la leña, de las yerbas medicinales y las comestibles, y de los recursos naturales en general, siguieron dos líneas: una relacionada con las reglamentaciones legales y la otra con las relaciones de género. Los matices respondieron a los cambios sufridos en las comunidades campesinas como resultado de su propia evolución y los propiciados por factores externos.

Los campesinos de las primeras décadas de lucha por la tierra (años veinte a cuarenta) gozaban de un entorno natural sin grandes problemas. Aún había espacios no explotados por particulares, ni delimitados de manera exhaustiva como propiedad de la nación. Sin poseer tierras ni aguas de riego, transitaban por montes, llanos y espacios cerrados por los árboles, los arbustos y las yerbas. Utilizaban el agua corriente de los ríos y arroyos (que tal vez correspondían a las grandes propiedades) para su aseo y el de sus hijos, el lavado de la ropa y para disfrutar del vital líquido.

> Siempre íbamos, nos sentábamos todas, ya cuando acabábamos de lavar nos bañábamos, quitábamos la ropa, bañábamos a los muchachitos.

El entorno natural formaba parte de su mundo real y simbólico. No parece haber habido más limitaciones que las propias necesidades de abastecimiento de cada familia. Otra cosa era el uso productivo de la tierra y del agua de riego. En esos casos las limitaciones para los campesinos provenían de los convenios (legalizados o no) establecidos entre los patrones y los trabajadores agrícolas (jornaleros, aparceros o temporaleros); eran tratos entre hombres.

No obstante, las familias campesinas contaban con aquellos espacios libres en los que los productos naturales estaban a su alcance. En ellos, hombres y mujeres de todas las edades se abocaban a seleccionar la materia prima necesaria para realizar las tareas que genéricamente les correspondían. Acompañados por los niños y, en ocasiones, por las mujeres de su familia, los varones cortaban y recolectaban la palma y la madera necesarias para la construcción de las habitaciones familiares, de las cercas, de las carretas y otros útiles necesarios para el trabajo del campo, y la leña que utilizarían como combustible o venderían. La señora Mercedes Gámez comentó que su esposo era carpintero antes de ser ejidatario, y que el trabajo lo realizaba "debajo de un árbol, pues ya ve los árboles que hay ahí en la acequia". Él construía "cosas para el campo, ¡carretas!".

Las mujeres recolectaban las plantas que utilizarían como ingredientes y condimentos para preparar la comida familiar, los que destinarían a prácticas curativas y má-

La influencia urbana: la radiocasetera colgada entre otros objetos de uso, ejido de Chihuahua.

gicas, y, en ocasiones, la palma y la leña. Desde pequeñas aprendían de las mayores a conocer, diferenciar y recolectar las yerbas del monte, a trasplantarlas al solar familiar, a procesarlas y a dosificarlas para curar males diferentes.

Con toda naturalidad, Mercedes Gámez describió la forma en que las mujeres aplicaban sus conocimientos sobre las propiedades medicinales de las plantas según se tratara del caso. Para curar a quien tuviera un tlacote, por ejemplo, iban con una tía:

> era la que hacía un remedio para un tlacote, juntaba bastantes hojitas de granjeno y las traía y las machucaba en una piedra, bien machucaditas, que quedara la pulpa, la masita y luego le ponía manteca y tantita sal; la ponía en aquel grano, le ponía una plasta, al otro día amanecía desbaratado, se destendía el grano u amanecía con pus para reventarlo.

Otras mujeres y ella misma, utilizaban también la medicina herbolaria aplicando la dosis indicada. Por ejemplo, para aliviar el dolor de estómago o el empacho:

> Yo hervía manzanilla y hierbabuena juntos y les daba una gotita, en una tacita con tantito azúcar, y les daba cucharitas de tomar.

Antigua carreta, ejido de Chihuahua.

> Para curar de empacho, el estafiate era el que teníamos, lo tostábamos bien tostado en el comal, y luego la cenicita la batíamos con lechita y se las dábamos.

La observación de las plantas que seleccionarían de acuerdo con el uso que se les daría, junto a la experiencia adquirida durante los tiempos en los que ayudaban a sus padres en el trabajo de las parcelas, proporcionaron a muchas generaciones de hombres y mujeres los conocimientos básicos sobre la relación entre los ciclos agrícolas y los cambios climáticos, los productos susceptibles de cultivarse en cada espacio, las formas para nutrir el campo cultivado y la diferencia entre plantas comestibles, curativas y dañinas.

> Nosotros [su hermano y ella] no trabajamos con ellos [los patrones], a mi papá no le gustaba. Nosotros trabajábamos en la pura labor con él, todo el trabajo de la labor, todo lo sé hacer yo gracias a Dios, él me enseñó a trabajar.

En otras palabras, éste fue un proceso de aprendizaje que requirió observación, comparación y comprobación de los elementos que participaban en el proceso agrícola y en los ciclos biológicos. Al lado de estos conocimientos estaban los relacionados con la actividad pecuaria.

Si bien la agricultura era la actividad primaria de la mayoría de las familias, la pecuaria no era despreciable. En cada solar aledaño a las habitaciones básicas (dormitorio y cocina) y en los agostaderos, la mayor parte de las familias criaba pocas o muchas aves de corral, y ganado caprino, porcino, vacuno y equino, variando en número conforme sus recursos económicos. Sin ser permanentes, la engorda de animales para la venta y el amansamiento de toros y bueyes para los arados significaban una opción redituable (en metálico o en especie) para los ejidatarios.

El señor Ramón Sierra, hijo de uno de los "primordiales" de la primera etapa del ejido El Encadenado, describió el proceso de amansamiento, por el que no recibían ningún pago, como una forma cotidiana de solucionar la falta de yuntas propias.

> La yunta no era propia, se las daban para que la amansaran… amansar quiere decir que acostumbraban a los animales a que trabajaran la tierra… Les amarra uno una mano, salen bravos, brincan, se caen, no'mbre es un circo, pero uno de pobre tiene que batallar, ¡bastante que sufrimos!

Pasados dos años, "amansaditos se los devolvían a sus dueños". Sobre el pago comenta "no, sólo el trabajo de la yunta pa'trabajar la tierra que tenemos".

Los productos derivados de los animales eran aprovechados para el consumo familiar y, en ocasiones, se procesaban para su venta. Sólo en casos excepcionales, como épocas de sequía y cosechas pobres, o en ocasión de alguna fiesta importante se sacrificaban los animales para el consumo doméstico y social.

Los datos de archivo y los testimonios indican que, a partir de la década de los años cincuenta, el ambiente semicerrado en el que habían permanecido muchas comunidades se fue alterando y la relación integral de los campesinos con su ambiente natural sufrió modificaciones. Hubo, sin embargo, comunidades que en el lento y desigual proceso de cambio mantuvieron durante más tiempo ese contacto con la naturaleza.

El agua de los ríos y arroyos fue el escenario de muchos momentos en los que durante la convivencia de las madres y sus hijos se mezclaban deberes y gozos. Las mujeres que permanecieron en sus ejidos lo relataron, otras más los evocaron desde su nueva residencia en alguna de las cabeceras municipales de la región o en Monterrey, adonde se trasladaron al lado de sus hijos migrantes por motivos de salud o por la necesidad de compañía.

Testimonios de mujeres de comunidades de General Terán y de Montemorelos ejemplifican la estrecha relación de la vida cotidiana con la naturaleza.

> Les digo a mis hijas grandes, íbamos a lavar a un arroyo, en carreta con baños, a una presita que había, ahí tomábamos agua de aquella presita abierta, y ¡ahí la tierra y el arroyo!, era el arroyo El Encadenado, siempre íbamos a lavar. Él [su esposo] me llevaba a la lavada... mis hijos chiquitos, a nadar.

Fisonomía cotidiana del ejido, ejido Pilón Viejo.

Mientras la señoras lavaban y los niños gozaban del agua del arroyo, el señor se dedicaba a "juntar el pedacito de leña, pa vender, oiga".

Allá se metía uno y se bañaba, nos veníamos pa'ca pal arroyo a reposar, a correr los güercos, pa'ca y pa'llá, a echar maromas en la leña, pero ahora no... ha cambiado mucho.

A mí me gusta mucho cortar zacate con la rozadera, cortar zacate con esto, con lo otro, andar en la labor me gusta mucho.

Ejidatarios hijos de "primordiales" con una paila, ejido Pilón Viejo.

A pesar de que a partir de los años cincuenta, los bienes naturales y los derivados de la producción campesina dejaron de representar la solución para gran parte de los problemas y necesidades cotidianas relativos a la subsistencia de los poblados, muchas familias continuaron luchando por obtener tierra ejidal y, las que lo habían logrado, por permanecer en sus ejidos. Esa actitud refleja una identidad campesina ligada a la tierra no sólo por razones económicas, sino por la seguridad que les brindaba vivir en contacto con la naturaleza y recrear o redefinir la cultura heredada (socavada por la avasalladora intromisión de elementos culturales urbanos).

En este sentido, en los testimonios fluyen las comparaciones entre el "antes" y el "ahora". En los relatos se percibe cierta añoranza —particularmente en los de las mujeres mayores— cuando evocan aquellos tiempos en los que prácticamente no dependían del exterior para trabajar y producir, alimentarse y reproducirse, disfrutar de la naturaleza y conservar la tierra por la que habían luchado. A diferencia de ello, la vida en las cabeceras municipales (cuando emigraron por razones diversas) no las satisfacía.

Refiriéndose a la vida en el ejido y la que llevan en la cabecera municipal de Montemorelos, doña Maty recordó que cuando siendo muy joven se casó, una viejita le aconsejaba: "No hay como el estafiate, no hay como la yerbabuena, el orégano, la mejorana; procura las yerbas".

Así lo hizo. La recolección de las plantas medicinales que le ayudarían a solucionar los problemas de salud de la familia, formó parte integral de su rutina cotidiana. Cuando años después tuvo que trasladarse a Montemorelos, los saberes que doña Maty llevó consigo se transformaron en añoranzas. "Allá era muy sano, no como ahora con tanta enfermedad que hay, allá se enferma uno y con yerba, se la toma uno y ora sí, no como aquí".

Pero no sólo las mujeres mayores como doña Maty evocaban las costumbres del ejido. Las jóvenes conservaban vivos los recuerdos de la cotidianidad en la que habían nacido y crecido; entre los que se presentaron con mayor frecuencia fueron los relacionados con la gastronomía:

> Juliana la mía dice, allá me gusta mucho vivir en una hacienda porque allá gordas de manteca, gordas de harina, jocoque, leche y bastantes huevos y todo y todo muy sabroso que hay en una hacienda, tortillas recién hechas.
>
> Sí, daba la vaca bastante leche, bastante jocoque color de rosa y aquí, qué feo, jocoque blanco, descolorido, parece que descreman la leche.

Las limitaciones legales para el uso del agua y el acceso a tierras fértiles se hicieron más estrictas. Las tierras de los ejidos recién constituidos y las de los ya formados eran cada vez menos productivas. Ésta fue la consecuencia de la mala calidad de la tierra con la que se dotó a la mayor parte de los ejidos y de la falta de apoyo técnico permanente, necesario para mejorar la productividad de sus parcelas.

Las tierras ejidales con riego ocuparon apenas 1.3% del total ejidal. Sin embargo, en la práctica, no todos los ejidos dotados con agua gozaron de su beneficio. Hubo casos, como los ejidos El Toro y Chihuahua, en los que el riego, que era "por agua rodada" (agua de riego por presa no por bombeo), requería canales que no se constru-

El calentador de gas y el tinaco en un poblado semiurbano.

yeron. En el caso de El Toro, el canal fue de tierra, por lo que el agua se filtraba, perdiéndose una parte, y en el ejido Chihuahua no se pudo construir por falta de presupuesto.

Además, el agua corriente fue en ocasiones aprovechada por otros ejidos o propiedades privadas situadas en las partes altas, aun sin contar con la certificación de riego. De acuerdo con los ejidatarios, lo conveniente hubiera sido perforar pozos y extraer el agua con bomba. El problema fue que en el caso de obtener créditos, éstos no alcanzaron para desazolvar los pozos ni para comprar las bombas. El escaso líquido destinado a los ejidos no se aprovechó en todos los casos por falta de recursos económicos y porque en las épocas de sequía los ríos perdían su caudal.

Debido a la influencia de la vida urbana, la fisonomía de los poblados dejó de ser homogénea. La descripción fue hecha por personas de las dos etapas que vivieron los cambios:

> De leña el techo, a veces el techo de hoja, a veces el techo de tula, de palma.

> Nosotros teníamos el cuartito aparte. Jacalito de zacate, cocinita aparte, una cocinita con zacate, también era techito de palos.

Antigua tienda en una de las entradas de Montemorelos, Cruz Verde.

Con el transcurrir de los años, los tiempos de la vida cotidiana se alteraron: las tareas eran distintas. Se habían creado necesidades y formas de solucionarlas diferentes a las de los campesinos y campesinas de las primeras décadas del proceso agrario. El consumismo fue uno de los factores que lo propició:

> Compramos la televisión y el refrigerador, tenía mi señor una vaca, y los compramos, el refrigerador nos costó... y la tele no me acuerdo qué tanto, pero... se fue la vaca.

En el orden generacional se observa que algunas mujeres mayores, a la vez que resignificaron los medios tradicionales de vida incluyendo algunas de las aportaciones "modernas", desarrollaron formas de resistencia "disfrazada" frente a las innovaciones urbanas. Las vivencias cotidianas de las mujeres lo ejemplifican:

> Y ahora les digo, lo que batallaba era para planchar, en la plancha de brasa, todavía tengo una plancha ahí guardada [risas].

> No pos oyes el nixtamal y los frijoles los pongo en la lumbre, porque ahí no se queman, pero en la estufa [de gas] yo ahí cocino.

> Lavo en el tallador porque queda la ropa muy blanca, a veces uso la lavadora, pero no me gusta como me queda la ropa porque deja manchitas y todo.

Para las jóvenes "lo nuevo" equivalía a lo actual, a lo suyo, que contrastaba con las enseñanzas y los relatos de las mujeres mayores. En esos cruces materiales y simbólicos, las jóvenes de la última década del reparto agrario internalizaban sus roles de género de acuerdo con la cultura transmitida en forma cotidiana y la influencia de la cultura urbana resignificada en el entorno rural.

Los indicadores de esta compleja mezcla, que en los años ochenta del siglo XX señalaba la gestación de nuevas formas culturales, eran perceptibles en aspectos fundamentales de toda sociedad, tales como la procreación; las jóvenes madres no asumieron más el "deber" tradicional de parir hijos "mientras tuvieran hombre".[24] También en aspectos superfluos relacionados con el gusto por la "moda" y su inseparable pareja, el consumismo, se proyectaban nuevos matices en las actitudes femeninas. Por ejemplo, era frecuente que mujeres mayores vendieran cosméticos de líneas extranjeras mediante catálogos de publicidad, pedidos por encargo y ventas en abonos, y que los peinados de las jovencitas copiaran de las artistas de la televisión los copetes rizados sostenidos en alto a fuerza de *spray*.

En esa dinámica de recomposición cultural, las jóvenes madres continuaban cultivando plantas y criando animales (particularmente aves de corral) en el solar que circundaba sus habitaciones, pero no participaban más (no al menos en la forma que lo hicieron sus madres o sus abuelas) en el trabajo de las parcelas. Las habitaciones en las que pasaban gran parte de su vida cotidiana mostraban una fisonomía diferente: los materiales de fábrica y los enseres domésticos tradicionales se combinaron con aparatos modernos y el combustible envasado.

La medicina tradicional y el trabajo de las parteras fueron sustituidos en gran medida por la medicina institucional y la atención clínica. Como resultado de este proceso mediatizado por los programas de planificación familiar, el número de hijos se redujo de entre ocho o nueve como promedio de cada familia en las primeras décadas, a dos o tres en los años noventa. El descenso demográfico afectó de diferentes formas la composición de los poblados ejidales con repercusiones diversas, una de ellas fue el cada vez más reducido número de niños en edad de la instrucción elemental:

> Ha bajado mucho el índice de niños, el índice de escolaridad ha bajado, más acá en el campo, porque son pocas familias las que habitan y esas familias ya no quieren tener familia, entonces ha bajado mucho... mucho.

La lavadora ocupa un lugar en el espacio cotidiano de las antiguas reuniones familiares.

En algunas zonas el sistema de escuelas unitarias fue sustituido por la escuela de concentración, lo que significó que, en vez de impartir todos los grados de la instrucción elemental a niños de edades diversas y escalas de conocimiento diferentes, cada maestro o maestra tuviera a su cargo un solo grado, impartiendo por separado materias correspondientes a cada año escolar. Así, el tiempo libre de los niños se contrajo al sumar matemáticas y español a las materias correspondientes del grado que estaban cursando.

En ningún caso, los maestros que colaboraron en la investigación como entrevistados mencionaron la inasistencia de los niños como un aspecto significativo en su labor de docentes. Esta asistencia puntual de los niños a la escuela parece relacionarse con los cambios en la mentalidad de los padres, quienes (a pesar de que, como comentó la profesora Paula Cervantes: "aquí nada más cuando el maestro los llama... y a veces ni así van, es que son bien renuentes") están convencidos de que el futuro de sus hijos está en el estudio, no en las parcelas. Hablando de su experiencia, la profesora lo describe así:

> Tenemos los padres de antes, que la mujer para la casa, el hombre para el campo, ¿verdad?, ahorita ya no, ahorita ya todos los padres son jóvenes y piensan que, pues que sus hijos ya no lleven la vida como ellos, como ellos la están llevando, una vida tan pesada.

Además, la televisión retuvo a los niños en los espacios cerrados de sus casas o las de sus familiares y amigos. Las imágenes y los discursos proyectados fueron un atractivo para los campesinos en general y, en especial, para los niños, que rápidamente se convirtieron en asiduos televidentes. La observación, comparación y comprobación de los fenómenos naturales y del proceso agrícola mediante la experiencia vivida en el espacio exterior se debilitó, mientras el aprendizaje escolarizado y la recepción de información acabada, proyectada por los medios televisivos, los retenía en espacios cerrados.

En síntesis, la vida cotidiana de los poblados ejidales adquirió nuevas formas mientras los beneficios provenientes de los recursos naturales disminuían. El flujo acuífero de los arroyos cercanos a los poblados campesinos se contaminó o se redujo: las compuertas de los canales de riego estaban cerradas para la mayor parte de las tierras ejidales.

Los bienes naturales y su aprovechamiento disminuyeron. La recolección de leña se constriñó a las áreas ejidales que no habían sido abiertas para el cultivo o destinadas a la ganadería (que, como ya se dijo, en ocasiones sólo podían ser utilizadas por el grupo organizado en colectivo); fuera de ellas sólo se encontraban las cercadas como propiedad privada.

Tractor, ejido Pilón Viejo.

El conocimiento de las propiedades medicinales de las plantas se fue perdiendo, y el consumo de alimentos provenientes de sus propios cultivos, en la mayoría de los casos, se sustituyó por productos procesados en alguna ciudad (por ejemplo, la harina de maíz se empezó a utilizar con mayor regularidad que el maíz molido en metate o en el molino). Al consumo de productos que no producían, como el café y el chocolate, se sumó el de productos enlatados y los empacados en sobres (pastelillos y botanas).

En este sentido, la relación de la comunidad con la naturaleza fue menos integral. No obstante, la naturaleza siguió siendo el escenario material y simbólico de la cotidianidad campesina. En los albores del siglo XXI, las familias que permanecieron en sus ejidos resistiéndose al abandono o la privatización y venta de sus parcelas lo atestiguan, y muchas de las que emigraron lo afirman al añorar la vida en el campo.

> Sin ejidos no hay nada, no probamos elotes, no probamos calabazas, no probamos nada, y habiendo el ejido, pos sí hay sembrados, probamos los naranjos, frijol, calabazas, lo que uno siembre.

NOTAS

[1] Escárcega y Escobar Toledo, 1990.

[2] Young, 1990.

[3] asra, expediente 251, 1935.

[4] Merla Rodríguez, 1990, pp. 16-17.

[5] *Leyes y Códigos de México, Ley Federal de Reforma Agraria*, 1991, pp. 258-268.

[6] Olvera, 1991.

[7] El agrarismo se refiere a la suma de decisiones individuales y de fuerzas colectivas que se concentraron en pos de la obtención de la tierra. Vista así, la lucha por la tierra fue, por igual, asunto de hombres y de mujeres.

[8] Los testimonios orales que forman parte del corpus de este trabajo, proceden de personas que participaron en el agrarismo de la región centro-sur de Nuevo León (municipios de Cadereyta, Linares, Hualahuises, Montemorelos, Rayones y General Terán), de dirigentes, de ex dirigentes de las centrales campesinas oficiales Confederación Nacional Campesina (cnc) y Central Campesina Independiente (cci) y de funcionarios de la Secretaría de Reforma Agraria en Monterrey, entrevistadas por María Zebadúa entre los años 1989 y 1994.

[9] Los padres de los "primordiales" eran nativos de la zona o provenían de municipios y estados vecinos, allegados a los poblados entre otras razones por los disturbios causados por la Revolución, y en menor grado por los movimientos agraristas del periodo. Testimonios coincidentes de "primordiales", 1989.

[10] Sieglin, "Desarrollo capitalista y racionalización cultural", en Sieglin (comp.), 1996, y Zebadúa, "La mujer ejidataria en el ejercicio de la salud", en González Maíz y Olvera Sandoval (comps.), 1995.

[11] Retomando a Agnes Heller, comprendemos el concepto "educar" como "el modo en que yo presento el mundo 'acabado'", 1998, p. 24.

[12] Heller, 1998, p. 24.

[13] Heller, 1998, p. 25.

[14] Harvey, 2000, p. 52, se refiere a las luchas campesinas por la tierra en América Latina comparando los análisis de varios autores y expresando su opinión sobre los nuevos movimientos rurales.

[15] Esta situación se puede corroborar en las listas de sucesiones de los ejidos, asra.

[16] Phillips, 1996, pp. 87-88.

[17] Los agraristas de Tamaulipas y Veracruz les habían hablado de ese derecho y los representantes de las instituciones gubernamentales de los años treinta se los habían confirmado. asra, expedientes 283, 251, 274 y 192, e historia oral comunitaria.'

[18] Durante la primera etapa, en la región centro-sur de Nuevo León se expidió 83.5% del total de los certificados ejidales. Del total de tierra recibida en esta región, sólo 1.3% contó con riego, y del total de tierra de riego recibida, 91.1% correspondió a las dotaciones de la primera etapa. asra, Subdelegación Nuevo León, expediente 88, datos globales 1920-1980, 141 fojas.

[19] Algunas de las viudas de los líderes que fallecieron antes de recibir el certificado de dotación ejidal obtuvieron una parcela que, por lo regular, transfirieron a alguno de sus hijos o a algún compañero.

[20] La autoridad gubernamental sólo fue desafiada durante las primeras décadas, después los trámites siguieron el curso marcado por la política oficial (historia oral y documentación del asra).

[21] asra, expedientes 1257 y 1507.

[22] Las siglas das se refieren a los campesinos que, siendo sujetos calificados por la ley agraria para recibir tierra ejidal, no la recibieron por no haber suficiente extensión afectable; quedaron con "derechos a sal-

vo" para constituir su ejido u ocupar la extensión de ampliación de alguno constituido, cuando hubiera posibilidades.

[23] El trabajo en "colectivo" fue una forma propuesta por el gobierno como requisito para que los campesinos obtuvieran crédito bancario. Por lo regular, los "colectivos" se formaron con miembros de las familias "primordiales" que habían ocupado la tierra solicitada en calidad de aparceros.

[24] La razón por la que tenían muchos hijos fue explicada en función de que ellas no sabían "nada" o de que tendrían hijos mientras tuvieran hombre (historia oral).

SIGLAS Y REFERENCIAS

ASRA ARCHIVO DE LA SECRETARÍA DE REFORMA AGRARIA

1920-1985 Subdelegación Nuevo León, expedientes 283, 251, 192, 346, 725, 274, 1257 y 1507

1920-1980 Subdelegación Nuevo León, expediente 88, Datos globales, 141 fojas

1989 Subdelegación de Organización y Desarrollo Agrario Nuevo León, Relación de las UAIM constituidas: Promotoría I al X

AMM ARCHIVO MUNICIPAL DE MONTEMORELOS

1933-1934 Caja 40

1931 Caja 39

1938 Correspondencia oficial

1934- Oficios recibidos

ESCOBAR TOLEDO, Saúl, *et al.*

1990 *Historia de la cuestión agraria mexicana*, vol. 5: *El cardenismo: un parteaguas histórico en el proceso agrario nacional. 1934-1940*, segunda parte, Everardo ESCÁRCEGA LÓPEZ (coord. del tomo). México: Centro de Estudios Históricos del Agrarismo en México-Siglo XXI Editores.

HARVEY, Neil

2000 *La rebelión en Chiapas. La lucha por la tierra y la democracia.* México: Ediciones ERA.

HELLER, Agnes

1998 *Sociología de la vida cotidiana.* Barcelona: Ediciones Península, 5a. ed.

Leyes y Códigos de México

1991 *Ley Federal de Reforma Agraria.* México: Editorial Porrúa.

MERLA RODRÍGUEZ, Gerardo

1990 *Nuevo León. Geografía regional.* Zuazua: Universidad Autónoma de Nuevo León.

OLVERA SANDOVAL, José Antonio

1991 "El Valle del Pilón: riego, producción e impactos socioeconómicos. 1880-1910", en Mario CERUTTI (coord.), *Agua, tierra y capital en el noreste de México. La región citrícola de Nuevo León (1850-1940).* Monterrey: Facultad de Filosofía y Letras, Universidad Autónoma de Nuevo León.

PHILLIPS, Anne

1996 "¿Deben las feministas abandonar la democracia liberal?", en Carme CASTELLS (comp.), *Perspectivas feministas en teoría política*. Barcelona: Ediciones Paidós Ibérica.

SIEGLIN, Veronika

1996 "Desarrollo capitalista y racionalización cultural", en Veronika SIEGLIN (comp.), *Mujeres en el campo a finales del siglo XX*. Monterrey: Facultad de Filosofía y Letras, Universidad Autónoma de Nuevo León-Cuadernos del Topo.

YOUNG, Iris Marion

1990 "Imparcialidad y lo cívico público. Algunas implicaciones de las críticas feministas a la teoría moral y política", en Seyla BENHABIB y Drucilla CORNELL (comps.), *Teoría feminista y teoría crítica*. Valencia: Editorial Alfons El Magnanim.

ZEBADÚA SERRA, María

1995 "La mujer ejidataria en el ejercicio de la salud", en Rocío GONZÁLEZ MAÍZ y José Antonio OLVERA SANDOVAL (comps.), *Nueva historia de Nuevo León*. Monterrey: publicación colectiva de socios de ADHINOR, coeditada por la Facultad de Filosofía y Letras, Universidad Autónoma de Nuevo León y Editorial Castillo.

HISTORIA ORAL

1989-1994 Campesinos y campesinas "primordiales" de diferentes generaciones de la región centro-sur de Nuevo León.

1994 Dirigentes estatales y regionales de la Liga Femenil Agraria, Confederación Nacional Campesina (CNC), Casa del Campesino, Monterrey, N.L.

1994 Dirigente de la Liga Femenil Agraria, Confederación Campesina Independiente (CCI), Montemorelos, N.L.

1994 Dirigentes de la Secretaría de Reforma Agraria del estado y de la región, Monterrey, N.L.

1989-1994 Ejidatarios y ejidatarias de la región centro-sur de Nuevo León.

1989 Maestras e inspectoras de la Secretaría de Educación Pública en Nuevo León.

FICHAS TÉCNICAS DE ILUSTRACIONES*

* Las fotografías y reprografías son de Ernesto Peñaloza con la asistencia de José Antonio Martínez Atayde y José Manuel Saavedra, salvo cuando se indica otro fotógrafo.

Pág

40. Transporte de pulque
Fondo C.B. Waite,
Propiedad Artística y Literaria

40. Pulquería
Fondo C.B. Waite,
Propiedad Artística y Literaria

50. Cruz Sánchez
Retrato de un grupo en el que aparece, a la izquierda, el coronel Rafael Cal y Mayor. Lo acompañan dos revolucionarios. Morelos, 1914
CESU, AHUNAM. Fondo Gilardo Magaña Cerda. Sección Gráfica. Serie Convención de Aguascalientes. Caja 12. Dcs. 0616-0617

54. C.B. Waite
Archivo General de la Nación, México

57. Retrato de un grupo de revolucionarios. Atlihuayán, Morelos, 1923
CESU, AHUNAM. Sección Gráfica. Serie Ejército Liberador del Sur. Caja 13. Dc. 0687

58. Archivo General de la Nación, México

60. Vista panorámica. Anenecuilco, Morelos, s/f
CESU, AHUNAM. Sección Gráfica. Serie Ejército Liberador del Sur. Caja 9. Dc. 0449

63. Plano general de unos niños campesinos. Huautla, Morelos, 1913
CESU, AHUNAM. Sección Gráfica. Serie Ejército Liberador del Sur. Caja 10. Dc. 0558

66. Plano general de la división de Ayaquica. Infanterías surianas al mando del coronel Eduardo Reyes. Apizaco, Tlaxcala, 1920
CESU, AHUNAM. Fondo Gilardo Magaña Cerda. Serie Zapatismo. Caja 13. Dc. 0678

68. CESU, AHUNAM. Fondo Gilardo Magaña Cerda.

Pág.

70. Plano general de la división de Ayaquica. Parte de las tropas que al mando del coronel Eduardo Reyes combatieron con motivo del movimiento revolucionario de mayo en la zona de Apizaco, Tlaxcala, 1920
CESU, AHUNAM. Fondo Gilardo Magaña Cerda. Serie Zapatismo. Caja 13. Dc. 0679

72. Archivo General de la Nación, México

76. Archivo General de la Nación, México

82. Retrato de un grupo en el que aparece sentado, y el primero de izquierda a derecha, el general Mariano Sánchez. Tepoztlán, Morelos, 1913
CESU, AHUNAM. Fondo Gilardo Magaña Cerda. Sección Gráfica. Serie Ejército Liberador del Sur. Caja 10

83. Retrato de las fuerzas del general Francisco V. Pacheco, uno de los principales dirigentes campesinos de Morelos, quien luchó contra Madero y Huerta. En marzo de 1916 fue acusado de traición por haber dejado pasar a las fuerzas carrancistas del general Pablo González a Huitzilac y fue fusilado en Miacatlán, Morelos. Huitzilac, Morelos, 1916
CESU, AHUNAM. Fondo Gilardo Magaña Cerda. Sección Gráfica. Serie Ejército Liberador del Sur. Caja 11. Dc. 0606

90. Foto de página completa de *El Universal*, tercera sección. Encabezado "De Sociedad", 26 de agosto de 1940

93. Archivo fotográfico de Enrique Díaz Delgado. Caja 3/19
Archivo General de la Nación, México

95. Archivo fotográfico de Enrique Díaz Delgado. Caja 4/12
Archivo General de la Nación, México

97. Aspecto de una kermés
Archivo fotográfico de Enrique Díaz Delgado. Caja 3/10, catálogo digitalizado, esquina inferior derecha
Archivo General de la Nación, México

Pág.

99. La reina del carnaval, Ernestina Calles, rodeada de su séquito
Archivo fotográfico de Enrique Díaz Delgado. Caja 12/11, negativo en vidrio
Archivo General de la Nación, México

100. Archivo fotográfico de Enrique Díaz Delgado. Caja 25/11
Archivo General de la Nación, México

101. María Luz Morales, 1947
La moda, el traje y las costumbres en la primera mitad del siglo xx, 1921-1934, t. 10, Salvat Editores, Barcelona, p. 150

103. Mujer entregando el trofeo de polo al ganador
Archivo fotográfico de Enrique Díaz Delgado. Caja 3/6, catálogo digitalizado (p. 1, esquina inferior derecha)
Archivo General de la Nación, México

104. Mujer jugando golf
Archivo fotográfico de Enrique Díaz Delgado. Caja 8/14, catálogo digitalizado (p. 1, centro izquierda)
Archivo General de la Nación, México

106. Grupo de hombres y mujeres jóvenes descansando en una escalera
Archivo fotográfico de Enrique Díaz Delgado. Caja 7/17, catálogo digitalizado (esquina inferior derecha)
Archivo General de la Nación, México

108. Pareja de niños vestidos de china y charro en una trajinera
Archivo fotográfico de Enrique Díaz Delgado, Santa Anita. Caja 12/1 (negativo en vidrio)
Archivo General de la Nación, México

109. Acapulco, 1940
Archivo fotográfico de Enrique Díaz Delgado. Caja 73/5
Archivo General de la Nación, México

111. Foto de primera comunión de una pareja de niñas, 1930
Colección de la autora

Pág.

113. Exposición de regalos
Archivo fotográfico de Enrique Díaz Delgado, Boda de Mimí Calles. Caja 6/19, catálogo digitalizado (centro izquierda)
Archivo General de la Nación, México

117. *El Universal Gráfico*, 27 de julio de 1926, núm. 1492, primera plana
Hemeroteca Nacional

118. Pareja de novios celebrando su matrimonio en una casa
Archivo fotográfico de Enrique Díaz Delgado. Caja 8/26, catálogo digitalizado (p. 2, esquina superior derecha)
Archivo General de la Nación, México

122. Martín Ortiz, exclusiva para *El Universal*
Foto de novia cuyo pie señala: "Las Novias de la Flor de Lis. Señora Amparo Rugarcía de Espinosa el día de su enlace. Fue vestida por la Casa Combe"
El Universal, sección de rotograbado, p. 4, 4 de agosto de 1940
Hemeroteca Nacional

128. La primera transmisión de radio en México, diciembre de 1900
El primer mensaje por los aires estuvo dedicado al general Porfirio Díaz: "Albricias por su sexta reelección". La transmisión enlazó Chapultepec y el Palacio Nacional; la tecnología, alemana; las palabras en español. La radio llegó a México.
Archivo Histórico de la Universidad Iberoamericana, Colección Porfirio Díaz, sin clasificación

130. Las calles se inundaron de enigmáticos y peligrosos cables.
Colección del autor

131. Grupo de telegrafistas en 1907
Hombres y mujeres pioneros de la radio compartían aulas y tareas.
El telegrafista, núm. 17, noviembre-diciembre de 1954, p. 39

Pág.

132. Estación Cabo Haro, 1902
El clima agreste puso a prueba los primeros pasos de la radio en México.
Colección del autor

134. Estación Bocochibampo, 1908
Nada de diversión; trabajo y más trabajo. La entrega debía ser total.
Colección del autor

137. Una estación de radio montada en un tren la convertía en una mortífera arma de combate. Durante la Revolución, comandancias generales quedaron unidas en un santiamén.
Colección del autor

138. Telegrafistas radiocomunicadores en el campo de batalla
Los telegrafistas en la Revolución perdieron las "buenas maneras", cambiaron sus hábitos y su actitud; la cotidianidad los absorbió; eran feroces, arrojados; los ojos y los oídos de la guerra.
El telegrafista, núm. 15, agosto de 1954, p. 37

140. Durmientes, postes y alambres; la vida cotidiana no conocía otro horizonte.
Colección del autor

143. A principios de 1920, la radio inunda la vida cotidiana del grueso de la población. Una nueva percepción sonora comienza a gestarse: la construcción de imaginarios creando ruidos.
Colección del autor

144. El médico militar Adolfo Enrique Gómez Fernández organizó el primer programa de radiodifusión en México. "La Estación del Doctor Gómez" transmitía por las noches jolgorio y entretenimiento.
Comunidad, revista de la Universidad Iberoamericana, núm. 61, agosto de 1977, p. 442

Pág.

145. Enamorados de la radio en 1924, Greta Garbo y John Gilbert
La creación de la radiodifusión norteamericana influyó en la naciente radiodifusión mexicana. De inmediato hubo distancia; el profundo nacionalismo de la época provocó la construcción de una imagen sonora nacional: la invención colectiva de México por medio de ruidos.
Colección del autor

147. La exposición atrajo multitudes; los asistentes quedaban embelesados con los nuevos ruidos y con el rompimiento del tiempo y del espacio que significaban las comunicaciones por radio.
Colección del autor

149. Obregón presenció las transmisiones mientras observaba el vuelo de los aeroplanos.
Tohtli, año VI, núm. 2, octubre de 1921

150. Oleadas de comercios de radio inundaron la Ciudad de México
Las familias la integraron a su cotidianidad, a la decoración del hogar, al ejercicio de jerarquías y poder entre sus miembros.
Colección del autor

152. En el Buen Tono aspiraban convertir a todo radioaficionado en un radiofumador. Unir ambos placeres.
Colección del autor

153. Las imágenes sonoras atrapan la imaginación; el tiempo transcurría, los hábitos se modifican. Comienza la construcción de imaginarios sonoros.
Colección del autor

156. Él sabía, él dominaba, él controlaba…, la radio era suya.
Colección del autor

158. Las actividades cotidianas se transformaron debido a la cascada de sonidos. Los placeres más sencillos cobraban una nueva dimensión.
Colección del autor

Pág.
161. La radio liberaba la percepción, creaba imágenes y sensaciones únicas. Arrancaba una nueva forma de ver y escuchar al mundo.
Colección del autor

173. Archivo de la Acción Católica Mexicana, Universidad Iberoamericana

174. Archivo de la Acción Católica Mexicana, Universidad Iberoamericana

175. Archivo de la Acción Católica Mexicana, Universidad Iberoamericana

176. Archivo de la Provincia Mexicana de la Compañía de Jesús

176. Archivo de la Acción Católica Mexicana, Universidad Iberoamericana

178. Colección particular

181. Colección particular

185. Colección particular

189. Archivo de la Acción Católica Mexicana, Universidad Iberoamericana

191. Anuncio publicado en *Juventud*, 1940
Hemeroteca Nacional
Foto de Ernesto Peñaloza

192. Colección particular

196. Archivo de la Acción Católica Mexicana, Universidad Iberoamericana

200. Archivo de la Provincia Mexicana de la Compañía de Jesús

201. Archivo de la Provincia Mexicana de la Compañía de Jesús

201. Archivo de la Provincia Mexicana de la Compañía de Jesús

Pág.
209. C.B. Waite, 1905
"(1387) Entrada hacia el puerto de Veracruz"
Puertos, Veracruz. Observaciones: panorámica de Veracruz. Bahía
Archivo General de la Nación, México

209. C.B. Waite, 1905
"(1386) El puerto de Veracruz"
Puertos, Veracruz, núm. inv. 6
Archivo General de la Nación, México

211. Calle con vías de ferrocarril. Al fondo el Hotel Europa
Acervo fotográfico. JS/10.288
Archivo General del Estado de Veracruz

212. Periódico *El Dictamen*
Acervo fotográfico. JS/10.240
Archivo General del Estado de Veracruz

214. Casa con jardín
Acervo fotográfico. JS/15.118
Archivo General del Estado de Veracruz

216. Interior de un patio
Acervo fotográfico. JS/4.145
Archivo General del Estado de Veracruz

216. Comparsa de carnaval
Acervo fotográfico. JS/7.401
Archivo General del Estado de Veracruz

217. Grupo bajo una palapa en un descampado
Acervo fotográfico. JS/15.78
Archivo General del Estado de Veracruz

217. Vista de un jardín o paseo
Acervo fotográfico. JS/15.75
Archivo General del Estado de Veracruz

218. Ceremonia de la Cruz Roja
Acervo fotográfico. JS/24.43
Archivo General del Estado de Veracruz

219. Enfermeras de la Cruz Roja
Acervo fotográfico. JS/24.44
Archivo General del Estado de Veracruz

Pág.
288. Archivo Histórico de la SEP Misiones Culturales, caja 54, exp. 28

291. Archivo Histórico de la SEP, Misiones Culturales, caja 54, exp. 28

294. Archivo Histórico de la SEP, Misiones Culturales, caja 56, exp. 2

296. Archivo Histórico de la SEP, Misiones Culturales, caja 54, exp. 28

298. Archivo Histórico de la SEP, Misiones Culturales, caja 56, exp. 1

299. Archivo Histórico de la SEP, Misiones Culturales, caja 56, exp. 1

303. Archivo Histórico de la SEP, Misiones Culturales, caja 56, exp. 2

304. Archivo Histórico de la SEP, Misiones Culturales, caja 56, exp. 2

306. Archivo Histórico de la SEP, Misiones Culturales, caja 54, exp. 28

315. Portada de libro de texto gratuito en lengua náhuatl
Archivo Histórico de la SEP

317. Tomada de Richard D. Fisher (ed.), *The Best of Mexico's Cooper Canyon*, Sunracer Publications, 2001

318. Archivo de la CDI

321. Tomada de Richard D. Fisher (ed.), *The Best of Mexico's Cooper Canyon*, Sunracer Publications, 2001

323. Archivo fotográfico de la CDI

325. Libro de texto gratuito en lengua náhuatl
Archivo Histórico de la SEP

328. Archivo fotográfico de la CDI

Pág.
329. Archivo fotográfico de la CDI

329. Tomada de Richard D. Fisher (ed.), *The Best of Mexico's Cooper Canyon*, Sunracer Publications, 2001

330. Tomada de Richard D. Fisher (ed.), *The Best of Mexico's Cooper Canyon*, Sunracer Publications, 2001

332. Libro de texto gratuito en lengua náhuatl
Archivo Histórico de la SEP

332. Libro de texto gratuito en lengua náhuatl
Archivo Histórico de la SEP

334. Tomada de Richard D. Fisher (ed.), *The Best of Mexico's Cooper Canyon*, Sunracer Publications, 2001

348. Una forma de humor popular: los papeles conyugales al revés
Colección de la autora

348. Artesanía humorística producida en la ciudad de Puebla en la actualidad, imitando el estilo de los exvotos antiguos
Colección de la autora

359. Foto de Beatriz Martínez, 1995

360. Foto de María Eugenia D'Aubeterre, 1995

364. Cartel de la fiesta
Foto de Ernesto Peñaloza

366. Foto de Ernesto Peñaloza

367. Foto de Ernesto Peñaloza

373. Foto de Pedro Hiriart

374. Foto de Pedro Hiriart

374. Foto de Pedro Hiriart

375. Foto de Soledad González

ÍNDICE ANALÍTICO

Siglo XX. Campo y ciudad, tomo V-1 de la
Historia de la vida cotidiana en México,
se terminó de imprimir en agosto de 2006 en los talleres de
Impresora y Encuadernadora Progreso, S.A. de C.V. (IEPSA),
Calzada San Lorenzo 244, 09830 México, D.F.
Composición tipográfica y formación
a cargo de Socorro Gutiérrez, en Redacta, S.A. de C.V.
Cuidaron la edición Eugenia Huerta y Oswaldo Barrera.
El tiraje fue de 1 000 ejemplares empastados
y 3 000 en rústica.